넥서스 텝스 보카
VOCA

넥서스 텝스 보카

지은이 이기헌
펴낸이 임상진
펴낸곳 (주)넥서스

초판 1쇄 발행 2011년 6월 25일
초판 23쇄 발행 2023년 4월 1일

출판신고 1992년 4월 3일 제311-2002-2호
10880 경기도 파주시 지목로 5
Tel (02)330-5500 Fax (02)330-5555

ISBN 978-89-5797-657-9 13740

저자와 출판사의 허락 없이 내용의 일부를
인용하거나 발췌하는 것을 금합니다.

가격은 뒤표지에 있습니다.
잘못 만들어진 책은 구입처에서 바꾸어 드립니다.

www.nexusbook.com

넥서스 텝스 보카
VOCA

이기헌 지음

넥서스

PREFACE

"사전을 통째로 다 외울 수 있다면."

영어 단어 때문에 좌절감을 느껴본 사람이라면 한 번쯤 이런 상상을 해봤을 것입니다. 모르는 단어가 하나도 없다면 영어 공부가, 그리고 텝스 시험을 치르기가 얼마나 편할까요? 하지만 이것은 불가능한 꿈이겠지요. 그렇다면 조금 더 현실성 있는 꿈을 꾸어보는 것은 어떨까요?

"텝스 시험에서 고득점을 받을 수 있을 만큼의 어휘를 다 외울 수 있다면." 어때요? 이제 좀 의욕이 생기지 않나요? 바로 그 꿈을 이루는 데 도움을 드리고자 〈넥서스 텝스 보카〉를 만들었습니다.

〈넥서스 텝스 보카〉는 독자분들이 최소 시간 투자로 최대한의 점수 상승을 꾀할 수 있도록 텝스 고득점을 위해 우선적으로 외워야 하는 어휘를 엄선해서 실었습니다. 텝스 전 영역에서 자주 나오는 가장 중요한 단어들을 30개 Day에 각 40개씩 선정하였습니다. 이 단어들을 먼저 외우시고, 좀더 완벽을 기하고자 하는 분들은 Voca PLUS의 어휘와 표현들도 공부하십시오. 텝스는 속도가 중요한 시험이기 때문에 다른 영어 시험처럼 모르는 단어를 문맥에서 유추할 시간이 거의 없습니다. 또 토익, 토플에 비해 훨씬 더 다양한 분야를 다루고 난이도가 높은 문제가 많아 고득점을 받기 위해서는 어휘력이 필수입니다. 이 책을 반복, 반복, 또 반복해서 탄탄하게 쌓은 어휘력을 바탕으로 꼭 텝스 고득점의 꿈을 이루길 바랍니다.

이 책이 나오기까지 많은 분들의 도움을 받았습니다. 〈How To TEPS 실전 900〉 시리즈의 저자이자 최고의 텝스 강사, 영어 청취 강사인 신동표어학원 김철용 선생님, 정말 고맙습니다. 좋은 책이 나올 수 있게 함께 고생하신 김신영 과장님과 김민정 대리님을 비롯한 넥서스의 모든 팀원 여러분들, 학생 시절부터 지금의 영어교육 전문가로 성장하는 데 많은 도움을 주신 김대균어학원 김대균 원장님, EBS 이현석 선생님, 신동표어학원 신동표 원장님, 그리고 저를 위해 모든 희생을 아끼지 않는 가족에게도 감사의 말씀을 드립니다.

CONTENTS

Preface · 4
Structure & Features · 8
Scheduler · 11

Day 01
청해의 단골 배경
공항, 호텔
p. 016

Day 02
배워서 남 주나
교육
p. 030

Day 03
불황을 탈출하는 어휘
경제
p. 044

Day 04
건강 정보도 얻고
텝스 점수도 올리고
의학
p. 058

Day 05
소비하는 인간
쇼핑, 광고
p. 072

Day 06
독해에 꼭 나오는
언어, 문학
p. 086

Day 07
일기 예보는 청해의 기본
기후
p. 100

Day 08
우리들이 사는 곳
건물, 건축
p. 114

Day 09
결국 돈은 중요하다. 텝스에서도
금융, 회계, 재무
p. 128

Day 10
교통 정보 영어로 들어보자
도로, 교통
p. 144

Day 11
현대 사회 최대의 이슈
환경

p. 160

Day 12
인기 전공, 인기 주제
경영

p. 174

Day 13
텝스의 얼리어답터
첨단 기술

p. 188

Day 14
취업하면 꼭 필요한 비즈니스 영어
직장 업무

p. 202

Day 15
법 없이 살 사람도
법률 어휘는 알아야지
법

p. 216

Day 16
일도 열심히,
인간관계도 열심히
모임, 행사

p. 230

Day 17
용어를 알아야 비판도 하지
정치

p. 244

Day 18
텝스가 좋아하는 과학
생물학

p. 258

Day 19
먹고사는 이야기
음식, 식품, 식당

p. 272

Day 20
텝스의 고상한 영역
예술

p. 286

Day 21
중요한 건 사람 마음
심리

p. 302

Day 22
텝스 고득점한 당신, 떠나라
여행

p. 316

Day 23
미디어의 시대, 미디어의 영어
미디어

p. 330

Day 24
역사는 돌고 돌고,
빈출어휘도 돌고 돌고
역사

p. 344

Day 25
하늘 천 따지
지질학, 천문학

p. 358

Day 26
운동도 영어공부도
결국은 반복 숙달
스포츠

p. 374

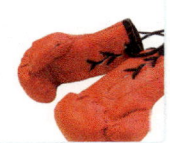

Day 27
아카데믹 텝스 어휘의 절정
철학, 종교

p. 388

Day 28
인간은 사회적 동물
사회

p. 402

Day 29
오늘 있었던 일을 영어로
일상생활

p. 416

Day 30
세상이 돌아가는 원리
물리학, 화학

p. 430

Actual Test · 446
정답 및 해설 · 456
Index · 482

👤 STRUCTURE & FEATURES

주제별 Day 30 구성

텝스 시험에서 출제 빈도가 높은 핵심 단어들을 주제별로 하루 40단어씩 30일 동안 총 1,200단어를 학습한다. 표제어 외에 파생어, 동의어, 반의어를 수록하였으며, 이 외에 Voca PLUS를 통해 주제별 100개의 단어를 추가하여 심화 학습이 가능하다. 암기에 도움이 되는 이미지를 삽입하여 연상 학습을 통한 학습 효과를 극대화하였다.

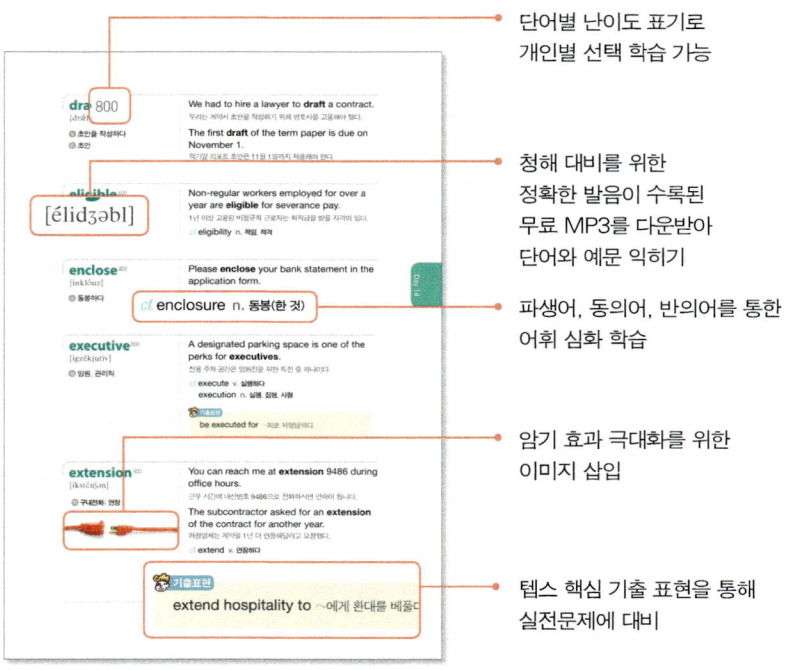

- 단어별 난이도 표기로 개인별 선택 학습 가능
- 청해 대비를 위한 정확한 발음이 수록된 무료 MP3를 다운받아 단어와 예문 익히기
- 파생어, 동의어, 반의어를 통한 어휘 심화 학습
- 암기 효과 극대화를 위한 이미지 삽입
- 텝스 핵심 기출 표현을 통해 실전문제에 대비

Daily TEST

매일매일 학습한 내용을 Daily TEST를 통해 정리한다. 2가지 문제 유형으로 문맥을 파악하여 적당한 어휘를 찾아 어법에 맞게 변형하는 연습을 통해 Writing의 기본을 다지며, 단어의 영어 의미를 찾는 연습을 통해 탄탄한 내공을 쌓을 수 있다.

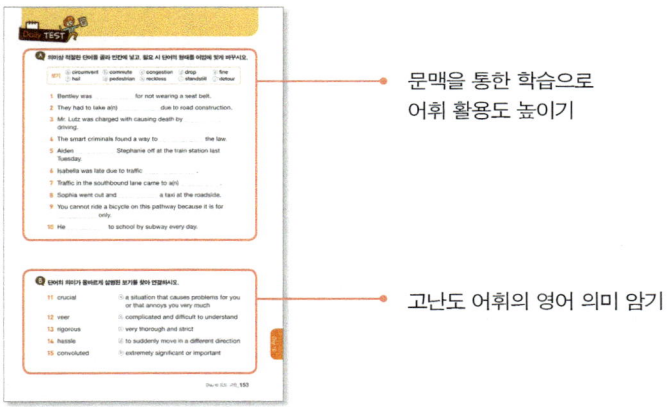

문맥을 통한 학습으로
어휘 활용도 높이기

고난도 어휘의 영어 의미 암기

Voca PLUS

텝스 빈출 단어 중 표제어에 싣지 않은 단어와 숙어를 Day별로 100개씩 선별하여 총 3,000개의 주제별 추가 어휘를 제공한다.

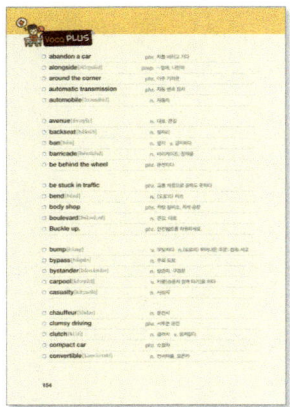

Actual TEST

Day 30까지 꼼꼼하게 학습한 후, 텝스 어휘 영역 실전 50문제를 통해 어휘 실력을 최종 점검한다.

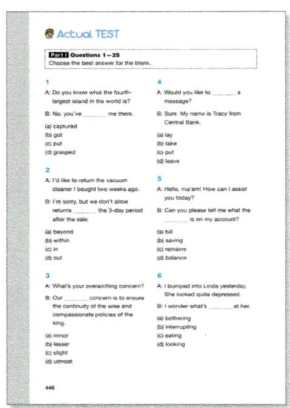

약어 및 기호

- ⓝ 명사
- ⓥ 동사
- ⓐ 형용사
- ad 부사
- phr 구
- prep 전치사
- conj 접속사
- *cf.* 파생어
- = 동의어
- ⇔ 반의어

SCHEDULER

Course A 60일 장기 완성

시작은 미약하나 장차 보다 큰 뜻을 이룰 대기만성형인 분들을 위한 Course. 처음 30일간은 표제어를 중심으로 600점대 단어를 우선 암기한 후, 두 번째 학습부터 파생어, 동의어, 반의어, 기출표현 및 800~900점대 단어까지 익혀보세요.

1일	2일	3일	4일	5일
Day 1 표제어 및 Voca PLUS 학습 난이도 600단어 암기	Day 2 표제어 및 Voca PLUS 학습 난이도 600단어 암기	Day 3 표제어 및 Voca PLUS 학습 난이도 600단어 암기	Day 4 표제어 및 Voca PLUS 학습 난이도 600단어 암기	Day 5 표제어 및 Voca PLUS 학습 난이도 600단어 암기
6일	**7일**	**8일**	**9일**	**10일**
Day 6 표제어 및 Voca PLUS 학습 난이도 600단어 암기	Day 7 표제어 및 Voca PLUS 학습 난이도 600단어 암기	Day 8 표제어 및 Voca PLUS 학습 난이도 600단어 암기	Day 9 표제어 및 Voca PLUS 학습 난이도 600단어 암기	Day 10 표제어 및 Voca PLUS 학습 난이도 600단어 암기
11일	**12일**	**13일**	**14일**	**15일**
Day 11 표제어 및 Voca PLUS 학습 난이도 600단어 암기	Day 12 표제어 및 Voca PLUS 학습 난이도 600단어 암기	Day 13 표제어 및 Voca PLUS 학습 난이도 600단어 암기	Day 14 표제어 및 Voca PLUS 학습 난이도 600단어 암기	Day 15 표제어 및 Voca PLUS 학습 난이도 600단어 암기
16일	**17일**	**18일**	**19일**	**20일**
Day 16 표제어 및 Voca PLUS 학습 난이도 600단어 암기	Day 17 표제어 및 Voca PLUS 학습 난이도 600단어 암기	Day 18 표제어 및 Voca PLUS 학습 난이도 600단어 암기	Day 19 표제어 및 Voca PLUS 학습 난이도 600단어 암기	Day 20 표제어 및 Voca PLUS 학습 난이도 600단어 암기
21일	**22일**	**23일**	**24일**	**25일**
Day 21 표제어 및 Voca PLUS 학습 난이도 600단어 암기	Day 22 표제어 및 Voca PLUS 학습 난이도 600단어 암기	Day 23 표제어 및 Voca PLUS 학습 난이도 600단어 암기	Day 24 표제어 및 Voca PLUS 학습 난이도 600단어 암기	Day 25 표제어 및 Voca PLUS 학습 난이도 600단어 암기
26일	**27일**	**28일**	**29일**	**30일**
Day 26 표제어 및 Voca PLUS 학습 난이도 600단어 암기	Day 27 표제어 및 Voca PLUS 학습 난이도 600단어 암기	Day 28 표제어 및 Voca PLUS 학습 난이도 600단어 암기	Day 29 표제어 및 Voca PLUS 학습 난이도 600단어 암기	Day 30 표제어 및 Voca PLUS 학습 난이도 600단어 암기

31일 **Day 1** 표제어 복습, 파생어/동의어/ 반의어/ 기출 표현 학습 **Daily Test** 모든 단어 암기	**32일** **Day 2** 표제어 복습, 파생어/동의어/ 반의어/ 기출 표현 학습 **Daily Test** 모든 단어 암기	**33일** **Day 3** 표제어 복습, 파생어/동의어/ 반의어/ 기출 표현 학습 **Daily Test** 모든 단어 암기	**34일** **Day 4** 표제어 복습, 파생어/동의어/ 반의어/ 기출 표현 학습 **Daily Test** 모든 단어 암기	**35일** **Day 5** 표제어 복습, 파생어/동의어/ 반의어/ 기출 표현 학습 **Daily Test** 모든 단어 암기
36일 **Day 6** 표제어 복습, 파생어/동의어/ 반의어/ 기출 표현 학습 **Daily Test** 모든 단어 암기	**37일** **Day 7** 표제어 복습, 파생어/동의어/ 반의어/ 기출 표현 학습 **Daily Test** 모든 단어 암기	**38일** **Day 8** 표제어 복습, 파생어/동의어/ 반의어/ 기출 표현 학습 **Daily Test** 모든 단어 암기	**39일** **Day 9** 표제어 복습, 파생어/동의어/ 반의어/ 기출 표현 학습 **Daily Test** 모든 단어 암기	**40일** **Day 10** 표제어 복습, 파생어/동의어/ 반의어/ 기출 표현 학습 **Daily Test** 모든 단어 암기
41일 **Day 11** 표제어 복습, 파생어/동의어/ 반의어/ 기출 표현 학습 **Daily Test** 모든 단어 암기	**42일** **Day 12** 표제어 복습, 파생어/동의어/ 반의어/ 기출 표현 학습 **Daily Test** 모든 단어 암기	**43일** **Day 13** 표제어 복습, 파생어/동의어/ 반의어/ 기출 표현 학습 **Daily Test** 모든 단어 암기	**44일** **Day 14** 표제어 복습, 파생어/동의어/ 반의어/ 기출 표현 학습 **Daily Test** 모든 단어 암기	**45일** **Day 15** 표제어 복습, 파생어/동의어/ 반의어/ 기출 표현 학습 **Daily Test** 모든 단어 암기
46일 **Day 16** 표제어 복습, 파생어/동의어/ 반의어/ 기출 표현 학습 **Daily Test** 모든 단어 암기	**47일** **Day 17** 표제어 복습, 파생어/동의어/ 반의어/ 기출 표현 학습 **Daily Test** 모든 단어 암기	**48일** **Day 18** 표제어 복습, 파생어/동의어/ 반의어/ 기출 표현 학습 **Daily Test** 모든 단어 암기	**49일** **Day 19** 표제어 복습, 파생어/동의어/ 반의어/ 기출 표현 학습 **Daily Test** 모든 단어 암기	**50일** **Day 20** 표제어 복습, 파생어/동의어/ 반의어/ 기출 표현 학습 **Daily Test** 모든 단어 암기
51일 **Day 21** 표제어 복습, 파생어/동의어/ 반의어/ 기출 표현 학습 **Daily Test** 모든 단어 암기	**52일** **Day 22** 표제어 복습, 파생어/동의어/ 반의어/ 기출 표현 학습 **Daily Test** 모든 단어 암기	**53일** **Day 23** 표제어 복습, 파생어/동의어/ 반의어/ 기출 표현 학습 **Daily Test** 모든 단어 암기	**54일** **Day 24** 표제어 복습, 파생어/동의어/ 반의어/ 기출 표현 학습 **Daily Test** 모든 단어 암기	**55일** **Day 25** 표제어 복습, 파생어/동의어/ 반의어/ 기출 표현 학습 **Daily Test** 모든 단어 암기
56일 **Day 26** 표제어 복습, 파생어/동의어/ 반의어/ 기출 표현 학습 **Daily Test** 모든 단어 암기	**57일** **Day 27** 표제어 복습, 파생어/동의어/ 반의어/ 기출 표현 학습 **Daily Test** 모든 단어 암기	**58일** **Day 28** 표제어 복습, 파생어/동의어/ 반의어/ 기출 표현 학습 **Daily Test** 모든 단어 암기	**59일** **Day 29** 표제어 복습, 파생어/동의어/ 반의어/ 기출 표현 학습 **Daily Test** 모든 단어 암기	**60일** **Day 30** 표제어 복습, 파생어/동의어/ 반의어/ 기출 표현 학습 **Daily Test** 모든 단어 암기

Course B 30일 완성

중급 이상의 실력이나, 문맥에 따라 적당한 어휘 및 정확한 쓰임에 가끔 혼동이 되는 분들을 위한 Course. 30일간 꾸준히 다양한 예문과 이미지를 통한 연상 훈련, 원어민 녹음의 MP3를 통해 학습하면 Speaking과 Writing 실력도 함께 올라갈 거예요.

1일	2일	3일	4일	5일
Day 1 표제어 및 Voca PLUS 학습 **Daily Test** 모든 단어 암기	**Day 2** 표제어 및 Voca PLUS 학습 **Daily Test** 모든 단어 암기	**Day 3** 표제어 및 Voca PLUS 학습 **Daily Test** 모든 단어 암기	**Day 4** 표제어 및 Voca PLUS 학습 **Daily Test** 모든 단어 암기	**Day 5** 표제어 및 Voca PLUS 학습 **Daily Test** 모든 단어 암기

6일	7일	8일	9일	10일
Day 6 표제어 및 Voca PLUS 학습 **Daily Test** 모든 단어 암기	**Day 7** 표제어 및 Voca PLUS 학습 **Daily Test** 모든 단어 암기	**Day 8** 표제어 및 Voca PLUS 학습 **Daily Test** 모든 단어 암기	**Day 9** 표제어 및 Voca PLUS 학습 **Daily Test** 모든 단어 암기	**Day 10** 표제어 및 Voca PLUS 학습 **Daily Test** 모든 단어 암기

11일	12일	13일	14일	15일
Day 11 표제어 및 Voca PLUS 학습 **Daily Test** 모든 단어 암기	**Day 12** 표제어 및 Voca PLUS 학습 **Daily Test** 모든 단어 암기	**Day 13** 표제어 및 Voca PLUS 학습 **Daily Test** 모든 단어 암기	**Day 14** 표제어 및 Voca PLUS 학습 **Daily Test** 모든 단어 암기	**Day 15** 표제어 및 Voca PLUS 학습 **Daily Test** 모든 단어 암기

16일	17일	18일	19일	20일
Day 16 표제어 및 Voca PLUS 학습 **Daily Test** 모든 단어 암기	**Day 17** 표제어 및 Voca PLUS 학습 **Daily Test** 모든 단어 암기	**Day 18** 표제어 및 Voca PLUS 학습 **Daily Test** 모든 단어 암기	**Day 19** 표제어 및 Voca PLUS 학습 **Daily Test** 모든 단어 암기	**Day 20** 표제어 및 Voca PLUS 학습 **Daily Test** 모든 단어 암기

21일	22일	23일	24일	25일
Day 21 표제어 및 Voca PLUS 학습 **Daily Test** 모든 단어 암기	**Day 22** 표제어 및 Voca PLUS 학습 **Daily Test** 모든 단어 암기	**Day 23** 표제어 및 Voca PLUS 학습 **Daily Test** 모든 단어 암기	**Day 24** 표제어 및 Voca PLUS 학습 **Daily Test** 모든 단어 암기	**Day 25** 표제어 및 Voca PLUS 학습 **Daily Test** 모든 단어 암기

26일	27일	28일	29일	30일
Day 26 표제어 및 Voca PLUS 학습 **Daily Test** 모든 단어 암기	**Day 27** 표제어 및 Voca PLUS 학습 **Daily Test** 모든 단어 암기	**Day 28** 표제어 및 Voca PLUS 학습 **Daily Test** 모든 단어 암기	**Day 29** 표제어 및 Voca PLUS 학습 **Daily Test** 모든 단어 암기	**Day 30** 표제어 및 Voca PLUS 학습 **Daily Test** 모든 단어 암기

Course C 15일 단기 완성

최상급 수준으로 높은 경지에 올랐지만 뭔가 부족한 2%를 느끼는 분들을 위한 Course. 900점대 단어 위주로 빠르게 학습하면서, 표제어 이외 파생어, 동의어, 반의어, 기출표현 등을 통해 영어 실력을 다져 보세요. 분명 어휘의 달인이 되실 거예요.

1일	2일	3일	4일	5일
Day 1~2 표제어 및 Voca PLUS 학습 **Daily Test** 모든 단어 암기	**Day 3~4** 표제어 및 Voca PLUS 학습 **Daily Test** 모든 단어 암기	**Day 5~6** 표제어 및 Voca PLUS 학습 **Daily Test** 모든 단어 암기	**Day 7~8** 표제어 및 Voca PLUS 학습 **Daily Test** 모든 단어 암기	**Day 9~10** 표제어 및 Voca PLUS 학습 **Daily Test** 모든 단어 암기
6일	7일	8일	9일	10일
Day 11~12 표제어 및 Voca PLUS 학습 **Daily Test** 모든 단어 암기	**Day 13~14** 표제어 및 Voca PLUS 학습 **Daily Test** 모든 단어 암기	**Day 15~16** 표제어 및 Voca PLUS 학습 **Daily Test** 모든 단어 암기	**Day 17~18** 표제어 및 Voca PLUS 학습 **Daily Test** 모든 단어 암기	**Day 19~20** 표제어 및 Voca PLUS 학습 **Daily Test** 모든 단어 암기
11일	12일	13일	14일	15일
Day 21~22 표제어 및 Voca PLUS 학습 **Daily Test** 모든 단어 암기	**Day 23~24** 표제어 및 Voca PLUS 학습 **Daily Test** 모든 단어 암기	**Day 25~26** 표제어 및 Voca PLUS 학습 **Daily Test** 모든 단어 암기	**Day 27~28** 표제어 및 Voca PLUS 학습 **Daily Test** 모든 단어 암기	**Day 29~30** 표제어 및 Voca PLUS 학습 **Daily Test** 모든 단어 암기

DAY 01
청해의 단골 배경
공항, 호텔

---

accommodate 600
[əkámədèit]
ⓥ 수용하다; 적응시키다

The Milton Hotel can **accommodate** up to 640 guests.
밀튼 호텔은 최대 640명의 투숙객을 수용할 수 있다.
cf. accommodative a. 순응적인, 협조적인
accommodation n. 숙박 시설

---

aisle seat 600
[áil síːt]
phr 통로 쪽 좌석

Would you like a window seat or an **aisle seat**?
창가 쪽 좌석으로 하시겠습니까, 통로 쪽 좌석으로 하시겠습니까?
⟷ window seat 창가 쪽 좌석

 기출표현
Do you have a seating preference?
원하시는 좌석이 있습니까?

---

amenity 800
[əménəti]
ⓝ 편의 시설; 예의

The hotel has **amenities** such as a fitness center, a swimming pool, and a night club.
호텔에는 피트니스 센터, 수영장, 나이트클럽과 같은 편의 시설이 있다.

---

board 600
[bɔ́ːrd]
ⓥ 타다; 하숙[기숙]하다
ⓝ 게시판; 위원회

Please **board** the plane at Gate 18.
18번 게이트에서 비행기에 탑승해주시기 바랍니다.

 기출표현
We will begin boarding in thirty minutes.
30분 후 탑승을 시작하겠습니다.

book 600
[búk]
ⓥ 예약하다

I would like to **book** a double room for next weekend.
다음 주말 2인실을 예약하고 싶습니다.
cf. booking n. 예약

bound 600
[báund]
ⓐ ~행(行)의; 꼭 ~하게 되어 있는

This plane is **bound** for Los Angeles.
이 비행기는 LA행입니다.
cf. bound to V a. 꼭 ~할 것 같은, ~할 가능성이 큰

Erica is **bound** to pass the exam as she has studied very hard.
에리카는 매우 열심히 공부해왔기 때문에 시험에 꼭 합격할 것이다.

carry-on 600
[kǽriàn]
ⓐ 기내에 들고갈 수 있는
ⓝ 기내 휴대용 가방

Only one **carry-on** is allowed on domestic flights.
국내선 항공에는 기내 휴대용 가방이 단 한 개만 허용된다.

charter 800
[tʃɑ́ːrtər]
ⓝ 전세
ⓥ 전세 내다

A **chartered** plane carrying 60 Koreans left Tripoli for Cairo on Sunday.
한국인 60명을 태운 전세기가 일요일에 트리폴리를 떠나 카이로로 향했다.
cf. a chartered plane 전세 비행기

check in 600
phr 체크인하다; (짐을) 부치다

They **checked in** at the hotel at 5 p.m.
그들은 오후 5시에 호텔에 체크인했다.

Always **check in** your luggage first when you arrive at the airport.
공항에 도착하면 항상 짐부터 부치세요.
⟷ check out (호텔에서) 계산하고 나오다

 기출표현
How do I check out books at the library?
도서관에서 책을 어떻게 대출하죠?

complimentary 800
[kàmpləméntəri]
ⓐ 무료의; 칭찬하는

The hotel offers a **complimentary** bottle of champagne.
호텔은 샴페인 한 병을 무료로 제공한다.

Most of the guests were very **complimentary** about the hotel and its staff.
대부분의 투숙객들이 그 호텔과 직원들을 크게 칭찬했다.

cf. compliment n. 칭찬 v. 칭찬하다

 기출표현

complimentary ticket 우대권, 초대권

---

concierge 900
[kànsiɛ́ərʒ]
ⓝ 안내원; (건물의) 관리인

Our **concierge** assists guests with various tasks like booking transportation.
저희 안내원은 손님들의 교통편 예약과 같은 다양한 일을 도와드립니다.

---

concourse 900
[kánkɔːrs]
ⓝ 중앙 홀; (하천의) 합류점

The airport **concourse** was crowded with people.
공항의 중앙 홀이 사람들로 붐볐다.

---

confirm 600
[kənfə́ːrm]
ⓥ 확인하다; (결심을) 굳게 하다

I'd like to **confirm** my reservation, please.
예약 확인을 하고 싶습니다.

cf. confirmation n. 확인, 확정

---

connecting flight 600
phr 연결 비행편

She had to wait seven hours for the **connecting flight**.
그녀는 연결 비행편을 타기 위해 7시간을 기다려야 했다.

courtesy 800
[kə́ːrtəsi]
- ⓐ 무료의, 서비스의
- ⓝ 예의; 호의

A **courtesy** shuttle to the station leaves every hour on the hour from 8:00 a.m. to 10:00 p.m.
역으로 가는 무료 순환 버스가 아침 8시부터 밤 10시까지 매 시각 정시에 출발합니다.

In the U.S., it is common **courtesy** to reply to a wedding invitation.
미국에서는 청첩장에 답장을 보내는 것이 당연한 예의이다.

cf. courteous a. 예의 바른

crew 600
[krúː]
- ⓝ 승무원

All the **crew** were rescued by the navy.
승무원들은 해군에 의해 전원 구조되었다.

customs 600
[kʌ́stəmz]
- ⓝ 관세, 세관

All visitors entering Singapore are required to go through **customs**.
싱가포르에 입국하는 모든 방문객들은 세관을 통과해야 한다.

cf. custom n. 관습, 풍습

It is a Korean **custom** to give glutinous rice cakes or taffy to students before exams.
시험 전에 학생들에게 찹쌀떡이나 엿을 주는 것이 한국의 관습이다.

declare 600
[diklɛ́ər]
- ⓥ 신고하다; 선언[공표]하다

Do you have anything to **declare**, sir?
신고하실 물건이 있습니까?

Gotham City mayor Carbonell **declared** a war on drugs.
카보넬 고담시장은 마약과의 전쟁을 선포했다.

cf. declaration n. 선언, 신고

depart 600
[dipáːrt]
- ⓥ 출발하다, 떠나다

The plane **departs** at 3:45 for Milano.
비행기는 3시 45분에 밀라노로 출발한다.

cf. departure n. 출발

destination 600
[dèstənéiʃən]
ⓝ 목적지, 행선지

Seoul Tower is still a very popular tourist **destination**.
서울타워는 여전히 매우 인기 있는 관광지이다.

detector 800
[ditéktər]
ⓝ 탐지기

Everyone should walk through metal **detectors** before boarding a plane.
비행기에 탑승하기 전에 모두 금속 탐지기를 통과해야 한다.

cf. detect v. 탐지하다
detection n. 발견, 탐지

🗨️ 기출표현
detect cancer early 암을 조기에 발견하다

disembark 800
[dìsembá:rk]
ⓥ (배·비행기에서) 내리다

More than half of the passengers **disembarked** from the plane in Incheon.
절반 이상의 승객들이 인천에서 내렸다.

⟷ embark v. 탑승하다

🗨️ 기출표현
embark on ~에 착수하다

domestic 600
[dəméstik]
ⓐ 국내의; 가정의

Terminal B is used by **domestic** airlines.
B 터미널은 국내 항공사가 이용한다.

Domestic violence used to be a serious problem in this country.
가정 폭력은 과거에 이 나라의 심각한 문제였다.

⟷ foreign a. 외국의

frisk 900
[frísk]
ⓥ 옷 위로 몸수색하다
ⓝ 몸수색

Due to terrorist threats, airport security guards had to **frisk** every passenger.
테러 위협으로 인해 공항 보안 요원들은 모든 승객들을 대상으로 몸수색을 해야 했다.

grace time 800
phr 유예 시간

Our hotel allows a **grace time** of one hour before we charge for an additional day.
저희 호텔은 하루치 요금을 더 부과하기 전에 1시간의 유예 시간을 드립니다.

= grace period n. 유예 기간

impeccable 900
[impékəbl]
adj 흠잡을 데 없는, 결점 없는

The room was **impeccable** and the service was faultless.
방은 흠잡을 데 없었고 서비스도 완벽했다.

⟷ flawed a. 흠이 있는

jet lag 600
phr 시차증

Most international travelers suffer from **jet lag**.
해외여행객 대부분이 시차증으로 고생한다.

layover 800
[léiòuvər]
n (항공편의) 경유

I have a two-hour **layover** in Vancouver.
밴쿠버에서 두 시간 동안 경유한다.

legroom 600
[légrù(:)m]
n 다리를 뻗을 수 있는 공간

Is it possible to reserve seats with extra **legroom** in economy class?
일반석에서 여분의 다리 뻗을 공간이 있는 자리를 예약하는 것이 가능한가요?

luggage 600
[lʌ́gidʒ]
n (여행용) 짐, 수하물

Our bellhop will take your **luggage** to your room.
벨보이가 짐을 방으로 옮겨드릴 것입니다.

overhead compartment 600
phr 머리 위 짐칸

Would you put this backpack in the **overhead compartment**, please?
이 배낭을 머리 위 짐칸에 넣어주시겠습니까?

punctual 800
[pʌ́ŋktʃuəl]
ⓐ 시간을 잘 지키는

Skanda Airlines was named Europe's most **punctual** airline.
Skanda 항공이 유럽에서 가장 비행시간을 잘 지키는 항공사로 선정됐다.

cf. punctuality n. 시간 엄수

rate 800
[réit]
ⓝ 요금

You can get the lowest room **rate** if you book online.
인터넷으로 예약하시면 가장 저렴한 숙박료의 혜택을 누리실 수 있습니다.

secluded 900
[siklúːdid]
ⓐ (장소가) 한적한, 외딴

Palmer Hotel is located on a **secluded** beach.
Palmer 호텔은 한적한 해변에 위치해 있다.

cf. seclude v. 격리하다
　　seclusion n. 격리, 은둔

smuggle 800
[smʌ́gl]
ⓥ 밀수하다

He was caught trying to **smuggle** drugs through the airport.
그는 공항을 통해 마약을 밀수하려다 적발됐다.

stow 900
[stóu]
ⓥ (짐을) 싣다

Please **stow** your carry-on luggage in the overhead compartment before you take a seat.
자리에 앉기 전에 기내 휴대용 짐을 머리 위 짐칸에 실어주시기 바랍니다.

strand 800
[strǽnd]

ⓥ 오도 가도 못하게 하다

People were **stranded** at the airport due to the blizzard.

눈보라로 인해 사람들이 공항에 발이 묶였다.

suite 600
[swíːt]

ⓝ (호텔의) 스위트룸

The singer reserved a three-bedroom **suite** at the Wisteria Hotel.

가수는 위스테리아 호텔의 방 3개짜리 스위트룸을 예약했다.

turbulence 800
[tə́ːrbjuləns]

ⓝ 난류, 난기류

We will be passing through **turbulence**, so please fasten your seatbelt.

난기류를 통과할 예정이니 안전벨트를 착용하시기 바랍니다.

cf. turbulent a. 격변의, 난기류의

 기출표현

a turbulent period 격변의 시기

vacancy 600
[véikənsi]

ⓝ 빈방

I'm sorry but we don't have any **vacancies** right now.

죄송하지만 지금은 빈방이 없습니다.

cf. vacant a. 비어 있는

Daily TEST

A 의미상 적절한 단어를 골라 빈칸에 넣고, 필요 시 단어의 형태를 어법에 맞게 바꾸시오.

보기: ⓐ layover ⓑ amenity ⓒ detector ⓓ stow ⓔ frisk
ⓕ rate ⓖ concierge ⓗ courtesy ⓘ accommodate ⓙ strand

1 A smoke _____ can save lives in an emergency.
2 The average room _____ for the hotels in this city is $225.
3 She lives in a big city with modern cultural _____ like theaters, museums, and shopping malls.
4 The police officer _____ the criminal before arresting him.
5 The hotel _____ suggested an excellent Chinese restaurant.
6 You can _____ your bag under the seat in front of you.
7 She had a one-day _____ in Tokyo between flights.
8 The snowstorm left thousands of passengers _____ at the airport.
9 YDP Youth Hostel can _____ up to 250 guests.
10 Jericho Hotel offers a(n) _____ bus to and from the airport.

B 단어의 의미가 올바르게 설명된 보기를 찾아 연결하시오.

11 punctual   ⓐ to rent a plane, boat, etc. for your own use
12 smuggle   ⓑ a wide hall in a public building, especially a hotel, airport, or station.
13 concourse   ⓒ private, peaceful, and not near other people or places
14 charter   ⓓ to take someone or something secretly and illegally into or out of a country
15 secluded   ⓔ happening or doing something at the arranged or correct time

Voca PLUS

- **abrupt** [əbrʌ́pt] — a. 갑작스러운
- **ahead of time** — phr. 예정보다 빨리
- **airborne** [ɛərbɔ́ːrn] — a. 비행 중인
- **airfare** [ɛərfɛ́ər] — n. 항공 요금
- **airline ticket** — phr. 항공권, 비행기 표
- **airsickness** [ɛ́ərsìknis] — n. 비행기 멀미
- **approach** [əpróutʃ] — n. (활주로) 진입 v. 접근하다
- **Are you here on business or for pleasure?** — 사업 목적 방문이신가요, 아니면 여행 오신 건가요?
- **arrival card** — phr. 입국 신고서
- **aviation industry** — phr. 항공 산업
- **baggage** [bǽgidʒ] — n. 짐, 수하물
- **baggage claim area** — phr. 짐 찾는 곳
- **bellhop** [bélhɑ̀p] — n. 벨보이
- **bolster** [bóulstər] — n. 받침 v. 지지하다
- **border** [bɔ́ːrdər] — n. 국경
- **by air freight** — phr. 항공 화물로
- **cabin** [kǽbin] — n. 객실
- **cancellation** [kæ̀nsəléiʃən] — n. (예약) 취소
- **carousel** [kæ̀rəsél] — n. 수하물 컨베이어 벨트
- **clear customs** — phr. 세관을 통과하다
- **cloakroom** [klóukrù(ː)m] — phr. 휴대품 보관소
- **cockpit** [kɑ́kpìt] — n. 조종석[실]
- **connection** [kənékʃən] — n. 연결편
- **contact** [kɑ́ntækt] — n. 연락 v. 연락하다
- **content** [kəntént] — a. 만족하는

☐ control tower	phr.	관제탑
☐ customs clearance	phr.	통관 (수속)
☐ daylight savings time	phr.	일광 절약 시간
☐ delay [diléi]	n.	지연 v. 지연시키다
☐ deluxe [dəlúks]	a.	호화로운
☐ direct flight	phr.	직항편
☐ Do not disturb.		깨우지 마시오.
☐ duty-free [djú:tifrí:]	a.	면세의
☐ economy class	phr.	일반석, 보통석
☐ emergency exit	phr.	비상구
☐ entry [énti]	n.	입국, 입장
☐ excess baggage	phr.	초과 수하물
☐ fatigue [fətí:g]	n.	피로
☐ feel free to do	phr.	마음대로 ~하다
☐ fill in[out]	phr.	(서류에) 기입하다
☐ flight attendant	phr.	승무원
☐ fly nonstop	phr.	무착륙으로 비행하다
☐ hand luggage	n.	휴대 가능 수하물
☐ hazard [hǽzərd]	n.	위험
☐ in advance	phr.	사전에, 미리
☐ in the nick of time	phr.	아슬아슬하게
☐ in-flight [ínflàit]	a.	기내의, 비행 중의
☐ International Date Line	phr.	국제 날짜 변경선
☐ land [lǽnd]	v.	착륙하다
☐ life jacket	phr.	구명조끼

☐ **local time**	phr.	현지 시간
☐ **lost and found**	phr.	분실물 취급소
☐ **lounge** [láundʒ]	n.	라운지, 대합실
☐ **make a reservation**	phr.	예약하다
☐ **mess** [més]	n.	엉망인 상태

☐ **misinformed** [mìsinfɔ́ːrmd]	a.	잘못 알고 있는
☐ **miss a flight**	phr.	비행기를 놓치다
☐ **no-show**	phr.	예약하고 안 나타나는 사람
☐ **ominous** [ámənəs]	a.	불길한
☐ **on time**	phr.	시간에 맞게

☐ **one-way** [wʌ́nwéi]	a.	편도의
☐ **oversight** [óuvərsàit]	n.	감독; 간과
☐ **panic** [pǽnik]	n.	공포
☐ **passenger** [pǽsəndʒər]	n.	승객
☐ **passport** [pǽspɔ̀ːrt]	n.	여권

☐ **peak season**	phr.	성수기
☐ **peril** [pérəl]	n.	위험
☐ **plush** [plʌ́ʃ]	a.	고급의
☐ **posh** [páʃ]	a.	호화스런
☐ **print** [prínt]	v.	활자체로 쓰다

☐ **prolonged stay**	phr.	장기 체류
☐ **quarantine** [kwɔ́ːrəntìːn]	n.	검역 v. 검역하다
☐ **receptionist** [risépʃənist]	n.	접수원
☐ **recommend** [rèkəménd]	v.	추천하다
☐ **red-eye flight**	phr.	야간 비행편

☐	**reserve** [rizə́ːrv]	v.	예약하다
☐	**round trip**	phr.	왕복 여행
☐	**runway**	n.	활주로, (패션쇼장의) 무대
☐	**safety inspection**	phr.	안전 검사
☐	**security guard**	phr.	경비원
☐	**see off**	phr.	~를 배웅[전송]하다
☐	**set out**	phr.	출발하다
☐	**shabby** [ʃǽbi]	a.	낡은, 허름한
☐	**shatter** [ʃǽtər]	v.	산산조각이 나다
☐	**sleep soundly**	phr.	푹 자다
☐	**standby passenger**	n.	탑승 대기 승객
☐	**stickler** [stíklər]	n.	잔소리꾼; 완고한 사람
☐	**stopover** [stápòuvər]	n.	경유(지), 도중하차
☐	**suitable** [súːtəbl]	a.	적합한
☐	**suitcase** [súːtkèis]	n.	여행 가방
☐	**takeoff** [téikɔ́ːf]	n.	이륙
☐	**touch down**	phr.	착륙하다
☐	**valid** [vǽlid]	a.	유효한
☐	**valuables** [vǽljuəbls]	n.	귀중품
☐	**via** [váiə]	prep.	~를 경유하여
☐	**victim** [víktim]	n.	피해자
☐	**visa** [víːzə]	n.	비자, 사증
☐	**wake-up call**	phr.	모닝콜
☐	**What's the purpose of your visit?**		방문 목적은 무엇입니까?
☐	**wreck** [rék]	n. 잔해 v.	파괴하다

DAY 02 배워서 남 주나
교육

---

admit 600
[ədmít]
- v 입학을 허락하다; 시인하다

The genius boy was **admitted** to Harvard University at the age of fifteen.
천재 소년은 15세의 나이에 하버드 대학교에 입학했다.

He **admitted** that he cheated on the exam.
그는 자신이 시험에서 커닝했다고 시인했다.

cf. admission n. 입학; 시인
  admittance n. 입장

 기출표현

gain admittance to ~에 입장하다

---

alumnus 800
[əlʌ́mnəs]
- n 졸업생, 동창, 동문

The Yale University **Alumni** Association publishes a monthly newsletter.
예일대 동문회에서는 매월 소식지를 발행한다.

pl alumni

---

application 600
[æ̀pləkéiʃən]
- n 지원서; 신청서

First of all, you should fill out the **application** form and mail it to the Admissions Office.
우선 지원서를 작성해서 입학처로 보내야 한다.

cf. apply v. 적용되다; 신청하다
  applicant n. 지원자, 신청자

audit [ɔ́ːdit] 800
v (강의를) 청강하다; (회계를) 감사하다

Auditing a class means taking the class without earning credit.
청강한다는 것은 학점을 이수하지 않고 수업을 듣는다는 뜻이다

Companies are required to have an external auditor who **audits** their accounts.
기업은 회사의 장부를 감사하는 외부 회계 감사원이 있어야 한다.

be versed in 800
phr ~에 조예가 깊다

The professor **is versed in** European history.
교수님은 유럽 역사에 조예가 깊다.

catch on (to) 800
phr ~를 이해하다

The students were quick to **catch on to** something new.
학생들은 새로운 것을 빨리 이해했다.

certificate [sərtífikət] 600
n 수료 증명서

Will I get a **certificate** of completion for taking these courses?
이 과목들을 수강하면 수료증을 받나요?

cf. certification n. 증명, 증명서

cite [sáit] 800
v 인용하다; (법정에) 소환하다

You should always **cite** your sources when you write a paper at college.
대학에서 리포트를 쓸 때는 항상 인용한 자료들의 출처를 밝혀야 한다.

The actor was **cited** for a hit and run accident.
배우는 뺑소니 혐의로 소환되었다.

cf. citation n. 인용; 소환

compliment 800

[kámpləmənt] n 칭찬, 찬사
[kámpləmènt] v 칭찬하다

The teacher always pays her students a **compliment**.
선생님은 항상 학생들을 칭찬해 준다.

It is recommended to **compliment** students on their efforts rather than the results of their actions.
학생들에게 행동의 결과보다는 노력에 대해 칭찬해 주는 것이 좋다.

comprehensive 600

[kàmprihénsiv]

a 종합적인, 폭넓은

The lecturer had a **comprehensive** knowledge of anthropology.
강사가 인류학에 대한 해박한 지식이 있었다.

cf. comprehend v. 이해하다
comprehension n. 이해(력)
comprehensible a. 이해할 수 있는

 기출표현

incomprehensible to the public
대중들이 이해할 수 없는

dawn on 800

phr ~를 깨닫게 되다

Suddenly it **dawned on** me that I forgot to submit the homework.
숙제 제출을 깜빡했다는 사실이 갑자기 생각났다.

degree 600

[digríː]

n 학위; 정도

He has a bachelor's **degree** in physics and a master's degree in astronomy.
그는 물리학 학사 학위와 천문학 석사 학위가 있다.

cf. to some degree phr. 어느 정도

Saudi Arabia has successfully, to some **degree**, kept oil prices low.
사우디아라비아는 유가를 낮게 유지하는 데 어느 정도는 성공했다.

digress [900]
[digrés]
- v (주제에서) 벗어나다

Let me **digress** a little to explain the basic concept first.
기본 개념을 먼저 설명하기 위해 잠시 주제에서 벗어나겠습니다.

cf. digression n. 주제에서 벗어나기; 탈선

discipline [800]
[dísəplin]
- n 학문 분야; 훈육, 징계
- v 훈육[징계]하다

Electronic engineering is a different **discipline** from electrical engineering.
전자공학은 전기공학과 다른 학문 분야이다.

Some teachers think about **discipline** only after the negative behavior starts in their students.
일부 교사들은 학생들이 부정적 행동을 시작한 뒤에야 훈육에 대해 생각한다.

The teacher used the rod to **discipline** his students during class time.
선생님은 수업 시간에 학생들을 벌주기 위해 회초리를 들곤 했다.

cf. disciplined a. 훈련받은, 잘 통솔된
self-discipline n. 자기 수양

 기출표현
disciplined soldier 군기 잡힌 군인

dormitory [600]
[dɔ́:rmətɔ́:ri]
- n 기숙사

The majority of freshmen live in a **dormitory**.
신입생 대부분은 기숙사에 산다.

enroll [800]
[inróul]
- v 등록하다

Janet decided to **enroll** in an archaeology course next semester.
재닛은 다음 학기에 고고학 수업에 등록하기로 했다.

cf. enrollment n. 등록, 등록자 수

faculty 800
[fækəlti]

ⓝ 교수진; 능력

In 2011, Dr. Kim joined the **faculty** of the Department of Linguistics at Pennsylvania State University.
2011년 김 박사는 펜실베이니아주립대 언어학과 교수진에 합류했다.

Humans have a **faculty** for objective thinking.
인간은 객관적인 사고를 하는 능력이 있다.

flunk 900
[flʌ́ŋk]

ⓥ 낙제하다

I can't believe Jack **flunked** a math test again.
잭이 또 수학 시험에서 낙제했다니 믿을 수가 없어.

 기출표현

flunk out of college 낙제해서 대학에서 퇴학당하다

foster 800
[fɔ́:stər]

ⓥ 육성하다; 촉진하다

The course was designed to **foster** active learning and encourage participation.
수업은 능동적 학습을 촉진하고 참여를 독려하도록 되어 있다.

get ... across 800

phr ~을 이해시키다

The new instructor was not really good at **getting** her lecture **across** to her students.
새 강사는 학생들에게 자기 강의를 잘 이해시키지 못했다.

grant 800
[grǽnt]

ⓝ 보조금
ⓥ 수여하다

The student was awarded a research **grant** for his stem cell project.
학생은 줄기세포 프로젝트를 위한 연구 보조금을 받았다.

More than 100 students were **granted** a scholarship last semester.
100명이 넘는 학생들이 지난 학기에 장학금을 받았다.

hone ⁹⁰⁰
[hóun]
ⓥ (기술을) 연마하다

From the age of thirteen, Rob **honed** his skill as a pianist with the guidance of his mother.
열세 살 때부터 롭은 어머니의 지도를 받아 피아니스트로서의 기술을 연마했다.

knowledgeable ⁶⁰⁰
[nɑ́lidʒəbl]
ⓐ 많이 아는

The student has become **knowledgeable** about politics by reading a newspaper every day.
학생은 매일 신문을 읽어서 정치에 관해 많이 알게 되었다.

late fee ⁶⁰⁰
phr 연체료

A **late fee** of $2 a day will be charged for an overdue book.
연체된 책에는 하루 2달러의 연체료가 부과됩니다.

liberal arts ⁸⁰⁰
phr 교양 과목

The school offers a variety of **liberal arts** courses such as literature, languages, history, and philosophy.
학교는 문학, 언어, 역사, 철학과 같은 다양한 교양 과목을 제공한다.

mentor ⁶⁰⁰
[méntɔːr]
ⓥ 조언[지도]하다
ⓝ 멘토, 조언자

Some of the graduates volunteered to **mentor** students.
몇몇 졸업생들이 학생들을 지도하기를 자원했다.
cf. mentee n. 조언을 받는 사람

peer ⁶⁰⁰
[píər]
ⓝ 또래, 동료

Boys do not want to lag behind their **peers**.
남자아이들은 또래들보다 뒤처지길 싫어한다.

 기출표현
peer pressure 동료 집단으로부터 받는 사회적 압력

pick on [800]
phr ~을 괴롭히다

You should never verbally or physically **pick on** other students.
말이나 힘으로 다른 학생들을 절대 괴롭혀서는 안 된다.

prestigious [800]
[prestídʒəs]
a 일류의, 명문의

Seoul National University is the most **prestigious** college in Korea.
서울대학교는 한국 최고의 명문대이다.

cf. prestige n. 명성

기출표현
gain prestige 명성을 얻다

prodigy [900]
[prádədʒi]
n 영재, 신동

The **prodigy** skipped two grades and went on to MIT.
영재는 두 개 학년을 월반하고 나서 MIT에 진학했다.

revise [600]
[riváiz]
v 수정[개정]하다

The best way to write a good essay is to edit and **revise** until it is perfect.
좋은 글을 쓰는 최선의 방법은 완벽할 때까지 계속 편집, 수정하는 것이다.

cf. revision n. 수정, 개정

rigid [800]
[rídʒid]
a 엄격한, 완고한; 단단한

Our school has a very **rigid** dress code.
우리 학교는 복장 규정이 매우 엄격하다.

cf. rigidity n. 엄격

rudimentary [800]
[rùːdəméntəri]
a 기초의, 기본의

A **rudimentary** Korean language course will be offered for exchange students.
교환 학생들을 위해 기초 한국어 강좌가 제공될 것이다.

cf. rudiment n. 기본, 기초

salient ⁹⁰⁰
[séiliənt]
ⓐ 중요한, 핵심적인

Please make a summary of the **salient** points of her speech.
그녀가 한 연설의 핵심 내용을 요약하세요.

scholastic ⁸⁰⁰
[skəlǽstik]
ⓐ 학교의, 학업의

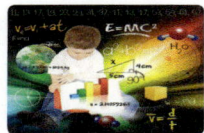

Merit scholarships are usually awarded based on **scholastic** achievement rather than financial need.
성적 우수 장학금은 대개 재정적 필요보다는 학업 성취도에 따라 수여된다.

secondary ⁶⁰⁰
[sékəndèri]
ⓐ 중등 교육의; 부차적인

Eighty four percent of Korean students who complete six years of **secondary** education go on to college.
6년간의 중등 교육을 마친 한국 학생들 84%가 대학에 진학한다.

cf. elementary[primary] education phr. 초등 교육
higher education phr. 고등(대학) 교육

sign up ⁶⁰⁰
phr. 신청[등록]하다

Only juniors and seniors are allowed to **sign up** for the business etiquette course.
3, 4학년 학생들만 비즈니스 에티켓 수업을 신청할 수 있다.

submit ⁶⁰⁰
[səbmít]
ⓥ 제출하다; 복종하다

All students are required to **submit** their assignment before class on the due date.
모든 학생들은 마감일 수업 전에 과제를 제출해야 한다.

The teens refused to **submit** to their teacher's authority.
십대들이 선생님의 권위에 순종하기를 거부했다.

suspend 800
[səspénd]

ⓥ 정학[정직]시키다; 중지하다

Andy was **suspended** for bullying other students.
앤디는 다른 학생들을 괴롭혔다는 이유로 정학을 당했다.

The construction project was **suspended** due to the global financial crisis.
세계 금융 위기로 그 건설 프로젝트는 중단되었다.

cf. suspension n. 정학; 중지

tardy 800
[táːrdi]

ⓐ 늦은, 지각한

I was **tardy** for school because my alarm did not go off.
알람이 울리지 않아서 학교에 지각했다.

cf. tardiness n. 지각

Daily TEST

A 의미상 적절한 단어를 골라 빈칸에 넣고, 필요 시 단어의 형태를 어법에 맞게 바꾸시오.

보기
ⓐ dawn　ⓑ rudimentary　ⓒ flunk　ⓓ prestigious　ⓔ rigid
ⓕ digress　ⓖ verse　ⓗ suspend　ⓘ compliment　ⓙ foster

1 Many Korean parents are obsessed with sending their children to _____ universities.

2 The lecturer was well _____ in geometry.

3 Asking open-ended questions is one way a teacher can _____ student participation in class.

4 Yesterday my teacher _____ me on my excellent French.

5 Private schools tend to have more _____ rules than public schools.

6 It _____ on her that she forgot to return the book to the library.

7 Zachary was _____ from school for smoking a cigarette.

8 Living in the U.S. for ten years, she had only a(n) _____ knowledge of Korean history.

9 He _____ out of college but succeeded in his online business at the age of 28.

10 I like my psychology professor although she often _____ from the lecture.

B 단어의 의미가 올바르게 설명된 보기를 찾아 연결하시오.

11 audit　　　　　ⓐ to attend a course without receiving academic credit

12 discipline　　　ⓑ to improve a skill or talent that is already well developed

13 grant　　　　　ⓒ the practice of making people obey rules of behavior and punishing them if they do not

14 hone　　　　　ⓓ most important or noticeable

15 salient　　　　ⓔ a sum of money that is given by the government or by another organization to be used for a particular purpose

☐ **academia** [æ̀kədí:miə]	n.	학계
☐ **admonish** [ædmániʃ]	v.	꾸짖다
☐ **aptitude** [ǽptətjù:d]	n.	소질, 적성
☐ **attempt** [ətémpt]	n. 시도 v.	시도하다
☐ **attendance** [əténdəns]	n.	출석
☐ **be left behind**	phr.	뒤처지다
☐ **brilliant** [bríljənt]	a.	뛰어난, 우수한
☐ **bully** [búli]	v. 괴롭히다 n.	괴롭히는 사람
☐ **cheat** [tʃí:t]	v.	속이다
☐ **committed** [kəmítid]	a.	헌신적인, 열성적인
☐ **compare** [kəmpɛ́ər]	v.	비교하다
☐ **concentrate on**	phr.	~에 집중하다
☐ **conclude** [kənklú:d]	v.	결론을 내리다
☐ **corporal punishment**	phr.	체벌
☐ **cram** [krǽm]	v.	벼락공부를 하다
☐ **criterion** [kraitíəriən]	n.	기준
☐ **critical** [krítikəl]	a.	비판적인, 결정적인
☐ **critical period**	phr.	결정적인 시기
☐ **debate** [dibéit]	v.	토론하다
☐ **detail** [dí:teil]	n.	세부 사항
☐ **devote** [divóut]	v.	바치다, 전념하다
☐ **diploma** [diplóumə]	n.	졸업장, 수료증
☐ **disparage** [dispǽridʒ]	v.	폄하다
☐ **dissertation** [dìsərtéiʃən]	n.	논문
☐ **doctoral dissertation**	phr.	박사 학위 논문

☐ **drop out**	phr.	중퇴하다
☐ **dropout** [drápàut]	n.	중퇴자
☐ **dull** [dʌ́l]	a.	따분한, 재미없는
☐ **dyslexia** [disléksiə]	n.	난독증, 독서 장애
☐ **effortlessly** [éfərtlisli]	a.	힘들이지 않고, 쉽게
☐ **endeavor** [indévər]	n.	노력 v. 노력하다
☐ **evaluate** [ivǽljuèit]	v.	평가하다
☐ **excel** [iksél]	v.	뛰어나다
☐ **expel** [ikspél]	v.	퇴학시키다
☐ **expulsion** [ikspʌ́lʃən]	n.	퇴학
☐ **extracurricular** [èkstrəkəríkjələr]	a.	정규 교과 외의
☐ **facility** [fəsíləti]	n.	(타고난) 재능
☐ **field trip**	phr.	현장 학습
☐ **final** [fáinl]	n.	기말고사
☐ **formative years**	phr.	형성기
☐ **foundation** [faundéiʃən]	n.	기초, 재단
☐ **fulfill** [fulfíl]	v.	실현[성취]하다
☐ **go for it**	phr.	도전해 보다
☐ **graduate** [grǽdʒuèit]	v.	졸업하다 n. 졸업생
☐ **graduate school**	phr.	대학원
☐ **guideline** [gáidlàin]	n.	가이드라인, 지침
☐ **hang in there**	phr.	버티다, 견뎌내다
☐ **imitation** [ìmətéiʃən]	n.	모방, 흉내
☐ **imperative** [impérətiv]	a.	필수적인, 긴급한
☐ **integral** [íntigrəl]	a.	필수적인

☐ **interact** [ìntərǽkt]	v.	상호 작용하다
☐ **intermediate** [ìntərmíːdiət]	a.	중간의, 중급의
☐ **juvenile** [dʒúːvənl]	a.	청소년의 n. 청소년
☐ **juvenile delinquency**	phr.	미성년 범죄
☐ **kindergarten** [kíndərgàːrtn]	n.	유치원
☐ **lag behind**	phr.	뒤처지다
☐ **learn ... by heart**	phr.	~을 암기하다
☐ **learn by rote**	phr.	단순 암기식으로 배우다
☐ **leave ... behind**	phr.	~을 앞서다
☐ **make it**	phr.	해내다, 성공하다
☐ **mature** [mətjúər]	a.	성숙한
☐ **midterm** [mídtəːrm]	n.	중간고사
☐ **pedagogy** [pédəgòudʒi]	n.	교육학
☐ **perfunctory** [pərfʌ́ŋktəri]	a.	마지못해 하는, 형식적인
☐ **pertinacious** [pə̀ːrtənéiʃəs]	a.	끈질긴
☐ **prerequisite** [priːrékwəzit]	n.	필수 과목
☐ **preschool** [príːskúːl]	n.	유치원
☐ **private school**	phr.	사립 학교
☐ **proficient** [prəfíʃənt]	a.	능숙한, 능한
☐ **public school**	phr.	공립 학교
☐ **pull one's leg**	phr.	놀리다
☐ **recess** [riːsés]	n.	휴식, 쉬는 시간
☐ **regarding** [rigáːrdiŋ]	prep.	~에 관하여
☐ **register** [rédʒistər]	v.	등록하다
☐ **reiterate** [riːítərèit]	v.	반복하다

☐ **relevant** [réləvənt]	a.	관련된, 적절한
☐ **rely on**	phr.	~에 의지하다
☐ **remedial education**	phr.	보충수업
☐ **report card**	phr.	성적표, 통지표
☐ **roll call**	phr.	출석 조사
☐ **sabbatical** [səbǽtikəl]	n.	(교수의) 안식년
☐ **scholarship** [skάlərʃip]	n.	장학금
☐ **semester** [siméstər]	n.	한 학기
☐ **shortcoming** [ʃɔ́ːrtkʌ̀miŋ]	n.	결점, 단점
☐ **significant** [signífikənt]	a.	중요한, 의미 있는
☐ **specific** [spisífik]	a.	구체적인, 명확한
☐ **stay up**	phr.	깨어 있다
☐ **student body**	phr.	전체 학생 수
☐ **syllabus** [síləbəs]	n.	(강의의) 요강, 강의 계획표
☐ **tenacious** [tənéiʃəs]	a.	집요한, 완강한
☐ **tenacity** [tənǽsəti]	n.	뛰어난 기억력
☐ **tenure** [ténjər]	n.	(교수의) 종신 재직권
☐ **term paper**	n.	학기말 리포트
☐ **thesis** [θíːsis]	n.	학위 논문
☐ **transcript** [trǽnskript]	n.	성적 증명서
☐ **treatise** [tríːtis]	n.	논문, 전문 서적
☐ **tuition** [tjuːíʃən]	n.	등록금
☐ **tutor** [tjúːtər]	n.	개인 교사
☐ **undergraduate** [ʌ̀ndərgrǽdʒuət]	n.	대학생
☐ **unruly** [ʌnrúːli]	a.	다루기 힘든, 제멋대로 구는

DAY 03 불황을 탈출하는 어휘
경제

austerity 900
[ɔːstérəti]
ⓝ 긴축; 엄격

The Korean government took **austerity** measures during the Asian financial crisis.
아시아의 금융 위기 당시 한국 정부는 긴축 조치를 취했다.
cf. austere a. 금욕적인, 간소한

benchmark 800
[béntʃmàːrk]
ⓝ 척도, 기준

The Gross Domestic Product is one of the most important **benchmarks** of the economy.
GDP(국내 총생산)는 가장 중요한 경제 척도 중 하나이다.

boost 800
[búːst]
ⓥ 부양하다, 북돋우다
ⓝ 경기 부양

Hosting the Winter Olympic Games will help **boost** the nation's economy.
동계 올림픽을 개최하는 것이 국가 경제 부양에 도움이 될 것이다.

capital 600
[kǽpətl]
ⓝ 자본

You should first raise **capital** to start a business.
사업을 시작하기 위해서는 먼저 자본을 조달해야 한다.
cf. capitalism n. 자본주의
capitalize v. 자본화하다; 대문자로 쓰다
capitalization n. 자본화; 대문자 사용

commodity 800
[kəmádəti]
ⓝ 원자재; 상품

Lithium is emerging as a key **commodity** of the 21st century.
리튬이 21세기의 주요 원자재로 떠오르고 있다.

confidence 600
[kánfədəns]
n. 신뢰; 자신감

Low-income people are losing **confidence** in the economy.
저소득층이 경제에 대한 신뢰를 잃고 있다.

cf. consumer confidence index
 phr. 소비자 신뢰 지수

The consumer **confidence** index fell in December to the lowest since 2010.
12월에 소비자 신뢰 지수가 2010년 이래 최저치로 떨어졌다.

deficit 800
[défəsit]
n. 적자

In October, the nation ran a trade **deficit** for the first time in nearly six years.
10월에 그 나라는 거의 6년 만에 처음으로 무역 수지 적자를 기록했다.

demand 600
[dimǽnd]
n. 수요
v. 요구하다

Demand for oil in the U.S. is expected to reach 28 million barrels per day in 2025.
2025년이면 미국 내 석유 수요가 하루 2천 8백만 배럴에 달할 것으로 예상된다.

The customer **demanded** that the manager apologize for the bad service she received.
손님은 자신이 받은 형편없는 서비스에 대해 매니저에게 사과를 요구했다.

⟵ supply n. 공급 v. 공급하다

depression 600
[dipréʃən]
n. 불황; 우울증

Many businesses have gone bankrupt due to the economic **depression**.
경기 불황으로 많은 기업이 파산했다.

Jaden has been suffering from **depression** since his mother's death.
제이든은 어머니께서 돌아가신 후 우울증을 겪어왔다.

cf. depress v. 부진하게 하다, 우울하게 하다
 depressed a. (경기가) 침체된, (기분이) 우울한
 depressing a. 우울하게 만드는

disparity 900
[dispǽrəti]
n 불균형, 격차

The wide **disparity** between rich and poor is a serious social problem.
큰 빈부 격차는 심각한 사회 문제이다.

downturn 600
[dáuntə:rn]
n 침체, (매출 등의) 감소

Korea has now recovered from the economic **downturn**.
한국은 현재 경기 침체에서 회복되고 있다.

dwindle 800
[dwíndl]
v 감소하다, 줄어들다

Assembly-line jobs are **dwindling** in number due to automation.
자동화로 인해 생산 라인의 일자리 수가 감소하고 있다.

escalate 800
[éskəlèit]
v 증가[확대]되다, 확대하다

The economist highlighted the link between high food prices and **escalating** oil prices.
경제학자는 높은 식량 가격과 석유 가격 상승 간의 관련성을 강조했다.

cf. escalation n. 상승, 확대

falter 900
[fɔ́:ltər]
v 흔들리다, 비틀거리다

The Chinese economy is not showing any sign of **faltering**.
중국 경제가 흔들리고 있다는 조짐은 없다.

cf. faltering a. 비틀거리는

 기출표현

a faltering economy 휘청거리는 경제

fluctuate 800
[flʌ́ktʃuèit]
- ⓥ 오르내리다

For the month of August, stock prices **fluctuated** between $8.41 for a low and $20.67 for a high.

8월 한 달 동안 주가는 최저 8.41달러에서 최고 20.67달러까지 오르내렸다.

cf. fluctuation n. 변동, 오르내림

frugal 800
[frú:gəl]
- ⓐ 검소한, 절약하는

Although Kenneth is one of the richest men in the world, he still maintains a **frugal** lifestyle.

케네스는 세계 최고 부자 중 한 명이지만, 여전히 검소한 생활을 유지한다.

cf. frugality n. 절약, 검소

hedge 800
[hédʒ]
- ⓝ 방지책, 대비책
- ⓥ 막다

The investment bank decided to buy commodities as a **hedge** against inflation.

투자 은행은 인플레이션에 대한 대비책으로 원자재를 구매하기로 결정했다.

index 600
[índeks]
- ⓝ 지수, 지표

The stock **index** rose 0.4% to 1201.54 points on Wednesday.

수요일에 주가 지수가 0.4% 상승한 1201.54 포인트를 기록했다.

🅿 indices

influx 800
[ínflʌks]
- ⓝ 유입

The **influx** of immigrant workers from Asia can be a mixed blessing.

아시아 이주 노동자들의 유입은 해가 될 수도 득이 될 수도 있다.

infrastructure 600
[ínfrəstrʌ̀ktʃər]
ⓝ 기반 시설, 인프라

The government invested heavily in building traditional **infrastructure** such as railroads, bridges, and ports.
정부는 철도, 교량, 항구와 같은 전통적인 기반 시설 건설에 집중 투자했다.

intervene 800
[ìntərvíːn]
ⓥ 개입하다

In order to prevent inflation, the central bank decided to **intervene** in the foreign exchange market.
인플레이션을 막기 위해서, 중앙은행이 외환 시장에 개입하기로 했다.

cf. intervention n. 개입

 기출표현

government intervention in the financial sector
금융 부문의 정부 개입

monetary 800
[mánətèri]
ⓐ 통화의, 화폐의

Most countries use both **monetary** policy and fiscal policy to influence the economy.
대부분의 국가는 경제에 영향을 미치기 위해 통화 정책과 재정 정책을 모두 사용한다.

monopoly 600
[mənápəli]
ⓝ 독점

Zemmix now has a **monopoly** in the home video game market, with close to 85% market share.
제믹스는 시장 점유율이 거의 85%로 가까워 이제 가정용 비디오 게임 시장을 독점하고 있다.

cf. monopolize v. 독점하다

outflow 600
[áutflòu]
ⓝ 유출

The **outflow** of capital from Mexico is expected to come to a halt next year.
내년에는 멕시코로부터의 자본 유출이 중단될 것으로 예상된다.

plummet ⁹⁰⁰
[plʌ́mit]
- v 폭락하다

The company's stock price **plummeted** from $24 a share down to $18 a share.
회사의 주가가 주당 24달러에서 18달러로 폭락했다.

plunge ⁸⁰⁰
[plʌ́ndʒ]
- v 급락하다
- n 급락

London housing prices **plunged** 50 percent within one year.
런던의 주택 가격이 1년 만에 50% 급락했다.

powerhouse ⁸⁰⁰
[páuərhàus]
- n 강자, 유력 집단; 발전소

India has emerged as a global IT **powerhouse**.
인도가 세계적 IT 강국으로 부상했다.

privatize ⁸⁰⁰
[práivətàiz]
- v 민영화하다

The Korean government has **privatized** many of the state-run companies.
한국 정부는 많은 공기업들을 민영화했다.

cf. private a. 사유의; 민간의
privacy n. 사생활
privatization n. 민영화

→ nationalize v. 국영(국유)화하다
nationalization n. 국영(국유)화

prospect ⁶⁰⁰
[práspekt]
- n 가능성, 전망

The **prospect** of inflation seems to be overlooked in the media.
언론에서는 인플레이션의 가능성을 간과하고 있는 것으로 보인다.

cf. prospective a. 장래의, 유망한

 기출표현
prospective buyer 살 듯한 손님

recession 800
[riséʃən]
ⓝ 경기 침체, 불황

We should make concerted efforts to overcome the **recession**.
경기 침체를 극복하기 위해 함께 노력해야 한다.

cf. recede v. 물러나다, 약해지다

 기출표현
receding hairline 탈모가 진행 중인 앞머리 선

revive 600
[riváiv]
ⓥ 되살리다, 회복시키다

I firmly believe tax cuts will help **revive** the economy.
감세가 경제를 회복하는 데 도움이 될 것이라 확신한다.

cf. revival n. 회복, 부활

skyrocket 600
[skáirɑ̀kit]
ⓥ 급상승하다

More people are using public transportation as gas prices are **skyrocketing**.
휘발유 가격이 급등함에 따라 보다 많은 사람들이 대중교통을 이용하고 있다.

sluggish 800
[slʌ́giʃ]
ⓝ 둔한, 부진한

The confectionery industry is suffering from **sluggish** sales.
제과업이 매출 부진을 겪고 있다.

cf. slug n. 민달팽이; 느릿느릿한 사람

soar 800
[sɔ́:r]
ⓥ 급증[급등]하다, 치솟다

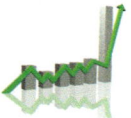

Recent floods and droughts in Asia have contributed to **soaring** grain prices.
아시아의 최근 홍수와 가뭄이 곡물 가격 급등의 원인이 됐다.

stimulate 600
[stímjulèit]
- ⓥ 활성화하다, 자극하다

Back then, the administration expected that war spending would **stimulate** the economy.
당시 행정부는 전시 지출이 경제를 활성화할 것으로 기대했다.

cf. stimulation n. 자극, 격려
stimulus n. 자극(제), 부양책

 기출표현

legal stimulants such as caffeine
카페인과 같은 합법적 각성제

subsidy 800
[sʌ́bsədi]
- ⓝ 보조금, 교부금

Most rice growers in Korea are heavily dependent on agricultural **subsidies**.
한국의 쌀 재배 농가 대부분은 농업 보조금에 크게 의존한다.

cf. subsidize v. 보조금을 주다

 기출표현

a heavily subsidized industry
보조금을 많이 받는 산업

surge 800
[sə́:rdʒ]
- ⓝ 급증, 급등
- ⓥ 급증[급등]하다

The **surge** in demand for precious metals is closely related to the global financial crisis.
귀금속 수요 급증은 세계 금융 위기와 밀접한 관련이 있다.

surplus 600
[sə́:rplʌs]
- ⓝ 흑자, 나머지
- ⓐ 잔여의, 과잉의

Many Asian countries are running a trade **surplus** with China.
많은 아시아 국가들이 중국과의 무역에서 흑자를 기록하고 있다.

turnaround [800]
[tə́:rnəràund]
- n (상황의) 호전

Analysts predicted a **turnaround** in the economy no later than early next year.
애널리스트들은 늦어도 내년 초에는 경제가 호전될 것이라 예측했다.

cf. turn around　phr. 호전되다, 호전시키다

unemployment [600]
[ʌ̀nimplɔ́imənt]
- n 실업(률)

Youth **unemployment** is higher than ever, partly due to jobless growth.
청년 실업률이 역대 최고치 달했는데, 부분적으로는 고용 없는 성장 때문이다.

 기출표현

unemployment benefits 실업급여

Daily TEST

A 의미상 적절한 단어를 골라 빈칸에 넣고, 필요 시 단어의 형태를 어법에 맞게 바꾸시오.

> 보기 ⓐ confidence ⓑ boost ⓒ fluctuate ⓓ demand ⓔ intervene
> ⓕ plunge ⓖ frugal ⓗ turnaround ⓘ disparity ⓙ deficit

1. We are still in the recession, so we do not expect a(n) _____ in the economy anytime soon.
2. The rich are getting richer and the poor are getting poorer. In other words, income _____ is widening.
3. I had a(n) _____ supper of rice and kimchi.
4. The global economic recovery has helped _____ sales of Korean products overseas.
5. At the news of the war, stock prices _____ by almost twenty percent.
6. We are operating the factory at full capacity to meet increasing _____.
7. The stock market index _____ between gains and losses on Tuesday.
8. Despite the government's efforts, consumers are losing _____ in the economy.
9. Conservative politicians do not want the government to _____ in the private sector.
10. The government had to reduce welfare programs due to the budget _____.

B 단어의 의미가 올바르게 설명된 보기를 찾아 연결하시오.

11. dwindle — ⓐ the outlook for the future
12. prospect — ⓑ quickly increase by a great deal
13. sluggish — ⓒ to encourage something to start or progress further
14. soar — ⓓ to become gradually less or smaller over a period of time
15. stimulate — ⓔ displaying little movement or activity

- **a blessing in disguise** phr. 전화위복, 뜻밖의 좋은 결과
- **abundant** [əbʌ́ndənt] a. 풍부한, 많은
- **affluent** [ǽfluənt] a. 부유한
- **analyze** [ǽnəlàiz] v. 분석하다
- **antitrust** [æ̀ntitrʌ́st] a. 독점 금지의

- **appreciable** [əprí:ʃiəbl] a. 주목할 만한, 분명한, 상당한
- **barter** [bá:rtər] n. 물물교환 v. (물건을) 교환하다
- **booming** [bú:miŋ] a. 번창하는, 벼락경기의
- **bourgeoisie** [bùərʒwɑːzíː] n. 부르주아, 자본가 계급
- **breadwinner** [brédwìnər] n. 생계 수단, 가장

- **bring home the bacon** phr. 생활비를 벌다
- **bubble** [bʌ́bl] n. 거품, 버블
- **buoyant** [bɔ́iənt] a. 경기가 좋은
- **business cycle** phr. 경기 순환
- **consequence** [kɑ́nsəkwèns] n. 결과, 중요함

- **contraction** [kəntrǽkʃən] n. 수축, 축소
- **crest** [krést] n. 정점, 절정 v. 최고조에 달하다
- **crisis** [kráisis] n. 위기
- **decrease** [dikríːs] v. 감소하다[시키다] n. 감소, 하락
- **deflation** [difléiʃən] n. 디플레이션, 물가 하락, 통화 수축

- **deprived** [dipráivd] a. 궁핍한, 불우한
- **destitute** [déstətjùːt] a. 극빈한, 궁핍한
- **developed country** phr. 선진국
- **developing country** phr. 개발 도상국
- **diminish** [dimíniʃ] v. 줄어들다, 감소하다[시키다]

- **disintegrate** [disíntəgrèit]   v. 해체되다, 붕괴되다[시키다]
- **economic indicator**   phr. 경제 지표
- **eliminate** [ilímənèit]   v. 제거하다
- **emerge** [imə́:rdʒ]   v. 나타나다, 부상하다
- **excessive** [iksésiv]   a. 지나친, 과도한

- **expand** [ikspǽnd]   v. 확장하다
- **export** [ikspɔ́:rt]   v. 수출하다
- **extent** [ikstént]   n. 정도, 규모
- **flourish** [flə́:riʃ]   v. 번창하다
- **foresee** [fɔ:rsí:]   v. 예견하다

- **foster** [fɔ́:stər]   v. 육성하다, 조성하다
- **go through the roof**   phr. (물가 등이) 치솟다, 급등하다
- **gross** [gróus]   n. 총체의, 모두 합친   v. (~의) 수익을 올리다
- **hardship** [hά:rdʃìp]   n. 어려움, 곤란
- **household expenses**   phr. 가계비

- **impact** [ímpækt]   n. 영향, 충격
- **import** [ímpɔ:rt]   n. 수입
- **impoverished** [impάvəriʃt]   n. 빈곤한
- **improve** [imprú:v]   v. 개선하다, 향상시키다
- **increase** [inkrí:s]   v. 증가[인상]하다

- **industrial** [indʌ́striəl]   a. 산업의, 공업의
- **inflate** [infléit]   v. 부풀리다; (물가를) 올리다
- **inflation** [infléiʃən]   n. 인플레이션, 통화 팽창, 물가 상승
- **invest in**   phr. ~에 투자하다
- **labor** [léibər]   n. 노동   v. 노동을 하다

☐ **lessen** [lésn]	v.	줄다, 줄이다
☐ **live beyond one's means**	phr.	분수에 넘치게 살다
☐ **lower** [lóuər]	v.	내리다, 낮추다
☐ **make a fortune**	phr.	부자가 되다, 돈을 벌다
☐ **market economy**	phr.	시장 경제
☐ **marketplace** [má:rkitplèis]	n.	시장
☐ **meager** [mí:gər]	a.	빈약한, 결핍한
☐ **off the charts**	phr.	통상적인 기준을 넘어선
☐ **oligopoly** [àligápəli]	n.	소수 독점, 과점(寡占)
☐ **outperform** [àutpərfɔ́:rm]	v.	능가하다
☐ **output** [áutpùt]	n.	생산량, 산출량
☐ **overseas** [óuvərsí:z]	a.	해외의　ad. 해외로
☐ **panic** [pǽnik]	n.	공포, 공황, 패닉
☐ **per capita income**	phr.	1인당 소득
☐ **pinnacle** [pínəkl]	n.	정점, 절정
☐ **plentiful** [pléntifəl]	a.	풍부한
☐ **polarize** [póuləràiz]	v.	양극화되다, 양극화를 초래하다
☐ **poverty-stricken** [pávərtistrìkən]	a.	가난으로 고생하는
☐ **precarious** [prikέəriəs]	a.	불안정한, 위태로운
☐ **predict** [pridíkt]	v.	예측하다
☐ **preferential** [prèfərénʃəl]	a.	특혜를 주는
☐ **primary** [práimeri]	a.	주된, 주요한, 초기의
☐ **priority** [praiɔ́:rəti]	n.	우선 사항, 우선권
☐ **private sector**	n.	민간 부문
☐ **profitable** [práfitəbl]	a.	수익성 있는

☐ **progress** [prágrəs]	n. 진척, 진행
☐ **proletariat** [pròulitέəriət]	n. 프롤레타리아, 무산 노동자 계급
☐ **public sector**	n. 공공 부문
☐ **pursue** [pərsú:]	v. 추구하다
☐ **quality of life**	phr. 삶의 질

☐ **remarkable** [rimá:rkəbl]	a. 놀랄 만한, 주목할 만한
☐ **resource** [rí:sɔ:rs]	n. 자원, 재원
☐ **rosy** [róuzi]	a. (전망 등이) 장밋빛의, 희망적인
☐ **scrimp** [skrímp]	v. 절약하다, 내핍 생활을 하다
☐ **self-sufficiency** [sélfsəfíʃənsi]	n. 자급자족

☐ **slump** [slʌmp]	v. 급감[폭락]하다 n. 슬럼프, (물가 등의) 폭락
☐ **stagnation** [stægnéiʃən]	n. 침체, 부진, 불경기
☐ **standard of living**	phr. 생활 수준
☐ **strategy** [strǽtədʒi]	n. 전략
☐ **stricken** [stríkən]	a. 시달리는, 고통 받는

☐ **stride** [stráid]	v. 성큼성큼 걷다 n. 활보, 진전
☐ **subsequent** [sʌ́bsikwənt]	a. 그 다음의, 차후의
☐ **sufficient** [səfíʃənt]	a. 충분한
☐ **superfluous** [su:pə́:rfluəs]	a. 여분의, 과잉의
☐ **surpass** [sərpǽs]	v. 능가하다, 뛰어넘다

☐ **temporary** [témpərèri]	a. 일시적인
☐ **tumble** [tʌ́mbl]	v. 굴러 떨어지다, 폭락하다
☐ **unparalleled** [ʌnpǽrəlèld]	a. 비할[견줄] 데 없는
☐ **wealth** [wélθ]	n. 부, 재산
☐ **yield** [jí:ld]	v. 산출[생산]하다 n. 산출액; 생산량

DAY 04 의학
건강 정보도 얻고 텝스 점수도 올리고

---

abrasion 900
[əbréiʒən]
ⓝ 찰과상

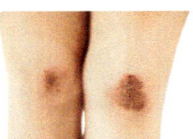

She fell down and had a nasty **abrasion** on her left leg.
그녀는 넘어져서 왼쪽 다리에 심한 찰과상을 입었다.

---

addicted 600
[ədíktid]
ⓐ 중독된

He says he is only a casual smoker and not **addicted** to nicotine.
그는 담배를 가끔씩만 피우며 니코틴에 중독되지 않았다고 한다.

cf. addict   n. 중독자
    addiction   n. 중독
    addictive   a. 중독성의

 기출표현

drug addict 마약 중독자
Internet addiction 인터넷 중독

---

anesthetic 800
[æ̀nəsθétik]
ⓝ 마취제

Hemorrhoidectomy is performed using local **anesthetics** rather than general **anesthetics**.
치질 수술에는 전신 마취제보다는 국소 마취제가 사용된다.

cf. anesthesia   n. 마취

---

antibiotic 800
[æ̀ntibaiátik]
ⓝ 항생제, 항생 물질

Misuse of **antibiotics** is a serious problem in many countries.
항생제 남용은 여러 나라에서 심각한 문제이다.

apply  600
[əplái]

ⓥ (약 등을) 바르다; 지원하다; 적용하다

Apply the ointment to the affected areas twice a day.
환부에 연고를 하루 두 번 바르세요.

He **applied** for a job at NB Electronics.
그는 NB전자에 지원했다.

New rules should **apply** to every member of that organization.
새 규칙은 모든 조직 구성원들에게 적용되어야 한다.

cf. application n. 지원; 적용; 바름
applicable a. 적용할 수 있는
applicant n. 지원자

checkup 600
[tʃékʌ̀p]

ⓝ 건강 검진

People over the age of 40 are recommended to get a regular **checkup**.
40세 이상은 정기 검진을 받을 것을 권고합니다.

chronic 800
[kránik]

ⓐ 만성의

Unlike acute diseases, **chronic** diseases develop slowly and last long.
급성 질환과는 다르게, 만성 질환은 서서히 발생해서 오래 지속된다.

cf. chronically ad. 만성적으로

⟷ acute a. 급성의, 극심한

 기출표현

chronic indigestion 만성 소화 불량
chronic offenders 상습범

come down with 600

phr ~병에 걸리다

I think my son **came down with** a cold.
우리 아들이 감기에 걸린 것 같아요.

complication 800
[kàmpləkéiʃən]

n 합병증(주로 복수형으로); 복잡한 문제

She died from **complications** with pneumonia at the age of 64.
그녀는 64세에 폐렴 합병증으로 사망했다.

Due to the **complications** involved in traveling during the monsoon season, the team decided to cancel their trip.
장마철 여행과 관련된 복잡한 문제 때문에, 그 팀은 여행을 취소하기로 했다.

cf. complicate v. 복잡하게 하다

congested 800
[kəndʒéstid]

a (코가) 막힌; 충혈된; (교통이) 정체된

This medicine will help clear a **congested** nose.
이 약이 막힌 코를 뚫는 데 도움이 될 것이다.

During traditional holidays like Chuseok, highways are extremely **congested** with traffic.
추석과 같은 전통 명절에는 고속 도로에 극심한 혼잡이 빚어진다.

cf. congestion n. 울혈, 정체

contagious 800
[kəntéidʒəs]

a 전염되는, 전염성의

Swine flu is a highly **contagious** disease that can affect both pigs and humans.
돼지 독감은 돼지와 사람이 모두 걸릴 수 있는 전염성 높은 병이다.

cf. contagion n. 전염

contract 800
[kəntrǽkt]

v (병에) 걸리다; 수축시키다

[kántrækt]
n 계약(서)

Thyroid cancer is one of the most common cancers **contracted** by women.
갑상선암은 여성들이 가장 흔히 걸리는 암 중 하나이다.

Air **contracts** as it cools and expands as it heats.
공기는 냉각되면 수축하고 가열되면 팽창한다.

Many interpreters work on a short term **contract**.
많은 통역사들이 단기 계약으로 일한다.

cf. contractual a. 계약상의
      contractor n. 계약자, 하청업자

diabetes [800]
[dàiəbíːtis]
n 당뇨병

An increasing number of Koreans are developing **diabetes**.
점점 더 많은 한국인들이 당뇨병에 걸리고 있다.
cf. diabetic a. 당뇨병의 n. 당뇨병 환자

diagnose [600]
[dáiəgnòus]
v 진단하다

Peter Anderson was **diagnosed** with cancer in 1995 but survived.
피터 앤더슨은 1995년에 암으로 진단을 받았지만 살아남았다.
cf. diagnosis n. 진단
　　diagnostic a. 진단의
　　misdiagnose v. 오진하다

disability [600]
[dìsəbíləti]
n (신체적·정신적) 장애; 무력

Many Korean companies are reluctant to hire people with **disabilities**.
많은 한국 기업들은 장애인 고용을 꺼린다.
cf. disabled a. 장애를 가진

 기출표현
children with learning disabilities
학습 장애 아동

disorder [800]
[disɔ́ːrdər]
n 장애; 무질서, 혼란

Eating **disorders** are common among women obsessed with being thin.
식이 장애는 마른 몸매에 집착하는 여성들 사이에 흔히 일어난다.

Some of the demonstrators were arrested for public **disorder**.
시위대 일부가 공공 무질서로 체포됐다.
cf. order n. 질서
　　disorderly a. 무질서한

 기출표현
anxiety disorder 불안 장애
obsessive-compulsive disorder 강박 장애

dose 600
[dóus]
ⓝ (약의) 복용[투여]량

Giving children the correct **dose** of medicine is very important.
아이들에게 정확한 복용량의 약을 주는 것은 매우 중요하다.
cf. dosage n. 투약; 복용량

heredity 900
[hərédəti]
ⓝ 유전, 유전적 특징

Many research results indicate that there is a relationship between **heredity** and allergies.
많은 연구 결과가 유전과 알레르기 사이에 관계가 있다는 점을 보여준다.
cf. hereditary a. 유전적인

 기출표현
hereditary disease 유전성 질환

immune 600
[imjú:n]
ⓐ 면역의; 면제된

Most adults are **immune** to chickenpox because they had the disease as children.
성인들은 어렸을 때 수두를 앓았기 때문에 대부분 면역력이 있다.

Diplomats are **immune** from prosecution because of diplomatic immunity.
면책 특권 때문에 외교관들은 기소의 대상이 되지 않는다.
cf. immunity n. 면역력, 면제
  immunize v. 면역력을 갖게 하다
  immunization n. 면역(법), 면제

impair 800
[impέər]
ⓥ (건강을) 해치다

Exposure to radiation may **impair** children's brain development.
방사능 노출은 아동의 두뇌 발달을 저해할 수 있다.
cf. impaired a. 손상된, 장애가 있는
  impairment n. 장애

 기출표현
visually impaired 시각 장애가 있는
hearing impaired 청각 장애가 있는, 난청의

infection 600
[infékʃən]

ⓝ 감염, 전염(병)

Soldiers are especially susceptible to **infection**.
군인은 특히 감염에 취약하다.

cf. infect v. 감염시키다
infectious a. 전염성의

inhale 800
[inhéil]

ⓥ 들이쉬다, 흡입하다

Beijing citizens **inhale** polluted air every day.
베이징 시민들은 매일 오염된 공기를 마시고 있다.

cf. inhalant n. 흡입제

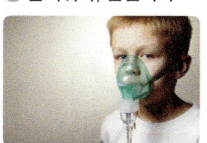

inject 600
[indʒékt]

ⓥ 주사[주입]하다

Dr. Phil **injected** her with painkillers.
필 박사는 그녀에게 진통제를 주사했다.

cf. injection n. 주사, 주입

irritate 800
[írətèit]

ⓥ 자극하다; 짜증나게 하다

Some perfumes can **irritate** the skin.
일부 향수 제품들은 피부를 자극할 수 있다.

I was **irritated** by the loud music from upstairs.
위층에서 나는 시끄러운 음악 때문에 짜증이 났다.

life expectancy 800
phr 기대[평균] 수명

Life expectancy has risen as modern medicine has increased the survival rate of those with illnesses.
현대 의학 덕분에 질병이 있는 사람들의 생존율이 올라감에 따라 기대 수명도 증가해왔다.

medication 600
[mèdəkéiʃən]
ⓝ 약물 (치료)

My uncle is on **medication** for diabetes.
우리 삼촌은 당뇨병으로 약을 복용 중이다.
cf. medicate v. 약을 투여하다

obesity 600
[oubí:səti]
ⓝ 비만

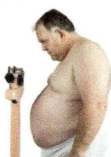

Obesity among middle aged men is on the increase.
중년 남성들의 비만이 증가세에 있다.
cf. obese a. 비만의

outbreak 600
[áutbrèik]
ⓝ (전쟁·사고 등의) 발생, 발발

Since 2003, the **outbreak** of avian influenza has spread to nine countries in Asia.
2003년 이후 조류 독감 발생이 아시아 9개 국가로 퍼졌다.

overdose 800
[óuvərdòus]
ⓝ (약의) 과다 복용

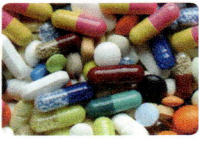

The hip hop musician died of a drug **overdose**.
힙합 뮤지션은 약물 과다 복용으로 사망했다.

pandemic 900
[pændémik]
ⓝ 유행병
ⓐ 전국적[세계적]으로 퍼지는

Health officials said that the H1N1 virus could lead to a **pandemic**.
보건 당국 관리들은 H1N1 바이러스가 유행병으로 이어질 수 있다고 말했다.

paralyze ⁹⁰⁰
[pǽrəlàiz]
v 마비시키다

The car accident left him **paralyzed** from the waist down.
자동차 사고로 그는 하반신이 마비되었다.
cf. paralysis n. 마비

potent ⁹⁰⁰
[póutnt]
a 강력한, 독한

It is a **potent** drug for cancer treatment.
그것은 강력한 암 치료제이다.
cf. potency n. 효능, 힘
  impotent a. 무력한

prescription ⁸⁰⁰
[priskrípʃən]
n 처방(전); 규정, 법규

In many countries, a doctor should write a **prescription** and a pharmacist should fill it.
많은 나라에서 의사는 처방전을 써야 하고 약사는 그 처방전대로 약을 조제해야 한다.
cf. prescribe v. 처방전을 쓰다

recover ⁶⁰⁰
[rikʌ́vər]
v 회복하다; 찾아내다

He has not fully **recovered** from the injury yet.
그는 아직 부상에서 완전히 회복하지 못했다.

Searchers **recovered** the body of the missing man.
수색 요원들이 실종된 남성의 시체를 찾아냈다.
cf. recovery n. 회복, 복구

regimen ⁹⁰⁰
[rédʒəmən]
n 식이 요법

She has been on a **regimen** of diet and exercise for three months.
그녀는 3개월 동안 식이 요법과 운동 요법을 따라왔다.

relieve ⁶⁰⁰
[rilíːv]
v 완화하다, 경감하다

Acupuncture can help **relieve** back pain but does not cure it.
침술은 허리 통증 완화에 도움이 될 수는 있지만 허리 통증을 고치는 것은 아니다.
cf. relief n. 안심, 경감
  relieved a. 안도한

resist ⁶⁰⁰
[rizíst]
v 저항하다

These parasites can reduce people's ability to **resist** bacterial infection.
기생충들은 인간이 박테리아 감염에 저항하는 능력을 감소시킬 수도 있다.

cf. resistant a. 저항력이 있는

resistant to disease 질병에 저항력이 있는

---

symptom ⁶⁰⁰
[símptəm]
n 증상, 징후

The **symptoms** of a stomach ulcer are not easy to detect in the early stage.
위궤양은 초기에 증상을 발견하기가 쉽지 않다.

hepatitis 간염   tuberculosis 결핵
measles 홍역   smallpox 천연두
arthritis 관절염   polio 소아마비

---

unconscious ⁶⁰⁰
[ʌnkánʃəs]
a 의식을 잃은

The former boxer punched the robber **unconscious**.
전직 권투 선수의 주먹에 맞고 강도는 의식을 잃었다.

⟵ conscious a. 의식이 있는

---

undergo ⁶⁰⁰
[ʌ̀ndərgóu]
v (변화 등을) 겪다; (수술을) 받다

Around eighty percent of aspiring actresses **undergo** plastic surgery.
여배우 지망생 약 80%가 성형 수술을 받는다.

The company **underwent** major changes when Mr. Johnson became the chairman.
존슨 씨가 회장이 되자 회사는 큰 변화를 겪었다.

Daily TEST

A 의미상 적절한 단어를 골라 빈칸에 넣고, 필요 시 단어의 형태를 어법에 맞게 바꾸시오.

> 보기
> ⓐ impair ⓑ diagnose ⓒ complication ⓓ chronic ⓔ apply
> ⓕ contagious ⓖ addicted ⓗ inject ⓘ relieve ⓙ immune

1 This painkiller will help _____ your pain.
2 Blindness is one of the common _____ of diabetes.
3 When Roy went to see a doctor, he was _____ with antibiotics.
4 Do not _____ too much cream to your face.
5 Visually _____ people cannot read a newspaper.
6 Food allergy is not a(n) _____ disease.
7 An influenza vaccine doesn't make you _____ to common cold viruses.
8 His condition was _____ as skin cancer.
9 Mr. Choi has suffered from _____ asthma for 25 years.
10 Once you are _____ to alcohol, it is extremely hard to quit drinking.

B 단어의 의미가 올바르게 설명된 보기를 찾아 연결하시오.

11 irritate   ⓐ to get an illness

12 disorder   ⓑ to make your skin or a part of your body sore or painful

13 contract   ⓒ a problem or illness which affects someone's mind or body

14 potent   ⓓ the process by which genetic characteristics are passed by parents to their children

15 heredity   ⓔ very effective and powerful

- **abnormal** [æbnɔ́ːrməl] — a. 비정상적인
- **abortion** [əbɔ́ːrʃən] — n. 낙태, 임신 중절
- **ache** [éik] — v. 아프다 n. 아픔
- **acupuncture** [ǽkjupʌ̀ŋktʃər] — n. 침술
- **ailment** [éilmənt] — n. (가벼운) 질병

- **allergic to** — phr. ~에 알레르기가 있는
- **amnesia** [æmníːʒə] — n. 기억 상실
- **anemia** [əníːmiə] — n. 빈혈증
- **anorexia** [æ̀nəréksiə] — n. 거식증
- **antibody** [ǽntibɑ̀di] — n. 항체

- **antigen** [ǽntidʒən] — n. 항원
- **asthma** [ǽzmə] — n. 천식
- **autism** [ɔ́ːtizm] — n. 자폐증
- **autopsy** [ɔ́ːtɑpsi] — n. (사체) 부검
- **bleed** [blíːd] — v. 피가 나다

- **blood donation** — phr. 헌혈
- **blood transfusion** — phr. 수혈
- **bodily fluids** — phr. 체액
- **bronchitis** [brɑŋkáitis] — n. 기관지염
- **bulimia** [bjuːlímiə] — n. 식욕 이상 항진증, 폭식증

- **cardiovascular** [kɑ̀ːrdiouvǽskjulər] — a. 심혈관의
- **caution** [kɔ́ːʃən] — n. 경고 v. 경고하다
- **cavity** [kǽvəti] — n. 충치, 구멍
- **cholera** [kɑ́lərə] — n. 콜레라
- **coma** [kóumə] — n. 혼수상태, 코마

☐	**constipation** [kànstəpéiʃən]	n.	변비
☐	**contraceptive** [kàntrəséptiv]	n.	피임(약·기구)
☐	**cough** [kɔ́:f]	n.	기침 v. 기침하다
☐	**crutch** [krʌ́tʃ]	n.	목발
☐	**debilitate** [dibílətèit]	v.	쇠약하게 하다
☐	**degenerative disease**	phr.	퇴행성 질환
☐	**develop** [divéləp]	v.	(병·문제가) 생기다
☐	**diarrhea** [dàiərí:ə]	n.	설사
☐	**efficacy** [éfikəsi]	n.	(약·치료의) 효능, 효험
☐	**epidemic** [èpədémik]	n.	유행병
☐	**epilepsy** [épəlèpsi]	n.	간질
☐	**examine** [igzǽmin]	v.	검사[진찰]하다
☐	**expecting** [ikspéktiŋ]	a.	임신한
☐	**faint** [féint]	a.	약한, 어지러운 v. 실신하다
☐	**feel under the weather**	phr.	몸[기분]이 좀 안 좋다
☐	**fever** [fí:vər]	n.	열
☐	**flu** [flú:]	n.	독감
☐	**fracture** [frǽktʃər]	n.	골절 v. 골절되다
☐	**frail** [fréil]	a.	연약한, 허약한
☐	**generic** [dʒənérik]	a.	(약이) 일반 명칭으로 판매되는
☐	**healthcare** [hélθkɛ̀ər]	n.	의료, 건강 관리
☐	**health-conscious** [hélθkɑ̀nʃəs]	a.	건강을 의식하는[조심하는]
☐	**hemorrhage** [héməridʒ]	n.	출혈
☐	**high blood pressure**	phr.	고혈압
☐	**holistic** [houlístik]	a.	전체론적 의학[치료]의

☐ **hospitalize** [háspitəlàiz]	v. 입원시키다
☐ **hygiene** [háidʒi:n]	n. 위생
☐ **hypertension** [hàipərténʃən]	n. 고혈압
☐ **hypochondria** [hàipəkándriə]	n. 심기증, 건강 염려증
☐ **inflammation** [ìnfləméiʃən]	n. 염증
☐ **influenza** [ìnfluénzə]	n. 유행성 감기
☐ **inpatient** [ínpèiʃənt]	n. 입원 환자
☐ **irreversible** [ìrivə́:rsəbl]	a. 되돌릴 수 없는
☐ **kidney stone**	phr. 신장 결석
☐ **lapse into**	phr. (~상태에) 빠지다
☐ **leukemia** [lu:kí:miə]	n. 백혈병
☐ **malpractice** [mælpræktis]	n. 의료 과실
☐ **numb** [nʌm]	a. 감각이 없는
☐ **operation** [àpəréiʃən]	n. 수술
☐ **outpatient** [áutpèiʃənt]	n. 외래 환자
☐ **over the counter**	phr. (약이) 처방전 없이 살 수 있는
☐ **panacea** [pænəsí:ə]	n. 만병통치약
☐ **paramedic** [pærəmédik]	n. 준의료 활동 종사자, 긴급 의료원
☐ **persistent** [pərsístənt]	a. 끊임없이 지속[반복]되는
☐ **perspire** [pərspáiər]	v. 땀을 흘리다
☐ **pharmacist** [fá:rməsist]	n. 약사
☐ **physician** [fizíʃən]	n. 의사, 내과 의사
☐ **placebo** [pləsí:bou]	n. 위약
☐ **pneumonia** [njumóunjə]	n. 폐렴
☐ **precaution** [prikɔ́:ʃən]	n. 예방 조치[수단]

bargain 600
[báːrgən]
- ⓥ 흥정[협상]하다
- ⓝ 싼 물건; 거래

I think **bargaining** with vendors is part of the fun in Dongdaemun Market.
나는 상인들과 흥정하는 것이 동대문 시장의 재미 중 하나라고 생각한다.

At 20 dollars, the MP3 player was a real **bargain**.
MP3 플레이어는 20달러로 정말 싸게 잘 산 물건이었다.

browse 600
[bráuz]
- ⓥ 둘러보다; 검색하다

Feel free to come in and **browse** our latest products.
얼마든지 들어오셔서 저희 최신 제품들을 둘러보세요.

Browse the Internet on your cell phone and pay no more than one dollar a day.
하루 단 1달러면 휴대폰으로 인터넷 검색을 할 수 있습니다.

cf. browser n. (구매 의향 없이) 둘러보는 사람; 브라우저

charge 600
[tʃáːrdʒ]
- ⓥ 청구하다; 외상으로 사다; 고소하다; 책임을 맡기다
- ⓝ 요금; 외상; 고발; 책임

The body shop **charged** 100 dollars for the repairs.
자동차 정비소에서 수리비로 100달러를 청구했다.

She didn't have enough cash to purchase the bag, so she **charged** it.
그녀는 가방을 구입할 현금이 충분치 않아서 외상으로 샀다.

Abigail was **charged** with murder.
애비게일은 살인 혐의로 기소되었다.

Nowadays teachers are **charged** with a variety of responsibilities.
요즘 선생님들은 여러 가지 책무를 담당하고 있다.

coax 900
[kóuks]
- ⓥ 구슬리다, 달래다

The salesman **coaxed** Michael into buying the high-end tablet PC.
판매원은 마이클을 구슬려서 고급 태블릿 PC를 사게 했다.

commercial 600
[kəmə́ːrʃəl]
- ⓝ (TV, 라디오) 광고
- ⓐ 상업적인

The company will air a TV **commercial** featuring Jumping Girls.
회사는 점핑걸스가 출연하는 TV광고를 방송할 것이다.

Hip Hop Panda's new album was criticized for being too **commercial**.
힙합팬더의 새 앨범이 지나치게 상업적이라는 비판을 받았다.

conceal 800
[kənsíːl]
- ⓥ 숨기다

The company tried to **conceal** the defect of their new product.
회사는 신제품의 결함을 숨기려 했다.

cf. concealment n. 은폐

conspicuous 900
[kənspíkjuəs]
- ⓐ 눈에 잘 띄는; 이목을 끄는

Many TV commercials promote **conspicuous** consumption.
많은 TV 광고는 과시적 소비를 부추긴다.

costly 600
[kɔ́ːstli]
- ⓐ 값비싼

Choose from our used laptops instead of **costly** new ones.
비싼 새 제품 대신 저희 중고 노트북 컴퓨터 중에서 고르세요.

credit 600
[krédit]
- ⓝ 외상 판매, 신용 거래; 학점
- ⓥ 인정하다

I bought the LED TV set on **credit**.
LED TV를 외상으로[신용 카드로] 샀다.

Most departments at our university require students to take 140 **credits** to graduate.
우리 대학 대부분의 학과는 졸업 요건으로 140학점 이수를 요구한다.

He is **credited** with making Taekwondo one of the most popular martial arts in the world.
그는 태권도를 세계에서 가장 인기 있는 무술 중 하나로 만든 공로를 인정받고 있다.

defective 800
[diféktiv]
ⓐ 결함이 있는

You will get a full refund for any **defective** item purchased from our online shopping mall.

저희 온라인 쇼핑몰에서 구입하신 물건에 하자가 있으면 전액 환불해드립니다.

cf. defect n. 결함

delivery 600
[dilívəri]
ⓝ 배달, 배송; 출산

GreatBook.com offers 5 million books with free **delivery** nationwide.

GreatBook.com은 5백만 권의 책을 전국에 무료로 배송해드립니다.

When I had my first child, it was not an easy **delivery**.

첫 애를 낳았을 때 순산은 아니었다.

cf. deliver v. 배달하다; 출산하다

 기출표현

> deliver a baby 아이를 출산하다
> deliver a speech 연설을 하다

durable 800
[djúərəbl]
ⓐ 내구성이 있는

The brand is famous for **durable** and inexpensive products.

그 브랜드는 내구성 있고 비싸지 않은 상품으로 유명하다.

exclusive 800
[iksklú:siv]
ⓐ 독점적인; 배타적인

Trekker Korea is the **exclusive** distributor of its Trekker backpacks in Korea.

Trekker코리아는 한국에서 Trekker배낭의 독점 판매처이다.

OMFM is an **exclusive** club of former marines.

OMFM은 해병대 출신만 가입할 수 있는 배타적인 클럽이다.

cf. exclusively ad. 독점적으로; 배타적으로
  exclude v. 제외하다

exempt [800]
[igzémpt]
- ⓐ 면제된
- ⓥ 면제하다

All the items at the airport duty free shop are **exempt** from taxes.
공항 면세점의 모든 상품은 세금이 면제된다.

In Korea, Olympic medalists and Asian Games gold medalists are **exempted** from military service.
한국에서 올림픽 메달리스트와 아시안게임 금메달리스트는 병역을 면제받는다.

cf. exemption n. 면제, 공제

extravagant [800]
[ikstrǽvəgənt]
- ⓐ 사치스러운

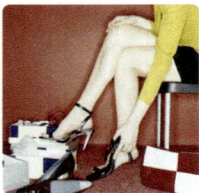

Although Susan was not wealthy, she bought another **extravagant** purse on credit.
수잔은 부자가 아님에도 불구하고, 사치스러운 핸드백을 외상으로 또 구입했다.

genuine [600]
[dʒénjuin]
- ⓐ 진짜의, 진품의

The leather goods store sells only **genuine** products.
그 가죽 제품 가게는 진품만을 판매한다.

giveaway [800]
[gívəwèi]
- ⓝ 증정품

In the past, Chinese restaurants in Korea used matches and toothpicks as promotional **giveaways**.
과거 한국의 중국 음식점들은 성냥과 이쑤시개를 판촉물로 썼다.

cf. give away phr. 거저 주다, 싸게 팔다

 기출표현

at giveaway prices 헐값으로

guarantee 600
[gæ̀rəntíː]
- ⓝ 보증(서), 보장
- ⓥ 보증[보장]하다

All our cars come with a five year **guarantee**.
저희 회사의 모든 자동차는 5년간 품질 보증이 됩니다.

haggle 800
[hǽgl]
- ⓥ 값을 깎다

It is common to see people **haggling** over prices in the market square.
시장 광장에서는 사람들이 값을 흥정하는 것을 흔히 볼 수 있다.

launch 600
[lɔ́ːntʃ]
- ⓥ 출시하다; 발사하다

Globe Coffee plans to **launch** four new products for the winter season by the beginning of next month.
Globe 커피는 겨울 시즌을 겨냥한 네 가지 신제품을 다음달 초까지 출시할 계획이다.

China should make more efforts to discourage North Korea from **launching** another long-range missile.
북한이 장거리 미사일을 또 발사하지 않도록 중국이 더 많은 노력을 기울여야 한다.

lavish 800
[lǽviʃ]
- ⓐ 풍성한, 호화로운

The new CEO was given **lavish** presents on his birthday.
새 최고 경영자는 생일에 풍성한 선물을 받았다.

necessity 600
[nəsésəti]
- ⓝ 필수품

The supermarket chain pledged to freeze prices on basic **necessities** such as rice, bread, and vegetables.
슈퍼마켓 체인은 쌀, 빵, 채소와 같은 생활필수품의 가격을 동결하겠다고 약속했다.

cf. necessary a. 필요한

Day 05 쇼핑, 광고_77

outfit ⁶⁰⁰
[áutfìt]

ⓝ 의상, 옷

The student bought a new **outfit** for the job interview.
학생은 취업 면접을 위해 새 옷을 한 벌 샀다.

---

out of stock ⁶⁰⁰
phr 재고가 떨어진, 품절[매진]된

The TEPS vocabulary book you ordered is so popular that it is currently **out of stock**.
주문하신 텝스 단어 책은 인기가 너무 좋아서 현재 품절되었습니다.

cf. in stock phr. 재고가 있는

---

priced ⁶⁰⁰
[práist]

ⓐ 가격이 책정된

The digital printer was reasonably **priced** at under 250 dollars.
디지털 프린터는 250달러 이하로 알맞게 가격이 책정됐다.

---

reasonable ⁶⁰⁰
[ríːzənəbl]

ⓐ 합리적인

Our company sells quality products at **reasonable** prices.
우리 회사는 우수한 제품을 합리적인 가격에 판매한다.

---

receipt ⁶⁰⁰
[risíːt]

ⓝ 영수증; 수령

You should bring a **receipt** to get a refund.
환불을 받기 위해서는 영수증을 가져와야 한다.

Products will be delivered on **receipt** of payment.
지불 금액을 받는 즉시 제품을 배달합니다.

cf. receive v. 받다

 기출표현

proof of purchase
상품 구매 확인증 (라벨이나 구매 영수증 등)

refund 600
[rí:fʌnd] ⓥ 환불하다
[rifʌ́nd] ⓝ 환불

I'd like to get a **refund** for this watch.
이 시계를 환불 받고 싶습니다.
cf. refundable a. 환불 가능한

retail 600
[rí:teil]
ⓝ 소매
ⓐ 소매의
ⓥ 소매로 판매하다

The **retail** price of the phone is 348 dollars.
전화기의 소매가격은 348달러이다.
cf. wholesale n. 도매 a. 도매의

selection 600
[silékʃən]
ⓝ 상품, 물품; 선택

We offer a wide **selection** of electronics and computer products.
우리는 다양한 종류의 전자제품과 컴퓨터 제품을 제공합니다.
cf. select v. 선택하다
    selective a. 선택적인, 선별적인

solicit 800
[səlísit]
ⓥ 요청[간청]하다

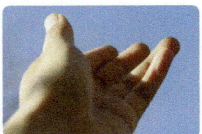

The charity called everyone in the town to **solicit** contributions.
자선 단체는 기부금을 요청하기 위해 시의 모든 사람들에게 전화를 걸었다.
cf. solicitation n. 간청
    solicitor n. 상품 판촉원, 판매원
    unsolicited a. 요구 받지 않은

> 🔸 기출표현
> **unsolicited** visit 원치 않는 방문

specialize in 600
phr ~을 전문으로 하다

The footwear store **specializes in** hiking boots.
신발 가게는 등산화를 전문으로 한다.
cf. specialty n. 전문, 특산물

splurge on ⁹⁰⁰
[phr] 돈을 물 쓰듯 쓰다

After winning a lottery, she **splurged on** new clothes.
복권에 당첨된 후 그녀는 새 옷을 사는 데 돈을 펑펑 썼다.

sturdy ⁸⁰⁰
[stə́ːrdi]
@ 튼튼한, 견고한

The shop sells inexpensive but **sturdy** furniture.
가게는 비싸지 않지만 튼튼한 가구를 판매한다.

versatile ⁹⁰⁰
[və́ːrsətl]
@ 다용도의, 다목적의

This **versatile** jacket goes well with both formal suits and casual outfits.
이 다용도 재킷은 정장과 캐주얼에 모두 잘 어울린다.

cf. versatility n. 다재, 다능

warranty ⁸⁰⁰
[wɔ́ːrənti]
@ 품질 보증(서)

This tablet PC comes with a two year **warranty**.
이 태블릿 PC는 2년간 보증된다.

cf. warrant n. 영장; 보증서 v. 정당화하다

 기출표현

search warrant 수색 영장

Daily TEST

A 의미상 적절한 단어를 골라 빈칸에 넣고, 필요 시 단어의 형태를 어법에 맞게 바꾸시오.

보기
ⓐ exclusive ⓑ credit ⓒ splurge ⓓ haggle ⓔ affordable
ⓕ exempt ⓖ extravagant ⓗ defective ⓘ coax ⓙ browse

1 Simon went window-shopping and _____ around stores without buying anything.

2 My mother is really good at _____ over prices.

3 If you don't have enough money to buy this piano, you can buy it on _____.

4 In some countries including the U.K., food is _____ from value added tax.

5 When the economy is bad, people look for _____ goods.

6 Lucy became a millionaire at the age of 18 and she has always been _____ with her money.

7 We have the _____ right to sell Go Go Winter Ice Cream in Korea.

8 Most department stores have a good exchange policy for _____ items.

9 She was _____ into buying a treadmill by a dishonest telemarketer.

10 Steve already has four computers but he still _____ on electronics.

B 단어의 의미가 올바르게 설명된 보기를 찾아 연결하시오.

11 launch 　　　ⓐ easy to see or notice

12 genuine 　　ⓑ having varied uses or serving many functions

13 conspicuous ⓒ to make a product available to the public for the first time

14 allure 　　　ⓓ real, rather than pretended or false

15 versatile 　　ⓔ attract attention from others

☐	**additional** [ədíʃənl]	a.	추가의
☐	**advertisement** [ædvərtáizmənt]	n.	광고
☐	**aisle** [áil]	n.	통로
☐	**alter** [ɔ́:ltər]	v.	수선하다
☐	**appeal** [əpí:l]	n.	매력 v. 매력적이다
☐	**assorted** [əsɔ́:rtid]	a.	여러 가지의, 갖은
☐	**assortment** [əsɔ́:rtmənt]	n.	모음, 종합
☐	**be on sale**	phr.	할인 중이다
☐	**billboard** [bílbɔ̀:rd]	n.	(옥외의 커다란) 광고[게시]판
☐	**boycott** [bɔ́ikɑt]	n.	불매 운동 v. 불매 운동을 하다
☐	**brand-new** [brǽndnjú:]	a.	아주 새로운, 신품의
☐	**business day**	phr.	영업일, 평일
☐	**business hour**	phr.	영업시간, 업무 시간
☐	**buy ... on impulse[a whim]**	phr.	~을 충동구매하다
☐	**by check**	phr.	수표로
☐	**carry** [kǽri]	v.	(물건을) 취급하다, 팔다
☐	**carton** [kɑ́:rtn]	n.	상자, 통
☐	**checker** [tʃékər]	n.	계산대 직원
☐	**chic** [ʃí:k]	a.	멋진, 세련된
☐	**choosy** [tʃú:zi]	a.	까다로운
☐	**classified ad**	phr.	(신문의) 안내 광고, 구인 구직 광고
☐	**clearance sale**	phr.	창고 정리 판매, 염가 처분 판매
☐	**clerk** [klɔ́:rk]	n.	점원, 직원
☐	**compulsive buying**	phr.	충동구매
☐	**consumer** [kənsú:mər]	n.	소비자

☐ **copywriter** [kápiràitər]	n.	광고 문안 작성자, 카피라이터
☐ **cosmetic** [kɑzmétik]	n.	화장품
☐ **counter** [káuntər]	n.	계산대, 판매대
☐ **customer** [kʌ́stəmər]	n.	고객
☐ **customer relations office**	phr.	고객 상담실
☐ **custom-made** [kʌ́stəmméid]	a.	주문 제작한
☐ **discount** [dískaunt]	n.	할인 v. 할인하다
☐ **end up buying**	phr.	결국 ~를 사게 되다
☐ **exchange** [ikstʃéindʒ]	n.	교환 v. 교환하다
☐ **exorbitant** [igzɔ́ːrbətənt]	a.	과도한, 지나친
☐ **fabulous** [fǽbjuləs]	a.	굉장한, 멋진
☐ **fixed price**	phr.	정가, 정찰 가격
☐ **flaunt** [flɔ́ːnt]	v.	과시하다
☐ **flea market**	phr.	벼룩시장, 중고 시장
☐ **fragile** [frǽdʒəl]	a.	부서지기[손상되기] 쉬운
☐ **free of charge**	phr.	무료로
☐ **freebie** [fríːbiː]	n.	공짜 물건, 경품
☐ **furnishing** [fə́ːrniʃiŋ]	n.	가구, 비품
☐ **garage sale**	phr.	(자기 집의 차고에서 하는) 중고 물품 세일
☐ **get a good deal**	phr.	싸게 잘 사다
☐ **gift certificate**	phr.	상품권
☐ **good buy**	phr.	싸게 잘 산 물건
☐ **gratuitous** [grətjúːətəs]	a.	무료의; 불필요한
☐ **hardware store**	phr.	철물점
☐ **high-end** [hàiénd]	a.	고급의

- **hype** [háip]   n. 과대 선전[광고]
- **impulse buying**   phr. 충동구매
- **in bulk**   phr. 대량으로
- **in cash**   phr. 현금으로
- **in no time**   phr. 곧, 당장

- **infomercial** [ìnfəmə́ːrʃəl]   n. 정보 광고
- **inventory** [ínvəntɔ́ːri]   n. 물품 목록, 재고(품)
- **kiosk** [kíːɑsk]   n. (거리의) 매점
- **latest** [léitist]   a. 최근의, 최신의
- **limited edition**   phr. 한정판

- **list price**   phr. 표시 가격, 정가
- **low-end** [lóuènd]   a. 값이 싼, 저가의
- **make amends for**   phr. ~을 보상하다
- **make it up to**   phr. ~에게 갚다, 보상하다
- **mass market**   phr. 대중 시장, 대량 판매 시장

- **must-have** [mʌ́sthæv]   a. 꼭 필요한   n. 필수품
- **no strings attached**   phr. 아무 조건 없이
- **no-frills** [nóufrìlz]   a. 기본적인 요소만 있는
- **off-the-rack** [ɑ́fðəræk]   a. 기성품인
- **one of a kind**   phr. 특별한, 독특한

- **ostentatious** [ɑ̀stentéiʃəs]   a. 과시하는
- **outlet** [áutlèt]   n. 할인점, 아울렛
- **overcharge** [òuvərtʃɑ́ːrdʒ]   v. 과잉 청구하다
- **practical** [prǽktikəl]   a. 실용적인
- **price tag**   phr. 가격표

☐ **pricey** [práisi]	a. 값비싼	
☐ **prodigal** [prádigəl]	a. 낭비하는	
☐ **product** [prádʌkt]	n. 상품, 제품	
☐ **promotion** [prəmóuʃən]	n. 홍보[판촉] (활동); 승진	
☐ **purchase** [pə́:rtʃəs]	n. 구입 v. 구입하다	
☐ **ready-made** [rédiméid]	a. 기성품의	
☐ **rip off**	phr. ~에게 바가지를 씌우다	
☐ **rug** [rʌ́g]	n. 깔개, 양탄자	
☐ **run an ad in the newspaper**	phr. 신문에 광고를 싣다	
☐ **sales pitch**	phr. 판매 권유, 상품 광고	
☐ **save a bundle**	phr. 크게 절약하다	
☐ **secondhand** [sékəndhǽnd]	a. 중고의	
☐ **shipping charge**	phr. 배송료, 운송료	
☐ **shopping spree**	phr. 물건을 왕창 사들임	
☐ **sold out**	phr. 매진된, 품절의	
☐ **sparing** [spɛ́əriŋ]	a. 아끼는	
☐ **squander** [skwándər]	v. 낭비하다 n. 낭비	
☐ **stand in line**	phr. 줄을 서다	
☐ **synthetic** [sinθétik]	a. 합성한, 인조의	
☐ **tailor-made** [téilərméid]	a. (옷이) 맞춤의	
☐ **top-notch** [tápnàtʃ]	a. 최고의, 아주 뛰어난	
☐ **24/7** [twéntifɔ́:rséven]	ad. 하루 24시간 1주 7일 동안, 언제나	
☐ **used** [jú:st]	a. 중고의	
☐ **vendor** [véndər]	n. 행상인, 노점상; 판매 회사	
☐ **voucher** [váutʃər]	n. 상품권, 할인권, 쿠폰	

DAY 06 독해에 꼭 나오는 언어, 문학

accomplished 600
[əkámpliʃt]
ⓐ 기량이 뛰어난, 노련한

She is an **accomplished** novelist, poet, playwright, screenwriter, and critic.
그녀는 뛰어난 소설가이자 시인, 극작가, 시나리오 작가, 비평가이다.
cf. accomplish v. 성취하다
　　 accomplishment n. 성취

adaptation 600
[æ̀dəptéiʃən]
ⓝ 각색 (작품); 적응

The film is a screen **adaptation** of Shakespeare's *Much Ado About Nothing*.
영화는 셰익스피어의 〈헛소동〉을 각색한 작품이다.

Plants and animals that are capable of **adaptation** have higher chances of survival.
적응력이 있는 동식물은 생존 확률이 더 높다.
cf. adapt v. 각색하다
　　 adaptive a. 적응할 수 있는

anonymous 800
[ənánəməs]
ⓐ 익명의, 작자 미상의

This poem was written by an **anonymous** Canadian soldier.
이 시는 익명의 캐나다 군인이 쓴 것이다.
cf. anonymity n. 익명(성)

> 🔖 **기출표현**
> on condition of anonymity 익명을 조건으로

banality 900
[bənǽləti]
ⓝ 진부(함)

The play came under harsh criticism for its **banality**.
연극은 진부함 때문에 혹평을 받았다.
cf. banal a. 진부한

bilingual 600
[bailíŋgwəl]
ⓐ 두 나라 말을 하는

She was brought up in both Beijing and Seoul and now she is **bilingual** in Chinese and Korean.
그녀는 베이징과 서울에서 자랐고 지금은 중국어와 한국어 두 언어를 구사한다.

cognitive 800
[kágnətiv]
ⓐ 인지의, 인식의

Children's language acquisition is directly related to their **cognitive** development.
아동의 언어 습득은 인지 발달과 직결된다.
cf. cognition n. 인지, 인식

 기출표현
> spatial cognition 공간 인지

coherent 900
[kouhíərənt]
ⓐ 일관성 있는

His writing is hard to follow because it is not very **coherent**.
그의 글은 일관성이 별로 없어서 이해하기가 어렵다.
cf. coherence n. 일관성

coin 800
[kɔ́in]
ⓥ (신조어를) 만들다; 주조하다
ⓝ 주화, 동전

The famous physicist **coined** the term "black hole."
유명한 물리학자가 '블랙홀'이라는 용어를 만들었다.
cf. coinage n. 주화; 신조어

connotation 900
[kànətéiʃən]
ⓝ 함축, 내포

The English slang word "redneck" has a negative **connotation**.
'백인 노동자'라는 영어 속어는 부정적 의미를 내포하고 있다.
cf. connote v. 함축하다, 내포하다

convey [800]
[kənvéi]
ⓥ 전달하다

Stanley Johnson effectively **conveys** ideas about guilt in his new novel.
스탠리 존슨은 자신의 새 소설에서 죄책감에 대한 개념을 효과적으로 전달한다.

cf. conveyance n. 전달, 운반

critic [600]
[krítik]
ⓝ 비평가, 평론가

Critics are usually not favorable to popular novels.
비평가들은 대개 대중 소설에 호의적이지 않다.

cf. criticize v. 비판(비평)하다
　　 criticism n. 비판, 비평

 기출표현

be critical of ~에 대해 비판적이다

decipher [800]
[disáifər]
ⓥ 해독(판독)하다
ⓝ 암호 해독

Dr. Myer invented a computer program that helps linguists **decipher** previously unreadable ancient texts.
마이어 박사는 언어학자들이 전에는 읽을 수 없었던 고대 문서를 해독할 수 있도록 도와주는 컴퓨터 프로그램을 개발했다.

cf. encipher v. 암호화하다

dedicate [600]
[dédikèit]
ⓥ 헌정하다; 바치다

The author **dedicated** his book to his wife.
작가는 자신의 책을 아내에게 헌정했다.

He left politics and **dedicated** his life to charity work.
그는 정계를 떠나 자선 활동에 삶을 바쳤다.

cf. dedication n. 전념, 헌신
　　 dedicated a. 전념하는, 헌신적인

 기출표현

a dedicated word processor
전용 워드 프로세서기

deduce ⁹⁰⁰
[didʒúːs]
ⓥ 추론하다

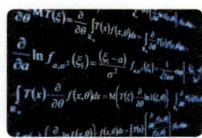

The scholar logically **deduced** a conclusion from premises.
학자는 논리적으로 전제에서 결론을 추론했다.

cf. deduction n. 추론; 공제
　　deductive a. 연역적인

derive ⁸⁰⁰
[diráiv]
ⓥ 유래하다; 얻다

The word "nigger" is **derived** from the Latin word "niger," which simply means "black."
'nigger(깜둥이)'라는 단어는 단순히 '검은색'이라는 의미의 라틴어 'niger'에서 유래한 것이다.

She **derived** great pleasure from yoga.
그녀는 요가에서 큰 기쁨을 얻었다.

cf. derivation n. 유래, 파생, 어원
　　derivative n. 파생어, (금융의) 파생 상품

dialect ⁶⁰⁰
[dáiəlèkt]
ⓝ 방언, 사투리

Many Chinese **dialects** are considered mutually unintelligible.
많은 중국 방언이 서로 의사소통이 되지 않는 것으로 여겨진다.

fable ⁶⁰⁰
[féibl]
ⓝ 우화

A **fable** is a very short story that teaches us a lesson.
우화란 교훈을 주는 아주 짧은 이야기이다.

cf. fabled a. 전설적인, 허구의

gist ⁹⁰⁰
[dʒíst]
ⓝ 요점, 요지

I didn't read the whole book but got the **gist** of it.
책을 다 읽지는 않았지만 요점은 이해했다.

Day 06 언어, 문학 _89

implication 800
[ìmpləkéiʃən]
ⓝ 함축, 내포; 연루

The **implication** of this essay is that capitalism is superior to socialism.
이 에세이의 함축적 의미는 자본주의가 사회주의보다 우월하다는 것이다.

The vice president was fired after his **implication** in drug trafficking.
부사장은 마약 밀매에 연루되자 해고당했다.

cf. implicate v. 함축하다; 연루시키다

 기출표현
be implicated in ~에 연루되다

impromptu 900
[imprámptjuː]
ⓐ 즉흥적인

The poet gave an **impromptu** speech at the award ceremony.
시인은 시상식에서 즉흥적으로 연설을 했다.

interpret 600
[intə́ːrprit]
ⓥ 해석하다; 통역하다

Students were having difficulty **interpreting** the meaning of the poem.
학생들이 시의 의미를 해석하는 데 어려움이 있었다.

She **interpreted** the mayor's speech into Spanish.
그녀는 시장의 연설을 스페인어로 통역했다.

cf. interpretation n. 해석; 통역
  interpreter n. 통역사
  misinterpret v. 오해하다

ironic 800
[airánik]
ⓐ 비꼬는, 반어적인

The novel contains many **ironic** comments on immigrants.
소설은 이민자들을 비꼬는 표현을 많이 담고 있다.

cf. irony n. 풍자, 반어

legible 900
[lédʒəbl]
ⓐ (필적이) 알아볼 수 있는

Mr. Park's handwriting is not very **legible**.
박 씨의 필체는 알아보기가 어렵다.

cf. legibility n. 가독성
  illegible a. 읽기 어려운

linguistic 800
[liŋgwístik]
ⓐ 언어(학)의

Latin underwent **linguistic** changes that led to new languages such as French and Spanish.
라틴어는 프랑스어, 스페인어와 같은 새로운 언어의 탄생으로 이어지는 언어의 변화를 겪었다.

cf. linguistics n. 언어학
　　linguist n. 언어학자

literary 800
[lítərèri]
ⓐ 문어적인, 문학의

The pupils learned about differences between **literary** and colloquial styles in English.
학생들은 영어의 문어체와 구어체의 차이에 대해 배웠다.

cf. literature n. 문학
　　literati n. 지식인들, 문학자들

memoir 800
[mémwɑːr]
ⓝ 회고록, 자서전

Former President Bush's **memoir** was released yesterday.
부시 전 대통령의 회고록이 어제 출간됐다.

myth 600
[míθ]
ⓝ 신화; 지어낸 이야기

There are many Hollywood movies based on ancient Greek **myths**.
고대 그리스 신화에 기반한 할리우드 영화가 많다.

It is a **myth** that hair and fingernails grow after death.
사망 후에도 머리카락과 손톱이 자란다는 것은 근거 없는 이야기이다.

cf. mythical a. 신화의, 가공의

narrative 600
[nǽrətiv]
ⓝ 이야기, 서술
ⓐ 서술의

This book is the most fascinating **narrative** of the Civil War ever written.
이 책은 지금까지 미국 남북전쟁에 대한 이야기 중 가장 흥미롭다.

Most of his novels are written in a **narrative** style.
그의 소설은 대부분 서술체로 쓰였다.

cf. narrate v. 이야기하다
　　narration n. 이야기, 서술
　　narrator n. 서술자

plagiarism 900
[pléidʒərìzm]
- n 표절

Failing to cite sources is also a form of **plagiarism**.
출처를 밝히지 않는 것도 일종의 표절이다.

cf. plagiarize v. 표절하다

plot 600
[plát]
- n 줄거리; 음모

The **plot** of the short story is quite predictable.
단편 소설의 줄거리는 너무 뻔하다.

The police uncovered the gang's **plot** to assassinate the governor.
경찰은 주지사를 암살하려는 범죄 조직의 음모를 알아냈다.

prolific 900
[prəlífik]
- a 다작의, 다산의

Condoleezza Peterson is one of the most **prolific** writers of our time.
콘돌리자 피터슨은 우리 시대에 가장 많은 작품을 쓰는 작가 중 한 명이다.

cf. prolificacy n. 다작

pronounce 600
[prənáuns]
- v 발음하다; 표명[선고]하다

Do you know how to **pronounce** this Greek word?
이 그리스어 단어 어떻게 발음하는지 아세요?

The patient was **pronounced** dead at 12:30 p.m.
환자가 오후 12시 30분에 사망한 것으로 발표됐다.

cf. pronunciation n. 발음
　　 pronouncement n. 공표, 선언

prose 800
[próuz]
- n 산문(체)

For most people, writing verse is much more difficult than writing **prose**.
대부분의 사람들에게 운문을 쓰는 것이 산문을 쓰는 것보다 훨씬 더 어렵다.

recite 800
[risáit]
v 암송[낭독]하다

The young poet **recited** one of his poems to the audience.
젊은 시인은 자신의 시 한 편을 청중 앞에서 암송했다.
cf. recital n. 낭독(회), 발표회

satire 800
[sǽtaiər]
n 풍자

The novel is a work full of biting **satire**.
소설은 신랄한 풍자로 가득한 작품이다.
cf. satiric(al) a. 풍자의

simultaneous 800
[sàiməltéiniəs]
a 동시의

Unlike consecutive interpretation, **simultaneous** interpretation requires special equipment such as sound proof booths and headsets.
순차 통역과는 달리, 동시통역은 방음 부스와 헤드셋과 같은 특별한 장비를 필요로 한다.

term 600
[tə:rm]
n 용어; 임기; 학기
v 이름 짓다

Many of the Korean academic **terms** were borrowed from Japanese.
한국어의 많은 학술 용어는 일본어에서 차용한 것이다.

His second **term** as President of the United States began last Thursday.
미국 대통령으로서의 그의 두 번째 임기가 지난 목요일에 시작됐다.

He **termed** the rescue operation "The Dawn in the Gulf of Aden."
그는 그 구출 작전을 '아덴만의 여명'이라 이름 지었다.

cf. terminology n. 전문 용어

translate [600]
[trænsléit]

v 번역하다

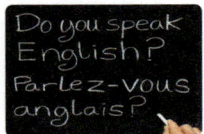

The book was **translated** into eight different languages.
책은 여덟 개 언어로 번역되었다.

cf. translator n. 번역사

vague [800]
[véig]

a 모호한, 애매한

The author deliberately gave a **vague** description of the killer in his novel to raise fear.
저자는 공포심을 유발하기 위해 소설 속의 살인자를 일부러 모호하게 묘사했다.

verse [800]
[vɔ́ːrs]

n 운문, 시구; (노래의) 절

The play is written in both **verse** and prose.
희곡에는 운문과 산문이 모두 있다.

The first **verse** of the song is frequently played at sporting events.
그 노래의 1절은 스포츠 행사에서 자주 연주된다.

Daily TEST

A 의미상 적절한 단어를 골라 빈칸에 넣고, 필요 시 단어의 형태를 어법에 맞게 바꾸시오.

> 보기
> ⓐ gist ⓑ coin ⓒ plagiarism ⓓ anonymous ⓔ memoir
> ⓕ bilingual ⓖ banality ⓗ prolific ⓘ decipher ⓙ coherent

1. Champollion _____ the ancient Egyptian script in 1822.
2. Students learn how to write a(n) _____ essay in this class.
3. Famous people's _____ usually sell very well in the U.S.
4. The interpreter is _____ in French and Japanese.
5. Copying a paragraph from your friend's essay constitutes _____.
6. His romance novels for teens are childish and full of _____.
7. The term "robot" was _____ by a Czech playwright in 1921.
8. I couldn't even follow the _____ of his lecture because it was too difficult.
9. Being a(n) _____ writer, she writes five novels on average every year.
10. The government official talked to the reporter on condition of _____.

B 단어의 의미가 올바르게 설명된 보기를 찾아 연결하시오.

11. vague
12. cognitive
13. deduce
14. satire
15. derive

ⓐ to know something as a result of considering the information or evidence that you have
ⓑ to form one word or phrase from another
ⓒ the use of humor to criticize someone or something and make them seem silly
ⓓ not clearly expressed
ⓔ connected with mental processes of understanding

Voca PLUS

- **abbreviation** [əbrì:viéiʃən]   n. 축약형, 약자
- **abridge** [əbrídʒ]   v. 요약하다
- **acronym** [ǽkrənìm]   n. 두문자어, 약자
- **affix** [ǽfiks]   n. 접사
- **allude to**   phr. ~을 넌지시 언급하다, 암시하다

- **allusive** [əlú:siv]   a. 암시적인
- **analogy** [ənǽlədʒi]   n. 비유, 유추
- **antagonist** [æntǽgənist]   n. 적, 원수
- **anthology** [ænθálədʒi]   n. (시)선집, 문집
- **antonym** [ǽntənìm]   n. 반의어

- **articulate** [ɑ:rtíkjulèit]   v. 분명히 표현하다; 또렷이 발음하다
- **award** [əwɔ́:rd]   n. 상   v. 수여하다
- **checkered** [tʃékərd]   a. 변화가 많은
- **chronicle** [kránikl]   n. 연대기
- **cliché** [kli:ʃéi]   n. 상투적인 문구[수법], 진부한 표현

- **colloquial** [kəlóukwiəl]   a. 구어의, 일상적인 대화체의
- **compassion** [kəmpǽʃən]   n. 연민, 동정심
- **concerning** [kənsə́:rniŋ]   prep. ~에 관하여
- **consistent** [kənsístənt]   a. 일관된, 일관성 있는
- **contraction** [kəntrǽkʃən]   n. (단어의) 축약형; 축소

- **copy** [kápi]   n. 복사, (책·신문 등의) 한 부
- **denotation** [dì:noutéiʃən]   n. (말의) 명시적 의미
- **denote** [dinóut]   v. 의미하다, 나타내다
- **descriptive** [diskríptiv]   a. 서술[묘사]하는
- **discourse** [dískɔ:rs]   n. 담론, 담화

☐	**elaborate** [ilǽbərèit]	v.	상세히 말하다
☐	**embellish** [imbéliʃ]	v.	(이야기를) 꾸미다[윤색하다]
☐	**epic** [épik]	n.	서사시, (소설·극·영화 등의) 서사시적 작품
☐	**esteem** [istí:m]	n.	존경 v. 존경하다
☐	**eventually** [ivéntʃuəli]	ad.	결국, 드디어, 마침내
☐	**evoke** [ivóuk]	v.	일깨우다, 자아내다
☐	**excerpt** [éksə:rpt]	n.	발췌, 인용
☐	**explicit** [iksplísit]	a.	분명한, 명백한
☐	**facet** [fǽsit]	n.	측면, 양상, 면
☐	**fairy tale**	phr.	동화, 꾸며낸 이야기
☐	**fiction** [fíkʃən]	n.	소설, 허구
☐	**fluency** [flú:ənsi]	n.	유창성, 능숙도
☐	**foreshadow** [fɔ:rʃǽdou]	v.	전조가 되다, 조짐을 나타내다
☐	**get back at**	phr.	~에게 복수하다
☐	**hyperbole** [haipə́:rbəli]	n.	과장법
☐	**illiteracy** [ilítərəsi]	n.	문맹, 무식
☐	**implicit** [implísit]	a.	함축적인, 암시적인
☐	**imprint** [imprínt]	v.	(마음에) 각인시키다
☐	**in terms of**	phr.	~면에서, ~에 관하여
☐	**inarticulate** [ìnɑ:rtíkjulət]	a.	(발음, 표현이) 불분명한
☐	**intention** [inténʃən]	n.	의사, 의도, 목적
☐	**jargon** [dʒɑ́:rgən]	n.	(전문·특수) 용어
☐	**lexicon** [léksəkàn]	n.	어휘 목록
☐	**lingo** [língou]	n.	언어, 용어
☐	**literacy** [lítərəsi]	n.	읽고 쓸 줄 앎, 식자

- literal [lítərəl] — a. 문자 그대로의, 직역의
- literally [lítərəli] — ad. 문자[말] 그대로
- literate [lítərət] — a. 글을 읽고 쓸 줄 아는
- mainstream [méinstrì:m] — n. 주류, 대세
- make compelling reading — phr. (흥미로워서) 눈을 뗄 수 없다

- manuscript [mǽnjuskrìpt] — n. 원고
- metaphor [métəfɔ́:r] — n. 은유, 비유
- miraculous [mirǽkjuləs] — a. 기적적인
- nonverbal [nɑ̀nvə́:rbəl] — a. 비언어적인
- omit [oumít] — v. 생략하다, 빠뜨리다

- original [ərídʒənl] — a. 독창적인, 원래[본래]의
- overrate [òuvəréit] — v. 과대평가하다
- parlance [pá:rləns] — n. (특정 집단의) 어법, 용어
- pass on knowledge — phr. 지식을 전달하다
- phonology [fənálədʒi] — n. 음운 체계, 음운론

- playwright [pléiràit] — n. 극작가, 각본 작가
- poignant [pɔ́injənt] — phr. 가슴 아픈
- predictable [pridíktəbl] — a. 예측[예견]할 수 있는
- protagonist [proutǽgənist] — n. 주인공
- punctuation [pʌ̀ŋktʃuéiʃən] — n. 구두점, 구두법

- realize [rí:əlàiz] — v. 깨닫다, 실현[달성]하다
- represent [rèprizént] — v. 표현하다, 상징하다
- repute [ripjú:t] — n. 평판, 명성
- resonate with — phr. (어떤 기운·느낌으로) 가득하다
- saga [sá:gə] — n. (북유럽의) 영웅 전설, 대하소설

☐ second language	phr.	제2언어
☐ semantics [simǽntiks]	n.	의미(론)
☐ sequel [síːkwəl]	n.	속편
☐ sidetrack [sáidtræ̀k]	v.	(주제 등에서) 딴 데로 돌리다, 빗나가다
☐ simile [síməli]	n.	직유
☐ simplistic [simplístik]	a.	지나치게 단순화한
☐ speechless [spíːtʃlis]	a.	(충격 등으로) 말문이 막힌
☐ stand for	phr.	~을 나타내다, 의미하다
☐ story line	phr.	줄거리
☐ style [stáil]	n.	문체
☐ sublime [səbláim]	a.	(사상, 언어, 문체 등이) 탁월한, 기품 있는
☐ succinct [səksíŋkt]	a.	간결한, 간단명료한
☐ summarize [sʌ́məràiz]	v.	요약하다
☐ syllable [síləbl]	n.	음절
☐ synonym [sínənìm]	n.	동의어, 유의어
☐ tragedy [trǽdʒədi]	n.	비극
☐ tribute [tríbjuːt]	n.	헌사, 찬사
☐ underrate [ʌ̀ndərréit]	v.	과소평가하다
☐ usage [júːsidʒ]	n.	용법, 어법
☐ verbal [vɔ́ːrbəl]	a.	언어[말]의
☐ verbatim [vəːrbéitəm]	a.	말[글자] 그대로
☐ verbose [vəːrbóus]	a.	장황한
☐ villain [vílən]	n.	악당
☐ wording [wɔ́ːrdiŋ]	n.	단어 선택, 자구[표현]
☐ wordy [wɔ́ːrdi]	a.	장황한, 말이 긴

DAY 07 기후
일기 예보는 청해의 기본

adjust ⁶⁰⁰
[ədʒʌ́st]
ⓥ 적응하다; 조절[조정]하다

Poor countries have more difficulty **adjusting** to climate change.
빈국들은 기후 변화에 적응하는 데 더 어려움이 있다.

You can **adjust** the volume of the stereo with this remote.
이 리모컨으로 오디오 볼륨을 조절할 수 있다.

cf. adjustment n. 조정, 적응
adjustable a. 조절 가능한

 기출표현

adjustable chair (높낮이 등이) 조절 가능한 의자

adverse ⁸⁰⁰
[ædvə́ːrs]
ⓐ 부정적인, 반대하는

Due to the **adverse** effects of global warming, the temperature of earth's surface is expected to increase by 4°C by the year 2100.
지구 온난화의 악영향 때문에, 지구 표면 온도가 2100년까지 4도 상승할 것으로 예상된다.

cf. adversely ad. 불리하게; 반대로
adversity n. 역경, 불운

 기출표현

adversely affect ~에 악영향을 끼치다

altitude ⁸⁰⁰
[ǽltətjùːd]
ⓝ 고도, 고지

Thinner oxygen at high **altitudes** makes it harder to breathe.
고도가 높은 곳은 산소가 희박해 숨쉬기가 어렵다.

arid ⁹⁰⁰
[ǽrid]
ⓐ 건조한, 메마른

A cactus grows well in **arid** regions.
선인장은 건조한 지역에서 잘 자란다.

cf. aridity n. 건조; 무미건조

atmosphere ⁶⁰⁰
[ǽtməsfìər]
ⓝ 대기; 분위기, 환경

About 90% of the ozone in the Earth's **atmosphere** is located in the stratosphere.
지구 대기 오존의 약 90%는 성층권에 있다.

The resort town has a relaxed **atmosphere**.
휴양 도시는 분위기가 편안하다.

avalanche ⁸⁰⁰
[ǽvəlæntʃ]
ⓝ 눈사태

The **avalanche** took the lives of four mountaineers.
눈사태로 등산가 4명이 사망했다.

blizzard ⁶⁰⁰
[blízərd]
ⓝ 눈보라

Seoul was hit by a **blizzard** yesterday.
어제 서울에 눈보라가 몰아쳤다.

catastrophe ⁸⁰⁰
[kətǽstrəfi]
ⓝ 참사, 재앙

The hurricane was a devastating **catastrophe**.
허리케인은 대참사였다.

cf. catastrophic a. 파멸의, 비극적인

🐵 기출표현
catastrophic disaster 대재난

chilly 600
[tʃíli]
ⓐ 쌀쌀한, 추운

Spring has come but it is still **chilly** in the morning.
봄이 왔지만 아침에는 여전히 쌀쌀하다.

cf. chill n. 냉기 v. 춥게 하다
　　 chilling a. 으스스한

deteriorate 800
[ditíəriərèit]
ⓥ 악화되다, 악화시키다

Unfortunately, the weather conditions **deteriorated** during the course of the afternoon.
불행히도 오후에 기상이 악화되었다.

cf. deterioration n. 악화

devastating 800
[dévəstèitiŋ]
ⓐ 치명적인, 파괴적인

The typhoon had a **devastating** effect on the region.
태풍은 그 지역에 치명적인 영향을 미쳤다.

cf. devastate v. 파괴하다
　　 devastation n. 파괴, 참상

 기출표현

devastated area 재해 지역

distinctive 800
[distíŋktiv]
ⓐ 독특한, 특유의

The country has **distinctive** weather patterns.
그 나라는 날씨 패턴이 독특하다.

cf. distinct a. 뚜렷한, 별개의
　　 distinction n. 차이, 탁월

downpour 600
[dáunpɔ́ːr]
ⓝ 폭우

The baseball game was cancelled due to the **downpour**.
폭우로 야구 경기가 취소됐다.

cf. pour v. 붓다

drench 800
[dréntʃ]
- v 흠뻑 적시다

He was **drenched** in the rain without an umbrella.
그는 우산 없이 비에 흠뻑 젖었다.

drizzle 800
[drízl]
- n 이슬비, 가랑비
- v 이슬비[가랑비]가 내리다

It was **drizzling** from early morning to late afternoon.
이른 아침부터 늦은 오후까지 이슬비가 내리고 있었다.

forecast 600
[fɔ́ːrkæst]
- n 예측, 일기 예보
- v 예측하다, 예보하다

The weather **forecast** said there is a 70 percent chance of rain tomorrow.
일기 예보에 따르면 내일 강수 확률은 70%이다.

Experts are **forecasting** an economic downturn.
전문가들은 경기 침체를 예상하고 있다.

cf. forecaster n. 기상 예보관

haze 800
[héiz]
- n 실안개, 연무

There was a **haze** in the mountain valley.
산골짜기에 실안개가 끼어 있었다.

cf. hazy a. 연무가 낀

humidity 800
[hjuːmídəti]
- n 습도, 습기

The **humidity** today is 70%.
오늘 습도는 70%입니다.

cf. humid a. 습한
humidify v. 축이다, 적시다
humidifier n. 가습기
dehumidifier n. 제습기

imminent ⁹⁰⁰
[ímənənt]
ⓐ 임박한, 일촉즉발의

The monsoon season is **imminent** in Korea.
한국에는 장마철이 임박했다.

cf. imminence n. 임박, 촉박

inclement ⁸⁰⁰
[inklémənt]
ⓐ 험한, 거칠고 궂은

All the highways were also closed due to **inclement** weather.
악천후로 모든 고속 도로가 폐쇄됐다.

jeopardize ⁸⁰⁰
[dʒépərdàiz]
ⓥ 위험에 빠뜨리다

We should cancel any flight when weather conditions **jeopardize** passengers' safety.
기상 조건으로 승객의 안전이 위험할 때에는 모든 항공편을 취소해야 한다.

cf. jeopardy n. 위험

 기출표현

be in jeopardy 위험에 처하다

let up ⁹⁰⁰
phr (폭풍우 등이) 그치다

The rain is forecast to **let up** Friday evening.
금요일 저녁에 비가 그칠 것으로 예상된다.

massive ⁶⁰⁰
[mǽsiv]
ⓐ 거대한

A **massive** earthquake measuring 9.0 on the Richter scale hit northeast Japan.
리히터 규모 9.0의 강진이 일본 동북부를 강타했다.

cf. mass n. 덩어리 a. 대량의

midday ⁶⁰⁰
[míddèi]
ⓝ 정오

Forecasters said the sky will clear up by **midday**.
기상 예보관들은 정오가 되면 날이 갤 것이라고 했다.

moderate 800
[mάdərət] ⓐ 온화한; 알맞은
[mάdərèit] ⓥ 완화되다

Jeju Island is well known for its **moderate** climate.
제주도는 온화한 기후로 유명하다.

The scorching hot weather has **moderated**.
몹시 무더웠던 날씨가 누그러졌다.

cf. moderation n. 적당함, 온건, 온화

mutable 900
[mjú:təbl]
ⓐ 변덕스러운

The weather is **mutable** nowadays.
요즘 날씨가 변덕스럽다.

cf. mutate v. 변화하다; 돌연변이가 되다
mutation n. 변화; 돌연변이
mutant n. 돌연변이 a. 돌연변이의

overcast 800
[òuvərkǽst]
ⓐ 구름이 뒤덮인, 흐린
ⓥ 구름으로 덮다

We have **overcast** skies with a 40% chance of rain tonight.
오늘밤은 흐리겠고 강수 확률은 40%입니다.

precipitation 900
[prisìpətéiʃən]
ⓝ 강수(량)

In this region, more than 70 percent of the annual **precipitation** is concentrated between January and February.
이 지역은 연간 강수량의 70% 이상이 1월과 2월 사이에 집중되어 있다.

reassuring 800
[rì:əʃúəriŋ]
ⓐ 안심시키는

It is **reassuring** to know that the winds will die down overnight.
밤사이 바람이 잦아들 것을 아니 안심이 된다.

cf. reassure v. 안심시키다
reassured a. 안심하는
reassurance n. 안심, 안도

scarcity 800
[skέərsəti]
n 부족, 결핍

People in this region depend on the underground water due to the **scarcity** of precipitation.
강수량 부족 때문에 이 지역 주민들은 지하수에 의존한다.

cf. scarcely ad. 거의 ~않다

---

scattered 800
[skǽtərd]
a 산발적인; 산재해 있는

Today we will have mostly cloudy skies with about a 60% chance of **scattered** showers.
오늘은 대부분 구름이 끼겠고 산발적인 소나기가 내릴 확률이 약 60% 입니다.

cf. scatter v. 흩뿌리다

---

scorching 900
[skɔ́:rtʃiŋ]
a 타는 듯한

Australians celebrate Christmas on a **scorching** summer day.
호주인들은 무더운 여름날에 크리스마스를 기념한다.

cf. scorch v. (불에) 그슬리다

---

slippery 600
[slípəri]
a 미끄러운

The road is **slippery** with sleet.
진눈깨비 때문에 길이 미끄럽다.

cf. slip v. 미끄러지다

---

sprinkle 800
[spríŋkl]
v 비가 조금씩 오다

I went out jogging although it was **sprinkling**.
비가 조금씩 오고 있었지만 밖에 나가 조깅을 했다.

stark [900]
[stáːrk]
- ⓐ 극명한, 두드러진; 황량한

The balmy weather was in **stark** contrast to last week's cold spell.
온화한 날씨는 지난주의 추위와 극명한 대조를 보였다.

temperate [800]
[témpərət]
- ⓐ 온화한, 온대성의; 절제하는, 삼가는, 차분한

The eastern region of the country keeps a **temperate** climate even in winter.
그 나라의 동쪽 지역은 겨울에도 기후가 온화하다.

The diplomat is a **temperate** man who can negotiate with aggressive North Korean army officers.
외교관은 공격적인 북한 장교들과도 협상을 할 수 있는 차분한 사람이다.

temperate zone 온대

thaw [800]
[θɔ́ː]
- ⓥ 녹다, 날씨가 풀리다
- ⓝ 해빙, 해동

The temperature has risen and the snow is **thawing** now.
기온이 올라 지금은 눈이 녹고 있다.

torrential rain [800]
- phr 폭우

Five people died as **torrential rain** caused floods and mudslides in the town.
폭우로 인해 도시에 홍수와 진흙 사태가 일어나면서 다섯 명이 숨졌다.

tropical 600
[trápikəl]

ⓐ 열대의

The international community should put in more efforts to protect **tropical** rain forests.

국제 사회는 열대 우림을 보호하기 위해 더욱 노력을 기울여야 한다.

cf. tropic n. 회기선, 열대 지방
　　subtropical a. 아열대의

typical 600
[típikəl]

ⓐ 전형적인

You will be able to plan your vacation better if you know the region's **typical** weather patterns.

그 지역의 전형적인 날씨 패턴을 알면 휴가 계획을 더 잘 세울 수 있을 것이다.

cf. type n. 유형, 종류

Daily TEST

A 의미상 적절한 단어를 골라 빈칸에 넣고, 필요 시 단어의 형태를 어법에 맞게 바꾸시오.

보기	ⓐ inclement	ⓑ humidity	ⓒ scorching	ⓓ let	ⓔ adverse
	ⓕ stark	ⓖ adjust	ⓗ scarcity	ⓘ drizzle	ⓙ imminent

1. The torrential rain showed no sign of _____ up.
2. Due to the unprecedented drought, people are suffering from an ever increasing _____ of water.
3. We should try to _____ to global warming if we cannot prevent it.
4. Canada's climate is in _____ contrast to that of Mexico.
5. In Korea, the _____ is higher in summer than in winter.
6. The municipal government issued a warning when a tornado was _____.
7. They are trying to minimize the _____ effects of climate change by using less energy.
8. My flight was delayed due to _____ weather in Moscow.
9. Koreans like to eat traditional chicken soup with ginseng in _____ summer weather.
10. It's not raining hard but it's _____.

B 단어의 의미가 올바르게 설명된 보기를 찾아 연결하시오.

11. deteriorate   ⓐ to grow worse
12. mutable   ⓑ rain, snow, etc. that falls
13. precipitation   ⓒ easy to recognize because of being different from other things of the same type
14. arid   ⓓ able to or tending to change
15. distinctive   ⓔ having little or no rain; very dry

- **artificial snow** — phr. 인공 눈
- **atmospheric** [ætməsfíərik] — a. 대기의, 공기의
- **atmospheric pressure** — phr. 기압
- **autumn colors** — phr. 단풍
- **average** [ǽvəridʒ] — n. 평균 a. 평균의

- **avert** [əvə́ːrt] — v. 방지하다, 피하다
- **bare mountain** — phr. 민둥산
- **barely** [béərli] — ad. 간신히, 가까스로
- **barometer** [bərámətər] — n. 기압계, 지표
- **below zero** — phr. 영하

- **blast** [blǽst] — n. 돌풍, 질풍
- **bleak** [blíːk] — a. 으스스한, 음산한
- **breeze** [bríːz] — n. 산들바람, 미풍
- **brisk** [brísk] — a. (차갑지만) 상쾌한
- **Celsius** [sélsiəs] — a. 섭씨의

- **centigrade** [séntəgrèid] — a. 섭씨의
- **clear out** — phr. 개다
- **climate** [kláimit] — n. 기후
- **cloudless** [kláudlis] — a. 맑은, 구름 한 점 없는
- **cold front** — phr. 한랭 전선

- **cyclical** [sáiklikəl] — a. 순환하는, 주기적인
- **cyclone** [sáikloun] — n. 사이클론
- **dam** [dǽm] — n. 댐
- **damp** [dǽmp] — a. 축축한, 눅눅한
- **daytime high** — phr. 낮 최고 기온

110

☐	**defrost** [diːfrɔ́ːst]	v.	해동하다, 성에를 제거하다
☐	**destructive** [distrʌ́ktiv]	a.	파괴적인
☐	**dreary** [dríəri]	a.	음울한
☐	**drought** [dráut]	n.	가뭄
☐	**extreme** [ikstríːm]	a.	극도의, 극심한
☐	**Fahrenheit** [fǽrənhàit]	a.	화씨의
☐	**fall foliage** [fɔ́ːl fóuliidʒ]	phr.	단풍
☐	**flash flood**	phr.	갑작스런 홍수, 갑자기 불어난 물
☐	**flooded** [flʌ́did]	a.	물에 잠긴, 침수된
☐	**floodgate** [flʌ́dgèit]	n.	방조문, (수위 조절용) 수문
☐	**flurries of snow**	phr.	가끔씩 흩뿌리는 눈
☐	**freezing** [fríːziŋ]	a.	추운, 영하의
☐	**frigid** [frídʒid]	a.	몹시 추운
☐	**front** [frʌ́nt]	n.	전선
☐	**frost** [frɔ́ːst]	n.	서리, 성에
☐	**gale** [géil]	n.	강풍, 돌풍
☐	**ground** [gráund]	n.	땅바닥, 지면
☐	**gust** [gʌ́st]	n.	한바탕 부는 바람; 소나기
☐	**hail** [héil]	n.	우박
☐	**hailstone** [héilstòun]	n.	(한 알의) 우박
☐	**harsh** [háːrʃ]	a.	가혹한, 혹독한
☐	**heat wave**	phr.	폭염
☐	**high** [hái]	n.	최고 기온, 고기압(권)
☐	**impact** [ímpækt]	n.	영향, 충격, 충돌
☐	**incessant rain**	phr.	끊임없이 내리는 비

- inescapable [ìnəskéipəbl]   a. 피할 수 없는
- insufficient [ìnsəfíʃənt]   a. 불충분한
- lack of rain   phr. 강우량 부족
- lightning [láitniŋ]   n. 번개, 번갯불
- low [lóu]   n. 최저 기온, 저기압

- meteorology [mìːtiərálədʒi]   n. 기상학
- midnight low   phr. 밤 최저 기온
- mild [máild]   a. 온화한, 포근한
- misty [místi]   a. 안개가 낀[자욱한]
- moisture [mɔ́istʃər]   n. 수분, 습기

- monsoon [mɑnsúːn]   n. 우기, 장마
- muggy [mʌ́gi]   a. 후텁지근한
- nip [níp]   v. (바람·서리 등이) 시들게 하다, 얼게 하다
- nippy [nípi]   a. 추운, 차가운
- pelt [pélt]   v. (비가) 퍼붓다

- pressure system   phr. 기압계
- prevent [privént]   v. 막다, 예방[방지]하다
- prevention [privénʃən]   n. 예방, 방지
- rainfall [réinfɔːl]   n. 강우(량)
- reservoir [rézərvwàːr]   n. 저수지

- retain moisture   phr. 수분을 함유하다
- retention [riténʃən]   n. 보유, 유지
- reverse [rivə́ːrs]   v. 거꾸로 하다   a. 거꾸로의
- shiver [ʃívər]   v. 추위로 떨다
- shower [ʃáuər]   n. 소나기

- ☐ **sleet** [slíːt]   n. 진눈깨비
- ☐ **snowfall** [snóufɔ̀ːl]   n. 강설(량)
- ☐ **soak** [sóuk]   v. 흠뻑 적시다, (액체 속에 푹) 담그다
- ☐ **sporadic** [spərǽdik]   a. 산발적인
- ☐ **spray** [spréi]   n. 물보라, 비말

- ☐ **squall** [skwɔ́ːl]   n. 단시간의 국부적 돌풍
- ☐ **storm front**   phr. 폭풍 전선
- ☐ **stormy** [stɔ́ːrmi]   a. 폭풍우[눈보라]가 몰아치는
- ☐ **subzero** [sʌ̀bzíːrou]   a. 영하의
- ☐ **sufficient** [səfíʃənt]   a. 충분한

- ☐ **sullen** [sʌ́lən]   a. 음침한, 침울한
- ☐ **sultry** [sʌ́ltri]   a. 무더운, 후텁지근한
- ☐ **surface** [sə́ːrfis]   n. 표면, 지면, 수면
- ☐ **swamp** [swámp]   n. 늪, 습지
- ☐ **sweat** [swét]   n. 땀   v. 땀을 흘리다

- ☐ **temperature** [témpərətʃər]   n. 온도, 기온
- ☐ **tempest** [témpist]   n. 폭풍우, 폭설
- ☐ **thermometer** [θərmámətər]   n. 온도계, 체온계
- ☐ **thunderstorm** [θʌ́ndərstɔ̀ːrm]   n. 뇌우
- ☐ **tornado** [tɔːrnéidou]   n. 회오리바람, 토네이도

- ☐ **torrid zone**   phr. 열대 지방
- ☐ **typhoon** [taifúːn]   n. 태풍
- ☐ **warm front**   phr. 온난 전선
- ☐ **weatherman** [wéðərmæ̀n]   n. 일기 예보관, 기상 통보관
- ☐ **with partly cloudy skies**   phr. 부분적으로 구름이 낀

DAY 08 우리들이 사는 곳
건물, 건축

adequate 800
[ǽdikwət]
ⓐ 충분한, 적절한

The house was not big but **adequate**.
집은 크지는 않았지만 충분했다.
cf. inadequate a. 불충분한, 부적당한

adjoin 900
[ədʒɔ́in]
ⓥ 붙어 있다, ~에 인접하다

The gym **adjoins** the student union building.
체육관은 학생회관과 붙어 있다.

adorn 900
[ədɔ́:rn]
ⓥ 장식하다, 꾸미다

The newly built house was **adorned** with many different types of lights.
새로 지은 집은 여러 종류의 조명으로 장식되어 있었다.
cf. adornment n. 장식(품)

architecture 600
[á:rkətèktʃər]
ⓝ 건축(술), 건축학

Surprisingly, concrete was commonly used in Roman **architecture** in the 1st century BC.
놀랍게도 기원전 1세기 로마 건축에서 콘크리트가 흔히 이용되었다.
cf. architectural a. 건축의
architect n. 건축가

boundary 600
[báundəri]
n 경계(선), 한도

This wall marks the **boundary** between my house and Ms. William's.
이 담은 우리 집과 윌리엄스 씨 집의 경계를 나타낸다.

break into 600
phr (건물에) 침입하다

Someone has **broken into** George's apartment.
누군가 조지의 아파트에 침입했다.

capacity 600
[kəpǽsəti]
n (최대) 수용력; 능력, 역량

The hotel has a **capacity** of 52 rooms, a restaurant with 120 seats and a night club with 90 seats.
호텔은 52개의 객실, 120석의 레스토랑, 90석의 나이트클럽을 수용하고 있다.

She has a great **capacity** to work under pressure.
그녀는 스트레스를 받는 상황에서도 일할 수 있는 능력이 뛰어나다.

cf. capable a. ~을 할 수 있는, 유능한

 기출표현

capable lawyer 유능한 변호사
capable of proof 사실임을 입증할 수 있는

collapse 600
[kəlǽps]
v 무너지다; 폭락하다
n 붕괴; 폭락

At least 15 people were killed when a four-story residential building **collapsed** Thursday night.
목요일 밤 4층짜리 주거용 건물이 무너졌을 때 최소 15명이 사망했다.

A middle-aged man **collapsed** and died after completing a marathon on Friday.
한 중년 남성이 금요일에 마라톤을 완주한 뒤 쓰러져 사망했다.

When stock prices **collapsed** in September, most American economists were shocked.
9월에 주가가 폭락했을 때 대부분의 미국 경제학자들은 충격을 받았다.

construct 600
[kənstrʌ́kt]
ⓥ 건설하다, 세우다

A new bridge is being **constructed** over the Han River.
한강에 새 다리를 건설 중이다.

cf. construction n. 건설
constructive a. 건설적인
reconstruct v. 재건축하다

 기출표현
constructive criticism 건설적인 비판

demolish 600
[dimɑ́liʃ]
ⓥ 철거하다, 헐다

The municipal government decided to **demolish** the old city hall and construct a new one.
시정부는 오래된 시청 건물을 허물고 새 건물을 짓기로 했다.

cf. demolition n. 파괴, 철거

dilapidated 900
[dilǽpədèitid]
ⓐ 허물어져 가는

The poor man lives in a **dilapidated** house.
그 가난한 남자는 매우 허름한 집에 산다.

cf. dilapidate v. 헐다

drain 600
[dréin]
ⓥ 배수하다, 물이 빠지다

The sink doesn't **drain** well. I think it's clogged.
싱크대에 물이 잘 안 빠져요. 막힌 것 같아요.

cf. drainage n. 배수 (장치), 하수구

evacuate 800
[ivǽkjuèit]
ⓥ 피난하다; (집을) 비우다

When the alarm went off, all of the employees **evacuated** the office.
알람이 울리자 모든 직원들은 사무실 밖으로 피신했다.

cf. evacuation n. 대피, 피난
evacuee n. 피난자

evict 900
[ivíkt]
ⓥ 쫓아내다, 퇴거시키다

The poor tenant was **evicted** for not paying the rent.
가난한 세입자가 집세를 내지 못해 쫓겨났다.

cf. eviction n. 퇴거, 쫓아냄

eviction order 퇴거 명령

eyesore 600
[áisɔ̀:r]
ⓝ 보기 흉한 것

That old apartment building is a real **eyesore**.
저 낡은 아파트 건물은 정말 보기 흉하다.

furnished 800
[fə́:rniʃt]
ⓐ 가구가 갖추어진

Fully **furnished** apartments are hard to find in this city.
이 도시에서는 모든 가구가 완비된 아파트를 찾기가 힘들다.

cf. furnish v. (가구를) 비치하다
furnishings n. 가구, 비품
furniture n. 가구

house 600
[háuz]
ⓥ 주거를 제공하다; (물건을) 소장하다

In the 1970's, most of the working class people were not adequately **housed**.
1970년대에 노동자 계층 대부분은 제대로 된 주거를 제공받지 못했다.

This museum **houses** works of Korean and Chinese sculpture.
이 박물관은 한국과 중국의 조각품을 소장하고 있다.

inhabitant 800
[inhǽbətənt]
ⓝ 주민, 서식 동물

Today most of the **inhabitants** here work in the auto industry.
오늘날 이곳 주민들은 대부분 자동차 산업에 종사한다.
cf. inhabit v. 거주하다

innovative 600
[ínəvèitiv]
ⓐ 혁신적인, 획기적인

The stadium's **innovative** design has been lauded by industry leaders.
경기장의 혁신적 디자인은 업계 지도자들의 찬사를 받았다.
cf. innovate v. 혁신하다
innovation n. 혁신

insulate 900
[ínsəlèit]
ⓥ 단열하다

Sealing windows is one of the most common ways to **insulate** buildings and homes.
창문 틈을 막는 것은 건물과 집을 단열하는 가장 흔한 방법 중 하나이다.
cf. insulation n. 단열
insulated a. 단열된

leak 600
[líːk]
ⓥ (액체·기체가) 새다

The roof of his house **leaks** when it rains.
비가 오면 그의 집 지붕에 물이 샌다.
cf. leakage n. 누출
leaky a. (물·가스가) 새는

 기출표현
information leakage 정보 누설

locate 600
[lóukeit]
ⓥ 위치시키다; 찾아내다

The apartment building is conveniently **located** near a big shopping mall.
아파트 건물이 큰 쇼핑몰 가까이 편리하게 위치해 있다.

We are trying our best to **locate** the missing child.
우리는 실종된 아이를 찾기 위해 최선을 다하고 있다.

cf. location n. 위치
relocate v. 이전하다
dislocate v. 탈구시키다

 기출표현

dislocated shoulder 어깨 탈구
dislocated worker 실직자

maintenance 600
[méintənəns]
ⓝ 점검; 보수 관리

The lights will be fixed during regular **maintenance**.
정기 점검을 하는 동안 조명을 수리할 것이다.

cf. maintain v. 유지하다; 주장하다

perch 900
[pə́:rtʃ]
ⓥ 자리잡다; (새가) 앉다
ⓝ 횃대, 높은 위치

The lodge was **perched** on a steep hillside.
오두막이 가파른 비탈에 자리잡고 있었다.

Sophia looked down from her precarious **perch** on the edge of the roof.
소피아는 위험한 지붕 가장자리 위에서 아래를 내려다봤다.

premise 900
[prémis]
ⓝ 구내; 전제

Photo taking is not allowed on the **premises**.
구내에서 사진 촬영은 금지되어 있습니다.

His argument is based on the **premise** that old people have poor memory.
그의 주장은 노인들이 기억력이 나쁘다는 전제에 근거한다.

property [prápərti] 800
n. 부동산, 재산; 특성

Property prices have soared over the last five years or so in New Zealand.
지난 약 5년간 뉴질랜드의 부동산 가격이 급등했다.

The two substances have different physical and chemical **properties**.
두 물질은 물리적, 화학적 특성이 다르다.

real estate 600
phr. 부동산

Donald Trump invested most of his money in **real estate**.
도널드 트럼프는 대부분의 돈을 부동산에 투자했다.

refurbish [rì:fə́:rbiʃ] 800
v. 새로 꾸미다, 재단장하다

The board of directors decided to **refurbish** the old building instead of constructing a new one.
이사회는 새 건물을 짓는 대신 낡은 건물을 재단장하기로 결정했다.

cf. refurbishment n. 재단장

renewal [rinjú:əl] 600
n. 재개발; 갱신, (기한) 연장

The city announced plans to clear the slum area, as part of an urban **renewal** project.
시는 도시 재개발 프로젝트의 일환으로 슬럼가 철거 계획을 발표했다.

My contract comes up for **renewal** at the end of July.
7월 말에 계약을 갱신해야 한다.

cf. renew v. 갱신하다, 재개하다
    renewable a. 재생 가능한

renovate [rénəvèit] 800
v. 개보수하다

It will take six months to **renovate** the old building.
그 낡은 건물을 개보수하는 데 6개월이 걸릴 것이다.

cf. renovation n. 개보수

rent ⁶⁰⁰
[rént]

- ⓝ 집세, 임차료
- ⓥ 빌리다, 임차하다

Most of the people living in this city pay high **rent**.
이 도시에 사는 사람들 대부분이 비싼 집세를 낸다.

It is hard for college students to **rent** such a luxurious apartment.
대학생이 그런 고급 아파트를 빌리기는 쉽지 않다.

cf. renter n. 세입자, 임차인
    rental n. 임대, 임대료

resident ⁶⁰⁰
[rézədənt]

- ⓝ 거주자, 주민

More than 200 local **residents** protested against the construction of a chemical factory.
지역 주민 200명 이상이 화학 공장 건설에 반대하는 시위를 벌였다.

cf. reside v. 거주하다
    residence n. 주택, 거주지, 체류허가
    residency n. 체류 허가, 거주
    residential a. 거주의

settle ⁶⁰⁰
[sétl]

- ⓥ 정착하다, 자리잡다; 해결하다; 청산하다, 결제하다

When Gabrielle was 14, her family **settled** in Utah.
가브리엘이 14세였을 때 그녀의 가족은 유타주에 정착했다.

We would like to **settle** the problem without going to court.
우리는 소송을 하지 않고 문제를 해결하고 싶다.

I had to sell the car to **settle** my debt.
나는 빚을 갚기 위해서 차를 팔아야 했다.

cf. settlement n. 정착, 해결, 지불
    settler n. 정착민
    settled a. 안정된

spiral ⁸⁰⁰
[spáiərəl]

- ⓐ 나선형의
- ⓥ 나선형으로 움직이다

In the past, many of the luxurious houses in this region had a **spiral** staircase.
과거에 이 지역의 많은 호화주택에는 나선형 계단이 있었다.

In Korea, tuition fees have been **spiraling** out of control.
한국에서는 등록금이 걷잡을 수 없이 인상돼왔다.

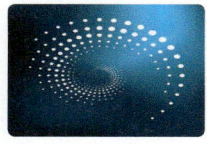

Day 08 건물, 건축 _**121**

stuffy 800
[stʌ́fi]
- ⓐ (공기 등이) 탁한

The classroom in the basement floor is always **stuffy**.
지하에 있는 교실은 항상 공기가 탁하다.

stuffy nose 코 막힘

---

tenant 800
[ténənt]
- ⓝ 세입자, 임차인

Tenants are supposed to pay utility bills.
세입자들은 공과금을 내야 한다.
cf. landlord n. 집주인, 건물 소유주

---

utility 800
[juːtíləti]
- ⓝ (수도·전기 등) 공공 설비
- pl 공익사업체

In my country, state-run companies are in charge of public **utilities** such as gas, electricity and water.
우리나라는 공기업들이 가스, 전기, 수도 같은 공공 설비를 담당한다.
cf. utilization n. 활용

---

vacate 800
[véikeit]
- ⓥ (집 등을) 비우다

You must completely **vacate** your dorm room during the summer months.
여름 방학 기간에는 기숙사의 방을 완전히 비워야 합니다.
cf. vacant a. 빈
vacancy n. 빈방, 공석

---

ventilate 800
[véntəlèit]
- ⓥ 환기하다

She opened the windows to **ventilate** the stuffy bedroom.
그녀는 답답한 침실을 환기시키려고 창문을 열었다.
cf. ventilation n. 환기, 통풍

---

vicinity 900
[visínəti]
- ⓝ 근처

Some employees reside in the **vicinity** of the office.
몇몇 직원들은 사무실 근처에 거주한다.

Daily TEST

A 의미상 적절한 단어를 골라 빈칸에 넣고, 필요 시 단어의 형태를 어법에 맞게 바꾸시오.

보기: ⓐ adequate ⓑ adjoin ⓒ adorn ⓓ demolish ⓔ evacuate
ⓕ evict ⓖ premise ⓗ renovate ⓘ stuffy ⓙ tenant

1. No one is allowed to consume alcohol on the _____.
2. Noah decided to _____ the old house instead of building a new one.
3. They have a plan to _____ several buildings in this block to make space for a new power station.
4. My garage has _____ space for two cars.
5. The landlord _____ Alexander when he didn't pay the rent for 3 months.
6. A conflict could arise between a landlord and a(n) _____.
7. She _____ her bedroom with roses.
8. The room is _____ because it has no windows.
9. Employees _____ the office when a small fire broke out.
10. The kitchen and the living room _____ each other.

B 단어의 의미가 올바르게 설명된 보기를 찾아 연결하시오.

11. ventilate   ⓐ land and the buildings on it
12. inhabitant   ⓑ a person or an animal that lives in a particular place
13. property   ⓒ old and in a generally bad condition
14. dilapidated   ⓓ the area near a particular place
15. vicinity   ⓔ to allow fresh air to enter a room or building

☐ **adjacent** [ədʒéisnt]	a.	인접한, 가까운
☐ **amid** [əmíd]	prep.	~가운데에, ~으로 에워싸인
☐ **antiquated** [ǽntikwèitid]	a.	구식인
☐ **arcade** [ɑːrkéid]	n.	쇼핑 아케이드(대형 상가 건물)
☐ **attic** [ǽtik]	n.	다락(방)
☐ **barn** [báːrn]	n.	곳간, 헛간, 외양간
☐ **basement** [béismənt]	n.	지하층
☐ **beam** [bíːm]	n.	기둥
☐ **birthplace** [bə́ːrθplèis]	n.	(유명인의) 생가, 출생지
☐ **brittle** [brítl]	a.	부서지기 쉬운, 깨지기 쉬운
☐ **building materials**	phr.	건축 자재
☐ **ceiling** [síːliŋ]	n.	천장
☐ **cellar** [sélər]	n.	(식량·포도주 따위의) 지하 저장실
☐ **chateau** [ʃætóu]	n.	대저택, 성
☐ **closet** [klázit]	n.	벽장
☐ **completion ceremony**	phr.	준공[낙성]식
☐ **complex** [kámpleks]	n.	복합 건물, (건물) 단지
☐ **condemned building**	phr.	안전 부적격 판정을 받은 건물
☐ **condominium** [kàndəmíniəm]	n.	분양 아파트
☐ **corridor** [kɔ́ːridər]	n.	복도, 회랑
☐ **cozy** [kóuzi]	a.	아늑한
☐ **cupboard** [kʌ́bərd]	n.	찬장
☐ **decorate** [dékərèit]	v.	장식하다, 꾸미다
☐ **development** [divéləpmənt]	n.	(주택 등의) 개발
☐ **dingy** [díndʒi]	a.	우중충한, 거무칙칙한

☐	**dismantle** [dismǽntl]	v.	분해[해체]하다
☐	**dome** [dóum]	n.	돔, 반구형 지붕
☐	**doorway** [dɔ́:rwèi]	n.	출입구
☐	**drawer** [drɔ́:ər]	n.	서랍
☐	**driveway** [dráivwèi]	n.	(도로에서 집·차고까지의) 진입로, 차도
☐	**dwell** [dwél]	v.	살다, 거주하다
☐	**edge** [édʒ]	n.	끝, 가장자리, 모서리
☐	**edifice** [édəfis]	n.	(큰) 건물
☐	**erect** [irékt]	v.	건립하다, 세우다
☐	**even** [í:vən]	a.	평평한, 반반한
☐	**exterior** [ikstíəriər]	n.	외부
☐	**façade** [fəsá:d]	n.	(건물의) 정면
☐	**faucet** [fɔ́:sit]	n.	(수도)꼭지
☐	**floor** [flɔ́:r]	n.	바닥, 층
☐	**fortify** [fɔ́:rtəfài]	v.	방어 공사를 하다; 요새화[강화]하다
☐	**frame** [fréim]	n.	(건물 등의) 뼈대, 프레임
☐	**groundbreaking ceremony**	phr.	기공식
☐	**hallway** [hɔ́:lwèi]	n.	현관, 복도
☐	**heatproof** [hí:tprù:f]	a.	열에 손상되지 않는, 내열성의
☐	**height** [háit]	n.	높이
☐	**homeowner** [hóumòunər]	n.	주택 보유자
☐	**interior** [intíəriər]	n.	내부
☐	**janitor** [dʒǽnətər]	n.	잡역부, 청소부
☐	**layout** [léiàut]	n.	배치(도), 설계(법)
☐	**lease** [lí:s]	n.	임대차 계약 v. 임대[임차]하다

- **marble** [máːrbl] n. 대리석
- **measurement** [méʒərmənt] n. 측정, 측량; 치수
- **miniature** [míniətʃər] a. 축소된 n. 축소 모형
- **move** [múːv] v. 이사하다
- **ornament** [ɔ́ːrnəmənt] n. 장식품, 장신구

- **ornate** [ɔːrnéit] a. 화려하게 장식된
- **outlet** [áutlèt] n. 콘센트
- **outskirts** [áutskə̀ːrtz] n. (도시의) 변두리, 교외
- **overlook** [òuvərlúk] v. (건물 등이) ~보다 높은 데 있다
- **parking bay** phr. 주차 구역

- **passage** [pǽsidʒ] n. 통로, 복도
- **path** [pǽθ] n. 작은 길, 오솔길
- **pillar** [pílər] n. 기둥
- **plaque** [plǽk] n. (사건·인물을 기념하는) 명판
- **porch** [pɔ́ːrtʃ] n. 현관

- **precinct** [príːsiŋkt] n. 구역, 지구
- **prominent** [prámənənt] a. 툭 튀어나온, 돌출된
- **prop** [práp] n. 지주, 버팀목, 받침대
- **proximity** [praksíməti] n. 가까움, 근접
- **reinforce** [rìːinfɔ́ːrs] v. (구조 등을) 보강하다

- **remodel** [rìːmádl] v. 개조하다, 리모델링하다
- **remove** [rimúːv] v. 없애다, 제거하다
- **replace** [ripléis] v. 바꾸다, 교체하다
- **roomy** [rúːmi] a. 널찍한
- **rural** [rúərəl] a. 시골의, 지방의

- section [sékʃən]   n. (도시 등의) 구역, 지구
- shaft [ʃǽft]   n. (승강기 등의) 통로
- shed [ʃéd]   n. 오두막; (간이) 창고
- shovel [ʃʌ́vəl]   n. 삽, 부삽   v. 삽으로 일을 하다
- skyscraper [skáiskrèipər]   n. 초고층 빌딩

- slab [slǽb]   n. 석판
- snug [snʌ́g]   a. 포근한, 아늑한
- spacious [spéiʃəs]   a. 넓은
- stack [stǽk]   n. 더미, 굴뚝
- staircase [stɛ́ərkèis]   n. 계단

- stall [stɔ́:l]   n. 마구간, 외양간
- stove [stóuv]   n. 난로
- studio [stjú:diòu]   n. 원룸 (아파트)
- suburb [sʌ́bə:rb]   n. 교외
- superintendent [sù:pərinténdənt]   n. 건물 관리인

- support [səpɔ́:rt]   v. 지지하다, 떠받치다
- tear down   phr. (건물·담 등을) 헐다; 해체하다
- trespass [tréspəs]   n. 무단침입   v. 무단 침입하다
- trim [trím]   v. 손질[장식]하다
- underpinning [ʌ́ndərpìniŋ]   n. 지주, 받침대, 토대

- undisturbed [ʌ̀ndistə́:rbd]   a. 방해받지 않은, 평온한
- uneven [ʌ̀ní:vən]   a. 평탄하지 않은, 울퉁불퉁한
- urban [ə́:rbən]   a. 도시의, 도회지의
- view [vjú:]   n. 경관, 전망
- wardrobe [wɔ́:rdròub]   n. 옷장

DAY 09
결국 돈은 중요하다. 텝스에서도
금융, 회계, 재무

---

account 600
[əkáunt]
ⓝ 계좌, 계정

You should visit the bank in person to close your **account**.
계좌를 해지하기 위해서는 직접 은행을 방문해야 합니다.

cf. accountable a. 책임이 있는
accountant n. 회계사
accounting n. 회계

🐵 기출표현

open a bank account
은행 계좌를 개설하다

take ... into account
~을 고려하다, ~을 계산에 넣다

---

across the board 800
phr 전반에 걸쳐, 일괄적으로

The company had no choice but to cut wages **across the board**.
회사는 전사적으로 임금을 인하할 수밖에 없었다.

---

appraise 900
[əpréiz]
ⓥ (가치를) 평가[감정]하다

The real estate developer will **appraise** the building.
부동산 개발 업체가 그 건물을 감정할 것이다.

cf. appraisal n. 감정, 평가

appreciation 600
[əpriːʃiéiʃən]
n (가격의) 상승; 감사; 이해, 감상

Appreciation of the Korean won against the U.S. dollar will hurt Korean exporters.
미국 달러화 대비 원화 가치의 상승은 한국의 수출 업체에 피해를 줄 것이다.

I would like to express my **appreciation** to the committee for organizing today's event.
오늘 행사를 준비해주신 데 대해 위원회 측에 감사드립니다.

It takes time for most people to develop an **appreciation** of classical music.
대부분의 사람들은 클래식 음악 감상 능력을 키우는 데 시간이 걸린다.

cf. appreciative a. 감상하는; 감사하는
⟷ depreciation n. 가치 하락

be appreciative of ~에 감사하다

assess 800
[əsés]
v (가치·양을) 평가하다

In 2011, the office building was **assessed** at 10 million pounds.
2011년에 사옥의 가치는 천만 파운드로 평가되었다.

cf. assessment n. 평가, 평가액
    reassess v. 재평가하다

asset 600
[ǽset]
n 재산, 자산; 이점, 장점

The bank's financial **assets** exceed 642 million euros.
은행의 금융 자산은 6억 4천 2백만 유로가 넘는다.

Being bilingual is a great **asset** for international business people.
이중 언어를 구사하는 것은 국제 기업인들에게 큰 이점이다.

asset management 자산 관리

balance ⁶⁰⁰
[bǽləns]

Ⓝ (은행 계좌의) 잔고; 균형, 평형

You should punch in your password to check your bank **balance** online.
인터넷상에서 은행 잔고를 조회하려면 비밀번호를 입력해야 한다.

Mr. Young suddenly lost his **balance** and fell down on the floor.
영 씨는 갑자기 균형을 잃고 바닥에 넘어졌다.

cf. balanced a. 균형 잡힌, 안정된
　　imbalance n. 불균형

 기출표현

> **strike a balance between A and B**
> A와 B 사이에 조화를 이루다

bond ⁶⁰⁰
[bánd]

Ⓝ 채권; 유대, 끈

The local government issued a **bond** to raise money to build a new bridge.
지방 정부는 새 교량 건설에 필요한 자금을 조달하기 위해 채권을 발행했다.

The principal could see there was a **bond** between Mr. Keating and his students.
교장 선생님은 키팅 선생님과 학생들 사이에 유대감이 형성되어 있는 것을 알 수 있었다.

budget ⁶⁰⁰
[bʌ́dʒit]

Ⓝ 예산

Liberal politicians argue that the government should increase the welfare **budget**.
진보 정치인들은 정부가 복지 예산을 늘려야 한다고 주장한다.

cf. budgetary a. 예산상의

collateral ⁸⁰⁰
[kəlǽtərəl]

Ⓝ 담보(물)

It is not recommendable to use a house as **collateral** for a business loan.
사업 자금을 대출받기 위해 집을 담보로 하는 것은 권장할 만한 일이 아니다.

compensate 800
[kάmpənsèit]
- ⓥ 보상[배상]하다

The insurance company agreed to **compensate** him for the damage to his car.
보험 회사는 그의 차가 손상된 것을 보상해주는 데 동의했다.

cf. compensation n. 보상, 보상금

counterfeit 800
[káuntərfìt]
- ⓥ 위조하다
- ⓐ 위조[모조]의

North Korea is suspected of **counterfeiting** U.S. currency.
북한은 미국 화폐를 위조했다는 의심을 받고 있다.

cf. counterfeiter n. 위조범

cumulative 900
[kjú:mjulətiv]
- ⓐ 누적하는, 누계의

The **cumulative** surplus has exceeded one billion yen.
누적 흑자가 10억엔을 넘어섰다.

cf. cumulate v. 축적하다
     cumulation n. 축적
     accumulation n. 축적

currency 600
[kə́:rənsi]
- ⓝ 통화, 화폐

I doubt that the Chinese yuan will become an international **currency** in the foreseeable future.
가까운 미래에 중국 위안화가 국제 통화가 될 것이라고는 생각하지 않는다.

cf. current a. 현재의, 통용되는

decent 800
[dí:snt]
- ⓐ 남부럽지 않은; 단정한

There are many **decent** jobs in the financial sector.
금융권에는 괜찮은 일자리가 많다.

Eugene was a sophomore and did not have any **decent** clothes for a job interview.
유진은 2학년이었고 면접 때 입을 만한 단정한 옷이 없었다.

cf. decency n. 체면, 품위
  ⟵ indecent a. 품위 없는

deposit 600
[dipázit]

ⓥ 예금하다; 침전[퇴적]시키다
ⓝ 보증금, 예금(액)

You can **deposit** money into your bank account using an ATM.
ATM을 이용해 은행 계좌에 돈을 예금할 수 있다.

A large amount of sediments have been **deposited** on the ocean bottom.
많은 양의 침전물이 해저에 퇴적되었다.

To rent a car, you should pay 300 dollars as a **deposit**.
자동차를 빌리기 위해서는 300달러를 보증금으로 내야 한다.

⟷ withdraw v. 인출하다

---

dividend 900
[dívədènd]

ⓝ 배당금, 이익 배당

A **dividend** of three cents per share was paid to shareholders.
주당 3센트의 배당금이 주주들에게 지급되었다.

cf. divide v. 나누다
　　division n. 분할, 분배

---

due 600
[djúː]

ⓐ 지불 기일이 된; 마감 기한인

Property tax is **due** on April 5th.
재산세는 4월 5일까지 지불해야 한다.

A book report on *The Canterbury Tales* is **due** next Thursday.
〈캔터베리 이야기〉 독후감을 다음 주 목요일까지 제출해야 한다.

cf. undue a. 기한이 되지 않은; 과도한, 부당한
　　overdue a. 기한이 지난

 기출표현

undue amount of work 지나치게 많은 일

---

estimate 600
[éstəmèit]

ⓥ 견적하다; 평가하다
ⓝ 추정(치), 견적

Her online business is **estimated** to be worth two billion dollars.
그녀의 온라인 사업은 그 가치가 20억 달러로 추산된다.

cf. estimation n. 판단, 평가
　　overestimate v. 과대평가하다
　　underestimate v. 과소평가하다

expenditure 800
[ikspénditʃər]
- ⓝ 지출, 비용, 경비

The automaker could not help but reduce **expenditure** on advertising.
자동차 회사는 광고 지출을 줄일 수밖에 없었다.

cf. expend v. (돈·시간·노력을) 들이다, 쓰다

fund 600
[fʌnd]
- ⓝ 자금, 기금
- ⓥ 자금을 제공하다

The central government concluded that it is impossible to **fund** the construction of a new airport.
중앙 정부는 신공항 건설의 자금 조달이 불가능하다는 결론을 내렸다.

cf. funding n. 자금 제공

raise funds 기금을 모으다
fundraising event 모금 행사

insurance policy 800
- phr 보험 증권[증서]

My **insurance policy** does not cover Lasik surgery.
내 보험은 라식 수술을 보장하지 않는다.

cf. insure v. 보험에 가입하다

Are you insured? 보험에 가입되어 있나요?

liability 800
[làiəbíləti]
- ⓝ 책임, 의무
- pl 부채, 채무

To understand financial statements, you should first learn about the concept of assets and **liabilities**.
재무제표를 이해하기 위해서는 먼저 자산과 부채의 개념에 더해 배워야 한다.

All Korean men have a **liability** to serve in the military.
모든 한국 남성은 군복무를 할 의무가 있다.

cf. liable a. 책임 있는

be liable for ~에 책임이 있다

liquidate ⁹⁰⁰
[líkwidèit]

ⓥ 매각하다; 제거하다; 죽이다

GTL Telecom announced a plan to **liquidate** the company assets.
GTL 텔레콤은 회사 자산 매각 계획을 발표했다.

Mr. Henderson hired a hit man to **liquidate** his political opponent.
헨더슨 씨는 정적을 제거하기 위해 살인 청부업자를 고용했다.

cf. liquidation n. 청산, 현금화; 제거
　　liquid a. 현금화하기 쉬운; 유동적인

loan ⁶⁰⁰
[lóun]

ⓝ 대출, 융자금
ⓥ 빌려주다

In her country, it is not common to take out a **loan** to buy a car.
그녀의 나라에서는 차를 사기 위해 대출을 받는 것은 흔한 일이 아니다.

margin ⁶⁰⁰
[má:rdʒin]

ⓝ 차익, 마진; 가장자리

Coffee shops in Korea enjoy a great profit **margin**.
한국의 커피숍들은 이윤을 많이 남긴다.

cf. marginal a. 중요하지 않은
　　marginally ad. 아주 조금, 미미하게

 기출표현

by a narrow margin 근소한 차이로

mortgage ⁸⁰⁰
[mɔ́:rgidʒ]

ⓝ 주택 담보 대출, 융자금
ⓥ 저당 잡히다

I applied for a **mortgage** but was turned down due to a poor credit rating.
주택 담보 대출을 신청했지만 신용 등급이 낮아 거절당했다.

He **mortgaged** his house to pay off his gambling debts.
그는 도박 빚을 갚기 위해 집을 저당 잡혔다.

pay off 600

phr (빚을) 모두 갚다, 성과를 거두다

Last month Aiden managed to **pay off** all of his personal debt.
지난달 에이든은 모든 개인 채무를 간신히 다 갚았다.

I firmly believe perseverance and diligence always **pay off**.
인내와 근면은 항상 성공을 가져온다고 굳게 믿는다.

provident 900
[prάvədənt]

a 선견지명이 있는

The **provident** man always sets aside some money in case of emergency.
선견지명이 있는 그 남자는 비상시를 대비해 항상 약간의 돈을 따로 챙겨 둔다.

redeem 800
[ridí:m]

v (빚을) 청산하다; 현금[상품]으로 바꾸다

He moonlighted as a waiter to **redeem** a loan.
그는 대출금을 갚기 위해 밤에 웨이터로 부업을 했다.

These coupons can be **redeemed** at our stores.
이 쿠폰은 저희 가게에서 상품으로 교환하실 수 있습니다.

cf. redeemable a. (현금·상품과) 교환할 수 있는
　　 redemption n. 상환

reimburse 800
[rì:imbə́:rs]

v 변제[상환]하다

Employees are **reimbursed** for any expenses incurred during a business trip.
직원들은 출장 중 발생한 모든 비용을 변제받는다.

cf. reimbursement n. 변제, 상환

remit 800
[rimít]
v. 송금하다

Many immigrant workers **remit** half of their salary to their families.
많은 이주 노동자들은 월급의 반을 가족에게 송금한다.

cf. remittance n. 송금(액)

---

remuneration 900
[rimjù:nəréiʃən]
n. 보수, 급료

Most executives at consulting firms receive great **remuneration**.
컨설팅 회사의 임원들 대부분은 많은 보수를 받는다.

cf. remunerate v. 보수를 주다

---

revenue 800
[révənjù:]
n. 수입, 수익

The online game 'Blooming Revolution' has generated the most **revenue** for the company.
온라인 게임 '블루밍 레볼루션'는 회사에 가장 큰 수익을 창출했다.

---

speculate 800
[spékjulèit]
v. 투기하다; 추측하다

Most people who **speculate** in real estate end up losing money.
부동산 투기를 하는 사람들은 대부분 돈을 잃게 된다.

We can only **speculate** why she suddenly stepped down.
그녀가 갑자기 왜 사임을 했는지 우리는 추측만 할 수 있을 뿐이다.

cf. speculation n. 투기; 추측
     speculative a. 투기적인; 추측에 근거한

---

statement 600
[stéitmənt]
n. 명세서, 내역서; 성명[진술](서)

Most Americans receive bank **statements** every month.
미국인 대부분은 매월 은행 거래 내역서를 받는다.

The government will issue a **statement** on recent protests in the capital city.
정부는 수도에서 일어난 최근 시위에 대해 성명을 발표할 것이다.

cf. state v. 진술하다, 명시하다

stock [stάk] ⁶⁰⁰
- ⓝ 주식; 재고(품)
- ⓥ (물품을) 저장하다, 비축하다

He invested a third of his income in **stock**.
그는 수입의 3분의 1을 주식에 투자했다.

We have a variety of smartphones in **stock**.
우리는 다양한 스마트폰의 재고가 있다.

The store **stocks** a variety of earphones.
가게는 다양한 이어폰을 갖추어 놓고 있다.

cf. out of stock phr. 매진[품절]되어

tally [tǽli] ⁹⁰⁰
- ⓥ 계산하다; 일치하다
- ⓝ 계산; 기록

I need a calculator to accurately **tally** expenditures.
지출을 정확히 계산하기 위해서는 계산기가 필요하다.

His explanation does not **tally** with his younger sister's.
그의 설명은 여동생의 설명과 일치하지 않는다.

transaction [trænzǽkʃən] ⁸⁰⁰
- ⓝ 거래, 매매

Prosecutors tracked all the financial **transactions** between the two companies.
검사들은 두 기업 간의 모든 금융 거래를 추적했다.

cf. transact v. 거래하다
transactional a. 거래의

withdrawal [wiðdrɔ́ːəl] ⁸⁰⁰
- ⓝ 인출

He can make **withdrawals** of up to one hundred thousand yen a day.
그는 하루에 10만엔까지 인출할 수 있다.

cf. withdraw v. 인출하다
⟷ deposit v. 예금하다

Daily TEST

A 의미상 적절한 단어를 골라 빈칸에 넣고, 필요 시 단어의 형태를 어법에 맞게 바꾸시오.

> 보기
> ⓐ deposit ⓑ appreciation ⓒ compensate ⓓ remit ⓔ speculate
> ⓕ due ⓖ account ⓗ appraise ⓘ decent ⓙ counterfeit

1 He was arrested for _____ U.S. dollars.
2 Last Wednesday she _____ five million won to her aunt in Canada.
3 Japanese exporters are suffering from the _____ of yen against the U.S. dollar.
4 It was hard to find a(n) _____ job during the recession.
5 Yesterday I opened a new _____ at Royal Bank.
6 Payment is _____ on February 27th.
7 Nothing could _____ for the loss of his wife.
8 I paid 100 dollar _____ to rent ski equipment.
9 He made a lot of money by _____ in gold.
10 Her house was _____ at five hundred million won.

B 단어의 의미가 올바르게 설명된 보기를 찾아 연결하시오.

11 reimburse   ⓐ the money used in a particular country

12 fund   ⓑ property that you agree to give to a bank if you fail to pay back money that you have borrowed

13 currency   ⓒ to pay back money to somebody which they have spent or lost

14 collateral   ⓓ to calculate the total number, cost, etc. of something

15 tally   ⓔ to provide money for something, usually something official

☐ **above par**	phr.	표준 이상으로, (유가 증권이) 액면 이상으로
☐ **accrue** [əkrúː]	v.	누적되다, 축적되다
☐ **accumulate** [əkjúːmjulèit]	v.	모으다, 축적하다
☐ **accurate** [ǽkjurət]	a.	정확한
☐ **allocate** [ǽləkèit]	v.	할당하다
☐ **amass** [əmǽs]	v.	모으다, 축적하다
☐ **amortize** [ǽmərtàiz]	v.	(빚을) 분할 상환하다
☐ **annuity** [ənjúːəti]	n.	연금, 연금 보험
☐ **banknote** [bǽŋknòut]	n.	은행권, 지폐
☐ **bankrupt** [bǽŋkrʌpt]	a.	파산한 n. 파산자
☐ **be in debt**	phr.	부채가 있다
☐ **bearish** [bɛ́əriʃ]	a.	(주가가) 하락세[약세]인
☐ **bookkeeping** [búkkìːpiŋ]	n.	부기
☐ **borrow** [bárou]	v.	빌리다
☐ **bounce** [báuns]	v.	(수표가) 부도 처리되다
☐ **broke** [bróuk]	a.	무일푼의, 파산한
☐ **bullish** [búliʃ]	a.	(주가가) 상승세의
☐ **claim** [kléim]	v.	(보상금 등을) 청구[신청]하다 n. 청구, 신청
☐ **coffer** [kɔ́ːfər]	n.	(정부 · 단체 등의) 재원, 금고
☐ **creditor** [kréditər]	n.	채권자
☐ **curtail** [kərtéil]	v.	축소[삭감 · 단축]하다
☐ **cut back[down] on**	phr.	~을 줄이다
☐ **debt** [dét]	n.	빚, 부채
☐ **debtor** [détər]	n.	채무자
☐ **deductible** [didʌ́ktəbl]	phr.	공제할 수 있는

- **default** [difɔ́:lt]   n. 채무 불이행
- **defray** [difréi]   v. (비용을) 지출[지불]하다
- **delinquent** [dilíŋkwənt]   a. 연체[체납]된
- **denomination** [dinɑ̀mənéiʃən]   n. (돈의) 액면가
- **devaluation** [di:væ̀ljuéiʃən]   n. 평가 절하

- **disburse** [disbə́:rs]   v. 지출[분배]하다
- **discrepancy** [diskrépənsi]   n. 모순
- **down payment**   phr. 착수금, 계약금
- **earnings** [ə́:rniŋz]   n. 소득, 수입, 수익
- **embezzle** [imbézl]   v. 횡령하다

- **equity** [ékwəti]   n. 주식, 보통주
- **excess** [iksés]   a. 초과한   n. 과도, 과잉
- **exchange rate**   phr. 환율
- **fall short of**   phr. ~에 미치지 못하다
- **fiddle** [fídl]   v. 조작하다

- **finance** [fínæns]   n. 금융, 재정   v. 자금을 조달[공급]하다
- **financial assistance**   phr. 융자, 대출
- **fiscal** [fískəl]   a. 재정상의, 회계의; 국고의
- **fiscal year**   phr. 회계 연도
- **foreign exchange**   phr. 외화

- **honor** [ánər]   v. (어음 등을) 받다, 지불하다
- **income** [ínkʌm]   n. 소득, 수입
- **increment** [ínkrəmənt]   n. 증가; 임금 인상
- **incur** [inkə́:r]   v. (비용을) 발생시키다, 초래하다
- **inevitable** [inévətəbl]   a. 불가피한, 필연적인

☐ **insolvent** [insálvənt]	a.	파산한
☐ **installment** [instɔ́:lmənt]	n.	분할 불입(의 1회분), 할부금
☐ **interest rate**	phr.	금리, 이자율
☐ **legal tender**	phr.	법정 통화
☐ **lend** [lénd]	v.	빌려주다
☐ **levy taxes (on)**	phr.	(~에) 세금을 부과하다
☐ **make (both) ends meet**	phr.	겨우 먹고 살 만큼 벌다
☐ **make a payment**	phr.	납부[지불]하다
☐ **make a profit**	phr.	이윤을 내다
☐ **maximum** [mǽksəməm]	a.	최고[최대]의
☐ **minimum** [mínəməm]	a.	최저의, 최소한의
☐ **misappropriate** [mìsəpróuprièit]	v.	남용하다
☐ **miscalculate** [miskǽlkjəlèit]	v.	오산하다
☐ **moratorium** [mɔ́:rətɔ́:riəm]	n.	지불 유예[정지]
☐ **outstanding** [àustǽndiŋ]	a.	미지불된, 미해결된
☐ **overdraw** [òuvərdrɔ́:]	v.	(예금보다) 초과 인출하다
☐ **owe** [óu]	v.	빚지고 있다
☐ **pension** [pénʃən]	n.	연금
☐ **portfolio** [pɔːrtfóuliòu]	n.	투자 자산 구성, 포트폴리오
☐ **premium** [prí:miəm]	n.	보험료
☐ **principal** [prínsəpəl]	n.	원금
☐ **profuse** [prəfjú:s]	a.	많은, 다량의
☐ **rally** [rǽli]	n.	(주가의) 회복, 반등
☐ **refinance** [rì:finǽns]	v.	차환하다, 자금을 보충하다
☐ **revaluation** [rì:væljuéiʃən]	n.	(통화 가치의) 평가 절상

- □ **rig** [ríg]   v. 조작하다
- □ **risky** [ríski]   a. 위험한
- □ **saving** [séiviŋ]   n. 절약
- □ **scarce** [skɛərs]   a. 부족한; 드문
- □ **secure** [sikjúər]   a. 안전한   v. 담보를 제공하다; 확보하다

- □ **security** [sikjúərəti]   n. 담보, 유가 증권; 보안
- □ **share** [ʃɛ́ər]   n. 지분, 주식
- □ **shortfall** [ʃɔ́:rtfɔ́:l]   n. 부족분[액]
- □ **solvency** [sálvənsi]   n. 지불[상환] 능력
- □ **stash** [stǽʃ]   v. (안전한 곳에) 숨기다   n. 숨겨둔 것

- □ **statistics** [stətístiks]   n. 통계(학)
- □ **sum** [sʌ́m]   n. 합계, 총계
- □ **swap** [swáp]   v. 바꾸다, 교환하다
- □ **tax evasion**   phr. 탈세
- □ **tax return**   phr. 소득 신고서

- □ **teller** [télər]   n. (은행의) 창구 직원
- □ **treasure** [tréʒər]   n. 보물   v. 귀하게 여기다
- □ **treasurer** [tréʒərər]   n. 회계 담당자
- □ **treasury** [tréʒəri]   n. 국고; 재무부
- □ **undervalue** [ʌ̀ndərvǽlju(:)]   v. 과소평가하다, 시세보다 싸게 평가하다

- □ **valuable** [vǽljuəbl]   a. 소중한, 값비싼
- □ **vault** [vɔ́:lt]   n. (은행의) 금고, 귀중품 보관실
- □ **vicious circle**   phr. 악순환
- □ **virtuous circle**   phr. 선순환
- □ **wage** [wéidʒ]   n. 임금, 급료

DAY 10
교통 정보 영어로 들어보자
도로, 교통

accelerate 600
[æksélərèit]
ⓥ 속도를 높이다, 가속하다

The police car **accelerated** and caught up with the sports car.
경찰차가 속력을 내어 스포츠카를 따라잡았다.
cf. accelerator n. 액셀러레이터, 가속 장치
　　acceleration n. 가속(도)
　　decelerate v. 속도를 줄이다
= gas pedal phr. (자동차의) 가속 페달

 기출표현
step on the accelerator 가속기를 밟다

---

cargo 600
[ká:rgou]
ⓝ 화물, 짐

People are loading **cargo** onto a huge truck.
사람들이 거대한 트럭에 화물을 싣고 있다.

---

circumvent 900
[sə̀:rkəmvént]
ⓥ 피해 가다, 우회하다

I recommend that you **circumvent** the downtown area during the morning rush hour.
아침 혼잡 시간에는 도심 지역을 우회하시기 바랍니다.
cf. circumvention n. 회피, 우회

 기출표현
circumvent the regulation 규정을 회피하다

---

commute 600
[kəmjú:t]
ⓝ 통근[통학]하다
ⓝ 통근, 출퇴근

He **commutes** from Ilsan to Seoul five days a week.
그는 일주일에 5일을 일산에서 서울로 통근한다.
cf. commuter n. 통근자

congestion 800
[kəndʒéstʃən]
ⓝ 혼잡, 정체; 막힘

The city is planning to relieve traffic **congestion** by adding more subway lines.
시는 지하철 노선을 늘려서 교통 체증을 완화할 계획이다.

Nasal **congestion** is a common symptom of pollen allergy.
코 막힘은 꽃가루 알레르기의 일반적인 증상이다.

cf. congested a. 정체된, 막힌

contribute 600
[kəntríbju:t]
ⓥ 원인이 되다; 기여[공헌]하다

There are three main factors that **contribute** to traffic congestion in the city center.
도심 교통 체증의 원인이 되는 세 가지 주요 요소가 있다.

cf. contribution n. 기여, 기부금
    contributor n. 기부자, 원인 제공자

convoluted 900
[kánvəlù:tid]
ⓐ 구불구불한; 난해한

The road around the mountain is **convoluted**.
산 둘레의 도로는 구불구불하다.

The multiverse theory is a very **convoluted** concept.
다중 우주 이론은 매우 난해한 개념이다.

cf. convolution n. 복잡한 것, 나선, 회선

cramped 800
[kræmpt]
ⓐ 갑갑한, 비좁은

The volleyball player felt **cramped** in his friend's compact car.
배구 선수는 친구의 소형차 안이 갑갑하게 느껴졌다.

credible 600
[krédəbl]
ⓐ 믿을 수 있는

You should go to a **credible** dealer if you want to buy a good secondhand car.
좋은 중고차를 사고 싶으면 믿을 만한 중개인에게 가야 한다.

cf. credibility n. 신뢰성

crucial 800
[krúːʃəl]
- ⓐ 중대한, 결정적인

Wearing a seat belt is **crucial** for not only bus drivers but also all passengers.
안전벨트 착용은 버스 기사뿐만 아니라 모든 승객에게 매우 중요하다.

curb 800
[kə́ːrb]
- ⓝ (인도와 차도 사이의) 연석; 재갈
- ⓥ 억제하다

Mike parked his convertible at the **curb** and turned up the radio.
마이크는 오픈카를 도로 경계석에 주차하고 라디오 볼륨을 키웠다.

The Bank of Korea decided to raise interest rates to **curb** inflation.
한국은행은 인플레이션을 막기 위해 금리를 올리기로 결정했다.

detour 600
[díːtuər]
- ⓝ 우회로
- ⓥ 우회하다

They made a **detour** around the construction site.
그들은 공사 현장을 우회했다.

 기출표현
take a detour 우회하다

deviate 900
[díːvièit]
- ⓥ 벗어나다, 일탈하다

The subway **deviated** from the tracks but no one was hurt.
지하철이 철도에서 벗어났지만 다친 사람은 없었다.

cf. deviation n. 일탈, 탈선
　 deviant a. 일탈적인

diverge ⁹⁰⁰
[divə́ːrdʒ]
- v (길·선 등이) 갈라지다

I lost my direction when two roads **diverged** from the main road.
대로에서 길이 둘로 갈라지자 나는 방향을 잃었다.

cf. divergent a. 갈라지는; 일탈한
　　divergence n. 분기; 일탈
　　converge v. 한 점에 모이다; 수렴하다

drop off ⁶⁰⁰
- phr 도중에 내려 주다

Could you **drop** me **off** at my place on your way to the shopping mall?
쇼핑몰 가는 길에 저희 집에 내려 주실 수 있나요?

exceed ⁶⁰⁰
[iksíːd]
- v 초과하다, 넘다

The police pulled him over when he was **exceeding** the speed limit.
그가 제한 속도를 초과해 운전하고 있을 때 경찰이 차를 세우게 했다.

fare ⁶⁰⁰
[fέər]
- n (교통) 요금

In Korea, all elementary and secondary students get a discount on bus **fare**.
한국의 모든 초, 중학교 학생들은 버스 요금 할인을 받는다.

fine ⁶⁰⁰
[fáin]
- v 벌금을 부과하다
- n 벌금

James was **fined** for running the red light again.
제임스가 또다시 빨간불을 무시하고 달려서 벌금이 부과되었다.

 기출표현
fine print
(계약서에 불리한 조건 등이 숨겨진) 세세한 항목

hail 900
[héil]

v ~을 불러 세우다; 묘사하다; ~ 출신이다

Hailing a cab in Seoul late at night is not very easy.
늦은 밤 서울에서 택시를 잡는 것은 그리 쉽지 않다.

The Korean girl band's debut in Japan was **hailed** as a big success.
그 한국 걸 그룹의 일본 데뷔는 대성공으로 묘사되었다.

Andrew Solis **hails** from Mexico.
앤드류 솔리스는 멕시코 출신이다.

hassle 800
[hǽsl]

n 귀찮은 일

Commuting such a long distance everyday is a big **hassle**.
매일 그렇게 먼 거리를 통근하는 것은 매우 번거로운 일이다.

impassable 800
[impǽsəbl]

a 폐쇄된

The blizzard last night made all the roads in the city **impassable**.
어젯밤 눈보라로 도시 모든 도로의 통행이 불가능해졌다.

cf. **passable** a. 통행할 수 있는; 그런대로 괜찮은

jam 600
[dʒǽm]

n 교통 체증
v 가득 채우다, 막다

Angela was stuck in the traffic **jam** for four hours.
앤젤라는 교통 체증으로 네 시간 동안 꼼짝 못하고 있었다.

At this time of the year, all the major highways are **jammed** with cars and buses.
매년 이맘때쯤이면 모든 주요 고속 도로가 차와 버스로 꽉 막힌다.

jaywalk 800
[dʒéiwɔ́:k]

v 무단 횡단하다

Albert was caught **jaywalking** and got a ticket.
앨버트는 무단 횡단을 하다가 적발되어 딱지를 떼였다.

mileage 600
[máilidʒ]
n 연비

Generally speaking, smaller cars get better **mileage** than bigger cars.
일반적으로 말해, 작은 차가 큰 차보다 연비가 좋다.

pedestrian 800
[pədéstriən]
n 보행자
a 도보의

A **pedestrian** was hit by a motorbike while jaywalking the street.
한 보행자가 무단 횡단을 하다가 오토바이에 치였다.

pick up 600
phr ~를 데리러 가다

Every weekday I **pick** my daughter **up** at school and take her to a violin lesson.
주중에 매일 학교에서 딸을 태우고 바이올린 수업에 데려간다.

pull over 600
phr 길 한쪽에 차를 대다

He **pulled over** when he heard a strange noise coming from the engine of his car.
그는 자동차 엔진에서 이상한 소리를 듣고 차를 길가에 댔다.

reckless 800
[réklis]
a 난폭한, 무모한

Unfortunately, Koreans are notorious for **reckless** driving.
안타깝지만 한국인들은 난폭 운전으로 악명이 높다.

rigorous 800
[rígərəs]
a 엄격한, 철저한

I think we need more **rigorous** penalties for people who drive under the influence.
음주 운전자에 대해 더욱 엄격한 처벌이 필요하다고 본다.
cf. rigor n. 엄격, 준엄

route 600
[rúːt]
ⓝ 노선, 길

There are two different bus **routes** to Chinatown.
차이나타운까지 가는 버스 노선은 두 개다.

shipment 600
[ʃípmənt]
ⓝ 수송(품), 선적

The **shipment** of relief supplies to the flooded area will be delivered tomorrow.
수해 지역으로 보낸 구호물품이 내일 전달될 것이다.

smash 600
[smǽʃ]
ⓥ 부딪치다, 충돌하다

A van that a drunken teenage boy was driving **smashed** into a tree.
술에 취한 10대 소년이 몰던 승합차가 나무를 들이받았다.

 기출표현

smashing victory 압도적인 승리

spot 600
[spát]
ⓝ 장소, 자리
ⓥ 발견하다, 찾다

Due to the construction of a new apartment complex, it is really hard to find a parking **spot** near here.
새 아파트 단지 건설 때문에 이 근처에서 주차 공간을 찾기 정말 어렵다.

The smart student **spotted** a mistranslation in the textbook.
똑똑한 학생은 교과서에서 오역을 발견했다.

 기출표현

on the spot 즉각, 즉석에서
hit the spot (자신이 원하는) 딱 그것이다
put ... on the spot
(곤란한 질문으로) ~를 곤혹스럽게 만들다

standstill 800
[stǽndstìl]
ⓝ 정지, 답보 (상태)

Traffic on the Gyeongbu Expressway was at a complete **standstill** for eight hours.
경부 고속 도로의 교통이 8시간 동안 완전히 마비되었다.

cf. stand still phr. 가만히 있다, 현상을 유지하다

come to a standstill 정지하다, 교착 상태에 빠지다

steer 800
[stíər]
ⓥ 몰다, 조종하다

The novice driver carefully **steered** the car into the garage.
초보 운전자는 조심스럽게 차를 차고로 몰았다.

cf. steering wheel phr. (자동차의) 핸들

sit behind the steering wheel
(자동차를) 운전하다

stop by 600
phr. 잠시 들르다

Caleb **stopped by** a body shop on his way home.
칼렙은 집에 가는 길에 자동차 정비소에 들렀다.

transfer 600
[trænsfə́:r]
ⓥ 환승하다; 전근[편입]하다
ⓝ 갈아타기, 환승 승차권

You should take subway line 2 at Hapjeong Station and **transfer** to line 9 at Dangsan Station.
합정역에서 2호선을 탄 뒤 당산역에서 9호선으로 환승해야 합니다.

Hidetoshi was **transferred** to the head office in Tokyo.
히데토시는 도쿄에 있는 본사로 전근을 갔다.

transit 800
[trǽnsit]
ⓝ 운송, 수송

Some of the boxes were lost in **transit**.
상자 몇 개가 운송 중에 분실되었다.

transport 600
[trænspɔ́:rt]
- ⓥ 운송[수송]하다
- ⓝ 운송, 수송

Trains have been widely used to **transport** goods and people for many decades.

수십 년 동안 화물과 여객 수송에 기차가 널리 이용되었다.

veer 900
[víər]
- ⓥ 방향을 바꾸다

The chauffeur **veered** the car to the left and barely missed hitting a dog on the road.

운전기사는 왼쪽으로 방향을 틀었고 가까스로 도로 위의 개를 치지 않았다.

Daily TEST

A 의미상 적절한 단어를 골라 빈칸에 넣고, 필요 시 단어의 형태를 어법에 맞게 바꾸시오.

보기	ⓐ circumvent	ⓑ commute	ⓒ congestion	ⓓ drop	ⓔ fine
	ⓕ hail	ⓖ pedestrian	ⓗ reckless	ⓘ standstill	ⓙ detour

1. Ben was _____ for not wearing a seat belt.
2. They had to take a(n) _____ due to road construction.
3. Mr. Lutz was charged with causing death by _____ driving.
4. The smart criminals found a way to _____ the law.
5. Aiden _____ Stephanie off at the train station last Tuesday.
6. Isabella was late due to traffic _____.
7. Traffic in the southbound lane came to a(n) _____.
8. Sophia went out and _____ a taxi at the roadside.
9. You cannot ride a bicycle on this pathway because it is for _____ only.
10. He _____ to school by subway every day.

B 단어의 의미가 올바르게 설명된 보기를 찾아 연결하시오.

11. crucial   ⓐ a situation that causes problems for you or that annoys you very much
12. veer   ⓑ complicated and difficult to understand
13. rigorous   ⓒ very thorough and strict
14. hassle   ⓓ to suddenly move in a different direction
15. convoluted   ⓔ extremely significant or important

☐ **abandon a car**	phr. 차를 버리고 가다
☐ **alongside**[əlɔ́:ŋsáid]	prep. ~옆에, 나란히
☐ **around the corner**	phr. 아주 가까운
☐ **automatic transmission**	phr. 자동 변속 장치
☐ **automobile**[ɔ́:təməbì:l]	n. 자동차
☐ **avenue**[ǽvənjù:]	n. 대로, 큰길
☐ **backseat**[bǽksí:t]	n. 뒷자리
☐ **ban**[bǽn]	n. 금지 v. 금지하다
☐ **barricade**[bǽrəkèid]	n. 바리케이드, 장애물
☐ **be behind the wheel**	phr. 운전하다
☐ **be stuck in traffic**	phr. 교통 체증으로 꼼짝도 못하다
☐ **bend**[bénd]	n. (도로의) 커브
☐ **body shop**	phr. 차량 정비소, 차체 공장
☐ **boulevard**[búləvà:rd]	n. 큰길, 대로
☐ **Buckle up.**	안전벨트를 착용하세요.
☐ **bump**[bʌ́mp]	v. 부딪치다 n. (도로의) 튀어나온 부분; 접촉 사고
☐ **bypass**[báipæs]	n. 우회 도로
☐ **bystander**[báistændər]	n. 방관자, 구경꾼
☐ **carpool**[ká:rpù:l]	v. 카풀[승용차 함께 타기]을 하다
☐ **casualty**[kǽʒuəlti]	n. 사상자
☐ **chauffeur**[ʃóufər]	n. 운전사
☐ **clumsy driving**	phr. 서투른 운전
☐ **clutch**[klʌ́tʃ]	n. 클러치 v. 움켜잡다
☐ **compact car**	phr. 소형차
☐ **convertible**[kənvə́:rtəbl]	n. 컨버터블, 오픈카

☐ **crash** [kræʃ]	n. 충돌 사고 v. 충돌하다	
☐ **crossroad** [krɔ́:sròud]	n. 네거리, 십자로	
☐ **crosswalk** [krɔ́:swɔ́:k]	n. 횡단보도	
☐ **curve** [kə́:rv]	n. 커브	
☐ **dent** [dént]	v. 찌그러뜨리다 n. 찌그러진 곳	

☐ **direction** [dirékʃən]	n. 방향
☐ **disrupt** [disrʌ́pt]	v. (교통·통신을) 혼란시키다, 중단[두절]시키다
☐ **divert** [divə́:rt]	n. 전환[우회]시키다
☐ **driving under the influence (DUI)**	phr. 음주 운전
☐ **exhaust** [igzɔ́:st]	n. (자동차 등의) 배기가스, 배기관

☐ **exodus** [éksədəs]	n. (많은 사람의) 이동
☐ **fasten a seat belt**	phr. 안전벨트를 매다
☐ **freeway** [frí:wèi]	n. 고속 도로
☐ **freight** [fréit]	n. 화물 (운송)
☐ **frustrating** [frʌ́streitiŋ]	a. 불만스러운, 좌절감을 주는

☐ **gas[gasoline]** [gǽs]	n. 휘발유
☐ **gas station**	phr. 주유소
☐ **get a ticket**	phr. 딱지를 떼다
☐ **give ... a ride**	phr. ~를 태워주다
☐ **halfway** [hǽfwèi]	ad. (거리·시간상으로) 중간[가운데쯤]에

☐ **halt** [hɔ́:lt]	v. 멈추다, 서다
☐ **have a flat tire**	phr. 타이어가 펑크가 나다
☐ **highway** [háiwèi]	n. 고속 도로
☐ **honk** [hɑ́ŋk]	v. 경적을 울리다
☐ **hybrid vehicle**	phr. 하이브리드[휘발유와 전기 병용] 자동차

☐	**interchange** [ìntərtʃéindʒ]	n. (고속 도로의) 인터체인지, 분기점
☐	**intersection** [ìntərsékʃən]	n. 교차로
☐	**interstate highway**	phr. (미국의) 주간 고속 도로
☐	**jolt** [dʒóult]	v. 덜컹거리다 n. 심한 상하 요동
☐	**junction** [dʒʌ́ŋkʃən]	n. 교차로, 나들목

☐	**lane** [léin]	n. 차선
☐	**manual transmission**	phr. 수동 변속기
☐	**mechanic** [məkǽnik]	n. 정비공
☐	**median line**	phr. 중앙선
☐	**menace** [ménis]	n. 위협(적인 존재) v. 위협하다

☐	**motion sickness**	phr. 멀미
☐	**motorbike** [móutərbàik]	n. 오토바이(=motorcycle)
☐	**motorist** [móutərist]	n. 운전자
☐	**opposite** [ápəzit]	a. 건너편[맞은편]의
☐	**overpass** [óuvərpæ̀s]	n. 고가 도로

☐	**panel** [pǽnl]	n. 계기판
☐	**pavement** [péivmənt]	n. 인도, 보도
☐	**petroleum** [pətróuliəm]	n. 석유
☐	**porter** [pɔ́ːrtər]	n. (기차역·공항·호텔의) 짐꾼
☐	**prohibit** [prouhíbit]	v. 금지하다

☐	**propel** [prəpél]	v. 추진하다, 나아가게 하다
☐	**propeller** [prəpélər]	n. 프로펠러
☐	**propulsion** [prəpʌ́lʃən]	n. 추진, 추진력
☐	**range of vision**	phr. 가시거리, 시야
☐	**reach** [ríːtʃ]	v. 도달하다

☐ **reachable** [ríːtʃəbl]	a.	도달 가능한
☐ **restrict** [ristríkt]	v.	제한[한정]하다
☐ **roar** [rɔ́ːr]	v.	굉음을 내며 질주하다
☐ **run on electricity[gas]**	phr.	전기[휘발유]를 연료로 사용하다
☐ **shortcut** [ʃɔ́ːrtkʌ̀t]	n.	지름길
☐ **shuttle** [ʃʌ́tl]	n.	셔틀, 정기 왕복 버스[열차·비행기]
☐ **sidewalk** [sáidwɔ̀ːk]	n.	보도, 인도
☐ **spare tire**	phr.	예비 타이어
☐ **speed bump**	phr.	과속 방지턱
☐ **speed limit**	phr.	제한 속도
☐ **speeding** [spíːdiŋ]	n.	속도위반
☐ **stray** [stréi]	v.	(길에서) 벗어나다
☐ **tailgate** [téilgèit]	v.	앞차에 바싹 대어 운전하다, 꼬리물기를 하다
☐ **tailpipe** [téilpàip]	n.	배기관
☐ **take the wheel**	phr.	핸들을 잡다, 운전하다
☐ **toll** [tóul]	n.	사용세, 요금
☐ **tollgate** [tóulgèit]	n.	톨게이트; 통행료 징수소
☐ **tow** [tóu]	v.	끌다, 견인하다
☐ **towaway zone**	phr.	불법 주차 견인 구역
☐ **Traffic is backed up.**		차가 막힌다.
☐ **underpass** [ʌ́ndərpæ̀s]	n.	지하도
☐ **unfasten a seat belt**	phr.	안전벨트를 풀다
☐ **violate** [váiəlèit]	v.	위반하다, 어기다
☐ **warn** [wɔ́ːrn]	v.	경고하다
☐ **within walking distance**	phr.	도보 거리 내에

DAY 11
현대 사회 최대의 이슈
환경

alleviate 800
[əlíːvièit]
ⓥ 완화하다

Scientists are developing renewable energy sources in an effort to **alleviate** the effects of climate change.
과학자들이 기후 변화의 영향을 완화하기 위한 노력으로 재생 가능 에너지를 개발하고 있다.

cf. alleviation n. 경감, 완화

 기출표현
alleviate the symptoms of a cold
감기 증상을 완화하다

alternative 600
[ɔːltə́ːrnətiv]
ⓝ 대안
ⓐ 대안의, 대체의

Solar power and wind power are well-known examples of **alternative** energy sources.
태양열 발전과 풍력은 대체 에너지원으로 잘 알려진 예이다.

cf. alternate v. 번갈아 하다 a. 교대의
    alternation n. 교대

annihilate 900
[ənáiəlèit]
ⓥ 전멸[멸망]시키다

I think that mankind could be **annihilated** by a nuclear disaster.
핵 재앙으로 인류가 전멸할 수도 있다고 생각한다.

cf. annihilation n. 전멸

ascertain 800
[æ̀sərtéin]
ⓥ 확인하다, 규명하다

The researchers **ascertained** that the new factory was causing air pollution.
연구원들은 새 공장이 대기 오염의 원인이 되고 있음을 확인했다.

cf. certain a. 확실한

barren 800
[bǽrən]
ⓐ (토지가) 메마른; 임신 못하는

This **barren** land is not suitable for food production.
이 척박한 땅은 식량 생산에 적합하지 않다.

The **barren** woman made up her mind to adopt a child.
불임 여성은 아이를 입양하기로 결정했다.

⟶ fertile a. 기름진; 가임의

brazen 800
[bréizn]
ⓐ 뻔뻔한

The factory owner was **brazen** about discharging wastewater without treatment.
공장주는 폐수를 처리하지 않고 방출하는 것에 대해 뻔뻔했다.

compel 800
[kəmpél]
ⓥ 억지로 ~시키다, 강요하다

New environmental regulations **compel** businesses to reduce greenhouse gas emissions.
새로운 환경 규제에 따라 기업들은 온실가스 배출을 줄여야 한다.

cf. compelling a. 강제적인

 기출표현

compelling evidence 강력한 증거

conserve 600
[kənsə́:rv]
ⓥ (자원·에너지 등을) 절약하다; 보존[보호]하다

Using public transportation instead of driving can help **conserve** energy.
자가용 대신 대중교통을 이용하면 에너지 절약에 도움이 될 수 있다.

cf. conservation n. 보호, 보존
    conservative a. 보수적인

 기출표현

conservative estimate 적게 잡은 추산

contaminant 800
[kəntǽmənənt]
- n 오염 물질

China immediately banned food imports from Japan after finding radioactive **contaminants** in vegetables grown near Fukushima.
중국은 후쿠시마 근방에서 재배된 채소에서 방사능 오염 물질을 발견한 뒤 즉시 일본 식품 수입을 금지했다.

cf. contaminate v. 오염시키다

= pollutant n. 오염 물질, 오염원

converge 900
[kənvə́:rdʒ]
- v 한 점에 모이다, 수렴하다

Wastewater from the factory is flowing into the streams that **converge** into the Han River.
공장 폐수가 한강으로 모이는 개천으로 흘러들고 있다.

cf. convergence n. 집합점, 수렴, 융합

⟷ diverge v. 갈라지다, 분기하다

 기출표현
digital convergence 디지털 융합

deforest 800
[di:fɔ́:rist]
- v 삼림을 벌채[파괴]하다

Villagers **deforested** the whole area and planted corn.
마을 사람들은 지역 전체를 벌채하고 옥수수를 심었다.

cf. deforestation n. 삼림 벌채

⟷ reforest v. 다시 나무를 심다

deplete 800
[diplí:t]
- v 대폭 감소시키다, 고갈시키다

Freon was banned because it **depletes** the ozone layer.
프레온은 오존층을 감소시키기 때문에 금지되었다.

cf. depletion n. 고갈, 소모

 기출표현
depletion of oil 석유 고갈
depletion of assets[stocks] 자산[재고] 감소
fuel depletion 연료 손실
oxygen depletion 산소 결핍

detrimental [900]
[dètrəméntl]
ⓐ 해로운, 불리한

Not only carbon dioxide but also methane is **detrimental** to the environment.
이산화탄소뿐만 아니라 메탄가스도 환경에 해롭다.

cf. detriment n. 손상, 손해

disposable [800]
[dispóuzəbl]
ⓐ 일회용의; (세금을 지불하고) 자유로이 쓸 수 있는

We encourage our employees to bring their own mugs instead of using **disposable** paper cups.
우리는 직원들에게 일회용 종이컵 대신 각자 머그잔을 가져오도록 권장한다.

Most working class people do not have much **disposable** income.
대부분의 임금 노동자는 가처분 소득이 얼마 되지 않는다.

cf. disposal n. 처리, 처분

 기출표현
at one's disposal ~의 마음대로 이용할 수 있게
dispose of ~을 없애다

ecosystem [600]
[í:kousìstəm]
ⓝ 생태계

Overfishing and overhunting are detrimental to the **ecosystem**.
어류 남획과 과도한 사냥은 생태계에 해롭다.

emission [800]
[imíʃən]
ⓝ 배출, 방출, 배기가스

Electric cars are truly eco-friendly in that they generate no **emissions**.
전기 자동차는 배기가스를 전혀 배출하지 않는다는 점에서 정말로 친환경적이다.

cf. emit v. 내뿜다

endangered [600]
[indéindʒərd]
ⓐ 멸종될 위기에 이른

We can conserve **endangered** species by preserving their habitats.
우리는 멸종 위기에 처한 종의 서식지를 보존함으로써 이들을 보호할 수 있다.

cf. endanger v. 위험에 빠뜨리다

eradicate 800
[irǽdəkèit]
ⓥ 박멸하다, 근절하다

The Ministry of Environment's efforts to **eradicate** bullfrogs in the wild have failed.
야생에서 황소개구리를 박멸하려는 환경부의 노력은 실패했다.

cf. eradication n. 근절, 박멸

 기출표현
eradicate poverty 빈곤을 퇴치하다
eradicate corruption 부패를 뿌리 뽑다

exotic 800
[igzátik]
ⓐ 이국적인, 외래의

We should eradicate **exotic** species such as bluegills and bass that disturb the ecosystem.
우리는 생태계를 교란하는 블루길과 베스와 같은 외래종을 박멸해야 한다.

exploit 800
[ikspl5it]
ⓥ 개발하다; (노동력을) 착취하다

We need to **exploit** natural resources in a more sustainable way.
우리는 천연자원을 좀 더 지속 가능한 방식으로 개발할 필요가 있다.

The multinational company was accused of **exploiting** child laborers in Asia.
다국적 기업은 아시아에서 어린이 노동자들을 착취한다는 비난을 받았다.

cf. exploitation n. 개발, 착취
   exploitive[exploitative] a. 착취하는

extinct 600
[ikstíŋkt]
ⓐ 멸종된

Tigers became **extinct** in Korea due to overhunting under the Japanese colonial rule.
일제 식민 지배 당시 남획으로 인해 한국에서 호랑이는 멸종되었다.

cf. extinction n. 멸종

extract [800]
[ikstrǽkt]

v 추출하다

Clean coal technology enables us to **extract** clean energy from coal.
청정 석탄 기술로 석탄에서 청정에너지를 추출할 수 있다.

cf. extraction n. 추출

fertile [800]
[fə́:rtl]

a 비옥한, 기름진; 가임의

Immigrant farmers settled on the **fertile** land near the river.
이주 농민들이 강 근처의 비옥한 땅에 정착했다.

Female pandas are not **fertile** for about one and a half years after giving birth.
암컷 판다는 산후 1년 반 동안 임신을 할 수 없다.

cf. fertilize v. 수정시키다, 비료를 주다
fertility n. 비옥, 생식력
fertilizer n. 비료

⟷ infertile, barren a. 불모의, 불임의

= prolific a. 다작(다산)하는; 영양분이 풍부한

fume [600]
[fjú:m]

n (유독) 가스, 매연(주로 복수형으로 사용)
v 연기[매연]를 내뿜다; (화가 나서) 씩씩대다

Bus exhaust **fumes** used to be one of the major sources of air pollution in Seoul.
버스의 배기가스는 서울의 주요 대기오염원 중 하나였다.

Wendell was **fuming** with rage about Jordan's rude behavior.
웬델은 조던의 무례한 행동에 화가 나서 씩씩대고 있었다.

harness [900]
[há:rnis]

v (폭포 등의 자연력을) 이용하다

The government plans to build a new wind farm to **harness** wind power.
정부는 풍력을 이용하기 위해 새 풍력 발전 지대를 건설할 계획이다.

hostile 600
[hάstl]
ⓐ 부적당한; 적대적인

The Sahara Desert is infertile and **hostile** to most plants.
사하라 사막은 불모의 땅이며 대부분의 식물이 살기에 부적당하다.
cf. hostility   n. 적의; 반대

initiative 800
[iníʃiətiv]
ⓝ 솔선; 계획

Leaders of our society should take the **initiative** to reduce the use of disposable products.
사회 지도층이 앞장서서 일회용품 사용을 줄여야 한다.

The government announced a $50 million **initiative** to conserve the rainforests.
정부는 5천만 달러 규모의 열대 우림 보호 계획을 발표했다.
cf. initiate   v. 시작하다
    initiation   n. 가입, 시작

noxious 800
[nάkʃəs]
ⓐ 유독한

He inhaled too much **noxious** gas from briquettes and died.
그는 연탄에서 나오는 유독 가스를 너무 많이 마셔서 사망했다.

obligation 800
[àbləɡéiʃən]
ⓝ 의무

It is our **obligation** to pursue sustainable development.
지속 가능한 개발을 추구하는 것은 우리의 의무이다.
cf. obligate   v. 의무를 지우다
    obligatory   a. 의무적인

 기출표현
be obligated to V ~할 의무가 있다

permanent 600
[pə́:rmənənt]
ⓐ 영구적인

Extensive use of fossil fuel will cause **permanent** damage to the environment.
광범위한 화석 연료 사용은 환경에 영구적인 피해를 초래할 것이다.
cf. perm[permanent wave]   n. 파마

pollutant [800]
[pəlúːtnt]
- n 오염 물질, 오염원

An increasing number of households are using air purifiers to filter air **pollutants**.
점점 더 많은 가정에서 대기 오염 물질을 걸러 내기 위해 공기 청정기를 사용하고 있다.
cf. pollute v. 오염시키다
　　pollution n. 오염
= contaminant n. 오염 물질

recyclable [600]
[riːsáikləbl]
- a 재활용할 수 있는

Contrary to popular belief, paper cups used in to-go coffee shops are not **recyclable**.
일반인들의 생각과는 달리 테이크아웃 커피숍에서 사용하는 종이컵은 재활용할 수 없다.
cf. recycle v. 재활용하다
　　recyclability n. 재활용성

reforest [800]
[riːfɔ́ːrist]
- v 다시 나무를 심다, 다시 숲을 가꾸다

In the 1970s, Korea successfully **reforested** bare mountains across the nation.
1970년대에 한국은 전국의 민둥산을 다시 가꾸는 데 성공했다.
cf. reforestation n. 다시 숲 가꾸기
⇨ deforest v. 삼림을 벌채하다

repercussion [900]
[riːpərkʌ́ʃən]
- n (부정·간접적인) 영향, 반향 (주로 복수형으로 사용)

Global warming will have serious **repercussions** on the environment.
지구 온난화는 환경에 심각한 영향을 미칠 것이다.

species [600]
[spíːʃiːz]
- n (분류상의) 종

The research institute's attempts to clone endangered **species** aroused controversy.
멸종 위기에 처한 종을 복제하려는 연구소의 시도는 논란을 불러일으켰다.

sustainability 800
[səstèinəbíləti]
ⓝ 지속 가능성

Now it is time companies considered **sustainability** in all of their business decisions.
이제 기업이 모든 사업상의 결정에 지속 가능성을 고려해야 할 때이다.

cf. sustain v. 지속하다, 유지하다
sustainable a. 지속 가능한

toxic 600
[táksik]
ⓐ 유독한

Almost 100 factory workers who were exposed to **toxic** substances developed leukemia.
독성 물질에 노출된 약 100명의 공장 근로자가 백혈병에 걸렸다.

vast 600
[væst]
ⓐ 광대한

Vast areas of forest are being cleared for cultivation.
광대한 삼림 지역이 경작을 위해 개간되고 있다.

wildlife 600
[wáildlàif]
ⓝ 야생 생물

Maintaining the ecological balance of the forest is crucial in our effort to preserve **wildlife**.
숲의 생태학적 균형 유지는 우리의 야생 생물 보호 노력에 있어 매우 중요하다.

withstand 800
[wiθstǽnd]
ⓥ 버티다

Only the species that can **withstand** the effects of climate change will be able to survive.
기후 변화의 영향을 견딜 수 있는 종만이 살아남을 수 있을 것이다.

Daily TEST

A 의미상 적절한 단어를 골라 빈칸에 넣고, 필요 시 단어의 형태를 어법에 맞게 바꾸시오.

> 보기: ⓐ alleviate ⓑ alternative ⓒ ascertain ⓓ compel ⓔ conserve
> ⓕ deplete ⓖ detrimental ⓗ extinct ⓘ obligation ⓙ repercussion

1. Researchers are trying to _____ what caused the death of hundreds of birds in Lake Agnes.
2. Dodos went _____ in the seventeenth century and do not exist anymore.
3. Advanced countries are investing heavily in _____ energy technology.
4. Climate change will have severe _____ on wildlife.
5. The new chemical plant will have a(n) _____ effect on the ecosystem.
6. Congress enacted new laws to _____ wildlife in the northern region.
7. Developed countries have a moral _____ to help developing countries protect the environment.
8. The government should _____ companies to be more environmentally friendly.
9. Scientists are trying to find ways to _____ the effects of global warming.
10. Some experts say that oil will be _____ in about 150 years.

B 단어의 의미가 올바르게 설명된 보기를 찾아 연결하시오.

11. barren   ⓐ to destroy completely
12. emission   ⓑ to come from different directions to reach the same point
13. annihilate   ⓒ not good enough for plants to grow on it
14. harness   ⓓ a substance, especially a gas, that goes into the air
15. converge   ⓔ to get control of and use something

☐ **acid rain**	phr.	산성비
☐ **afflict** [əflíkt]	v.	괴롭히다
☐ **aftermath** [ǽftərmæ̀θ]	n.	여파, 영향
☐ **agrarian** [əgrériən]	a.	농업의
☐ **alarming** [əláːrmiŋ]	a.	놀라운, 심상치 않은
☐ **annual** [ǽnjuəl]	a.	연례의, 연간의
☐ **Antarctic** [æntáːrktik]	a.	남극의
☐ **arable** [ǽrəbl]	a.	경작할 수 있는, 경작에 알맞은
☐ **Arctic** [áːrktik]	a.	북극의
☐ **awareness** [əwɛ́ərnis]	n.	인식; 의식
☐ **be attributed to**	phr.	~에 기인하다
☐ **be aware of**	phr.	~을 알다, ~을 알아차리다
☐ **be likely to**	phr.	~할 것 같다
☐ **be subject to**	phr.	~의 영향을 받기 쉽다
☐ **biosphere** [báiəsfìər]	n.	생물권
☐ **bring about**	phr.	~을 야기하다, 초래하다
☐ **cap** [kǽp]	v.	상한을 정하다
☐ **carbon dioxide**	phr.	이산화탄소
☐ **carbon footprint**	phr.	탄소 발자국
☐ **carbon monoxide**	phr.	일산화탄소
☐ **causal relationship**	phr.	인과 관계
☐ **cause** [kɔ́ːz]	n.	원인, 이유
☐ **climate change**	phr.	기후 변화
☐ **contain** [kəntéin]	v.	포함하다; 함유하다
☐ **degrade** [digréid]	v.	퇴화시키다; 붕괴시키다

☐ **detoxify** [di:tάksəfài]	v. ~에서 독을 제거하다	
☐ **discard** [diskά:rd]	v. 버리다	
☐ **disproportionate** [dìsprəpɔ́:rʃənət]	a. 불균형의	
☐ **eco-friendly** [ì:koufréndli]	a. 환경친화적인	
☐ **ecology** [ikάləʒi]	n. 생태학	
☐ **effluent** [éfluənt]	n. 폐수, 폐기물	
☐ **environmentally friendly**	phr. 환경친화적인	
☐ **equilibrium** [ì:kwəlíbriəm]	n. 평형 상태, 균형	
☐ **exhale** [ekshéil]	n. (숨 등을) 내쉬다	
☐ **fallout** [fɔ́:làut]	n. (방사성) 낙진; 악영향	
☐ **fierce** [fíərs]	a. 사나운	
☐ **fossil fuel**	phr. 화석 연료	
☐ **ford** [fɔ́:rd]	n. (얕은) 여울	
☐ **fraught with**	phr. ~로 가득한	
☐ **freshwater** [frèʃwɔ́:tər]	n. 담수, 민물	
☐ **garbage dump**	phr. 쓰레기 처리장	
☐ **glacier** [gléiʃər]	n. 빙하	
☐ **global warming**	phr. 지구 온난화	
☐ **go green**	phr. 친환경적이 되다	
☐ **greenhouse effect**	phr. 온실 효과	
☐ **ground** [gráund]	n. 지면, 땅	
☐ **hinder** [híndər]	v. 방해하다, 저지하다	
☐ **insidious** [insídiəs]	a. 교활한	
☐ **landfill** [lǽndfìl]	n. 쓰레기 매립지	
☐ **latent** [léitnt]	a. 잠재하는, 잠복해 있는	

☐ **logging** [lɔ́:giŋ]	n. 벌목	
☐ **marsh** [má:rʃ]	n. 늪, 습지	
☐ **mirage** [mirá:ʒ]	n. 신기루	
☐ **natural resources**	phr. 천연자원	
☐ **North Pole**	phr. 북극	

☐ **odor** [óudər]	n. 냄새; 악취
☐ **on the verge of**	phr. ~하기 직전에
☐ **organic** [ɔ:rgǽnik]	a. 유기(농)의
☐ **ozone layer**	phr. 오존층
☐ **pernicious** [pərníʃəs]	a. 유해한, 치명적인

☐ **pest** [pést]	n. 해충, 유해 동물
☐ **pesticide** [péstəsàid]	n. 살충제, 농약
☐ **phenomenal** [finámənl]	a. 자연 현상의[에 관한]; 경이적인
☐ **phenomenon** [finámənàn]	n. 현상; 사상
☐ **plume** [plú:m]	n. 깃털; 명예의 상징

☐ **poach** [póutʃ]	v. 밀렵[밀어]하다
☐ **poisonous** [pɔ́izənəs]	a. 유독한
☐ **polar** [póulər]	a. 남[북]극의, 극지의
☐ **preservation** [prèzərvéiʃən]	n. 보존, 보호
☐ **protection** [prətékʃən]	n. 보호

☐ **radiate** [réidièit]	v. 발하다, 방출하다
☐ **radiation leak**	phr. 방사선 누출
☐ **radioactive** [rèidiouǽktiv]	a. 방사성의
☐ **radioactive waste**	phr. 방사성 폐기물
☐ **rain forest**	phr. 열대 우림

☐ **replenish** [ripléniʃ]	v. 다시 채우다, 보충하다
☐ **run out of**	phr. ~을 다 써버리다
☐ **seawater** [síːwɔ́ːtər]	n. 해수, 바닷물
☐ **sensitive** [sénsətiv]	a. 민감한
☐ **sewage** [súːidʒ]	n. 오물, 오수
☐ **sewer** [súːər]	n. 하수구
☐ **shroud** [ʃráud]	n. 장막 v. 덮다
☐ **smokestack** [smóukstæk]	n. (공장의) 굴뚝
☐ **source** [sɔ́ːrs]	n. 원천, 수원; 근원
☐ **South Pole**	phr. 남극
☐ **submerge** [səbmə́ːrdʒ]	v. 물에 잠기다
☐ **sulfur dioxide**	phr. 이산화황, 아황산가스
☐ **surface** [sə́ːrfis]	n. 표면, 지면, 수면
☐ **surrounding** [səráundiŋ]	n. 주변, 환경
☐ **swamp** [swámp]	n. 늪, 습지
☐ **threatening** [θrétəniŋ]	a. 위협적인; 일어날 듯한
☐ **unfortunately** [ʌnfɔ́ːrtʃənətli]	ad. 불행하게도
☐ **untapped** [ʌntǽpt]	a. (자원 등이) 이용되지 않은
☐ **verdant** [və́ːrdnt]	a. 신록의, 파릇파릇한
☐ **wasteland** [wéistlæ̀nd]	n. 황무지, 불모지, 폐허
☐ **wastewater** [wéistwɔ̀ːtər]	n. 폐수, 오수
☐ **water treatment plant**	phr. 정수 처리장
☐ **whaling** [hwéiliŋ]	n. 고래잡이, 포경업
☐ **wildlife sanctuary**	phr. 야생동물 보호구역
☐ **wilderness** [wíldərnis]	n. 황야, 황무지

DAY 12

인기 전공, 인기 주제
경영

acquire ⁶⁰⁰
[əkwáiər]

ⓥ 획득하다; 습득하다

Pearl Peach Network has **acquired** a large number of companies since 2001.
펄 피치 네트워크는 2001년부터 많은 기업을 인수했다.

Children **acquire** language in different ways from adults.
아이들은 성인과는 다른 방식으로 언어를 습득한다.

cf. acquisition n. 획득; 이득
   acquired a. 획득한; 후천적인

> second language acquisition
> 제2언어 습득
> acquisition of a start-up company
> 신생 기업의 인수

allot ⁸⁰⁰
[əlát]

ⓥ 할당하다

Eighty thousand dollars have been **allotted** to our marketing project.
우리 마케팅 프로젝트에 8만 달러가 할당됐다.

cf. allotment n. 할당; 몫

approve ⁶⁰⁰
[əprúːv]

ⓥ 승인하다; 찬성하다

Any new project should be **approved** by the board of directors.
새로운 프로젝트는 이사회의 승인을 받아야만 한다.

Jeremy doesn't **approve** of teenagers having plastic surgery.
제레미는 10대의 성형 수술을 찬성하지 않는다.

cf. approval n. 승인; 찬성
⟷ disapprove (of) v. 찬성하지 않다

assign 600
[əsáin]
v (일·사물 등을) 할당하다

The manager **assigned** Michelle the task of editing the newsletter.
부장은 미쉘에게 소식지를 편집하는 일을 맡겼다.
cf. assignment n. (임명된) 직; 숙제

benefit 600
[bénəfit]
n 복리 후생; 이익

The company offers **benefits** such as health insurance, pensions, and employee discounts.
그 회사는 의료 보험, 연금, 직원 할인과 같은 복리 후생을 제공한다.
cf. beneficial a. 유익한, 이로운

 기출표현

benefits package 복리 후생 제도
fringe benefit 부가 급부
perk 임직원의 혜택

conglomerate 800
[kənglámərət]
n (거대) 복합 기업

Hatsushiba is a **conglomerate** that operates in various business segments including financial services, construction, and chemicals.
하츠시바는 금융 서비스, 건설, 화학 등 다양한 사업 부문에서 활동하는 복합 기업이다.
cf. conglomeration n. 복합(체)

consensus 800
[kənsénsəs]
n 일치; 교감

The management has not reached a **consensus** on whether to enter the Chinese market.
경영진은 중국 시장 진출 여부에 대해 의견 일치를 보지 못했다.
cf. consensual a. 합의의, 합의에 의한

 기출표현

reach a consensus on ~에 대해 합의를 보다

consolidate [800]
[kənsálədèit]
- v 굳건하게 하다; 통합하다

KIMS Chemical has **consolidated** its position as the world's largest producer of secondary cells.
킴스 화학은 세계 최대의 2차 전지 생산업체로서의 입지를 굳혔다.

In 2010, the two subsidiaries were **consolidated** into one.
2010년에 두 자회사가 하나로 통합됐다.

cf. consolidation n. 강화; 통합

counter [600]
[káuntər]
- v ~에 대항하다
- n 반작용, 반대

Manufacturers are trying to stock up on commodities to **counter** the effects of inflation.
제조업체들은 인플레이션의 영향에 대응하기 위해 원자재를 비축하려 하고 있다.

cutback [600]
[kʌ́tbæ̀k]
- n 삭감, 감축

Phoenix Motors announced a 30% **cutback** in production due to shortage of parts.
피닉스 모터스는 부품 부족으로 30% 생산 감축을 한다고 발표했다.

cf. cut back phr. 줄이다

discharge [800]
[distʃáːrdʒ]
- v (직무를) 수행[이행]하다; 해고하다

Natasha was severely reprimanded for failing to faithfully **discharge** her duties.
나타샤는 자신의 의무를 충실히 이행하지 못한 것에 대해 호된 질책을 받았다.

Macrohard discharged Alex for embezzlement of company funds.
매크로하드는 회사 자금 횡령을 이유로 알렉스를 해고했다.

dismiss [800]
[dismís]
- v 해고하다

Caroline was **dismissed** for substandard performance.
캐롤라인은 저조한 실적으로 인해 해고되었다.

cf. dismissal n. 해고

downsize 800
[dáunsàiz]
- v (인력을) 줄이다, 감원하다

The sales drop forced Frux Motors to **downsize** its workforce by 20%.
프럭스 자동차는 매출 감소 때문에 인력을 20% 감원할 수밖에 없었다.

enterprise 600
[éntərpràiz]
- n 기업, 회사

In Korea, 88% of jobs are created by small and medium-sized **enterprises**.
한국은 일자리의 88%가 중소기업에서 창출된다.

entrepreneur 800
[à:ntrəprəné:r]
- n 기업가, 사업가

The ambitious **entrepreneur** set up a new business venture in Silicon Valley.
야심에 찬 사업가는 실리콘 밸리에서 새 벤처 기업을 창설했다.

cf. entrepreneurial a. 기업가의
    entrepreneurship n. 기업가 정신, 기업가 활동

factor in 800
- phr ~을 고려하다

Don't forget to **factor in** labor costs when you plan office renovations.
사무실 개조를 계획할 때 인건비를 고려해야 한다는 것을 잊지 다십시오.

implement 800
[ímpləmènt]
- v 실시하다

The company will **implement** a new policy on sick leave in the second quarter of this year.
회사는 올 2분기에 병가에 대한 새로운 정책을 실시할 것이다.

cf. implementation n. 이행, 실행

incentive 800
[inséntiv]
- n 격려; 장려금

Koala Confectionary offers **incentives** to high performing employees.
코알라 제과는 실적이 좋은 직원들에게 장려금을 제공한다.

lay off 600
phr 정리 해고하다

During the Asian financial crisis, many Korean companies had to **lay off** their employees.
아시아 금융 위기 당시 많은 한국 기업은 직원들을 정리 해고해야 했다.

cf. layoff n. 해고

lucrative 900
[lúːkrətiv]

a 수익성이 좋은, 돈이 벌리는

These days medical tourism is emerging as a **lucrative** business in Korea.
요즘 한국에서 의료 관광이 수익성 좋은 사업으로 부상하고 있다.

manage 600
[mǽnidʒ]

v 경영[운영]하다; 간신히[용케] 해내다, 이럭저럭 해내다

Mr. Kim's father **manages** one of the largest resorts in Bali.
김 씨의 아버지는 발리에서 가장 큰 휴양 시설 중 하나를 경영한다.

Garcia **managed** to meet the deadline by working day and night.
가르시아는 밤낮없이 일해서 겨우 마감일을 지켰다.

manage to V 용케 ~해내다

manufacture 600
[mæ̀njufǽktʃər]

v 제조[생산]하다

Chinese companies are **manufacturing** quality goods at low prices.
중국 기업들이 저가에 고품질 제품을 생산하고 있다.

cf. manufacturing a. 제조(업)의 n. 제조업
　　manufacturer n. 제조업자

meet 600
[míːt]

v (필요·요구 등을) 충족시키다, (기한 등을) 지키다

We are always doing our utmost to best **meet** the needs of consumers.
우리는 소비자들의 요구를 가장 잘 충족시키기 위해 항상 최선을 다하고 있다.

meet the deadline 마감에 맞추다

merge [800]
[mə́:rdʒ]
- v 합병하다, 병합하다

The two companies **merged** to become the largest automaker in Europe.
두 기업이 합병하여 유럽 최대의 자동차 회사가 되었다.

cf. merger n. 합병

 기출표현

merger and acquisition 인수합병(M&A)

motivate [600]
[móutəvèit]
- v ~에게 동기를 주다

Motivating employees is an important part of a supervisor's job.
직원들에게 동기 부여를 하는 것은 상사의 의무 중 중요한 부분이다.

cf. motivation n. 동기 부여
motivational a. 동기 부여의

 기출표현

motivational speaker 동기 부여 연설가

occupation [600]
[àkjəpéiʃən]
- n 직업; 점령

The interpretation agency is having difficulty finding male interpreters because an interpreter is not a popular **occupation** among men.
통역사는 남자들 사이에서 인기 있는 직업이 아니기 때문에 그 통역 에이전시는 남성 통역사를 찾는 데 어려움을 겪고 있다.

Many democratic activists are against Chinese **occupation** of Tibet.
많은 민주화 운동가들은 중국의 티베트 점령에 반대한다.

cf. occupy v. 차지하다; 점령하다
occupational a. 직업의
occupancy n. 점유, 거주

 기출표현

be occupied with ~으로 바쁘다
be preoccupied with ~에 사로잡힌, 정신이 팔린

outsource [800]
[àutsɔ́:rs]
- v 외주제작하다, 외부에 위탁하다

Many American companies now **outsource** their software development to Indian firms.
요즘 많은 미국 기업은 소프트웨어 개발을 인도 회사에 위탁한다.

cf. outsourcing n. 아웃소싱, 외주제작

overtake ⁶⁰⁰
[òuvərtéik]
- ⓥ 추월하다, 따라잡다

Our company has finally **overtaken** Morea in both sales and profits.
우리 회사는 마침내 매출과 이익 모두에서 모리아를 추월했다.

personnel ⁶⁰⁰
[pə̀:rsənél]
- ⓝ (전)사원

All of our sales **personnel** have great communication skills.
우리 영업 사원은 모두 의사소통 능력이 뛰어나다.

 기출표현
personnel department 인사과

potential ⁶⁰⁰
[pəténʃəl]
- ⓐ 잠재하는
- ⓝ 잠재력

Sales personnel should always look for new ways to reach **potential** customers.
영업자들은 항상 잠재 고객에게 다가갈 새로운 방법을 찾아야 한다.

Rex Williams has the **potential** to become a successful CEO.
렉스 윌리엄스는 성공적인 최고 경영자가 될 잠재력이 있다.

procure ⁸⁰⁰
[proukjúər]
- ⓥ 마련하다

The general affairs department has allotted three thousand dollars to **procure** computers and peripherals for next year.
총무부는 내년도 컴퓨터 및 주변 기기 마련에 3천 달러를 할당했다.

cf. **procurement** n. 획득; 조달

promote ⁶⁰⁰
[prəmóut]
- ⓥ 홍보하다; 승진시키다

SN International plans to make an infomercial to **promote** its latest product.
SN 인터내셔널은 신제품을 홍보하기 위해 정보 광고를 제작할 계획이다.

David Mills was **promoted** to senior vice president in September 2009.
데이비드 밀스는 2009년 9월에 수석 부사장으로 승진했다.

cf. **promotional** a. 홍보의, 판촉의

 기출표현
promotional video 홍보 영상

prospective 600
[prəspéktiv]

ⓐ 예상된

Prospective employees should ask about pension plans before accepting a job offer.
예비 직원들은 취업 제의를 받아들이기 전에 연금 제도에 대해 질문해야 한다.

cf. prospect n. 가망, 전망

quarter 600
[kwɔ́:rtər]

ⓝ 1분기(1년의 1/4)

J Mart is expected to overtake Apple-Mart in the number of stores worldwide in the third **quarter** of this year.
제이 마트는 올해 3분기에 전 세계 점포 수에서 애플 마트를 따라잡을 것으로 예상된다.

cf. quarterly a. 분기별의

redundant 800
[ridʌ́ndənt]

ⓐ 정리 해고된; 불필요한

More than two hundred workers were made **redundant** due to the recession.
경기 침체 때문에 200명 이상의 직원들이 정리 해고됐다.

Smartphones have made MP3 players **redundant**.
스마트폰으로 인해 MP3 플레이어는 불필요해졌다.

cf. redundancy n. 여분, 과잉

reward 600
[riwɔ́:rd]

ⓥ 보상하다; 보수를 주다

James quit because he felt he was not properly **rewarded** for his work.
제임스는 자신의 일에 대해 제대로 보상을 못 받는다고 느껴서 사퇴했다.

cf. rewarding a. 보답하는, ~할 보람이 있는

shareholder 600
[ʃɛ́ərhòuldər]

ⓝ 주주

A new investment decision will be made at a **shareholders**' meeting.
새로운 투자 문제는 주주 총회에서 결정될 것이다.

turnover [900]
[tə́ːrnòuvər]
- n (기업의) 매출(액); 이직률

In 2010, Thompson Department Store recorded an annual **turnover** of 437 million euros.
2010년에 톰슨 백화점은 4억 3천 7백만 유로의 연간 총매출을 기록했다.

The company has a low **turnover** of staff thanks to its great benefits package.
그 회사는 뛰어난 복리 후생 제도 덕분에 직원 이직률이 매우 낮다.

vacillate [900]
[væsəlèit]
- v 망설이다

The management **vacillated** between diversification and concentration.
경영진은 다각화냐 집중이냐를 두고 망설였다.

cf. vacillation n. 망설임, 우유부단

volume [600]
[válju:m]
- n 부피, 크기; 총액
- a 대량 판매의

We might have to lay off some people if the sales **volume** continues to drop at the current rate.
매출이 현재와 같은 비율로 계속 하락한다면 일부 직원을 정리 해고해야 할지도 모른다.

We offer a **volume** discount to customers who buy more than ten boxes.
열 상자 이상 구매하시는 고객들에게 대량 판매에 대한 할인을 제공한다.

Daily TEST

A. 의미상 적절한 단어를 골라 빈칸에 넣고, 필요 시 단어의 형태를 어법에 맞게 바꾸시오.

보기: ⓐ acquire ⓑ allot ⓒ consensus ⓓ consolidate ⓔ dismiss
ⓕ entrepreneur ⓖ implement ⓗ turnover ⓘ lucrative ⓙ motivate

1. Orange Computer will _____ new measures to enhance efficiency.
2. The company's _____ rate is quite high because its employees are not well rewarded.
3. The management decided to _____ more money to advertising.
4. Kellan and Emma have reached a(n) _____ on the issue.
5. The company became the largest automaker by _____ JJ Motors.
6. In the U.S., there are many _____ jobs that do not require a college degree.
7. Due to policies unfriendly to business, young _____ are leaving the country.
8. He was _____ when he was caught stealing the company's money.
9. Employees here are not very _____ because they feel they are unfairly treated.
10. KG Telecom has _____ its status as the biggest wireless carrier in Europe.

B. 단어의 의미가 올바르게 설명된 보기를 찾아 연결하시오.

11. merge
12. redundant
13. discharge
14. potential
15. vacillate

ⓐ to keep changing your ideas about something
ⓑ to combine or make two or more things, combine to form a single thing
ⓒ not necessary or useful
ⓓ the possibility of something happening or being developed or used
ⓔ to remove from office or employment

- **affiliate** [əfílièit] — v. 제휴하다
- **aim** [éim] — n. 목적, 의도; 겨냥하다
- **alert** [ələ́:rt] — v. 경고하다 a. 경계하는
- **amalgamate** [əmǽlgəmèit] — v. 합병[통합]하다
- **apportion** [əpɔ́:rʃən] — v. 배분[할당]하다

- **arbitrate** [á:rbətrèit] — v. 중재하다
- **attain** [ətéin] — v. 이루다, 달성하다
- **authorize** [ɔ́:θəràiz] — v. 권한을 부여하다; 인정하다
- **be indicative of** — phr. ~을 나타내는[보여주는]
- **be responsible for** — phr. 책임이 있다

- **bid** [bíd] — v. 입찰하다 n. 입찰 (가격)
- **bottom line** — phr. 최종 결과; 핵심
- **branch** [brǽntʃ] — n. 지사, 분점; 분과
- **brief** [brí:f] — v. 요약하다 a. 간단한
- **cartel** [kɑ:rtél] — n. 카르텔, 기업 연합

- **cash cow** — phr. 고수익[효자] 상품[사업]
- **client** [kláiənt] — n. 의뢰인, 고객
- **clientele** [klàiəntél] — n. 모든 의뢰인들[고객들]
- **confront** [kənfrʌ́nt] — v. 직면하다, 맞서다
- **consign** [kənsáin] — v. 건네주다; 위탁하다

- **consortium** [kənsɔ́:rʃiəm] — n. 협회, 조합
- **contrive** [kəntráiv] — v. 고안하다; 획책하다
- **coordinate** [kouɔ́:rdənèit] — v. 통합하다; 조정하다
- **covenant** [kʌ́vənənt] — n. 약속[계약]
- **customize** [kʌ́stəmàiz] — v. 주문 제작하다

- daunt [dɔ́:nt] v. 위압하다
- deputy [dépjuti] n. 대리인 a. 대리의
- determine [ditə́:rmin] v. 결정하다; 결심하다
- distribute [distríbju:t] v. 분배[배분]하다, 유통시키다
- effective [iféktiv] a. 효과적인

- efficient [ifíʃənt] a. 능률적인, 효과가 있는
- emphasis [émfəsis] n. 중요성, 강조
- enhance [inhǽns] v. 높이다, 강화하다
- expedite [ékspədàit] v. 촉진시키다
- expense [ikspéns] n. 지출, 비용

- expertise [èkspərtí:z] n. 전문 지식[기술]
- firm [fə́:rm] n. 회사
- fledgling [flédʒliŋ] a. 신생의, 미숙한
- flexible [fléksəbl] a. 유순한; 탄력적인
- franchise [frǽntʃaiz] n. 특권; 선거권

- headquarters [hédkwɔ́:rtərz] n. 본사, 본부
- hire [háiər] v. 고용하다
- incorporate [inkɔ́:rpərèit] v. 법인으로 만들다; 통합시키다
- indication [ìndikéiʃən] n. 암시, 조짐
- instruction [instrʌ́kʃən] n. 교육; 교훈

- irreparable [irépərəbl] a. 돌이킬 수 없는
- lay the groundwork for phr. ~의 기초를 놓다[쌓다], 터를 닦다
- long-term [lɔ́:ŋtə̀:rm] a. 장기의
- managerial [mæ̀nidʒíəriəl] a. 경영의; 관리의
- manpower [mǽnpàuər] n. 인력

☐ **market share**	phr.	시장 점유율
☐ **mass production**	phr.	대량 생산, 양산
☐ **mediate** [míːdièit]	v.	중재[조정]하다
☐ **mission** [míʃən]	n.	임무
☐ **negotiable** [nigóuʃiəbl]	a.	협상할 수 있는
☐ **niche market**	phr.	틈새시장
☐ **obstacle** [ábstəkl]	n.	장애(물)
☐ **obtain** [əbtéin]	v.	얻다; 획득하다
☐ **offer** [ɔ́ːfər]	n. 제의, 제안 v. 제의[제안]하다
☐ **offset** [ɔ́ːfsèt]	v.	상쇄[벌충]하다
☐ **outcome** [áutkʌ̀m]	n.	결과
☐ **payable** [péiəbl]	a.	지불해야 할, 지불할 수 있는
☐ **payout** [péiàut]	n.	지불(금), 지출(금)
☐ **payroll** [péiròul]	n.	임금 대장; 종업원 명부
☐ **per annum**	phr.	1년에
☐ **pragmatic** [prægmǽtik]	a.	실용적인
☐ **pragmatism** [prǽgmətìzm]	n.	실용주의
☐ **procedure** [prəsíːdʒər]	n.	순서; 절차
☐ **productivity** [pròudʌktívəti]	n.	생산성
☐ **proprietor** [prəpráiətər]	n.	소유주
☐ **public relations**	phr.	홍보, PR
☐ **questionnaire** [kwèstʃənɛ́ər]	n.	설문지
☐ **quota** [kwóutə]	n.	몫; 상품 할당량
☐ **quote** [kwóut]	v. 인용하다 n. 인용문
☐ **relinquish** [rilíŋkwiʃ]	v.	(소유권 등을) 포기하다

- **repudiate** [ripjú:dièit] — v. 거절[거부]하다, 부인하다
- **run** [rʌn] — v. 운영[경영]하다
- **rundown** [rʌ́ndàun] — n. 감원
- **scheme** [skí:m] — n. 계획; 음모
- **self-employed** [sélfimplɔ́id] — a. 자영(업)의

- **short-term** [ʃɔ́:rttə̀rm] — a. 단기(간)의
- **specification** [spèsəfikéiʃən] — n. 상술; 설명서
- **spur** [spə́:r] — n. 박차 v. 박차를 가하다
- **stick to** — phr. ~을 고수하다, 지키다
- **strategic** [strətí:dʒik] — a. 전략적인

- **streamline** [strí:mlàin] — v. 합리화하다
- **subcontract** [sʌ̀bkʌ́ntrækt] — n. 하청 계약
- **sweatshop** [swétʃàp] — n. 노동 착취 공장
- **tailor** [téilər] — v. (용도·목적에) 맞추다 n. 재단사
- **tailored** [téilərd] — a. 맞춤의

- **take over** — phr. 대신하다
- **takeover** [téikòuvər] — n. 인계, 인수
- **tariff** [tǽrif] — n. 관세
- **trademark** [tréidmà:rk] — n. (등록) 상표
- **tycoon** [taikú:n] — n. (실업계의) 거물

- **underway** [ʌ̀ndərwéi] — a. (이미) 진행 중인
- **venture** [véntʃər] — v. 위험을 무릅쓰고 ~하다 n. 모험적 사업
- **vie** [vái] — v. 경쟁하다
- **watchword** [wátʃwə̀:rd] — n. 암호; 표어
- **windfall** [wíndfɔ̀:l] — n. 뜻밖의 횡재

DAY 13 텝스의 얼리어답터
첨단 기술

access 600
[ǽkses]
n 접근, 접속
v (컴퓨터에) 접속하다

Employees need a user ID and password to gain **access** to the company network.
직원들이 회사 네트워크에 접속하기 위해서는 이용자 ID와 비밀번호가 필요하다.

With this device, you can **access** the Internet anytime anywhere.
이 기기가 있으면 언제 어디서든 인터넷에 접속할 수 있다.

cf. accessible a. 접근 가능한, 이해하기 쉬운
　　accessibility n. 접근 (가능성)

---

act up 800
phr (기계 등이) 기능이 나빠지다; 떠들다

The old photocopier in the office is **acting up** again.
사무실의 낡은 복사기가 또 말썽이다.

Most children begin to **act up** when they are bored.
아이들은 대부분 지루해지면 떠들기 시작한다.

---

advent 800
[ǽdvent]
n 도래, 출현

With the **advent** of wireless Internet, people can now work on the go.
무선 인터넷의 출현으로 사람들은 이제 이동 중에도 일을 할 수 있다.

---

assemble 800
[əsémbl]
v 조립하다; 소집하다

He was computer illiterate so he asked his tech-savvy friend to **assemble** the computer.
그는 컴맹이라 기계를 잘 다루는 친구에게 컴퓨터를 조립해달라고 부탁했다.

All the executives **assembled** in the conference room.
모든 임원이 회의실에 모였다.

cf. assembly n. 집회, 의회; 조립

⟵ disassemble v. 분해하다

assistance [600]
[əsístəns]
ⓝ 거듦, 조력

The software company promised to prov de technical **assistance** to the local library.
소프트웨어 기업은 지역 도서관에 기술 지원을 제공하기로 약속했다.

cf. assist v. 돕다
assistant n. 조수, 보조자

attach [600]
[ətǽtʃ]
ⓥ 첨부하다; 애착을 갖게 하다

Don't forget to **attach** the Powerpoint file to your email.
이메일에 파워포인트 파일 첨부하는 것을 잊지 마세요.

It is natural for teachers to become **attached** to their students.
선생님들이 학생들에게 애착을 갖게 되는 것은 자연스러운 일이다.

cf. attached a. 첨부된; 애착을 갖는
attachment n. 첨부 파일; 애착

 기출표현
attachment to children 아이들에 대한 애착

audible [800]
[ɔ́:dəbl]
ⓐ 들리는, 들을 수 있는

PGR Soft developed computer software that translates text into **audible** speech.
PGR 소프트는 글을 귀로 들을 수 있는 말로 바꾸는 소프트웨어를 개발했다.

cf. inaudible a. 들리지 않는

breakdown [800]
[bréikdàun]
ⓝ 고장; 쇠약

Some important files have been erased by a sudden **breakdown** of the storage device.
저장 장치의 갑작스러운 고장으로 몇몇 중요한 파일들이 삭제됐다.

I think Alice is having a nervous **breakdown.**
앨리스가 신경 쇠약을 앓고 있는 것 같다.

 기출표현
break down 고장 나다; 건강을 해치다

breakthrough ⁸⁰⁰
[bréikθrù:]

🅝 큰 발전, 약진, 돌파구

The research team made a **breakthrough** in the development of hydrogen fuel cells.
연구팀은 수소 연료 전지 개발에 큰 발전을 이루었다.

---

compile ⁸⁰⁰
[kəmpáil]

🅥 (자료 등을) 편집[편찬]하다

Most stock investors use a spreadsheet program to **compile** the data they have researched.
대부분의 주식 투자자들은 자신이 조사한 자료를 편집하기 위해 스프레드시트 프로그램을 사용한다.

cf. compilation n. 편집

---

complicated ⁶⁰⁰
[kámpləkèitid]

🅐 복잡한

This model is not popular because it is too **complicated** to use.
이 모델은 사용하기 너무 복잡해서 인기가 없다.

cf. complicate v. 복잡하게 하다
complication n. 복잡; 합병증

---

constraint ⁶⁰⁰
[kənstréint]

🅝 제약

We can now access information without the **constraints** of time and space.
이제 우리는 시간과 공간의 제약 없이 정보를 입수할 수 있다.

cf. constrain v. 강요하다; 압박하다

---

cutting-edge ⁶⁰⁰
[kʌ́tiŋ édʒ]

🅝 최첨단

Advanced countries are applying **cutting-edge** technology to agriculture.
선진국들은 농업에 최첨단 기술을 적용하고 있다.

device 600
[diváis]
ⓝ 장치[기구]

This small portable **device** can store 800 gigabytes of data.
이 작은 휴대용 기기는 800기가바이트의 데이터를 저장할 수 있다.

cf. devise v. 고안하다, 궁리하다

devise a scheme 계획을 세우다

dimension 800
[diménʃən]
ⓝ 차원

Thanks to 3D technology, we can watch movies in three **dimensions**.
3D 기술 덕분에 우리는 3차원으로 영화를 볼 수 있다.

cf. dimensional a. ~차원의

four-dimensional world 4차원의 세계

duplicate 800
[djúːplikèit]
ⓥ 복사하다, 복제하다
[djúːplikət]
ⓐ 사본의, 중복의, 이중의

It is recommended that you **duplicate** important files stored on your computer's hard drive onto backup disks.
컴퓨터 하드 드라이브에 저장된 중요한 파일을 백업 디스크에 복사해 둘 것을 권고합니다.

I think the superintendent has a **duplicate** key.
관리인한테 복제 열쇠가 있는 것 같다.

in duplicate 두 통으로

encode 600
[inkóud]
ⓝ 암호화하다, 부호화하다

We use special software to **encode** confidential business data.
우리는 사업 기밀 자료를 암호화하기 위해 특별한 소프트웨어를 사용한다.

feasible 800
[fíːzəbl]
ⓐ 실현[실행] 가능한, 있음직한

Cloning a human being, although controversial, is **feasible** with the current technology.
논란은 있겠지만 인간 복제는 현재 기술로 실현 가능하다.

cf. feasibility   n. 실행 가능성

 기출표현

feasibility study 예비 조사

---

generate 600
[dʒénərèit]
ⓥ 발생시키다, 만들어 내다

It is not yet feasible to **generate** all the energy we need without **generating** any greenhouse gases.
온실가스를 전혀 배출하지 않고 우리가 필요한 모든 에너지를 생산하는 것은 아직 불가능하다.

cf. generation   n. 세대, 대
generator   n. 발전기
generative   a. 생산하는, 생식력이 있는

---

glitch 900
[glítʃ]
ⓝ 사소한 결함, 고장

The recently released beta version still contains some **glitches**.
최근 발표된 베타 버전에 여전히 몇 가지 결함이 있다.

---

groundbreaking 800
[ɡráundbrèikiŋ]
ⓐ 획기적인, 신기원을 이룬

This **groundbreaking** technology allows carbon dioxide to be easily transformed into plastics.
이 획기적인 기술은 이산화탄소가 쉽게 플라스틱으로 변모되도록 한다.

---

impetus 900
[ímpətəs]
ⓝ 힘, 자극

The advent of smartphones and wireless Internet has given **impetus** to technological innovations.
스마트폰과 무선 인터넷의 도래는 기술 혁신에 자극을 주었다.

insert 600
[insə́:rt]

ⓥ 끼워 넣다, 삽입하다

It is not difficult to **insert** video clips into Powerpoint slides.
파워포인트 슬라이드에 동영상을 삽입하는 것은 어렵지 않다.

cf. insertion n. 삽입

intermittent 900
[ìntərmítnt]

ⓐ 때때로 중단되는

Smartphone users often experience **intermittent** connection due to frequency shortage.
스마트폰 이용자들은 주파수 부족 때문에 때때로 연결이 끊기는 현상을 자주 경험한다.

mechanical 600
[məkǽnikəl]

ⓐ 기계(상)의, 기계에 의한

I think the server broke down due to **mechanical** failure, not software failure.
서버가 고장 난 것은 기계 고장 때문이지 소프트웨어 문제는 아니라고 생각한다.

novelty 900
[návəlti]

ⓝ 신기한 물건

Hybrid vehicles are not a **novelty** any more.
하이브리드 자동차는 더 이상 신기한 것이 아니다.

cf. novel a. 새로운, 신기한

obsolete 900
[àbsəlí:t]

ⓐ 쓸모없게 된

Floppy discs have become **obsolete** with the advent of portable USB flash drives.
휴대용 USB 플래시 드라이브의 도래로 플로피 디스크는 쓸모없게 되었다.

peripheral 900
[pərífərəl]
- ⓐ 주위의, 주변적인
- ⓝ (컴퓨터) 주변 장치

TP Electronics manufactures various computer **peripherals** such as portable hard drives, printers, and scanners.
TP전자는 휴대용 하드 드라이브, 프린터, 스캐너 등 다양한 컴퓨터 주변 기기를 제조한다.

cf. periphery n. 주위, 주변

 기출표현

on the periphery of ~의 주변에

portable 800
[pɔ́ːrtəbl]
- ⓐ 휴대용의, 간편한

In the 1970's, a **portable** TV was still something of a novelty.
1970년대에 휴대용 TV는 여전히 신기한 물건이었다.

cf. portability n. 휴대할 수 있음

recharge 600
[rìːtʃάːrdʒ]
- ⓥ 재충전하다

This cutting-edge device enables you to **recharge** your laptop battery in about five minutes.
이 최첨단 기기로 노트북 배터리를 약 5분 안에 재충전할 수 있다.

cf. rechargeable a. 재충전되는
recharger n. 충전기

recipient 800
[risípiənt]
- ⓝ 수신자, 수령인

A **recipient** of an email should never open a suspicious attachment.
이메일 수신자들은 수상한 첨부 파일을 절대 열어서는 안 된다.

cf. receive v. 받다

reliable 600
[riláiəbl]
- ⓐ 믿을 만한, 신뢰할 수 있는

Reliable Internet security is a must for people who frequently do online banking.
온라인 은행 거래를 자주 하는 사람들에게 믿을 만한 인터넷 보안은 필수이다.

cf. reliability n. 믿음직함, 신뢰도

retrieve 800
[ritríːv]
ⓥ (정보를) 검색하다

Web browsers allow users to **retrieve** information from the Internet.
웹 브라우저로 사용자들은 인터넷에서 정보 검색이 가능하다.
cf. retrieval n. 회수, 검색

sophisticated 800
[səfístəkèitid]
ⓐ 정교한; 세련된

Embryonic stem cell research requires **sophisticated** equipment and facilities.
배아줄기세포 연구는 정교한 장비와 시설을 필요로 한다.

The CEO of the clothing company was a young man with **sophisticated** tastes.
의류회사 최고 경영자는 세련된 취향을 가진 젊은 남자였다.
cf. sophistication n. 지적 교양

sort out 800
phr 분류하다; 해결하다

This program helps you **sort out** the files on your computer.
이 프로그램은 컴퓨터 파일을 분류하는 데 도움을 준다.

I had to call the police to **sort out** the problem.
문제를 해결하기 위해 경찰을 불러야 했다.

supplant 900
[səplǽnt]
ⓥ 대신[대체]하다

I don't think e-books will completely **supplant** printed books.
전자책이 종이책을 완전히 대체할 것이라고는 보지 않는다.

switch 600
[swítʃ]
ⓝ 전환

Wireless carriers in Korea are preparing to **switch** over to the 4G network.
한국의 이동통신사들은 4세대 네트워크로의 전환을 준비하고 있다.

transmit 600
[trænsmít]

ⓥ 보내다, 전송하다; 전염시키다

This is currently the fastest way to **transmit** data over long distances.
이것이 현재 장거리로 데이터를 전송하는 가장 빠른 방법이다.

Many animals can directly **transmit** disease to humans.
많은 동물이 인간에게 병을 직접 전염시킬 수 있다.

cf. transmission n. 전달, 전송; (자동차의) 변속기
transmitter n. 송신기

viable 900
[váiəbl]

ⓐ 실행 가능한, (태아·신생아가) 생존 가능한

Carbon capture and storage is technically **viable** but not commercially **viable** yet.
탄소 포집 및 저장은 기술적으로는 실행 가능해도 아직 상업적으로는 아니다.

A fetus becomes **viable** outside the womb at 24 weeks' gestation.
태아는 임신 24주가 되면 자궁 밖에서도 생존할 수 있게 된다.

cf. unviable a. 실행 불가능한

 기출표현

viable alternative 실행 가능한 대안

virtual 600
[vɜ́ːrtʃuəl]

ⓐ 〈컴퓨터〉 가상의; 사실상의

Many Americans became addicted to the online **virtual** world called "Kamilia."
많은 미국인들이 '카밀리아'라는 온라인 가상 세계에 중독되었다.

cf. virtually ad. 사실상, 가상으로

 기출표현

virtually impossible 사실상 불가능한

Daily TEST

A 의미상 적절한 단어를 골라 빈칸에 넣고, 필요 시 단어의 형태를 어법에 맞게 바꾸시오.

보기	ⓐ access	ⓑ act up	ⓒ advent	ⓓ duplicate	ⓔ feasible
	ⓕ generate	ⓖ glitch	ⓗ novelty	ⓘ obsolete	ⓙ supplant

1. Back in the early '90s, owning a cell phone was something of a _____.

2. Kayoto cars were recalled due to a technical _____.

3. Digital cameras have almost completely _____ film cameras.

4. Last night he _____ the files on his USB drive in case his computer breaks down.

5. The old laptop was _____ again.

6. Time travel is not _____ yet.

7. Since the _____ of the Internet, the influence of TV has diminished.

8. MP3 players have made cassette and CD players _____.

9. These days almost everyone knows how to _____ the Internet on a mobile phone.

10. Nuclear power does not _____ much CO_2.

B 단어의 의미가 올바르게 설명된 보기를 찾아 연결하시오.

11. retrieve   ⓐ something that encourages a process or activity to develop more quickly

12. constraint   ⓑ to bring back again

13. transmit   ⓒ to send out an electronic signal such as a radio or television signal

14. impetus   ⓓ something that limits or controls what you can do.

15. viable   ⓔ capable of success or continuing effectiveness

☐ **a vast array of**	phr.	매우 다양한
☐ **adapt** [ədǽpt]	v.	적응시키다, 순응하다
☐ **advance** [ədvǽns]	v.	나아가다 n. 전진
☐ **aircraft** [ɛ́ərkrӕ̀ft]	n.	항공기
☐ **android** [ǽndrɔid]	n.	인조인간
☐ **artificial** [ɑ̀:rtəfíʃəl]	a.	인조의
☐ **automation** [ɔ̀:təméiʃən]	n.	자동화
☐ **bandwidth** [bǽndwìdθ]	n.	(주파수의) 대역폭
☐ **boundless** [báundlis]	a.	무한한
☐ **brainchild** [bréintʃàild]	n.	(독자적인)생각; 발명품
☐ **break new ground**	phr.	신기원을 이루다[열다]
☐ **buffer** [bʌ́fər]	n.	완충기[장치]
☐ **bug** [bʌ́g]	n.	결함
☐ **built-in** [bíltín]	a.	붙박이의
☐ **bundle** [bʌ́ndl]	n.	꾸러미, 묶음, 번들
☐ **buttress** [bʌ́tris]	n.	지지대 v. 보강하다
☐ **ceaseless** [síːslis]	a.	끊임없는
☐ **circuit** [sə́ːrkit]	n.	(전기) 회로
☐ **computer-illiterate**	phr.	컴퓨터에 익숙지 않은 사람
☐ **configure** [kənfígjər]	v.	(~의) 환경을 설정하다
☐ **copy and paste**	phr.	복사해 붙여넣기
☐ **courseware** [kɔ́:rswɛ̀ər]	n.	교육용 소프트웨어
☐ **creativity** [krìːeitívəti]	n.	창조력
☐ **current** [kə́ːrənt]	n.	흐름, 전류 a. 현재의
☐ **cyberspace** [sáibərspèis]	n.	사이버 공간

- **debug** [diːbʌ́g]   v. 결함을 고치다
- **decode** [diːkóud]   v. (암호를) 해독하다
- **definition** [dèfəníʃən]   n. 선명도
- **delete** [dilíːt]   v. 삭제하다
- **diminutive** [dimínjutiv]   a. 소형의, 아주 작은

- **drawback** [drɔ́ːbæ̀k]   n. 결점; 장애
- **ductile** [dʌ́ktəl]   a. (금속이) 연성인
- **electrical** [ilélktrikəl]   a. 전기의
- **electronic** [ilèktránik]   n. 전자의
- **elongate** [ilɔ́ːnŋgeit]   v. 연장하다, 늘이다

- **enable** [inéibl]   v. 가능하게 하다
- **encrypt** [inkrípt]   v. 암호로 바꿔 쓰다
- **encryption** [inkrípʃən]   n. 부호 매김
- **engineer** [èndʒiníər]   v. 설계하다   n. 기사; 공학자
- **equipment** [ikwípmənt]   n. 장비, 용품

- **erroneous** [iróuniəs]   a. 잘못된
- **flawed** [flɔ́ːd]   a. 흠이 있는(↔flawless)
- **function** [fʌ́ŋkʃən]   n. 기능
- **gadget** [gǽdʒit]   n. 간단한 기계[장치]
- **gauge** [géidʒ]   n. 계량기

- **handheld** [hǽndhèld]   a. 손바닥 크기의
- **high definition**   phr. 고화질의
- **high-resolution**   a. 고해상도의
- **hindrance** [híndrəns]   n. 방해, 장애
- **immobile** [imóubəl]   a. 움직일 수 없는

- □ **in conjunction with** — phr. ~와 함께
- □ **ingenious** [indʒíːnjəs] — a. 영리한; 독창적인
- □ **input** [ínpùt] — n. 입력
- □ **install** [instɔ́ːl] — v. 설치하다
- □ **intricate** [íntrikət] — a. 복잡한

- □ **invent** [invént] — v. 발명하다
- □ **keep abreast of** — phr. 최근 정황을 잘 챙겨 알아두다
- □ **keep up with** — phr. (뉴스·유행 등에 대해) 알게 되다; 알다
- □ **locomotion** [lòukəmóuʃən] — n. 운동
- □ **machinery** [məʃíːnəri] — n. 기계류

- □ **manual** [mǽnjuəl] — n. 소책자 a. 손으로 하는, 수동의
- □ **mechanism** [mékənìzm] — n. 기계 장치
- □ **mobile** [móubəl] — a. 이동할 수 있는
- □ **motionless** [móuʃənlis] — a. 움직이지 않는
- □ **novice** [návis] — n. 초보자

- □ **on the go[move]** — phr. 이동 중에
- □ **optimal** [áptəməl] — a. 최적의
- □ **out of order** — phr. 고장이 난
- □ **outdated** [àutdéitid] — a. 구식의
- □ **output** [áutpùt] — n. 출력

- □ **parallel** [pǽrəlèl] — a. 평행의, 나란한
- □ **patch** [pǽtʃ] — n. 천 조각 v. 수선하다
- □ **pioneer** [pàiəníər] — v. 개척하다 n. 개척자
- □ **pivotal** [pívətl] — a. 중추의
- □ **power station** — phr. 발전소

☐	**progression** [prəgréʃən]	n.	진행, 진전
☐	**prototype** [próutətàip]	a.	원형, 견본
☐	**push the envelope**	phr.	한계를 초월하다
☐	**record** [rikɔ́:rd]	v.	기록하다 n. 기록
☐	**repair** [ripɛ́ər]	v.	수선[수리]하다
☐	**resolution** [rèzəlú:ʃən]	n.	해상도
☐	**revolution** [rèvəlú:ʃən]	n.	혁명, 대변혁, 회전
☐	**rivet** [rívit]	n.	대갈못, 리벳 v. 못으로 고정하다
☐	**semiconductor** [sèmikəndʌ́ktər]	n.	반도체
☐	**sizable** [sáizəbl]	a.	큰, 많은
☐	**state-of-the art**	phr.	최첨단의, 최신식의
☐	**surf the net**	phr.	인터넷 서핑을 하다
☐	**swivel** [swívəl]	v.	회전하다 n. 회전 고리
☐	**tamper** [tǽmpər]	v.	간섭하다; 손대다
☐	**thread** [θréd]	n.	스레드, 일련의 댓글
☐	**tractable** [trǽktəbl]	a.	다루기 쉬운
☐	**transform** [trænsfɔ́:rm]	v.	변형시키다
☐	**troubleshoot** [trʌ́blʃù:t]	v.	고장 수리원의 역할을 하다
☐	**troublesome** [trʌ́blsəm]	a.	성가신, 까다로운
☐	**ubiquitous** [ju:bíkwətəs]	a.	어디에나 있는, 편재하는
☐	**up and running**	phr.	작동 중인; 사용되고 있는
☐	**up-to-date** [ʌ́ptədèit]	a.	최신(식)의, 최근의, 첨단적인
☐	**user-friendly** [jú:zərfréndli]	a.	사용하기 쉬운
☐	**utilize** [jú:təlàiz]	v.	이용하다
☐	**waterproof** [wɔ́:tərprù:f]	a.	방수의

DAY 14
취업하면 꼭 필요한 비즈니스 영어
직장 업무

address ⁶⁰⁰
[ədrés]
- ⓥ 연설하다; (문제를) 다루다, 처리하다

The CEO is scheduled to **address** shareholders and analysts at the annual meeting.
최고 경영자는 연례 주주 총회에서 주주와 애널리스트에게 연설하기로 되어 있다.

The management has failed to **address** the problem of sluggish sales.
경영진은 매출 부진 문제를 처리하지 못했다.

adjourn ⁹⁰⁰
[ədʒə́:rn]
- ⓥ (회의 등을) 휴회하다

I think we should **adjourn** the meeting for today and reconvene tomorrow.
오늘 회의는 여기까지 하고 내일 다시 모이는 게 좋을 것 같습니다.

adroit ⁹⁰⁰
[ədrɔ́it]
- ⓐ 능숙한, 손재주가 있는

He is **adroit** at dealing with demanding customers.
그는 까다로운 고객을 상대하는 데 능숙하다.

agenda ⁸⁰⁰
[ədʒéndə]
- ⓝ 의제, 안건

The second item on the **agenda** at the last week's board meeting was cost-cutting measures.
지난주 이사회 회의에서 비용 절감 조치가 두 번째 의제였다.

appoint ⁶⁰⁰
[əpɔ́int]
ⓥ 지명[임명]하다

To her surprise, she was **appointed** marketing manager.
놀랍게도 그녀가 마케팅 책임자로 임명되었다.
cf. appointment n. 약속; 임명

available ⁶⁰⁰
[əvéiləbl]
ⓐ 이용할 수 있는; 시간이 있는

The regional manager of Europe is currently not **available** because she is on a business trip.
유럽 지역 담당자는 출장 중이라 현재 만날 수 없다.
cf. availability n. 유용성
⟷ unavailable a. 이용할 수 없는; (사람이) 없는

beforehand ⁸⁰⁰
[bifɔ́:rhænd]
ad 사전에, 미리

You should make an appointment two days **beforehand** if you want to tour the manufacturing facility.
제조 시설을 견학하고 싶다면 이틀 전에 예약해야 합니다.

collaborate ⁸⁰⁰
[kəlǽbərèit]
ⓥ 협력하다, 공동으로 일하다

Designers are **collaborating** with engineers on product development.
디자이너들이 제품 개발을 위해 엔지니어들과 공동 작업하고 있다.
cf. collaboration n. 협동, 공동 연구
collaborative a. 협력적인

 기출표현

> in collaboration with ~와 협력하여
> collaborative efforts 공동의 노력

colleague ⁶⁰⁰
[káli:g]
ⓝ (같은 직장·직종에 다니는) 동료

I ran into an old **colleague** of mine at the trade show.
무역 박람회에서 옛 동료와 마주쳤다.

come up with ⁶⁰⁰
phr ~을 제시[제안]하다

Lynette always **comes up with** creative ideas at a monthly meeting.
리넷은 항상 월례회의 때 창의적인 아이디어를 제시한다.

competence ⁸⁰⁰
[kámpətəns]
n 능력

Shareholders began to question his **competence** as a CEO.
주주들이 최고 경영자로서의 그의 능력을 의심하기 시작했다.

cf. competent a. 유능한

⟷ incompetence n. 무능력

 기출표현

beyond one's competence ~의 능력 밖인
linguistic competence 언어 능력

conference ⁶⁰⁰
[kánfərəns]
n 회의

The marketing director participated in a **conference** on the bio-industry.
마케팅 이사는 바이오산업에 관한 회의에 참석했다.

 기출표현

press conference 기자 회견
conference call (3인 이상이 하는) 전화 회담

confidential ⁸⁰⁰
[kànfədénʃəl]
a 기밀의, 비밀의

Unauthorized personnel must not access **confidential** documents.
권한이 없는 직원들은 기밀 서류에 접근해서는 안 된다.

cf. confidentiality n. 비밀성, 기밀성

 기출표현

confidentiality agreement 비밀 협정
doctor-patient confidentiality
의사의 환자 비밀 유지

credential ⁹⁰⁰
[kridénʃəl]
n 자격, 적격

Mark has all the necessary **credentials** to become a chief financial officer.
마크는 최고 재무 관리자가 되는 데 필요한 자격을 모두 갖추고 있다.

draft 800
[drǽft]
- v 초안을 작성하다
- n 초안

We had to hire a lawyer to **draft** a contract.
우리는 계약서 초안을 작성하기 위해 변호사를 고용해야 했다.

The first **draft** of the term paper is due on November 1.
학기말 리포트 초안은 11월 1일까지 제출해야 한다.

eligible 600
[élidʒəbl]
- a 자격이 있는; 바람직한

Non-regular workers employed for over a year are **eligible** for severance pay.
1년 이상 일한 비정규직 근로자는 퇴직금을 받을 자격이 있다.

cf. eligibility n. 적임, 적격

enclose 800
[inklóuz]
- v 동봉하다

Please **enclose** your bank statement in the application form.
지원서에 은행 거래 내역서를 동봉하세요.

cf. enclosure n. 동봉(한 것)

executive 800
[igzékjutiv]
- n 임원, 관리직

A designated parking space is one of the perks for **executives**.
전용 주차 공간은 임원진을 위한 특전 중 하나이다.

cf. execute v. 실행하다
   execution n. 실행, 집행; 사형

 기출표현
be executed for ~죄로 처형당하다

extension 800
[iksténʃən]
- n 구내전화; 연장

You can reach me at **extension** 9486 during office hours.
근무 시간에는 내선번호 9486으로 전화하시면 됩니다.

The subcontractor asked for an **extension** of the contract for another year.
하청업체는 계약을 1년 더 연장해달라고 요청했다.

cf. extend v. 연장하다

 기출표현
extend hospitality to ~에게 환대를 베풀다

inform 600
[infɔ́ːrm]

ⓥ 알리다, 통지하다

You should **inform** your employees of the safety procedures at the workplace.
직장 내 안전 수칙에 대해 직원들에게 알려야 한다.

cf. information n. 정보
    informative a. 정보를 제공하는, 유익한

in the red 600

phr 적자로

The company has been **in the red** for three consecutive quarters.
회사가 3분기 연속 적자 상태이다.

⟷ in the black phr. 흑자로

motion 800
[móuʃən]

ⓝ 발의, 제안, 동의; 움직임, 흔들림

One of the executives put forward a **motion** to extend the contract.
임원 중 한 명이 계약 연장을 제안했다.

Your children should remain seated while the bus is still in **motion**.
버스가 아직 움직이는 동안 아이들은 자리에 앉아 있어야 합니다.

 기출표현

carry a motion 동의를 가결하다
reject a motion 동의를 부결하다
second a motion 동의에 찬성하다
motion sickness 멀미
in motion 움직이고, 운전 중인

notify 600
[nóutəfài]

ⓥ 알리다, 통지[통보]하다

Under the current regulations, you have twenty days to **notify** your employer of any work related injury.
현재 규정에 따르면, 업무상 재해에 대해 고용주에게 20일 이내에 알려야 한다.

cf. notification n. 통지, 공고

 기출표현

notify ... in writing ~에게 서면으로 통지하다

oversee [òuvərsíː] 600
ⓥ 감독하다

Tom Cavos was appointed to **oversee** the construction project.
톰 카보스는 건설 프로젝트 감독으로 임명되었다.

overwork [òuvərwə́ːrk] 600
ⓥ 과로시키다, 지나치게 부리다

Korean conglomerates are infamous for **overworking** their employees.
한국 대기업들은 직원을 혹사시키는 것으로 악명이 높다.

perform [pərfɔ́ːrm] 600
ⓥ 수행하다; 공연하다

Exhausted employees are more likely to **perform** poorly.
지친 직원들은 업무 수행을 제대로 하지 못할 가능성이 더 높다.

The singer chose to **perform** his songs live.
가수는 자신의 노래를 라이브로 공연하기로 결정했다.

cf. performer n. 연기자, 연주자
performance n. 실적, 성과; 상연

performance-based payment 성과급 제도

posture [pástʃər] 600
ⓝ (몸의) 자세; 정신적 태도

Some employees get back pains from sitting in a particular **posture** for an extended period of time.
일부 직원은 오랫동안 특정 자세로 앉아 있다가 허리 통증이 생긴다.

The board of directors took a defensive **posture** on the issue.
이사회는 그 문제에 대해 방어적인 태도를 취했다.

propose [prəpóuz] 600
ⓥ 제안[제의]하다; 청혼하다

He **proposed** an office building renovation project at the meeting.
그는 회의에서 사무실 건물 개보수 프로젝트를 제안했다.

cf. proposal n. 제안, 제의, 청혼
proposition n. 제안, 제의

rebuke 900
[ribjúːk]
- v 비난하다
- n 비난, 질책

The manager **rebuked** Jason for failing to turn in the first draft on time.
부장은 제이슨이 초안을 제때 제출하지 못한 것에 대해 질책했다.

recall 600
[rikɔ́ːl]
- v (물건을) 회수하다; 생각해 내다, 상기하다
- n 회수; 회상, 상기

The automaker had to **recall** 1.5 million vehicles due to defective parts in their braking systems.
자동차 회사는 브레이크 시스템의 부품 결함 때문에 자동차 150만 대를 회수해야 했다.

I cannot **recall** exactly who set the agenda.
누가 의제를 정했는지 정확히 기억이 나지 않는다.

representative 600
[rèprizéntətiv]
- n 대표(자), 대표물
- a 대표하는; 전형적인; 상징하는

Representatives from the industry will address environmental issues at the conference.
업계 대표들은 회의에서 환경 문제를 다룰 것이다.

Bibimbap is **representative** of Korean cuisine.
비빔밥은 한식을 대표한다.

cf. representation n. 대표; 묘사

reprimand 900
[réprəmæ̀nd]
- v 질책하다; 견책[징계]하다
- n 질책; 견책

Julio was **reprimanded** for tardiness by his boss.
훌리오는 지각해서 상사에게 질책을 받았다.

resignation 800
[rèzignéiʃən]
- n 사직, 사임

His unexpected **resignation** came as a surprise to all of us.
그의 예상치 못한 사임에 우리 모두가 놀랐다.

cf. resign v. 사직하다

résumé 600
[rézumèi]
n 이력서

You should turn in your **résumé** in duplicate.
이력서 2부를 제출해야 합니다.

strike 600
[stráik]
v 파업에 들어가다; ~에게 인상을 주다
n 동맹 파업

The labor union decided to go on **strike** for better wages.
노조는 임금 인상을 위해 파업을 하기로 결정했다.

He **struck** me as a competent salesman.
그는 능력 있는 세일즈맨이라는 인상을 주었다.

cf. striking **a.** 파업 중인; 인상적인

turn in 600
phr 제출하다

I am supposed to **turn** the report **in** by next Wednesday.
나는 다음 주 수요일까지 보고서를 제출하기로 되어 있다.

unanimous 800
[juːnǽnəməs]
a 만장일치의

The board made a **unanimous** decision to acquire Hanson Toys.
이사회는 만장일치로 핸슨 토이즈를 인수하기로 결정했다.

cf. unanimity **n.** 만장일치

undertake 800
[ʌ̀ndərtéik]
v (일·책임 등을) 맡다; 착수하다

Mr. Howard will **undertake** the new marketing project.
하워드 씨가 새 마케팅 프로젝트를 맡을 것이다.

cf. undertaker **n.** 인수인; 장의사

unreachable 800
[ʌnríːtʃəbl]
ⓐ 도달할 수 없는

He forgot to take his cell phone and now he is **unreachable**.
그가 핸드폰 가져가는 것을 깜박해서 지금 연락이 되지 않는다.

urgent 600
[ə́ːrdʒənt]
ⓐ 긴급한; 강요하는

I have some **urgent** issues to discuss with Mr. Peterson but he is not available now.
피터슨 씨와 급히 논의할 문제가 있는데 지금은 그를 만날 수 없다.

cf. urgency n. 긴급; 절박

Daily TEST

A 의미상 적절한 단어를 골라 빈칸에 넣고, 필요 시 단어의 형태를 어법에 맞게 바꾸시오.

보기	ⓐ extension	ⓑ appoint	ⓒ strike	ⓓ confidential	ⓔ address
	ⓕ competence	ⓖ come	ⓗ rebuke	ⓘ beforehand	ⓙ adroit

1 You are not allowed to read _____ papers.

2 You cannot be a successful businessman if you are not _____ at negotiating.

3 I think this project is beyond his _____.

4 I recommend you make a reservation one month _____.

5 I don't understand why no one seems willing to _____ this issue.

6 After failing to reach an agreement with management, the employees went on _____.

7 The two sides agreed on a(n) _____ of the contract for six months.

8 Ava was _____ for being repeatedly late.

9 At last week's meeting, Olivia _____ up with a great solution to the problem.

10 Martha was _____ vice president of advertising.

B 단어의 의미가 올바르게 설명된 보기를 찾아 연결하시오.

11 credential   ⓐ agreed or shared by everyone in a group

12 adjourn   ⓑ to tell someone officially and in a serious way that something they have done is wrong

13 reprimand   ⓒ personal qualities, achievements, or experiences that make someone suitable for something

14 unanimous   ⓓ the position in which you stand or sit

15 posture   ⓔ to stop a meeting or an official process, especially a trial, for a period of time

☐ **adulate** [ǽdʒulèit]	v.	아첨하다, 비위 맞추다
☐ **approximately** [əpráksəmətli]	ad.	대략, 거의
☐ **arduous** [á:rdʒuəs]	a.	고된, 힘든
☐ **around the clock**	phr.	24시간 내내, 밤낮으로
☐ **ballpark figure**	phr.	어림셈, 추정치
☐ **be done with**	phr.	~을 다 처리하다[쓰다·하다]
☐ **be on the day[night] shift**	phr.	주간[야간] (교대) 근무를 하다
☐ **be one's own boss**	phr.	누구의 지배도 받지 않다, 독립해 있다
☐ **beat around the bush**	phr.	둘러말하다, 요점을 피하다
☐ **beat the clock**	phr.	시간 전에 마치다
☐ **bossy** [bɔ́:si]	n.	두목 행세하는, 으스대는
☐ **burn the midnight oil**	phr.	밤늦도록 일[공부]하다
☐ **business card**	phr.	명함
☐ **cafeteria** [kæ̀fətíəriə]	n.	카페테리아, 구내식당
☐ **carry out**	phr.	수행[집행]하다
☐ **clarify** [klǽrəfài]	v.	뚜렷하게 하다; 명백하게 설명하다
☐ **clerical** [klérikəl]	a.	사무원의, 성직자의
☐ **commission** [kəmíʃən]	n.	위원회
☐ **committee** [kəmíti]	n.	위원회
☐ **convene a meeting**	phr.	집회를 개최하다
☐ **cooperate** [kouápərèit]	v.	협력하다
☐ **cover letter**	phr.	커버레터, 자기 소개서
☐ **co-worker** [kóuwə̀:rkər]	n.	동료
☐ **crop up**	phr.	갑자기 나타나다[생기다]
☐ **cut to the chase**	phr.	바로 본론으로 들어가다

- **debrief** [diːbríːf]   v. 보고를 듣다
- **demote** [dimóut]   v. 강등시키다
- **end user**   phr. 최종 수요자, 실수요자
- **endorse** [indɔ́ːrs]   v. (어음·증권 등에) 배서하다
- **engaged** [ingéidʒd]   a. 약속된; 약혼 중인; 바쁜

- **entry-level** [éntrilèvəl]   a. (직업이) 초보적인; (상품이) 초심자용의
- **exalt** [igzɔ́ːlt]   v. 승진시키다, 칭찬[칭송]하다
- **fellow** [félou]   n. 동료, 동년배
- **formal** [fɔ́ːrməl]   a. 격식 차린, 공식적인
- **giant** [dʒáiənt]   n. 거인; 거대한 것

- **Hold the line, please.**   (전화를) 끊지 말고 기다리세요.
- **human resources**   phr. 인적 자원, (회사의) 인사부
- **I can squeeze you in.**   (바쁘지만) 잠시 시간을 내드리지요.
- **incidental** [ìnsədéntl]   n. 부수적 사건
- **inspect** [inspékt]   v. 점검[검사]하다

- **interrupt** [ìntərʌ́pt]   v. 방해하다; 중단하다
- **intractable** [intrǽktəbl]   a. 억지스러운; 처치하기 어려운
- **invitation** [ìnvətéiʃən]   n. 초대(장)
- **job opening**   phr. (직장의) 빈자리
- **jump the gun**   phr. 섣불리[경솔하게] 행동하다

- **luncheon** [lʌ́ntʃən]   n. 오찬 모임
- **make an inroad into**   phr. ~에 영향을 미치기 시작하다
- **meet a deadline**   phr. 마감 기일을 맞추다
- **memo** [mémou]   n. 메모, 비망록
- **menial job**   phr. 허드렛일, 하찮은 일

☐ **merchandise** [mə́:rtʃəndàiz]	n. 상품	
☐ **merchant** [mə́:rtʃənt]	n. 상인; 소매상인	
☐ **morale** [mərǽl]	n. 사기, 의욕	
☐ **motive** [móutiv]	n. 동기; 모티프	
☐ **mull over**	phr. ~에 대해 숙고하다	
☐ **negotiate** [nigóuʃièit]	v. 협상[교섭]하다	
☐ **newsletter** [njú:zlètər]	n. 소식지, 회보	
☐ **nominate** [nάmənèit]	v. 지명하다, 임명하다	
☐ **notice** [nóutis]	v. 주목하다; 알아채다 n. 통지; 주의	
☐ **off duty**	phr. 비번의	
☐ **organized** [ɔ́:rgənàizd]	a. 조직된; 유기적인	
☐ **outside line**	phr. (전화의) 외선	
☐ **overtime** [óuvərtàim]	n. 규정 외 노동 시간; 초과 근무 수당	
☐ **painstaking** [péinstèikiŋ]	a. 노고를 아끼지 않는	
☐ **paperwork** [péipərwə̀:rk]	n. 서류 사무, 문서 업무	
☐ **paycheck** [péitʃèk]	n. 급료 (지불 수표)	
☐ **prompt** [prάmpt]	v. 자극하다 a. 즉석의; 신속한	
☐ **proxy** [prάksi]	n. 대리 (행위); 대리인	
☐ **put ... on the back[front] burner**	phr. ~을 일시 보류하다[최우선 사항으로 하다]	
☐ **qualification** [kwὰləfikéiʃən]	n. 자격 부여	
☐ **rebate** [rí:beit]	n. 환불	
☐ **recruit** [rikrú:t]	v. 모집하다 n. 신입 사원	
☐ **rectify** [réktəfài]	v. 개정[수정]하다	
☐ **redirect** [rì:dirékt]	v. ~을 다시 향하다	
☐ **remind** [rimáind]	v. 상기시키다, 일깨우다	

☐ **retire** [ritáiər]	v.	은퇴[퇴직]하다
☐ **roughly** [rʌ́fli]	ad.	거칠게; 대충
☐ **rule of thumb**	phr.	경험 법칙, 어림 감정
☐ **sedentary** [sédntèri]	a.	앉아 일하는, 정착성의
☐ **senior** [síːnjər]	n.	연장자
☐ **severance** [sévərəns]	n.	단절; (고용의) 계약 해제
☐ **signature** [sígnətʃər]	n.	서명
☐ **simplify** [símpləfài]	v.	간단하게 하다
☐ **sit on the fence**	phr.	중립인 태도를 취하다
☐ **spring up**	phr.	갑자기 나타나다[생겨나다]
☐ **storeroom** [stɔ́ːrrùːm]	n.	저장실
☐ **strive** [stráiv]	v.	분투하다
☐ **subordinate** [səbɔ́ːrdənət]	n.	부하, 하급자
☐ **superior** [səpíəriər]	a.	우월한; 상관의 n. 상관
☐ **supervisor** [súːpərvàizər]	n.	감독자; 지도 주임
☐ **thorough** [θə́ːrou]	a.	철저한
☐ **time management**	phr.	시간 관리
☐ **toil and moil**	phr.	악착같이 일하다
☐ **treadmill** [trédmil]	n.	단조롭고 고된 일; 트레드밀
☐ **tricky** [tríki]	a.	교활한; 교묘한
☐ **undecided** [ʌ̀ndisáidid]	a.	아직 결정되지 않은, 미정인
☐ **warehouse** [wɛ́ərhàus]	n.	창고
☐ **workforce** [wə́ːrkfɔːrs]	n.	노동자
☐ **workload** [wə́ːrkloud]	n.	업무량, 작업량
☐ **workshop** [wə́ːrkʃàp]	n.	직장; 연수회

DAY 15 법

법 없이 살 사람도 법률 어휘는 알아야지

accomplice [800]
[əkámplis]
ⓝ 공범자

The fraud escaped with the help of an **accomplice**.
사기꾼은 공범의 도움으로 달아났다.

accuse [600]
[əkjúːz]
ⓥ 고발하다

A former colleague from work **accused** John of defamation.
전 직장 동료가 존을 명예 훼손 혐의로 고발했다.

cf. accusation n. 비난, 고발
the accused n. 피의자, 피고인

acquit [800]
[əkwít]
ⓥ 무죄를 선고하다

Michael Aldrin was **acquitted** of arson for lack of evidence.
마이클 알드린은 증거 부족으로 방화 혐의에 대해 무죄를 선고받았다.

cf. acquittal n. 무죄 방면

allegation [800]
[æligéiʃən]
ⓝ (충분한 증거가 없는) 주장

Their **allegation** that she stole the wallet proved to be false.
그녀가 지갑을 훔쳤다는 그들의 주장은 사실이 아닌 것으로 밝혀졌다.

cf. allege v. (충분한 증거도 없이) 단언하다
alleged a. (증거 없이) 주장된
allegedly ad. 주장한 바에 의하면

apprehend ⁹⁰⁰
[æprihénd]
- v (범인을) 체포하다; (의미를) 이해하다

Police **apprehended** the identity theft suspect in the train station.
경찰은 신원 도용한 용의자를 기차역에서 체포했다.

The prodigy was quick to **apprehend** the complicated concept.
천재는 복잡한 개념을 빨리 이해했다.

cf. apprehension n. 우려; 이해력
  apprehensive a. 우려하는; 이해가 빠른
  apprehensible a. 이해할 수 있는

assault ⁸⁰⁰
[əsɔ́:lt]
- v 폭행하다
- n 공격, 폭행

He **assaulted** the victim with a golf club.
그는 골프채로 피해자를 폭행했다.

attest ⁹⁰⁰
[ətést]
- v 증언하다, 증명하다, 인증하다

Three witnesses **attested** to the genuineness of the signature.
증인 세 명은 그 서명이 진짜라고 증언했다.

condemn ⁸⁰⁰
[kəndém]
- v 형을 선고하다; 비난하다

He was **condemned** to death in 2008 for the murder of four black women.
그는 흑인 여성 네 명을 살해한 죄로 2008년에 사형 선고를 받았다.

The Western media **condemned** the Chinese government for human rights violations.
서양 언론은 중국 정부의 인권 침해를 비난했다.

constitution ⁶⁰⁰
[kɑ̀nstətjú:ʃən]
- n 헌법

The Korean **Constitution** was last amended in 1987.
대한민국 헌법은 1987년에 마지막으로 개정되었다.

cf. constitute v. 구성하다
  constitutional a. 헌법의; 타고난

 기출표현

constitutional amendment 개헌
constitutional rights 헌법상의 권리

convict ⁸⁰⁰
[kənvíkt] **v** 유죄를 선고하다
[kánvikt] **n** 죄인

The teenage boy was **convicted** of theft.
10대 소년은 절도죄로 유죄 판결을 받았다.

cf. conviction n. 유죄의 판결; 신념, 확신

ex-convict 전과자

detain ⁸⁰⁰
[ditéin]
v 유치[구류 · 감금]하다

The police **detained** the suspicious man for questioning.
경찰은 수상한 남자를 심문하기 위해 구금했다.

cf. detention n. 구금
　　detainee n. 억류자

enforce ⁶⁰⁰
[infɔ́ːrs]
v (법률 등을) 집행하다; 강요하다

Protesters condemned the government for failing to **enforce** the law fairly.
시위대는 정부의 불공정한 법 집행을 비난했다.

The professor **enforces** his political opinion on his students.
교수는 자신의 정치적 견해를 학생들에게 강요한다.

cf. enforcement n. (법률의) 시행; (의견 등의) 강조

law enforcement official 경관

establish ⁶⁰⁰
[istǽbliʃ]
v (제도 · 법률을) 제정하다; (~로서의 지위 · 명성을) 확고히 하다

The Constitution of the United States was **established** in 1787.
미국 헌법은 1787년에 제정되었다.

The band firmly **established** themselves as superstars in Japan with their third single, "Roller Coaster Love."
밴드는 세 번째 싱글 '롤러코스터 러브'로 일본에서 슈퍼스타로서의 입지를 확고히 했다.

cf. establishment n. 설립, 제정; 확립
　　established a. 인정받는, 확립된

exonerate 900
[igzánəréit]
- v 무죄임을 입증하다, 혐의를 풀어주다

The convict was **exonerated** of the murder charge by DNA testing after 20 years of imprisonment.
재소자가 20년을 복역한 뒤에 DNA검사를 통해 살인 혐의가 두죄로 입증되었다.

extenuate 900
[iksténjuéit]
- v 정상을 참작하다, (죄 등을) 경감하다

His poverty does not **extenuate** his crime.
가난이 그의 범죄에 대한 정상 참작의 이유는 되지 못한다.

 기출표현
extenuating circumstances
정상참작이 가능한 상황

fabricate 800
[fǽbrikèit]
- v 꾸며내다; 조립하다

Investigators later found out the evidence had been **fabricated** against the accused.
수사관들은 증거가 피의자에게 불리하게 조작됐다는 점을 나중에 알게 됐다.

He runs a factory that **fabricates** auto parts.
그는 자동차 부품을 조립하는 공장을 운영한다.

cf. fabrication n. 위조; 제작
prefabricated a. (건물이) 조립식의

falsify 800
[fɔ́:lsəfài]
- v (서류 등을) 위조하다

He **falsified** his transcript to get into a prestigious graduate school.
그는 일류 대학원에 진학하기 위해 성적 증명서를 위조했다.

cf. false a. 거짓의, 위조의
falsification n. 위조, 변조

file 600
[fáil]
- v (고소 등을) 제기하다

He **filed** for divorce after his wife cheated on him.
그는 아내가 바람을 피우자 이혼 소송을 제기했다.

 기출표현
file a suit 소송을 제기하는

forge ⁸⁰⁰
[fɔ́:rdʒ]
ⓥ 위조하다; (합의·친교 등을) 맺다

Lynn was accused of **forging** her supervisor's signature on the company's documents.
린은 회사 문서에 상사의 서명을 위조한 혐의로 기소되었다.

Korea has **forged** a strategic partnership with more than ten countries.
한국은 10개국 이상의 나라와 전략적 동반자 관계를 맺었다.

cf. forgery n. 위조(죄), 위조문서

---

fraudulent ⁸⁰⁰
[frɔ́:dʒulənt]
ⓐ 사기의, 부정의

He made **fraudulent** claims that he can cure cancer with vitamins.
그는 비타민으로 암을 치료할 수 있다는 거짓 주장을 했다.

cf. fraud n. 사기(죄), 사기꾼

---

injustice ⁸⁰⁰
[indʒʌ́stis]
ⓝ 불공평; 권리 침해

People believed the young prosecutor was something of a hero who fights social **injustice**.
사람들은 젊은 검사가 사회적 불평등과 맞서 싸우는 일종의 영웅이라고 믿었다.

⟷ justice n. 정의, 공정

---

interrogate ⁸⁰⁰
[intérəgèit]
ⓥ 심문하다; 질문하다

Police **interrogated** the bank robber to find out where he hid the money.
경찰은 은행 강도가 돈을 어디에 숨겼는지 알아내기 위해 그를 심문했다.

cf. interrogator n. 질문자, 심문자
   interrogation n. 심문, 질문

---

investigate ⁶⁰⁰
[invéstəgèit]
ⓥ 수사하다

Police plan to **investigate** drug trafficking in Busan.
경찰은 부산 지역의 마약 밀매를 수사할 계획이다.

cf. investigation n. 조사, 수사
   investigator n. 수사관
   investigative a. 조사의, 취조의

 기출표현
under investigation 조사 중

involved 600
[inválvd]
ⓐ (사건 등에) 깊이 관련된; 복잡한

Three ex-convicts were **involved** in the credit card fraud.
세 명의 전과자가 신용 카드 사기에 연루되어 있었다.
cf. involve v. 수반하다, 관련시키다
involvement n. 연루
= implicated a. 연루된

jury 600
[dʒúəri]
ⓝ 배심(원단)

The **jury** returned a verdict of not guilty for the accused.
배심원단이 피고에 대해 무죄 평결을 내렸다.
cf. juror n. 배심원

lawsuit 600
[lɔ́ːsùːt]
ⓝ 소송, 고소

A consumer filed a **lawsuit** against the smartphone maker for failing to provide adequate customer service.
스마트폰 제조업체가 적절한 고객 서비스를 제공하지 않는다는 이유로 한 소비자가 소송을 제기했다.

legitimate 800
[lidʒítəmət]
ⓐ 합법적인

Running an online gambling site is not **legitimate** in Korea.
한국에서 온라인 도박 사이트 운영은 불법이다.
cf. legitimize v. 합법[정당]화하다
legitimacy n. 합법성
⟷ illegitimate a. 불법의

offender 800
[əféndər]
ⓝ 범죄자, 위반자

The habitual **offender** was apprehended again for shoplifting.
상습범은 가게에서 물건을 훔친 혐의로 다시 체포되었다.
cf. offend v. 위반하다; 성나게 하다

first offender 초범

overturn 800
[òuvərtə́ːrn]
- v 뒤집다; 타도하다

Her two-year sentence was **overturned** by a court of appeals.
그녀의 징역 2년 구형은 항소 법원에서 뒤집혔다.

plead 800
[plíːd]
- v 변호하다; 진술하다

He **pleaded** not guilty to corruption charges.
그는 부패 혐의에 대해 무죄를 주장했다.

cf. plea n. 탄원

> **기출표현**
> plead guilty to ~의 죄를 인정하다
> plead not guilty to ~의 무죄를 주장하다

prosecute 800
[prásikjùːt]
- v 기소하다

Gang members were **prosecuted** for smuggling gold bars.
폭력단 조직원들이 금괴를 밀수한 혐의로 기소되었다.

cf. prosecution n. 기소, 고발
   prosecutor n. 검사

provision 800
[prəvíʒən]
- n 조항; 제공; (장래에 대한) 준비

The contract includes a **provision** on benefits for employees.
계약에는 직원 복리 후생에 대한 조항이 포함되어 있다.

She believes that the government should be in charge of the **provision** of health care.
그녀는 정부가 의료 서비스 제공을 책임져야 한다고 생각한다.

He has already made **provision** for retirement.
그는 이미 은퇴를 대비해 두었다.

cf. provide v. 제공하다

revoke [800]
[rivóuk]

v (명령·약속·면허 등을) 취소하다

After the accident, his driving license was **revoked** for 60 days.
사고 이후, 그의 운전면허는 60일 동안 취소되었다.
cf. revocation n. 취소, 폐지

sentence [600]
[séntəns]

v 선고하다, 판결하다
n (형사상의) 선고, 판결

He was **sentenced** to five years in prison.
그는 징역 5년을 선고 받았다.

 기출표현
life sentence 무기 징역
death sentence 사형

sequester [900]
[sikwéstər]

v 격리하다

The jury is supposed to be **sequestered** during the trial.
배심원단은 재판 기간 동안 격리되어야 한다.

specify [600]
[spésəfài]

v 명기하다

The contract clearly **specifies** the date by which the items should be delivered.
계약서는 물건이 배달되어야 하는 날짜를 분명히 명시하고 있다.

stringent [900]
[stríndʒənt]

a (규칙 등이) 엄격한

Some of the provisions in the tax law are too **stringent**.
세법의 일부 조항은 지나치게 엄격하다.

suspect ⁶⁰⁰
[səspékt] ⓥ 의심을 두다
[sʌ́spekt] ⓝ 용의자, 혐의자

He is **suspected** of forging the passport.
그는 여권을 위조했다는 의심을 받고 있다.

Investigators apprehended and interrogated the fraud **suspect**.
수사관들이 사기 용의자를 체포해 심문했다.

suspicion n. 의심, 혐의
suspicious a. 의심하는, 의심스러운

🐵 기출표현
be suspicious of ~을 의심하다

trial ⁶⁰⁰
[tráiəl]
ⓝ 재판; (품질·성능 등의) 실험

The former mayor of Shanghai is currently on **trial** for corruption.
상하이 전 시장이 부패 혐의로 현재 재판을 받고 있다.

Common side effects reported in clinical **trials** include dry eyes and nausea.
임상 실험에 보고된 일반적인 부작용에는 안구 건조와 메스꺼움이 있다.

 try v. 재판하다; 시험하다
retrial n. 재심

🐵 기출표현
free trial period 무료 체험 기간

warrant ⁶⁰⁰
[wɔ́:rənt]
ⓝ (체포·수색을 허락하는) 영장

The court issued an arrest **warrant** for the former chairman of WorldCom.
법원은 월드콤 전 회장에 대한 구속 영장을 발부했다.

cf. warranty n. 품질 보증(서)

Daily TEST

A 의미상 적절한 단어를 골라 빈칸에 넣고, 필요 시 단어의 형태를 어법에 맞게 바꾸시오.

보기: ⓐ accuse ⓑ acquit ⓒ apprehend ⓓ enforce ⓔ fabricate
      ⓕ file   ⓖ interrogate ⓗ involved ⓘ plead ⓙ stringent

1. Legislators make the law, and police officers _____ it.
2. All the government officials _____ in the scandal resigned in the end.
3. Detectives _____ the burglary suspect when he was wandering in the park.
4. It turned out that the corrupt police officer had _____ evidence against the innocent person.
5. He was _____ of murder because there was no evidence.
6. When I went to high school, the dress code was too _____.
7. He was _____ by prosecutors for more than ten hours.
8. He was caught shoplifting and _____ of theft.
9. After talking to his lawyer, Knox decided to _____ guilty to the burglary charge.
10. She _____ a lawsuit against her former employer two years ago.

B 단어의 의미가 올바르게 설명된 보기를 찾아 연결하시오.

11. exonerate — ⓐ to officially cancel something so that it is no longer valid
12. extenuate — ⓑ to officially state or prove that someone is not to be blamed for something
13. forge — ⓒ to keep someone in a police station or prison and not allow them to leave
14. detain — ⓓ to lessen or attempt to lessen the magnitude or seriousness of, especially by providing partial excuses
15. revoke — ⓔ to make an illegal copy of something in order to cheat people

☐ **abduct** [æbdʌ́kt]	v.	유괴하다
☐ **abominable** [əbɑ́mənəbl]	a.	혐오스러운, 질색인
☐ **alias** [éiliəs]	n.	가명
☐ **arraign** [əréin]	v.	법정에 소환하다
☐ **arrest** [ərést]	v.	체포하다
☐ **arson** [ɑ́:rsn]	n.	방화
☐ **attorney** [ətə́:rni]	n.	변호사
☐ **bilk** [bílk]	v.	속이다, 떼어먹다
☐ **bounty** [báunti]	n.	상여금
☐ **capital punishment**	phr.	사형
☐ **catch ... red-handed**	phr.	~를 현행범으로 붙잡다
☐ **cell** [sél]	n.	감방
☐ **charlatan** [ʃɑ́:rlətn]	n.	사기꾼, 돌팔이
☐ **civil[criminal] suit**	phr.	민사[형사] 소송
☐ **code** [kóud]	n.	규범; 법전
☐ **codify** [kóudəfài]	v.	법전으로 편찬하다
☐ **collude** [kəlú:d]	v.	공모[결탁]하다
☐ **come clean**	phr.	자백[실토]하다
☐ **commit** [kəmít]	v.	범하다, 저지르다
☐ **compliance** [kəmpláiəns]	n.	추종; 순종
☐ **comply with**	phr.	(법·명령 등에) 따르다, 응하다
☐ **confiscate** [kɑ́nfəskèit]	v.	몰수[압수]하다
☐ **contravene** [kɑ̀ntrəví:n]	n.	(법·규칙을) 위반하다
☐ **contrite** [kəntráit]	a.	죄를 뉘우치는
☐ **court** [kɔ́:rt]	n.	법정, 법원

☐ **culprit** [kʌ́lprit]	n. 범죄자, 죄인	
☐ **death penalty**	phr. 사형	
☐ **death row**	phr. (한 줄로 늘어선) 사형수 감방	
☐ **defendant** [diféndənt]	n. 피고	
☐ **dispute** [dispjú:t]	n. 분쟁, 논쟁	
☐ **drug trafficking**	phr. 마약 밀매	
☐ **euthanasia** [jù:θənéiʒiə]	n. 안락사	
☐ **evidence** [évədəns]	n. 증거	
☐ **extort** [ikstɔ́:rt]	v. 강제로 탈취하다	
☐ **eyewitness** [áiwìtnis]	n. 목격자	
☐ **fair** [fέər]	a. 공정한, 공평한	
☐ **felony** [féləni]	n. 중죄	
☐ **flagrant** [fléigrənt]	a. (거짓말·실수 등이) 명백한; 악명 높은	
☐ **fly the coop**	phr. ~에서 달아나다	
☐ **forfeit** [fɔ́:rfit]	v. 몰수[박탈]당하다	
☐ **fugitive** [fjú:dʒətiv]	n. 도망자, 탈주자 a. 도망하는	
☐ **get away with**	phr. (벌 따위를) 교묘히 모면하다	
☐ **give … the benefit of the doubt**	phr. (증거가 불충분한 경우) ~의 말을 믿어 주다	
☐ **harass** [hərǽs]	v. 괴롭히다, 귀찮게 굴다	
☐ **heinous** [héinəs]	a. 가증스러운, 극악한	
☐ **homicide** [hóuməsàid]	n. 살인	
☐ **human trafficking**	phr. 인신매매	
☐ **identity theft**	phr. 신원 도용	
☐ **illegal** [ilí:gəl]	a. 불법의	
☐ **immoral** [imɔ́:rəl]	a. 부도덕한	

- **imprison** [imprízn] — v. 수감하다
- **in accordance with** — phr. ~에 부합되게, (규칙·지시 등)에 따라
- **in favor of** — phr. ~에 찬성[지지]하여
- **indict** [indáit] — v. 기소하다
- **inmate** [ínmèit] — n. 수감자, 피수용자

- **kidnap** [kídnæp] — v. 납치[유괴]하다
- **legalize** [líːgəlàiz] — v. 적법하게 하다
- **lenient** [líːniənt] — a. 관대한
- **litigation** [lìtəgéiʃən] — n. 소송, 기소
- **litter** [lítər] — v. (방 안을) 어질러 놓다 n. 쓰레기

- **loophole** [lúːphòul] — n. 엿보는 구멍; 도망갈 길
- **manslaughter** [mǽnslɔ̀ːtər] — n. 살인, 과실 치사
- **minor offense** — phr. 경범죄
- **misdemeanor** [mìsdimíːnər] — n. 경범죄
- **mitigating circumstances** — phr. (형기 등의) 경감 사유, 정상 참작 상황

- **molest** [məlést] — v. 성추행하다
- **moral** [mɔ́ːrəl] — a. 도덕적인
- **murder** [mə́ːrdər] — n. 살인; 매우 위험한 일
- **narcotic** [nɑːrkátik] — n. 마취약
- **neglect** [niglékt] — v. 무시하다 n. 태만, 소홀

- **notary** [nóutəri] — n. 공증인
- **outlaw** [áutlɔ̀ː] — v. 불법화하다, 금하다
- **overrule** [òuvərrúːl] — v. 기각하다; 압도하다
- **parole** [pəróul] — n. 가석방
- **perjury** [pə́ːrdʒəri] — n. 위증죄

☐ **perpetrate** [pə́:rpətrèit]	v. 범하다, 저지르다
☐ **pickpocket** [píkpàkit]	n. 소매치기
☐ **plaintiff** [pléintif]	n. 원고, 고소인
☐ **precedent** [présədənt]	n. 판례
☐ **probation** [proubéiʃən]	n. 보호 관찰; 집행 유예
☐ **raid** [réid]	n. 현장 급습, 불시 단속
☐ **restriction** [ristríkʃən]	n. 제한, 규정
☐ **seize** [sí:z]	v. 이해하다; 체포하다
☐ **sexual harassment**	phr. 성희롱
☐ **spurious** [spjúəriəs]	n. 가짜의, 비논리적인
☐ **substance abuse**	phr. 약물 남용
☐ **sue** [sú:]	v. 고소하다, 소송을 제기하다
☐ **summon** [sʌ́mən]	v. 소환하다
☐ **surrender** [səréndər]	v. 항복하다, (깨끗이) 포기하다
☐ **surveillance** [sərvéiləns]	n. 감시
☐ **take … for a ride**	phr. ~를 속이다, 기만하다
☐ **testify** [téstəfài]	v. 증언[진술]하다
☐ **testimony** [téstəmòuni]	n. 증거, 증언
☐ **turn oneself in**	phr. 자수하다
☐ **uphold** [ʌ̀phóuld]	v. 지지하다, (이전의 판결을) 확인[확정]하다
☐ **vandalism** [vǽndəlìzm]	n. 공공 기물 파손죄
☐ **verdict** [və́:rdikt]	n. 평결
☐ **vindicate** [víndəkèit]	v. ~의 무죄를 입증하다
☐ **violent** [váiələnt]	a. 폭력적인, 난폭한
☐ **witness** [wítnis]	v. 목격하다 n. 목격자, 증인

DAY 16

일도 열심히, 인간관계도 열심히
모임, 행사

---

accompany[600]
[əkʌ́mpəni]

v (사람이) 동반하다; 반주를 하다

Jessica will **accompany** me on a trip to Peru.
페루 여행에 제시카가 나와 동행할 것이다.

Lady Gaga sang and Elton John **accompanied** her on the piano.
레이디 가가가 노래를 불렀고 엘튼 존이 피아노 반주를 했다.

cf. accompaniment n. 부속물, 반주

---

acquaintance[800]
[əkwéintəns]

n 아는 사람[사이]

Kenneth is just a business **acquaintance** but not a friend.
케네스는 일 때문에 아는 사이이지 친구는 아니다.

cf. acquaint v. 익히 알게 하다, 소개하다
　　 acquainted a. 안면이 있는

 기출표현

be acquainted with 아는 사이이다
acquaint oneself with ~을 알다

---

amicable[900]
[ǽmikəbl]

a 우호적인

It is important to maintain an **amicable** relationship with business acquaintances.
사업상 지인들과 우호적인 관계를 유지하는 것이 중요하다.

applaud 600
[əplɔ́ːd]
ⓥ 박수치다

When Tom finished his speech, the audience **applauded** him.
톰의 연설이 끝나자 청중들은 그에게 박수를 쳤다.
cf. applause n. 박수

 기출표현
Please give a big round of applause to …
~에게 큰 박수 부탁드립니다

attire 800
[ətáiər]
ⓝ 의복, 복장

You are supposed to wear formal **attire** at the official dinner.
공식 만찬에는 정장을 입어야 한다.

boast 800
[bóust]
ⓥ 자랑하다
ⓝ 허풍, 자랑

I think he goes to a class reunion just to **boast** of his wealth.
그는 부를 과시하기 위해 동창회에 나가는 것 같다.
cf. boastful a. 자랑하는

breakup 600
[bréikʌp]
ⓝ (애정 관계의) 불화, 이별

She hardly goes to any social gatherings after her **breakup** with her boyfriend.
그녀는 남자 친구와 헤어진 뒤 사교 모임에 거의 나가지 않는다.

 기출표현
break up with ~와 헤어지다

come across 800
phr 우연히 마주치다[발견하다]

I **came across** an old colleague from work at the banquet.
연회에서 옛 직장 동료를 우연히 만났다.

come over 600
phr (누구의 집에) 들르다

After my boyfriend dumped me, my friends **came over** to my place to cheer me up.
남자 친구와 헤어진 뒤, 친구들은 나를 위로하러 우리 집에 들렀다.

---

commemoration 800
[kəmèməréiʃən]
Ⓝ 기념, 축하

Various events will be held in **commemoration** of the company's 50th anniversary.
회사 창립 50주년을 기념하여 다양한 행사가 열릴 것이다.

---

condolence 800
[kəndóuləns]
Ⓝ 애도

Charles offered his **condolences** to the bereaved family.
찰스는 유족에게 애도를 표했다.

---

confide 800
[kənfáid]
Ⓥ (비밀을) 털어놓다

Paul had no friend so he **confided** in one of his acquaintances about his breakup.
폴은 친구가 없어서 지인 중 한 명에게 자신의 이별에 대해서 털어놓았다.

cf. confidence n. 신뢰; 자신
confident a. 확신하고 있는
confidential a. 내밀한, 기밀의

 기출표현

confidential information 비밀 정보

---

congenial 900
[kəndʒíːnjəl]
Ⓐ 마음이 맞는; 알맞은

When he immigrated to Australia, he had a hard time finding **congenial** friends.
그는 호주로 이민 갔을 때 마음이 잘 맞는 친구를 찾기가 어려웠다.

The school has an atmosphere **congenial** to learning foreign languages.
그 학교는 외국어를 배우기에 알맞은 환경을 가지고 있다.

cf. congeniality n. 일치; 친화성

cordially [kɔ́ːrdʒəli] 800
ad. 진심으로, 성심껏

You are **cordially** invited to attend the commemoration ceremony.
기념식에 귀하를 성심으로 초대합니다.
cf. cordial a. 진심의, 마음에서 우러난

 기출표현
a cordial welcome 따뜻한 환영

designate [dézignèit] 800
v. 지명하다, 임명하다; 지정하다

He was **designated** as the president of the alumni association.
그는 동창회장으로 임명됐다.

This room has been **designated** as a smoking area.
이 방은 흡연 구역으로 지정되었다.

engagement [ingéidʒmənt] 600
n. (회합 등의) 약속; 약혼

He was not able to attend the occasion because he had a prior **engagement**.
그는 선약이 있어서 행사에 참석할 수 없었다.

Terry and Nicole are planning to host an **engagement** party at the end of next month.
테리와 니콜은 다음 달 말에 약혼 파티를 열 계획을 세우고 있다

cf. engage v. 약속하다, 약혼시키다
    engaged a. 약혼한

 기출표현
previous engagement 선약

eulogy [júːlədʒi] 900
n. 추도 연설; 찬사

He delivered the **eulogy** at the funeral of his uncle.
그는 삼촌의 장례식에서 추도 연설을 했다.
cf. eulogize v. 칭송하다, 찬양하다

flatter [800]
[flǽtər]
v 아첨하다, 추켜세우다

All the guests were busy **flattering** the host.
모든 손님들이 주인에게 아첨하느라 바빴다.
cf. flattered a. 우쭐해진, 으쓱해진
　 flattering a. 아첨하는, 비위 맞추는

 기출표현
I'm flattered. 과찬이십니다.

gaiety [800]
[géiəti]
n 명랑(함); 잔치 기분

His song added to the **gaiety** of the gathering.
그의 노래가 모임의 흥겨움을 더해 주었다.
cf. gay a. 명랑한; 화사한

gathering [600]
[gǽðəriŋ]
n 모임

She will address an audience at the annual **gathering** of journalists.
그녀는 언론인들의 연례 모임에서 청중에게 연설할 것이다.
cf. gather v. 모이다

get along with [600]
phr 사이좋게 지내다

Ethan **gets along with** all of his colleagues.
에단은 모든 동료와 사이좋게 지낸다.

grateful [600]
[gréitfəl]
a 고맙게 여기는, 감사하는

I feel really **grateful** to each and every one of you for your active support.
적극적으로 지원해주신 데 대해 여러분 모두에게 정말 감사합니다.
cf. gratitude n. 감사, 사의

hang out 600
phr 놀다, 시간을 보내다

I **hang out** with my old friends from high school almost every Saturday.
나는 거의 매주 토요일에 고등학교 친구들과 시간을 보낸다.
cf. hangout n. 단골로 가는 곳

housewarming 600
[háuswɔ́ːrmiŋ]
n 집들이

She is going to throw a **housewarming** party this Sunday.
그녀는 이번 일요일에 집들이를 할 것이다.

interpersonal 600
[ìntərpə́ːrsənəl]
a 대인 관계의

You can improve your **interpersonal** skills by participating in seminars and workshops.
세미나나 워크숍에 참여해서 대인 관계 기술을 향상시킬 수 있다.

intimate 800
[íntəmət]
a 친밀한

She confided in her **intimate** friends about her financial problems.
그녀는 친한 친구들에게 금전적인 문제에 대해 털어놓았다.
cf. intimacy n. 친밀, 친교

introverted 800
[ìntrəvə́ːrtid]
a 내성적인, 내향적인

The boy is **introverted** so he hangs out only with congenial friends.
소년은 내성적이라서 마음이 잘 맞는 친구하고만 논다.
⟶ extroverted a. 외향적인

keynote 800
[kíːnòut]
ⓝ 기조

Professor Jackson will give a **keynote** speech on Korea's financial market at the conference.
잭슨 교수가 회의에서 한국의 금융 시장에 대한 기조연설을 할 것이다.

laureate 900
[lɔ́ːriət]
ⓝ 수상자

Nobel **laureate** Professor Johnson will make a keynote speech at the forum.
노벨상 수상자 존슨 교수가 포럼에서 기조연설을 할 것이다.

look forward to 600
phr ~을 기대하다, 고대하다

Everyone was **looking forward to** seeing Joe at the gathering.
모든 사람들이 모임에서 조를 만나길 기대하고 있었다.

mingle 800
[míŋgl]
ⓥ 어울리다; 섞다

He is very extroverted so he had no problem **mingling** with strangers.
그는 매우 외향적인 사람이라 낯선 사람들과 어울리는 데 문제가 없었다.

on behalf of 600
phr ~을 대신[대표]하여

At the conference, Chairman Kim delivered a speech **on behalf of** all the Korean entrepreneurs.
회의에서 김 회장은 모든 한국의 기업가들을 대표해 연설했다.

orator 800
[ɔ́ːrətər]
ⓝ 연설자

The keynote speaker was a really great **orator**.
기조연설자는 정말 훌륭한 연설가였다.
cf. oratory n. 웅변(술)

participant [600]
[pɑːrtísəpənt]
ⓝ 참가자, 참여자

All **participants** under the age of 16 should be accompanied by a parent or guardian.
16세 이하 참가자는 모두 부모나 보호자를 동반해야 한다.

cf. participate v. 참가하다
participation n. 참가

peculiar [800]
[pikjúːljər]
ⓐ 특유한; 이상한

This type of social gathering is **peculiar** to Italian culture.
이런 종류의 사교 모임은 이탈리아 문화의 특유한 것이다.

She had a **peculiar** feeling that she had been there before.
그녀는 전에 그곳에 와본 적이 있다는 이상한 기분이 들었다.

pending [900]
[péndiŋ]
ⓐ 임박한; 계류 중인
prep ~까지

The annual conference is **pending** but we haven't chosen a keynote speaker yet.
연례 회의가 임박했지만 아직 기조연설자를 고르지 못했다.

In addition to the murder case, another three cases are **pending** in court.
살인 사건 이외에도, 또 다른 세 건의 사건이 법원에 계류 중이다

The suspect was released **pending** further interrogation.
용의자는 추가 심문이 있을 때까지 석방되었다.

cf. impending a. (위험·파멸 등이) 절박한, 임박한

stand up [800]
phr ~를 바람맞히다

Jane **stood** Brian **up** on their third date.
제인은 세 번째 데이트를 하는 날 브라이언을 바람맞혔다.

terms ⁶⁰⁰
[tə́ːrms]

n 교제 관계, (친한) 사이; (합의·계약 등의) 조건, 조항

Brian has not been on speaking **terms** with Jane ever since she stood him up.
제인이 브라이언을 바람맞힌 이후, 브라이언은 제인과 말도 하지 않는 사이이다.

Under the **terms** of the lease, the landlord should pay utility bills.
임대 계약 조건에 따르면 집주인이 공과금을 내야 한다.

cf. term n. 용어, 기간

 기출표현

be on good **terms** 사이가 좋은

upcoming ⁶⁰⁰
[ʌ́pkʌ̀miŋ]

a 다가오는, 곧 있을

Employees were preparing the **upcoming** company party.
직원들은 곧 있을 회사 파티를 준비하고 있었다.

venue ⁸⁰⁰
[vénjuː]

n (행사) 장소

Mary Hall will be the **venue** for the upcoming concert.
곧 있을 콘서트 장소는 메리홀이 될 것이다.

Daily TEST

A 의미상 적절한 단어를 골라 빈칸에 넣고, 필요 시 단어의 형태를 어법에 맞게 바꾸시오.

보기
ⓐ acquaintance ⓑ amicable ⓒ boast ⓓ come ⓔ condolence
ⓕ confide ⓖ introverted ⓗ mingle ⓘ pending ⓙ venue

1 She is so shy and _____ that she finds it hard to talk to strangers.
2 Yesterday I _____ across an old friend from middle school.
3 Korea has maintained _____ relations with the U.S.
4 He expressed his _____ at the funeral.
5 Jamsil Stadium is the _____ for the Korean Wave Festival.
6 He invited not only his friends but also _____ to the party.
7 Finally, Emily _____ all her secrets to her mother.
8 A presidential election is _____ in the United States.
9 He _____ with other guests at the party last night.
10 People don't like him because he always _____ of his background.

B 단어의 의미가 올바르게 설명된 보기를 찾아 연결하시오.

11 congenial ⓐ to praise someone in order to get something that you want, especially in a way that is not sincere

12 flatter ⓑ pleasant to spend time with because their interests and character are similar to your own

13 commemoration ⓒ having a close and friendly relationship

14 intimate ⓓ feeling or showing thanks because somebody has done something kind for you or has done as you asked

15 grateful ⓔ the act of honoring the memory of or serving as a memorial to someone or something

☐ **absence** [ǽbsəns]	n.	결석, 부재
☐ **affable** [ǽfəbl]	a.	상냥한, 사근사근한
☐ **affinity** [əfínəti]	n.	애호, 맞는 성질
☐ **amiable** [éimiəbl]	a.	붙임성 있는
☐ **anniversary** [æ̀nəvə́:rsəri]	n.	기념일
☐ **antisocial** [æ̀ntisóuʃəl]	a.	반사회적인, 비사교적인
☐ **ask … out**	phr.	~에게 데이트 신청을 하다
☐ **baby shower**	phr.	임신 축하 선물 파티
☐ **bachelor** [bǽtʃələr]	n.	독신남
☐ **bachelor party**	phr.	총각[독신] 파티
☐ **banner** [bǽnər]	n.	현수막
☐ **behave oneself**	phr.	처신을 잘하다
☐ **belated birthday greetings**	phr.	때늦은 생일 축하 인사
☐ **beloved** [bilʌ́vid]	n. 가장 사랑하는 사람	a. 가장 사랑하는
☐ **bemoan** [bimóun]	v.	탄식하다
☐ **benefactor** [bénəfæ̀ktər]	n.	(자선 단체 등의) 후원자
☐ **bereaved** [birí:vd]	a.	(가족·근친의) 죽음[상]을 당한
☐ **bountiful** [báuntifəl]	a.	풍부한, 관대한
☐ **bridal shower**	phr.	(신부 친구들이 선물을 하는) 예비 신부 축하 파티
☐ **bride** [bráid]	n.	신부(↔ bridegroom)
☐ **bump into**	phr.	(오랜만에) 우연히 만나, ~와 부딪치다
☐ **call a meeting**	phr.	회의를 소집하다
☐ **centennial** [senténiəl]	a.	100년마다의
☐ **chance** [tʃǽns]	n.	기회
☐ **cherish** [tʃériʃ]	v.	소중히 하다

☐ **class[school] reunion**	phr.	동창회
☐ **commemorate** [kəmémərèit]	v.	기념하다
☐ **community** [kəmjúːnəti]	n.	공동 사회
☐ **companion** [kəmpǽnjən]	n.	동료; 단짝 친구
☐ **companionship** [kəmpǽnjənʃìp]	n.	교제
☐ **concurrent** [kənkə́ːrənt]	a.	동시 발생의; 협력의
☐ **convivial** [kənvíviəl]	a.	연회의; 즐거운
☐ **dawdle** [dɔ́ːdl]	v.	빈둥거리다
☐ **demeanor** [dimíːnər]	n.	처신, 태도
☐ **entrant** [éntrənt]	n.	신입 회원, (대회) 참가자
☐ **extol** [ikstóul]	v.	격찬하다
☐ **family reunion**	phr.	가족 모임, 가족 상봉
☐ **farewell party**	phr.	송별회
☐ **feast** [fíːst]	n.	연회, 잔치
☐ **fiancé** [fìːɑːnséi]	n.	약혼자 (남자) (↔ fiancée)
☐ **fireplace** [fáiərplèis]	n.	벽난로
☐ **foremost** [fɔ́ːrmòust]	a.	맨 앞의; 주요한
☐ **fraternal** [frətə́ːrnl]	a.	형제의 n. (남성들 간의) 친목회의
☐ **fraternity** [frətə́ːrnəti]	n.	(미국 대학의) 남학생 사교 클럽
☐ **fund-raiser** [fʌ́ndrèizər]	n.	기금 모금 행사, 기금을 조달하는 사람
☐ **generosity** [dʒènərásəti]	a.	관대, 관용
☐ **generous** [dʒénərəs]	a.	후한, 관대한
☐ **greet** [gríːt]	v.	인사하다; 맞이하다, 환영하다
☐ **greeting** [gríːtiŋ]	n.	인사, 인사말
☐ **gregarious** [grigɛ́əriəs]	a.	떼를 지어 사는; 사교적인

- **guild** [gíld]   n. 상인 단체
- **handout** [hǽndàut]   n. 광고 전단; (가난한 사람들에게 주는) 물품
- **immediately** [imíːdiətli]   ad. 즉각
- **introduce** [ìntrədjúːs]   v. 소개[도입]하다
- **It's been ages.**   오랜만입니다.

- **marked** [máːrkt]   a. 두드러진, 현저한
- **matchmaking** [mǽtʃmèikiŋ]   n. 결혼 중매
- **memorabilia** [mèmərəbíliə]   n. 기억할 만한 사건; 기념품
- **memorial service**   phr. 추도식
- **motorcade** [móutərkèid]   n. 자동차 행렬[퍼레이드]

- **newborn** [njúːbɔ́ːrn]   n. 신생아   a. 갓 태어난
- **non-profit organization**   phr. 비영리 기관
- **noteworthy** [nóutwə̀ːrði]   a. 주목할 만한
- **occasion** [əkéiʒən]   n. 경우, 특별한 일
- **opportunity** [àpərtjúːnəti]   n. 기회

- **outgoing** [áutgòuiŋ]   a. 나가는; 외향성의
- **outreach** [àutríːtʃ]   n. 봉사[복지·구제] 활동
- **pass away**   phr. 떠나다; 죽다
- **philanthropy** [filǽnθrəpi]   n. 자선 행위
- **presenter** [prizéntər]   n. 발표자, 시상자

- **propose a toast**   phr. 건배를 제의하다
- **provide A with B**   phr. A에게 B를 제공하다
- **raffle** [rǽfl]   n. 추첨식 판매법
- **rapport** [ræpɔ́ːr]   n. 관계, 접촉
- **reception** [risépʃən]   n. 환영; 반응

☐	**reciprocate** [risíprəkèit]	v. 보답[응답]하다
☐	**recognize** [rékəgnàiz]	v. 인정하다; ~의 발언권을 인정하다
☐	**reconcile** [rékənsàil]	v. 화해시키다
☐	**registration** [rèdʒistréiʃən]	n. 등록
☐	**retreat** [ritríːt]	n. 퇴각; 은퇴
☐	**reunion** [riːjúːnjən]	n. 재결합; 동창회
☐	**revelry** [révəlri]	n. 흥청거림; 환락
☐	**run into**	phr. ~와 만나다
☐	**set the record straight**	phr. 기록을 바로잡다
☐	**sharp dresser**	phr. 멋쟁이, 옷을 잘 입는 사람
☐	**show up**	phr. 나타나다
☐	**sociable** [sóuʃəbl]	a. 사교적인
☐	**solidarity** [sàlədǽrəti]	n. 연대, 결속
☐	**sorority** [sərɔ́ːrəti]	n. (미국 대학의) 여학생 클럽
☐	**spinster** [spínstər]	n. 노처녀, 미혼 여성
☐	**spouse** [spáus]	n. 배우자
☐	**supply A with B**	phr. A에게 B를 공급하다
☐	**sweetheart** [swíːthɑ̀ːrt]	n. 애인
☐	**taciturn** [tǽsətə̀ːrn]	a. 과묵한, 무뚝뚝한
☐	**throw[have] a party**	phr. 파티를 열다
☐	**tremendous** [triméndəs]	a. 거대한; 기막힌
☐	**turnout** [tə́ːrnàut]	n. 참가자 수
☐	**usher** [ʌ́ʃər]	a. 안내인
☐	**volunteer** [vàləntíər]	v. 자진하여 하다 n. 지원자
☐	**widow** [wídou]	n. 미망인, 과부(↔ widower)

DAY 17 정치
용어를 알아야 비판도 하지

---

abolish 800
[əbáliʃ]
ⓥ (법률·제도·조직을) 폐지하다

They want to **abolish** the presidential system and adopt a parliamentary system.
그들은 대통령제를 폐지하고 의원 내각제를 도입하길 원한다.
cf. abolition n. 폐지

 기출표현
the abolition of slavery 노예 제도 폐지
abolish the death penalty 사형 제도를 폐지하다

---

absolute 600
[ǽbsəlùːt]
ⓐ 절대적인

Under the monarchy, the king ruled with **absolute** power.
군주제 하에서 왕은 절대 권력으로 통치했다.

More than one billion people are still mired in **absolute** poverty.
10억 명 이상의 인구가 여전히 절대 빈곤에 빠져있다.
cf. absolutely ad. 절대적으로

 기출표현
absolute monarch 전제 군주
absolute truth 절대 진리
absolute majority 절대 다수

---

administration 600
[ædmìnəstréiʃən]
ⓝ 정부; 운영

The Lincoln **administration** abolished slavery in 1865.
링컨 정부는 1865년에 노예 제도를 폐지했다.

The Chief Operating Officer is responsible for the efficient **administration** of a company.
최고 운영 책임자는 기업의 효율적인 운영을 책임진다.

amnesty [800]
[ǽmnəsti]
ⓝ 사면

The Kim Dae-jung administration granted **amnesty** to political prisoners in 1998.
김대중 정부는 1998년에 정치범들을 사면했다.

 기출표현
grant (an) amnesty 사면하다
general[special] amnesty 일반(특별) 사면

authority [600]
[əθɔ́:rəti]
ⓝ 권한; 권위, 권력
pl 당국

The legislature has the **authority** to impeach a government officer including the president.
입법부에는 대통령을 포함한 정부 관료를 탄핵할 권한이 있다.

Chinese **authorities** announced that 34 people were killed in the plane crash.
중국 당국에서는 비행기 추락 사고로 34명이 사망했다고 발표했다.

cf. authoritative a. 권위 있는, 위압적인
    authoritarian a. 권위주의의, 독재주의적인
    authoritarianism n. 권위주의

autonomy [800]
[ɔːtánəmi]
ⓝ 자치, 자치권; 자립

People want the central government to grant greater **autonomy** to local governments.
사람들은 중앙 정부가 지방 정부에 더 많은 자치권을 부여하길 원한다.

cf. autonomous a. 자율의, 자발적인

ballot [800]
[bǽlət]
ⓝ (무기명) 투표
ⓥ 투표하다

Only 51.3% of voters cast their **ballots** in the recent local election.
최근 지방 선거에서 유권자의 51.3%만 투표했다.

 기출표현
take a ballot 투표를 하다
open ballot 공개 투표, 기명 투표
secret ballot 비밀 투표, 무기명 투표
ballot rigging 투표 조작, 부정 투표
absentee ballot 부재자 투표

bureaucracy 900
[bjuərákrəsi]
ⓝ 관료제, 관료주의

Government **bureaucracy** is impeding the reform of the educational system.
정부의 관료주의가 교육 제도 개혁을 방해하고 있다.

cf. bureaucrat n. 관료, 관료주의자
bureaucratic a. 관료주의적인

 기출표현

bureaucratic red tape 관료주의적 절차

candidate 600
[kǽndidèit]
ⓝ 후보자

As many as ten **candidates** are running for mayor.
무려 열 명의 후보가 시장 선거에 출마한다.

cf. candidacy n. 입후보

coalition 800
[kòuəlíʃən]
ⓝ 연립

The three parties in Japan agreed to form a **coalition** government.
일본의 세 정당은 연립 정부를 구성하기로 합의했다.

compromise 800
[kámprəmàiz]
ⓥ 타협하다, ~을 위태롭게 하다
ⓝ 타협, 절충

The ruling party **compromised** with the opposition parties on the immigration issue.
여당은 이민 문제에 대해 야당과 타협했다.

The bribery scandal seriously **compromised** the candidate's prospects of election.
뇌물 수수 스캔들로 인해 그 후보의 당선 가능성이 위태로워졌다.

 기출표현

reach a compromise 타협에 이르다

defy 800
[difái]
ⓥ 도전하다

Protesters openly **defied** the authority of the government.
시위대는 공개적으로 정부의 권위에 도전했다.

cf. defiance n. 도전; 무시
defiant a. 도전적인

 기출표현

defy the authority of ~의 권위에 도전하다
defy the law 법을 위반하다

delegate 800
[déligət] ⓝ 대표, 사절, 대리인
[déligèit] ⓥ 권한을 위임하다

Korea sent **delegates** to Canada to negotiate a free trade agreement.
한국은 자유 무역 협정을 협상하기 위해 캐나다에 대표단을 파견했다.

The president **delegated** more authority to the defense minister.
대통령은 국방 장관에게 더 많은 권한을 위임했다.

cf. delegation n. 대표단, 대표 임명

deter 900
[ditə́ːr]
ⓥ 단념시키다, (못하게) 막다

Conservative politicians are trying to **deter** stem cell research.
보수 정치인들이 줄기세포 연구를 막으려 하고 있다.

cf. deterrent n. 전쟁 억지력, 핵무기
deterrence n. 저지, 전쟁 억제력

dissent 800
[disént]
ⓝ 반대, 이의
ⓥ 반대하다, 의견을 달리하다

Even some in the ruling party **dissented** from the government's foreign policy.
몇몇 여당 인사들조차 정부의 외교 정책에 반대했다.

cf. dissension n. 불일치, 불화
dissenter n. 반대자, 국교 반대자

enact 800
[inǽkt]
ⓥ (법을) 제정하다

Congress has **enacted** a new law that will grant more autonomy to local governments.
의회는 지방 정부에 더 많은 자치권을 부여하는 새 법을 제정했다.

cf. enactment n. (법의) 제정, 법령

garner 800
[gáːrnər]
ⓥ (정보·지지 등을) 얻다

The governor **garnered** widespread support from the public.
주지사는 대중의 폭넓은 지지를 받았다.

impeach 800
[impíːtʃ]
ⓥ 탄핵하다

William Holden was the second governor to be **impeached** in U.S. history.
윌리엄 홀든은 미국 역사상 두 번째로 탄핵을 당한 주지사였다.

cf. impeachment n. 탄핵

impose 800
[impóuz]

v (의무 · 벌 · 세금 등을) 부과하다

The National Assembly has enacted legislation that **imposes** a new tax on gasoline.
국회는 휘발유에 새로운 세금을 부과하는 법률을 제정했다.

cf. imposition n. 부과; 부담

inauguration 800
[inɔ́ːgjuréiʃən]

n 취임(식)

Even some foreigners celebrated the **inauguration** of President Barack Obama.
일부 외국인들도 오바마 대통령의 취임을 축하했다.

cf. inaugural a. 취임(식)의
　　 inaugurate v. 취임시키다

 기출표현
　inaugural address 취임 연설

incumbent 900
[inkʌ́mbənt]

a 현직의
n 재임자

The **incumbent** governor failed to get reelected.
현직 주지사가 재선에 실패했다.

institute 600
[ínstətjùːt]

v 시행하다
n 연구소

As soon as he was inaugurated, he **instituted** a new trade policy.
그는 취임하자마자 새 무역 정책을 시행했다.

The municipal government established a non-profit research **institute**.
시에서 비영리 연구소를 설립했다.

cf. institution n. 학회; 시설
　　 institutional a. 기관의, 제도상의
　　 institutionalize v. 규정하다

 기출표현
　institutional changes 제도적 변화

interim ⁹⁰⁰
[íntərəm]
- ⓐ 임시의

The finance minister is currently leading an **interim** government.
현재 재무 장관이 임시 정부를 이끌고 있다.

lay claim to ⁸⁰⁰
- phr ~에 대한 소유권을 주장하다

Japan is **laying claim to** the Korean islets of Dokdo.
일본은 한국의 섬 독도에 대한 영유권을 주장하고 있다.

legislate ⁸⁰⁰
[lédʒislèit]
- ⓥ 법률을 제정하다

Last year, the parliament **legislated** against racial discrimination.
작년에 의회가 인종 차별을 금지하는 법을 제정했다.

cf. legislation n. 법률 제정, 입법 행위
　legislative a. 입법상의
　legislator n. 입법자, 국회 의원
　legislature n. 입법부

 기출표현

　legislative branch 입법부
　judicial branch 사법부
　executive branch 행정부

oblivious ⁹⁰⁰
[əblíviəs]
- ⓐ 염두에 없는

Unfortunately, some of the politicians in my country are **oblivious** to the needs of the public.
안타깝게도 우리나라의 일부 정치인들은 대중의 요구를 잘 알지 못한다.

pledge ⁸⁰⁰
[plédʒ]
- ⓝ 약속, 맹세, 서약
- ⓥ 약속하다, 맹세하다

The presidential candidate **pledged** to lower the corporate tax rate.
대통령 후보자는 법인세율을 낮추겠다고 약속했다.

 기출표현

　carry out a campaign pledge
　선거 공약을 실행하다
　honor an election pledge 선거 공약을 지키다

proclaim [800]
[proukléim]

ⓥ 선언하다, 선포하다

Georgia **proclaimed** its independence from the USSR in 1991.

조지아는 1991년에 소련으로부터 독립을 선언했다.

cf. proclamation n. 선포, 선언(서)

 기출표현

proclaim war on ~에 전쟁을 선포하다

proliferation [900]
[prəlìfəréiʃən]

ⓝ 증식; 급증

The international community is making every effort to prevent the **proliferation** of nuclear weapons.

국제 사회는 핵무기 확산을 막기 위해 온갖 노력을 기울이고 있다.

cf. proliferate v. 증식하다, 급격히 증가하다

radical [800]
[rǽdikəl]

ⓐ 급진적인, 근본적인

Radical left-wing politicians pledged to nationalize the oil industry.

급진 좌파 정치인들은 석유 산업의 국유화를 약속했다.

cf. radicalism n. 급진주의

refugee [600]
[rèfjudʒíː]

ⓝ 난민, 망명자

Hundreds of thousands of North Korean **refugees** are expected to pour into the South if a war breaks out.

전쟁이 나면 수십만 명의 북한 난민들이 남한으로 밀려올 것으로 예상된다.

cf. refuge n. 피난(처), 도피(처)

 기출표현

take refuge 피난하다
a political refugee 정치적 망명자
a refugee camp 난민 수용소
refugee status 난민 신분

rescind ⁹⁰⁰
[risínd]

ⓥ (법률·조약 등을) 폐지하다

Conservative lawmakers are making efforts to **rescind** automatic citizenship for those born on American soil.
보수 의원들이 미국 출생자에 대한 자동 시민권 부여를 폐지하려 하고 있다.

 기출표현

rescind an agreement 합의를 백지화하다
rescind one's resignation 사임을 취소하다

rhetoric ⁹⁰⁰
[rétərik]

ⓝ 미사여구

What we heard from the prime minister was just empty **rhetoric**.
우리가 국무총리에게 들은 말은 공허한 미사여구에 불과했다.

cf. rhetorical a. 수사적인, 미사여구의

 기출표현

political rhetoric 정치적 수사

ruling ⁶⁰⁰
[rú:liŋ]

ⓐ 지배하는, 통치하는
ⓝ (특히 판사의) 판결

The majority of people voted against the **ruling** party.
대부분의 사람들이 여당에 반대표를 던졌다.

An appeals court judge overturned the original **ruling**.
항소 법원 판사가 원심 판결을 뒤집었다.

sanction ⁸⁰⁰
[sǽŋkʃən]

ⓝ 제재

Many countries including the U.S. and Japan have imposed economic **sanctions** on North Korea.
미국과 일본을 포함해 많은 국가들이 북한에 대해 경제 제재 조치를 취해왔다.

 기출표현

impose sanctions 제재 조치를 내리다
lift sanctions 제재 조치를 해제하다

session ⁶⁰⁰
[séʃən]

n 회기, 회의; (법정의) 개정 (기간)

The financial reform bill is not likely to be passed during this **session**.
금융 개혁 법안은 이번 회기에 통과될 것 같지 않다.

in session 개회 중의
meet in closed session 비공개 회의를 하다

---

suppress ⁸⁰⁰
[səprés]

v (반란·폭동 등을) 진압하다

The riot police brutally **suppressed** protesters calling for democracy.
전투 경찰이 민주주의를 요구하는 시위대를 잔인하게 진압했다.
cf. suppression n. 진압, 억압

suppress a riot 폭동을 진압하다
suppress anger 분노를 억누르다, 화를 참다
suppress a smile 미소를 참다

---

topple ⁹⁰⁰
[tápl]

v 실각시키다

Opposition parties joined forces to **topple** the prime minister in Canada.
캐나다에서 야당들이 총리를 실각시키려고 힘을 모았다.

---

turmoil ⁸⁰⁰
[tə́:rmɔil]

n 혼란, 소동

France fell into political **turmoil** after the election.
프랑스는 선거 이후 정치적 혼란에 빠졌다.

---

unification ⁸⁰⁰
[jù:nəfikéiʃən]

n 통일, 통합

Unification of the Korean Peninsula will bring peace and stability to Northeast Asia.
한반도의 통일은 동북아에 평화와 안정을 가져올 것이다.
cf. unify v. 통일하다, 통합하다

Daily TEST

A 의미상 적절한 단어를 골라 빈칸에 넣고, 필요 시 단어의 형태를 어법에 맞게 바꾸시오.

보기	ⓐ impose	ⓑ sanction	ⓒ interim	ⓓ garner	ⓔ dissent
	ⓕ radical	ⓖ oblivious	ⓗ defy	ⓘ rhetoric	ⓙ proclaim

1 Most dictators are _____ to what people want.

2 The _____ government will lead the country until the next election.

3 People have become sick and tired of political _____.

4 The U.S. is willing to lift _____ on North Korea if the North gives up its nuclear programs.

5 He _____ strong support from young voters in last month's election.

6 Giving women the right to vote was a _____ idea in the 19th century.

7 She has _____ from the prime minister's opinion on environmental issues.

8 In 1945, the Soviet Union _____ war on Japan.

9 The government will _____ fines on employers who hire illegal immigrants.

10 Many people say that the beauty of the lake _____ description.

B 단어의 의미가 올바르게 설명된 보기를 찾아 연결하시오.

11 proliferation   ⓐ currently holding a specified office

12 incumbent   ⓑ to make someone in authority lose their power

13 compromise   ⓒ a sudden increase in number or amount

14 coalition   ⓓ to give up some of your demands after a disagreement with somebody in order to reach an agreement

15 topple   ⓔ a government consisting of people from two or more political parties

- **accord** [əkɔ́:rd] — n. (국제간의) 협정, 조약, 일치 v. 주다; 조화시키다
- **agreement** [əgrí:mənt] — n. 협정, 합의
- **alliance** [əláiəns] — n. 동맹, 연합
- **ally** [əlái] — v. 동맹시키다
- **altercation** [ɔ́:ltərkéiʃən] — n. 언쟁, 격론

- **ambassador** [æmbǽsədər] — n. 대사
- **ameliorate** [əmí:ljərèit] — v. 개선하다
- **annex** [ənéks] — v. (소국·영토 등을) 합병하다
- **annul** [ənʌ́l] — v. (법률 등을) 무효로 하다, 취소하다
- **appease** [əpí:z] — n. 달래다, 가라앉히다

- **armament** [á:rməmənt] — n. 군사력, 무기
- **asylum** [əsáiləm] — n. 보호 시설; 망명
- **belligerent** [bəlídʒərənt] — a. 호전적인, 교전 중인
- **bilateral** [bailǽtərəl] — a. 양당의, 쌍방의
- **bipartisan** [baipá:rtəzn] — a. 양당의, 두 정당의; 초당파적인

- **bribe** [bráib] — n. 뇌물 v. 뇌물을 주다
- **brinkmanship** [bríŋkmənʃip] — n. 벼랑 끝 정책
- **cabinet** [kǽbənit] — n. 내각
- **campaign** [kæmpéin] — n. 선거 운동, 유세, 캠페인
- **cast a vote** — phr. 투표하다

- **ceasefire** [sí:sfáiər] — n. 휴전, 정전
- **clique** [klí:k] — n. 파벌
- **clout** [kláut] — n. 영향력
- **communism** [kámjunìzm] — n. 공산주의
- **conflict** [kánflikt] — n. 투쟁, 다툼, 충돌

☐ **conquest** [kánkwest]		n. 정복, 점령지
☐ **conspiracy** [kənspírəsi]		n. 음모, 모의
☐ **corruption** [kərʌ́pʃən]		n. 부패, 타락
☐ **cynic** [sínik]		a. 비꼬는 n. 비꼬는 사람
☐ **defame** [diféim]		v. 중상하다
☐ **democracy** [dimákrəsi]		n. 민주주의
☐ **denounce** [dináuns]		v. 비난하다; 고발하다
☐ **deport** [dipɔ́:rt]		v. 국외로 추방하다
☐ **dictate** [díkteit]		v. 구술하다; 명령하다
☐ **dictator** [díkteitər]		n. 독재자
☐ **diplomacy** [diplóuməsi]		n. 외교
☐ **disarm** [disá:rm]		v. 무장을 해제하다; 군비를 축소하다
☐ **election** [ilékʃən]		n. 선거
☐ **electorate** [iléktərət]		n. (전체) 유권자
☐ **eloquent** [éləkwənt]		a. 웅변의
☐ **embargo** [imbá:rgou]		n. 출항 금지; 봉쇄
☐ **embassy** [émbəsi]		n. 대사관
☐ **emissary** [éməsèri]		n. 사절, 간첩
☐ **enlist** [inlíst]		v. 입대시키다; ~의 지지를 얻다
☐ **entrenched** [intréntʃt]		a. 깊이 자리 잡은, 확고한
☐ **envoy** [énvɔi]		n. 사절, 특사
☐ **faction** [fǽkʃən]		n. (정당 내의) 당파, 파벌
☐ **hegemony** [hidʒéməni]		n. 헤게모니, 패권, 주도권
☐ **hierarchy** [háiərà:rki]		n. 계급, 계층
☐ **hostage** [hástidʒ]		n. 인질

- **inception** [insépʃən]   n. 시초, 발단
- **independent** [ìndipéndənt]   a. 독립한
- **infiltrate** [inflítreit]   v. 침투하다
- **instigate** [ínstəgèit]   v. 부추기다, 유발시키다
- **landslide** [lǽndsláid]   n. (선거의) 압도적인 승리

- **liberal** [líbərəl]   a. 진보적인, 자유주의의
- **machination** [mæ̀kənéiʃən]   n. (나쁜 일의) 음모, 책모
- **majority** [mədʒɔ́:rəti]   n. 대다수
- **malfeasance** [mælfí:zns]   n. 불법 행위
- **maneuver** [mənú:vər]   n. 책략, 술책

- **minority** [minɔ́:rəti]   n. 소수, 소수 민족
- **multilateral** [mʌ̀ltilǽtərəl]   a. 다국 간의
- **official** [əfíʃəl]   a. 공식의   n. 공무원
- **partisan** [pá:rtizən]   a. 당파심이 강한   n. 열렬한 지지자[당원]
- **patriotic** [pèitriátik]   a. 애국적인

- **poll** [póul]   n. 투표, 득표수
- **populace** [pápjuləs]   n. 대중, 민중, 서민
- **preliminary** [prilímənèri]   a. 예비적인
- **progressive** [prəgrésiv]   a. 진보적인
- **proponent** [prəpóunənt]   n. 지지자

- **protest** [prətést]   v. 항의하다
- **public opinion**   phr. 여론
- **quell** [kwél]   v. (반란 등을) 진압[평정]하다
- **railroad** [réilròud]   v. (의안을) 억지로 통과시키다
- **rally** [rǽli]   n. (대규모) 집회, 대회

☐ **ratify** [rǽtəfài]	v.	비준하다
☐ **referendum** [rèfəréndəm]	n.	국민 투표
☐ **reform** [ri:fɔ́:rm]	v.	개혁하다
☐ **regulate** [régjulèit]	v.	규제[통제]하다
☐ **reparation** [rèpəréiʃən]	n.	배상금
☐ **repatriate** [rì:péitrièit]	v.	본국으로 송환하다
☐ **repel** [ripél]	v.	격퇴하다, 물리치다
☐ **resume** [rizú:m]	v.	다시 시작하다
☐ **retaliate** [ritǽlièit]	v.	보복하다, 앙갚음하다
☐ **run for**	phr.	~에 입후보하다
☐ **runoff** [rʌ́nɔ̀:f]	n.	결승 투표
☐ **secede** [sisí:d]	v.	탈퇴하다
☐ **siege** [sí:dʒ]	n.	포위 공격
☐ **skirmish** [skə́:rmiʃ]	n.	작은 접전, 사소한 충돌
☐ **sovereignty** [sávərənti]	n.	통치권, 독립국
☐ **spokesperson** [spóukspə̀:rsn]	n.	대변인
☐ **stalwart** [stɔ́:lwərt]	a. 매우 충실한 n.	신념이 굳은 사람
☐ **stymie** [stáimi]	v.	방해하다
☐ **suffrage** [sʌ́fridʒ]	n.	투표권, 선거권, 참정권
☐ **summit** [sʌ́mit]	n.	정상 회담
☐ **superpower** [sú:pərpàuər]	n.	초강대국
☐ **truce** [trú:s]	n.	휴전, 정전
☐ **unilateral** [jù:nəlǽtərəl]	a.	일방적인, 단독의
☐ **uprising** [ʌ́pràiziŋ]	n.	봉기, 반란, 폭동
☐ **veto** [ví:tou]	n. 거부권 v.	거부하다

DAY 18
텝스가 좋아하는 과학
생물학

avian [éiviən] 800
ⓐ 새의, 조류의

Avian influenza is not transmitted through properly cooked poultry.
조류 독감은 적절히 조리된 가금류를 통해서는 전염되지 않는다.
cf. aviation n. 항공, 항공기 산업

breed [bríːd] 800
ⓥ (새끼를) 낳다

There are some animals that can mate and **breed** only once a year.
1년에 한 번만 짝짓기를 하고 새끼를 낳을 수 있는 동물들이 있다.
cf. breeding n. 번식, 사육

cardiac [káːrdiæk] 900
ⓐ 심장(병)의

Even young and healthy athletes could die from **cardiac** arrest.
젊고 건강한 운동선수도 심장 마비로 사망할 수 있다.

 기출표현
cardiac arrest 심장 마비
cardiac failure 심부전

cell [sél] 600
ⓝ 세포

A single cell can proliferate by constantly dividing into two or more identical **cells**.
하나의 세포는 2개 이상의 동일한 세포로 끊임없이 분열함으로써 증식할 수 있다.

 기출표현
cellular 세포의, 휴대전화의
cellular phone 휴대폰
cellulous 세포로 된, 세포성의
unicellular 단세포의(↔ multicellular)

circulation [800]
[sə̀ːrkjuléiʃən]

- n 순환; 유통; 발행 부수

When a wood frog hibernates, its body stops blood **circulation**.
송장개구리는 겨울잠을 잘 때 혈액 순환을 멈춘다.

This old banknote is not in **circulation** anymore.
이 옛날 지폐는 더 이상 유통되지 않는다.

The Wall Street Journal is a newspaper with the largest **circulation** in the U.S.
월스트리트 저널은 미국에서 발행 부수가 가장 많은 신문이다.

cf. circulate v. 순환하다, 유포되다

classify [600]
[klǽsəfài]

- v 분류하다

An animal should have a beak and feathers and lay eggs to be **classified** as a bird.
어떤 동물이 조류로 분류되기 위해서는 부리와 깃털이 있고 알을 낳아야 한다.

cf. classification n. 분류

disguise [800]
[disgáiz]

- v 변장시키다; 감추다
- n 위장, 변장

Some animals **disguise** themselves by blending into their surroundings to hide from predators.
일부 동물들은 포식자로부터 숨기 위해 자신을 주변 환경과 뒤섞어 위장한다.

dominant [600]
[dάmənənt]

- a 우세한, 지배적인, 우성의

No humans existed when the dinosaurs were the **dominant** species on earth.
공룡이 지구를 지배하는 종이었을 때 인간은 존재하지 않았다.

cf. dominate v. 지배하다
　　 domination n. 지배, 통치, 우세

 기출표현

dominant character 우성 형질
dominant gene 우성 유전자

embryo [800]
[émbriòu]

n. 배아

It is a controversial issue whether destroying an **embryo** for research is murder or not.
연구를 위해 배아를 파괴하는 것이 살인인가 아닌가는 논란이 많은 문제이다.

cf. embryonic a. 배아의, 초기의

embryonic stem cell 배아 줄기세포

evolve [600]
[iválv]

v. 진화하다; 서서히 발전시키다

Charles Darwin wrote in his book that humans and apes **evolved** from a common ancestor.
찰스 다윈은 자신의 저서에 인간과 영장류는 공통의 조상에서 진화했다고 썼다.

cf. evolution n. 진화, 발전
     evolutionary a. 진화적인

evolutionary theory 진화론
creationism 창조론
intelligent design 지적 창조론

fetus [800]
[fíːtəs]

n. 태아

Pregnant women should not take medications that could have detrimental effects on the **fetus**.
임신한 여성들은 태아에 해로운 영향을 줄 수 있는 약을 복용해서는 안 된다.

cf. fetal a. 태아의

fossil [600]
[fásəl]

n. 화석

Scientists have found countless **fossils** that prove evolution since Darwin died in 1882.
1882년에 다윈이 사망한 이후 과학자들은 진화를 증명하는 무수한 화석을 발견했다.

cf. fossilize v. 화석으로 만들다
     fossilization n. 화석화, 고착화

living fossil 살아 있는 화석, 화석 동물
fossil fuel 화석 연료

genetic [800]
[dʒənétik]

ⓐ 유전의, 유전학적인

Both **genetic** and environmental factors can cause depression.
유전적 요인과 환경적 요인 모두 우울증의 원인이 될 수 있다.

cf. gene n. 유전자
genetically ad. 유전적으로
genetics n. 유전학

genetic engineering 유전 공학
genetically modified organism (GMO)
유전자 변형 농산물
genetic copying 유전자 복제
genetic manipulation 유전자 조작

habitat [800]
[hǽbitæt]

ⓝ 서식지

Jane Goodall observed wild chimpanzees in their natural **habitat** for decades.
제인 구달은 수십 년간 자연 서식지에서 야생 침팬지를 관찰했다.

cf. habitable a. 거주할 수 있는
habitant n. 주민, 거주자
habitation n. 주거, 거주(지)

hibernate [900]
[háibərnèit]

ⓥ 동면하다, 겨울잠 자다

Various amphibians, reptiles, and mammals **hibernate** during the winter.
다양한 양서류, 파충류, 포유류가 겨울에 겨울잠을 잔다.

cf. hibernation n. 동면

indigenous [900]
[indídʒənəs]

ⓐ 원산의, 토착의, 자생종의

The red panda is **indigenous** to southwestern China and the eastern Himalayas.
너구리판다는 중국 서남부와 히말라야 동부가 원산지이다.

indigenous people 토착민, 원주민

indispensable 800
[ìndispénsəbl]
ⓐ 필요 불가결한

Air and water are **indispensable** to all living creatures.
공기와 물은 모든 생명체에 필수적이다.

⟷ dispensable a. 없어도 되는

infest 800
[infést]
ⓥ (쥐·해충·병 등이) 들끓다

The average human mouth is **infested** with both good and bad bacteria.
평균적인 인간의 입에는 좋은 박테리아와 나쁜 박테리아 모두 우글거린다.

cf. infestation n. 횡행, 만연

ingest 900
[indʒést]
ⓥ 섭취하다

Plants **ingest** carbon dioxide and emit oxygen through photosynthesis.
식물은 광합성을 통해 이산화탄소를 섭취하고 산소를 배출한다.

cf. ingestion n. 섭취
 digestion n. 소화

inherit 800
[inhérit]
ⓥ 물려받다

Darren **inherited** oily skin from both of his parents.
대런은 부모 모두로부터 지성 피부를 물려받았다.

Andy **inherited** property from his father.
앤디는 아버지로부터 재산을 물려받았다.

cf. inheritance n. 유전, 상속 재산
inherent a. 고유의, 타고난

> 기출표현
> inherited disease 유전병
> inheritance tax 상속세
> inherited quality 유전 형질

innate 800
[inéit]
ⓐ 타고난, 선천적인

Some animals seem to have an **innate** desire to chase moving objects.
어떤 동물들은 움직이는 물체를 뒤쫓고 싶은 선천적인 욕구가 있는 것 같다.

instinct 600
[ínstiŋkt]
ⓝ 본능

Interestingly, some male animals have stronger maternal **instincts** than females.
흥미롭게도 일부 동물은 수컷이 암컷보다 모성본능이 더 강하다.

cf. instinctive a. 본능적인

innate instinct 타고난 본능
homing instinct 귀소 본능

---

lethal 800
[líːθəl]
ⓐ 치명적인

Some flowers and plants have poison **lethal** to humans.
일부 꽃과 식물에는 사람에게 치명적인 독이 있다.

lethal dose (약의) 치사량
lethal weapon 흉기

---

lure 800
[lúər]
ⓥ 꾀다, 유혹하다

Carnivorous plants **lure** insects with brightly-colored leaves.
식충 식물은 밝은 색의 잎으로 곤충을 유혹한다.

---

lurk 900
[ləːrk]
ⓥ 숨다, 잠복하다

A cobra was **lurking** in the grass to ambush its prey.
코브라 한 마리가 사냥감을 매복 공격하기 위해 풀밭에 숨어 있었다.

---

metabolism 900
[mətǽbəlìzm]
ⓝ 신진[물질]대사, 대사

It is hard for people with a high **metabolism** to gain weight.
신진대사가 빠른 사람은 살찌기가 어렵다.

cf. metabolic a. 신진[물질]대사의

metabolism rate 신진대사율

microbe 900
[máikroub]
n 미생물, 세균, 병원균

In the past, people wrongly believed that all diseases are caused by **microbes**.
옛날 사람들은 모든 질병의 원인은 미생물이라고 잘못 생각했다.

migrate 800
[máigreit]
v (새·동물이) 이동하다; (사람이) 이주하다

Migratory birds **migrate** south in winter and north in summer.
철새는 겨울에는 남쪽으로, 여름에는 북쪽으로 이동한다.

In the 1960's and 1970's, many Koreans **migrated** from rural to urban areas in search of work.
1960년대와 1970년대에 많은 한국인들은 일자리를 찾아 농촌에서 도시로 이주했다.

cf. migration n. 이주, 이동
migratory a. 이주하는
emigrate v. (타국으로) 이주하다
immigrate v. (타국에서) 이주하다
immigration n. 이민, 이주
immigrant n. 이주자, 입주민

mutate 800
[mjú:teit]
v 돌연변이하다

The Ebola Virus **mutated** into a more dangerous form.
에볼라 바이러스는 더 위험한 형태로 돌연변이를 일으켰다.

cf. mutation n. 돌연변이, 변화
mutant a. 돌연변이의   n. 돌연변이체, 변종

offspring 800
[ɔ́:spriŋ]
n 자식, 새끼, 자손

Animals use various strategies to ensure their **offspring**'s survival.
동물은 자손의 생존을 보장하기 위해 다양한 전략을 사용한다.

pollen 600
[pálən]
ⓝ 꽃가루, 화분

Flowers reproduce when bees gather **pollen** from a flower and transfer it onto another flower.
꽃은 벌이 꽃에서 꽃가루를 모아 다른 꽃으로 옮겨 번식한다.

cf. pollinate v. (꽃에) 수분시키다

 기출표현

> pollen allergy 꽃가루 알레르기, 화분증
> cross-pollinate 타화 수분시키다
> self-pollinate 자가 수분시키다

predator 800
[prédətər]
ⓝ 포식자, 포식 동물

Some **predators** like lions teach their young how to hunt prey.
사자와 같은 일부 포식 동물은 새끼들에게 먹이를 사냥하는 법을 가르친다.

cf. predation n. 포식
　　predatory a. 포식성의

⇔ prey n. 먹이

predispose 900
[prì:dispóuz]
ⓥ (병에) 걸리기 쉽게 하다

There are people who are genetically **predisposed** to heart disease.
유전적으로 심장병에 걸리기 쉬운 사람들이 있다.

cf. predisposition n. (병 등에 걸리기 쉬운) 소질

prone 800
[próun]
ⓐ (~하기) 쉬운

People with fair skin are generally more **prone** to skin cancer.
일반적으로 피부가 흰 사람들이 피부암에 걸리기 더 쉽다.

 기출표현

> accident-prone 사고를 많이 내기(당하기) 쉬운
> be prone to infections 감염되기 쉽다

reptile 600
[réptail]
ⓝ 파충류 동물

Unlike amphibians, **reptiles** can live in arid regions.
양서류와 달리 파충류는 건조한 지역에서 살 수 있다.

resistant [600]
[rizístənt]
- ⓐ 저항력이 있는

The bugs have mutated to become **resistant** to pesticides.
벌레들은 살충제에 내성을 갖도록 돌연변이를 일으켰다.

cf. resist v. 저항하다, 방해하다
resistance n. 저항, 방해
resistible a. 저항할 수 있는
irresistible a. 저항할 수 없는

 기출표현
immunity resistant 면역 저항체

spawn [900]
[spɔ́ːn]
- ⓥ (알을) 낳다; (결과·상황을) 가져오다
- ⓝ 알

Salmon and trout go upstream to **spawn**.
연어와 송어는 알을 낳기 위해 상류로 간다.

Violent revenge will only **spawn** more hatred and violence.
폭력적인 복수는 더 큰 증오와 폭력만을 낳을 것이다.

stem [800]
[stém]
- ⓝ (식물의) 줄기
- ⓥ (~에서) 생기다, 일어나다

A cactus has a **stem** that can store water.
선인장에는 물을 저장할 수 있는 줄기가 있다.

The train accident **stemmed** from poor maintenance.
열차 사고는 정비 불량 때문에 일어났다.

 기출표현
stem cell 줄기세포

susceptible [900]
[səséptəbl]
- ⓐ 영향을 받기 쉬운

Young plants are more **susceptible** to frost damage than fully grown ones.
어린 식물은 다 자란 식물보다 서리 피해에 더 약하다.

cf. susceptibility n. 민감

 기출표현
susceptibility test 감수성 검사

vital [600]
[váitl]
- ⓐ 필수적인, 생명의; 생생한

Unlike the brain or the heart, the appendix is not a **vital** organ.
뇌나 심장과는 달리, 맹장은 생명 유지에 필수적인 기관이 아니다.

cf. vitality n. 활력, 생기

Daily TEST

A 의미상 적절한 단어를 골라 빈칸에 넣고, 필요 시 단어의 형태를 어법에 맞게 바꾸시오.

보기: ⓐ susceptible ⓑ inherit ⓒ evolve ⓓ lure ⓔ hibernate
ⓕ circulation ⓖ infest ⓗ resistant ⓘ genetic ⓙ spawn

1. Regular workout will improve blood _____.
2. Some bears do not _____ during the winter because they can find food all year long.
3. The obese are more _____ to heart disease.
4. Flowers _____ bees and butterflies with nectar.
5. Some fish species die right after they _____.
6. The house was _____ with cockroaches.
7. Scientists have discovered dangerous new strains of bacteria that are _____ to antibiotics.
8. Some experts say that _____ modified food is not dangerous.
9. I think he _____ his musical talent from his mother.
10. More complex species have _____ from simple species.

B 단어의 의미가 올바르게 설명된 보기를 찾아 연결하시오.

11. indispensable　　ⓐ the chemical processes in living things that change food, etc. into energy and materials for growth

12. indigenous　　ⓑ to change your appearance so that people cannot recognize you

13. disguise　　ⓒ to make it likely that you will suffer from a particular illness

14. metabolism　　ⓓ originating and growing or living in an area or environment

15. predispose　　ⓔ difficult or impossible to exist without or to do something without

- **adaptable** [ədǽptəbl]   a. 적응할 수 있는
- **adhesive** [ædhíːsiv]   a. 점착성의, 끈끈한   n. 접착제
- **air[gas] bladder**   phr. (물고기의) 부레
- **algae** [ǽldʒiː]   n. 말, 조류(물속에 사는 하등 식물의 한 무리)
- **anatomy** [ənǽtəmi]   n. 해부학, 해부학적 구조

- **aquatic** [əkwǽtik]   a. 물속에 사는, 수생의
- **bark** [báːrk]   n. 나무껍질   v. (나무의) 껍질을 벗기다
- **biodiversity** [bàioudivə́ːrsəti]   n. 생물의 다양성
- **biology** [baiálədʒi]   n. 생물학
- **bladder** [blǽdər]   n. 방광

- **blight** [bláit]   n. 〈식물〉 마름병   v. (식물을) 마르게 하다
- **bloom** [blúːm]   n. 꽃   v. 꽃이 피다
- **botany** [bátəni]   n. 식물학
- **bough** [báu]   n. 큰 가지
- **bovine** [bóuvain]   a. 소의

- **bush** [búʃ]   n. 관목, 덤불
- **camouflage** [kǽməflàːʒ]   n. 위장   v. 위장하다
- **canine** [kéinain]   a. 개의   n. 송곳니
- **carnivore** [káːrnəvɔ́ːr]   n. 육식 동물
- **categorize** [kǽtəgəràiz]   v. 분류하다

- **chromosome** [króuməsòum]   n. 염색체
- **clone** [klóun]   n. 복제 생물   v. 복제하다
- **cold-blooded** [kóuldbládid]   a. 냉혈의, 냉담한
- **decomposer** [dìːkəmpóuzər]   n. 분해자 (박테리아·균 등)
- **decoy** [dikɔ́i]   v. 유인[유혹]하다   n. 미끼

☐	**degenerate** [didʒénərèit]	v.	퇴화하다
☐	**diurnal** [daiə́ːrnl]	a.	주행성의
☐	**DNA sequence**	phr.	DNA 염기 순서
☐	**dominant inheritance**	phr.	우성 유전
☐	**entrap** [intrǽp]	v.	덫으로 잡다, (곤란·위험 등에) 빠뜨리다
☐	**fauna** [fɔ́ːnə]	n.	(한 지역·시대의) 동물군
☐	**feather** [féðər]	n.	(새의) 털, 깃털
☐	**feed** [fíːd]	v.	먹이를 주다; 부양하다
☐	**feed on**	phr.	~을 먹고 살다
☐	**feline** [fíːlain]	a.	고양잇과의
☐	**flora** [flɔ́ːrə]	n.	(한 지방·시대의 특유한) 식물군
☐	**food chain**	phr.	먹이 사슬
☐	**fruitful** [frúːtfəl]	a.	열매를 많이 맺는, 유익한
☐	**gall bladder**	phr.	쓸개, 담낭
☐	**germ** [dʒə́ːrm]	n.	세균, 미생물
☐	**germinate** [dʒə́ːrmənèit]	v.	싹이 트다, 발아하다
☐	**groom** [grúːm]	v.	(말을) 돌보다
☐	**hatch** [hǽtʃ]	v.	(알을) 부화시키다
☐	**herbicide** [hə́ːrbəsàid]	n.	제초제
☐	**herbivore** [hə́ːrbəvɔ́ːr]	n.	초식 동물
☐	**hybrid** [háibrid]	n.	(동식물의) 잡종, 이종
☐	**insecticide** [inséktəsàid]	n.	살충제
☐	**life span**	phr.	수명
☐	**longevity** [landʒévəti]	n.	장수
☐	**lush** [lʌ́ʃ]	a.	(식물이) 무성한, 우거진

☐ **mammal** [mǽməl]	n. 포유류
☐ **marine** [mərí:n]	a. 바다[해양]의
☐ **maul** [mɔ́:l]	v. (짐승 등이) 할퀴어 상처를 내다
☐ **metamorphosis** [mètəmɔ́:rfəsis]	n. 변형; 변질
☐ **microorganism** [màikrouɔ́:rgənìzəm]	n. 미생물
☐ **microscope** [máikrəskòup]	n. 현미경
☐ **mimic** [mímik]	v. 흉내 내다; 꼭 닮다
☐ **multiply** [mʌ́ltiplài]	v. 증가시키다; 곱하다
☐ **mushroom** [mʌ́ʃru:m]	n. 버섯 v. 급격히 퍼지다
☐ **native** [néitiv]	a. 본래의 n. 토착인
☐ **natural selection**	phr. 자연 선택[도태]
☐ **nervous system**	phr. 신경계
☐ **nest** [nést]	n. 보금자리; 피난처
☐ **nocturnal** [nɑktə́:rnl]	a. 야행성의
☐ **nourish** [nə́:riʃ]	v. 기르다
☐ **omnivore** [ámnivɔ̀:r]	n. 잡식 동물
☐ **on the brink of extinction**	phr. 멸종 직전인
☐ **paleontology** [pèiliəntálədʒi]	n. 고생물학, 화석학
☐ **parasite** [pǽrəsàit]	n. 기생 동물[식물]
☐ **photosynthesis** [fòutousínθəsis]	n. 광합성
☐ **plumage** [plú:midʒ]	n. 깃털
☐ **poultry** [póultri]	n. 가금
☐ **primate** [práimeit]	n. 영장류
☐ **protrude** [proutrú:d]	v. 튀어나오다, 돌출되다
☐ **rabies** [réibi:z]	n. 광견병

☐ **recessive inheritance**	phr.	열성 유전
☐ **regressive** [rigrésiv]	a.	퇴보[퇴화]하는
☐ **reproduce** [rì:prədjú:s]	v.	번식하다
☐ **reproduction** [rì:prədʌ́kʃən]	n.	생식, 번식
☐ **saliva** [səláivə]	n.	침, 타액
☐ **scavenger** [skǽvindʒər]	n.	(썩은 고기를 먹는) 청소 동물, 청소 곤충
☐ **secrete** [sikrí:t]	v. 분비하다	n. 분비물
☐ **slaughter** [slɔ́:tər]	n. (가축의) 도살	v. 학살하다
☐ **specimen** [spésəmən]	n.	(동물 · 식물 · 광물 등의) 표본
☐ **spine** [spáin]	n.	척추, 등뼈
☐ **stampede** [stæmpí:d]	n. 놀라서 우르르 달아남	v. 우르르 달아나다
☐ **survival of the fittest**	phr.	적자생존
☐ **swine** [swáin]	n.	(집합적) 돼지
☐ **symbiosis** [sìmbióusis]	n.	공생
☐ **taxonomy** [tæksánəmi]	n.	분류학
☐ **teem with**	phr.	(사람 · 동물 등이) 바글거리다
☐ **tentacle** [téntəkl]	n.	촉수
☐ **tissue** [tíʃu:]	n.	조직
☐ **twitter** [twítər]	v.	지저귀다
☐ **vegetation** [vèdʒətéiʃən]	n.	초목; 식물의 성장
☐ **venom** [vénəm]	n.	독액
☐ **vertebrate** [vɔ́:rtəbrèit]	n.	척추동물
☐ **warm-blooded** [wɔ́:rmblʌ́did]	a.	온혈의
☐ **wither** [wíðər]	v.	시들다
☐ **zoology** [zouálədʒi]	n.	동물학

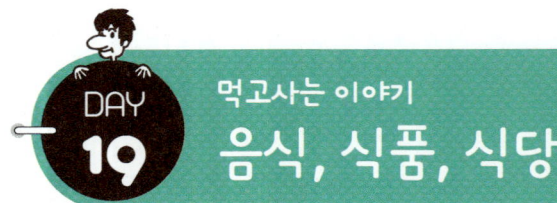

DAY 19
먹고사는 이야기
음식, 식품, 식당

---

banquet 800
[bǽŋkwit]
ⓝ 연회

Last Thursday, the company held a **banquet** to commemorate its 10th anniversary.
지난 목요일에 회사는 10주년을 기념하기 위해 연회를 열었다.

---

bland 800
[blǽnd]
ⓐ 담백한, 자극성이 적은

The food I ate at the Buddhist temple was rather **bland**.
절에서 먹은 음식은 맛이 다소 담백했다.

---

brew 800
[bru:]
ⓥ 끓이다; 양조하다

She **brewed** her husband and daughters coffee every morning.
그녀는 매일 아침 남편과 딸들에게 커피를 끓여주었다.
cf. brewery n. (맥주) 양조장

 기출표현

brewage 양조주, 양조(법)
There's trouble brewing. 문제가 커지고 있다.

---

cater 800
[kéitər]
ⓥ 음식물을 제공하다; ~의 요구를 채우다

The company **catered** her wedding.
회사가 그녀의 결혼식 음식을 제공했다.

He only writes books that **cater** to young readers.
그는 젊은 독자들의 취향에 맞는 책만 쓴다.
cf. catering n. 출장 연회

consumption [600]
[kənsʌ́mpʃən]
n 소비; 소진

Middle-aged Koreans need to reduce meat **consumption**.
한국 중년들은 고기 섭취를 줄일 필요가 있다.

Jewelry **consumption** is increasing rapicly in China.
중국에서 보석 소비가 빠르게 증가하고 있다.

cf. consume v. 소비하다
consumer n. 소비자

 기출표현

conspicuous consumption 과시적 소비
time-consuming 시간이 걸리는

craving [800]
[kréiviŋ]
n 갈망, 열망

Sometimes I have a **craving** for a strawberry milkshake.
나는 가끔 딸기 밀크셰이크가 몹시 당긴다.

cf. crave v. 갈망하다

cuisine [800]
[kwizíːn]
n 요리, 요리법

These days Korean **cuisine** is gaining popularity in Europe and Japan.
요즘 한국 요리가 유럽과 일본에서 인기를 얻고 있다.

 기출표현

haute cuisine 최고급 요리

culinary [900]
[kʌ́lənèri]
a 요리[조리]의

Like many other Asian countries, India has a very distinct **culinary** culture.
다른 많은 아시아 국가들과 마찬가지로, 인도에는 매우 독특한 음식 문화가 있다.

deficiency 800
[difíʃənsi]
n 결핍, 부족

Soldiers suffered from a severe vitamin **deficiency** during the war.
군인들은 전쟁 중에 심각한 비타민 결핍에 시달렸다.
cf. deficient a. 부족한, 불충분한

devour 800
[diváuər]
v 게걸스레 먹다

Wayne was so hungry that he **devoured** the food on the table.
웨인은 너무나 배가 고파서 테이블 위의 음식을 게걸스레 먹었다.

edible 800
[édəbl]
a 먹을 수 있는, 식용에 알맞은

I didn't know that roses are **edible** flowers.
나는 장미가 먹을 수 있는 꽃인 줄 몰랐다.
cf. inedible a. 먹을 수 없는
= eatable a. 먹을 수 있는
= potable a. 마시기에 알맞은

exhaustive 800
[igzɔ́:stiv]
a 총망라한

The French restaurant we went to had an **exhaustive** list of wines.
우리가 갔던 프랑스 식당에는 와인을 총망라한 리스트가 있었다.
cf. exhaust n. 배기가스
　　　　 v. 다 써버리다; 소진시키다
　 exhausted a. 지친, 고갈된
　 exhausting a. 소모적인
　 exhaustion n. 다 써버림, 고갈

expire 600
[ikspáiər]
v (계약 등이) 만기가 되다

You should never drink **expired** milk.
유통 기한이 다 된 우유는 절대 마시면 안 된다.
cf. expiration n. 만료, 만기
　 expiration date phr. 유효 기한
　 expiry n. 만료, 만기

garnish 900
[gá:rniʃ]
v 고명을 얹다, 장식하다
n 고명, 장식물

She **garnished** the fish dish with orange wedges and parsley.
그녀는 생선 요리를 오렌지 조각과 파슬리로 장식했다.

gourmet [900]
[ɡuərméi]
ⓝ 미식가, 식도락가

We serve **gourmet** cuisine for vegetarians.
우리는 채식주의자들을 위한 고급 요리를 제공한다.

I am not a **gourmet** but I certainly enjoy having delicious food.
미식가는 아니지만 맛있는 음식 먹는 것을 확실히 즐긴다.

 기출표현
gourmet shop 고급 식료품점
gourmet cooking 고급 요리

grab a bite [600]
phr 간단히 먹다

Let's just **grab a bite** at a food stand.
음식 가판대에서 간단히 먹자.

gratuity [900]
[ɡrətjúːəti]
ⓝ 팁

In the U.S., it is customary to give a **gratuity** to a waiter.
미국에서는 웨이터에게 팁을 주는 것이 관례이다.

= tip n. 팁

greasy [600]
[ɡríːsi]
ⓐ 기름진, 매끄러운

He doesn't like Chinese food because it is too **greasy**.
그는 중국 음식은 기름기가 너무 많아서 좋아하지 않는다.

cf. grease n. 기름

 기출표현
greasy pole
전문 분야의 최고 자리에 이르기까지의 힘든 과정
climb up the greasy pole 힘든 일을 시작하다

helping [600]
[hélpiŋ]
ⓝ 한 그릇

Joe had a second **helping** of pasta.
조는 파스타를 두 접시 먹었다.

indulge 800
[indʌ́ldʒ]
v (욕망·환락 등에) 빠지다, 탐닉하다

He **indulged** in alcohol after he was laid off.
그는 정리 해고를 당한 뒤 술에 빠졌다.

cf. indulgent a. 멋대로 하게 하는, 관대한
indulgence n. 관대, 탐닉

mixture 600
[míkstʃər]
n 혼합물, 혼합

Mayonnaise is a **mixture** of oil, vinegar and eggs.
마요네즈는 식용유, 식초, 계란을 섞어 만든 것이다.

cf. mix v. 섞다, 혼합하다
mixer n. 혼합기
mixed a. 혼합한

nutrient 600
[njú:triənt]
n 영양분

Fast food is deficient in essential **nutrients**.
패스트푸드는 필수 영양소가 부족하다.

cf. nutrition n. 영양물
nutritional a. 영양상의
nutritious a. 영양이 되는

 기출표현

nutritional value 영양가
malnutrition 영양실조

order 600
[ɔ́:rdər]
n 주문; 질서
v 지시하다

May I take your **order**, sir?
주문하시겠습니까?

The Iraqi police are making efforts to maintain public **order** in Baghdad.
이라크 경찰은 바그다드의 공공질서를 유지하기 위해 노력하고 있다.

The dictator **ordered** his soldiers to shoot anyone who tries to cross the border.
독재자는 군인들에게 국경을 넘으려 하는 자는 누구든 발포하라고 지시했다.

cf. orderly a. 정돈된, 법을 지키는
disorder n. 소란, 무질서
disorderly a. 무질서한

 기출표현

place an order 주문하다

penchant ⁹⁰⁰
[péntʃənt]
ⓝ 경향, 강한 기호

Roy has a **penchant** for Mexican cuisine.
로이는 멕시코 음식을 좋아한다.

perishable ⁸⁰⁰
[périʃəbl]
ⓐ 썩기 쉬운; 깨지기 쉬운
ⓝ 썩기 쉬운 물건

Perishable foods should be refrigerated upon delivery.
상하기 쉬운 음식은 배달되는 즉시 냉장시켜야 한다.
cf. perish v. 죽다, 소멸되다

portion ⁶⁰⁰
[pɔ́ːrʃən]
ⓝ (음식의) 1인분; 부분, 일부

He cut the pizza into eight **portions**.
그는 피자를 8인분으로 잘랐다.

preserve ⁶⁰⁰
[prizə́ːrv]
ⓥ 소금[설탕]에 절이다; 보존하다
ⓝ 설탕 조림, 잼

Chinese people like fruits **preserved** in sugar.
중국인들은 설탕에 절인 과일을 좋아한다.

The original plan to build an apartment complex was canceled to **preserve** the historic sites.
아파트 단지를 지으려던 당초 계획은 유적지를 보존하기 위해 취소됐다.
cf. preservative n. 방부제

recipe ⁶⁰⁰
[résəpi]
ⓝ 조리법, 요리법; 방법, 비결

Bree gave me a **recipe** for chicken spaghetti.
브리는 내게 치킨 스파게티 요리법을 알려 주었다.

His **recipe** for success is diligence and patience.
그의 성공 비결은 근면과 인내이다.

 기출표현
recipe for disaster 재앙을 부르는 길

Day 19 음식, 식품, 식당 _ 277

roast [600]
[róust]
- ⓥ (오븐에) 굽다; 볶다
- ⓝ 구운 고기, 구이 요리

Generally speaking, **roasted** meat is healthier than fried meat.
일반적으로 말해서, 구운 고기가 튀긴 고기보다 몸에 더 좋다.

savor [800]
[séivər]
- ⓥ 음미하다, 맛보다
- ⓝ 맛, 풍미, 향기

You can **savor** the taste of freshly brewed gourmet coffee at City Coffee.
시티 커피에서는 갓 끓인 고급 커피의 맛을 음미할 수 있습니다.
cf. savory   a. 맛 좋은, 즐거운

seasoning [800]
[síːzəniŋ]
- ⓝ 양념, 조미(료)

The chef added **seasoning** to the sirloin steak.
요리사는 등심 스테이크에 양념을 쳤다.

serve [600]
[sə́ːrv]
- ⓥ 접대하다; (음식을) 내다

The guests were **served** with Spanish cuisine.
손님들은 스페인 요리를 대접받았다.
cf. server   n. 봉사자; 대형 접시
serving   n. 음식을 차림; 한 끼분의 음식
service   n. 봉사; 공공 사업

sip [600]
[síp]
- ⓥ 홀짝이다, 조금씩 마시다
- ⓝ (적은 양의) 한 모금

The sommelier **sipped** the white wine and savored its taste.
소믈리에는 화이트 와인을 조금 마신 뒤 맛을 음미했다.

staple [600]
[stéipl]
- ⓝ 주식; 주요 산물
- ⓐ 주요한; 기본적인

Rice has long been a **staple** in Asia.
쌀은 오랫동안 아시아의 주식이었다.

Tourism is a **staple** of the country's economy.
관광이 그 나라 경제의 주요 산업이다.

supplement [800]

[sʌ́pləmənt] ⓝ 추가, 보충
[sʌ́pləmènt] ⓥ 보충[추가]하다

Dietary **supplements** such as vitamins and calcium are popular in the U.S.
비타민과 칼슘 같은 건강 보조 식품은 미국에서 인기가 있다.

cf. **supplementary** a. 보충하는, 추가의

 기출표현

vitamin supplement 비타민제

tender [800]

[téndər]

ⓐ (고기 등이) 부드러운, 연한; 상냥한, 다정한, 애정 어린

The steak they served was very **tender**.
그들이 제공한 스테이크는 아주 연했다.

The girl needs **tender** loving care.
소녀는 애정 어린 보살핌이 필요하다.

cf. **tenderize** v. (고기 등을) 연하게 하다

 기출표현

tenderize tough steak
질긴 스테이크를 연하게 하다

texture [900]

[tékstʃər]

ⓝ 식감, (입 안에서 느껴지는) 질감, 씹히는 느낌

Bulgogi and galbi are quite different in both taste and **texture**.
불고기와 갈비는 맛과 식감 두 가지 면에서 서로 꽤 다르다.

treat [600]

[trí:t]

ⓝ 대접, 한턱내기, 특별한 선물
ⓥ 대접하다; 대우하다; 치료하다

Leo **treated** Judy to dinner.
리오가 주디에게 저녁을 대접했다.

This is my **treat**.
이건 제가 낼게요.

The Olympic champion was **treated** as a hero in his country.
올림픽 챔피언은 자국에서 영웅 대접을 받았다.

The rock star was **treated** for depression.
록스타는 우울증 치료를 받았다.

vegetarian [600]
[vèdʒətɛ́əriən]
- ⓐ 채식주의의
- ⓝ 채식주의자

Do they serve a **vegetarian** burger?
거기 채식주의 버거도 파나요?

cf. vegetarianism n. 채식(주의)
veggie n. 채식주의자, 채소

 기출표현

vegan 완전 채식주의자 (우유·달걀 등의 동물성 식품을 일체 먹지 않는)

---

voracious [900]
[vɔːréiʃəs]
- ⓐ 식욕이 왕성한; 열성이 대단한

She is slender but has a **voracious** appetite.
그녀는 날씬하지만 식욕이 왕성하다.

Albert is known to be a **voracious** reader.
앨버트는 독서광으로 알려져 있다.

cf. voracity n. 폭식, 대식, 탐욕

Daily TEST

A 의미상 적절한 단어를 골라 빈칸에 넣고, 필요 시 단어의 형태를 어법에 맞게 바꾸시오.

보기
ⓐ devour ⓑ edible ⓒ brew ⓓ gratuity ⓔ indulge
ⓕ bland ⓖ gourmet ⓗ recipe ⓘ craving ⓙ savor

1 You should be careful because not all mushrooms are _____.

2 When I get stressed, I get a(n) _____ for chocolate.

3 You should not _____ in sweets if you want to lose weight.

4 Koreans don't usually give a(n) _____ to hairdressers.

5 I bought the cookbook because I needed a(n) _____ for pumpkin pie.

6 Angelina ate the pasta very slowly, _____ every mouthful.

7 I really like drinking freshly _____ coffee.

8 After working out for three hours yesterday, the football player _____ a whole pizza greedily.

9 Generally speaking, _____ food is healthier than salty food.

10 _____ are willing to spend a lot of money eating delicious food.

B 단어의 의미가 올바르게 설명된 보기를 찾아 연결하시오.

11 penchant   ⓐ concerned with cooking

12 voracious   ⓑ very thorough and complete

13 exhaustive   ⓒ to provide food service for

14 culinary   ⓓ a feeling of liking something very much or a tendency to do something a lot

15 cater   ⓔ eating or wanting large amounts of food

- **a piece of cake** — phr. 식은 죽 먹기
- **additive** [ǽdətiv] — n. 첨가물, 첨가제
- **all-you-can-eat** [ɔ́:lju:kǽnit] — a. 양껏 먹을 수 있는, 뷔페식의
- **appetite** [ǽpətàit] — n. 식욕
- **appetizer** [ǽpətàizər] — n. 전채, 식욕을 돋우는

- **aroma** [əróumə] — n. 향기, 방향
- **be on a diet** — phr. 다이어트 중이다
- **be rich in** — phr. ~가 풍부하다
- **beverage** [bévəridʒ] — n. 음료
- **binge drinking** — phr. 폭음

- **blend** [blénd] — v. 섞다, 혼합하다
- **broil** [brɔ́il] — v. (고기를) 굽다
- **broth** [brɔ́:θ] — n. 수프, 죽
- **caffeinated** [kǽfənèitid] — a. 카페인을 함유한
- **carbohydrate** [kà:rbəháidreit] — n. 탄수화물

- **chef** [ʃéf] — n. 요리사, 주방장
- **chew** [tʃú:] — v. (음식을) 씹다
- **chow down** — phr. 먹다, 식사하다
- **complement** [kámpləmənt] — v. 보완[보충]하다
- **cook** [kúk] — v. 요리하다 n. 요리

- **cooker** [kúkər] — n. 요리 도구
- **crop** [kráp] — n. (농)작물, 수확량
- **cutlery** [kʌ́tləri] — n. 날붙이(나이프·포크·스푼 등)
- **dairy** [dɛ́əri] — n. 유제품 a. 유제품의
- **decay** [dikéi] — n. 부식 v. 부패하다, 썩다

☐ **delectable** [diléktəbl]	a.	맛있는
☐ **delicatessen** [dèlikətésn]	n.	조제 식품점
☐ **digest** [daidʒést]	v.	소화하다
☐ **diner** [dáinər]	n.	식사하는 사람[손님], 간이식당
☐ **dyspepsia** [dispépʃə]	n.	소화 불량
☐ **eat out**	phr.	외식하다
☐ **enrich** [inrítʃ]	v.	~의 영양가를 높이다
☐ **entrée** [á:ntrei]	n.	주요 요리
☐ **ethnic food**	phr.	민속 음식, 소수 민족 요리
☐ **fat** [fǽt]	n.	지방
☐ **fattening** [fǽtniŋ]	a.	살찌게 하는
☐ **ferment** [fərmént]	v.	발효시키다; 자극하다
☐ **fiber** [fáibər]	n.	섬유질
☐ **filling** [fíliŋ]	n.	(음식의) 소, 속 a. 배부르게 하는
☐ **flat** [flǽt]	a.	김빠진
☐ **flavor** [fléivər]	n.	풍미, 맛
☐ **flavoring** [fléivəriŋ]	n.	조미료; 맛내기
☐ **flour** [fláuər]	n.	밀가루, 소맥분
☐ **foodstuff** [fú:dstʌ̀f]	n.	식품, 식량
☐ **For here or to go?**		여기서 드시겠습니까, 가져가시겠습니까?
☐ **fortify** [fɔ́:rtəfài]	v.	강화하다, 영양가를 높이다
☐ **fry** [frái]	v.	기름에 튀기다, 기름에 볶다[데치다]
☐ **go Dutch**	phr.	비용을 각자 부담하다
☐ **grain** [gréin]	n.	곡물
☐ **grocery** [gróusəri]	n.	식료 잡화점, 식품점

- **gulp** [gʌ́lp] — v. 꿀꺽꿀꺽 마시다
- **hangover** [hǽŋòuvər] — n. 숙취
- **help oneself to** — phr. ~을 마음대로 먹다
- **I'm full.** — 배불러.
- **I'm starving.** — 배고파.

- **ingredient** [ingríːdiənt] — n. 재료, 성분
- **intake** [íntèik] — n. 섭취량
- **intoxicate** [intáksikèit] — v. (술에) 취하게 하다
- **It's on me.** — 제가 낼게요.
- **leftover** [léftòuvər] — n. (먹다) 남은 음식

- **liquor** [líkər] — n. 술, 독주
- **marinade** [mæ̀rənéid] — n. 양념장
- **mince** [míns] — v. 잘게 썰다[다지다]
- **mineral** [mínərəl] — n. 무기물
- **mouth-watering** [máuθ-wɔ́ːtəriŋ] — a. 군침이 도는

- **noodle** [núːdl] — n. 국수
- **on the house** — phr. (술집·식당에서) 무료로 제공되는
- **overeat** [òuvəríːt] — v. 과식하다
- **pare** [pɛ́ər] — v. 벗기다[깎다]
- **partake of** — phr. 같이 먹다, 마시다

- **peel** [píːl] — v. 껍질을 벗기다[깎다] n. 껍질
- **potluck party** — phr. 각자가 음식을 갖고 오는 파티
- **processed food** — phr. 가공식품
- **protein** [próutiːn] — n. 단백질
- **quench** [kwéntʃ] — v. (갈증을) 풀다

☐ refined [ri:fáind]	a.	정제된, 제련된
☐ refreshment [rifréʃmənt]	n.	다과, 가벼운 식사, 음료
☐ refrigerate [rifrídʒərèit]	v.	냉장[냉동]하다
☐ replete [riplí:t]	a.	포식한, 충만한
☐ ripe [ráip]	a.	익은, 숙성한
☐ sauce [sɔ́:s]	n.	소스
☐ saucer [sɔ́:sər]	n.	받침 접시
☐ sauté [soutéi]	v.	기름에 살짝 튀기다[볶다]
☐ seafood [sí:fù:d]	n.	해산물
☐ silverware [sílvərwèər]	n.	은그릇
☐ simmer [símər]	v.	약한 불로 끓이다
☐ slice [sláis]	v.	얇게 베다[썰다] n. 얇게 썬 조각
☐ soft drink	phr.	청량음료
☐ spice [spáis]	n.	양념, 향신료
☐ spicy [spáisi]	a.	양념을 넣은
☐ split the bill	phr.	(비용 따위)를 각자 부담하다
☐ stale [stéil]	a.	싱싱하지 못한
☐ swallow [swálou]	v.	삼키다
☐ tab [tæb]	n.	계산서, 청구서
☐ takeout [téikàut]	n.	포장 음식
☐ tap water	phr.	수돗물
☐ topping [tápiŋ]	n.	(음식 위에 얹는) 고명, 토핑
☐ tray [tréi]	n.	쟁반; 접시 한 그릇 분량
☐ wholesome [hóulsəm]	a.	건강에 좋은
☐ wrap [ræp]	v.	포장하다, 싸다 n. 싸개, 덮개

DAY 20 텝스의 고상한 영역
예술

---

aesthetic 900
[esθétik]
ⓐ 미의, 심미적인, 미학의
ⓝ 미적 가치관, 미학 이론

Humans have an **aesthetic** appreciation of music.
인간은 음악을 심미적으로 감상한다.
cf. aesthetics n. 미학

---

compose 600
[kəmpóuz]
ⓥ 작곡하다, 작문하다; 구성하다

The guitarist **composed** most of the songs for the band.
기타리스트가 밴드의 노래를 대부분 작곡했다.

The committee will be **composed** of lawmakers and professors.
위원회는 국회 의원들과 교수로 구성될 것이다.

cf. composition n. 구성, 작곡, 작문
composer n. 작곡가

---

conductor 600
[kəndʌ́ktər]
ⓝ 지휘자, (기차의) 차장; 전도체

He became the principal **conductor** of the Vancouver Symphony in 1999.
그는 1999년에 밴쿠버 교향악단의 수석 지휘자가 되었다.

This white material is a poor **conductor** of heat.
이 흰색 물질은 열이 잘 전도되지 않는다.

cf. conduct v. 행동하다, 지휘하다, 전도하다

 기출표현
conduct a survey 조사를 실시하다

contemporary 600
[kəntémpərèri]
- ⓐ 같은 시대의; 현대의
- ⓝ 같은 시대의 사람

John Keats was **contemporary** with Percy Bysshe Shelley.
존 키츠는 퍼시 비시 셸리와 동시대 사람이었다.

Contemporary dance is different from classical ballet.
현대 무용은 고전 발레와 다르다.

contrast 600
[kάntræst]
- ⓝ 대조, 대비, 차이

His paintings are famous for a stark **contrast** of color.
그의 그림은 색채의 극명한 대조로 유명하다.

 기출표현

in sharp contrast with ~와 극명한 대조를 보이는

controversial 800
[kὰntrəvə́:rʃəl]
- ⓐ 논란이 많은

The grotesque image of the painting was **controversial** among critics.
그림의 그로테스크한 이미지는 평론가들 사이에서 논란이 많았다.

cf. controversy n. 논쟁

craft 600
[kræft]
- ⓝ 공예, 수공업

The gallery will hold a big exhibition of arts and **crafts**.
미술관은 대규모 미술 공예 전시회를 개최할 것이다.

cf. craftsman n. 기술자, 장인
   craftsmanship n. 손재주, 솜씨

depict 600
[dipíkt]
- ⓥ 그리다, 묘사하다

His painting **depicts** the lives of farmers.
그의 그림은 농부들의 삶을 묘사한다.

cf. depiction n. 묘사, 서술

dexterity ⁹⁰⁰
[dekstérəti]
ⓝ 솜씨 좋음; 재치

Alexander played the viola with great **dexterity**.
알렉산더는 비올라를 아주 능숙하게 연주했다.

cf. dexterous a. 솜씨 좋은
ambidextrous a. 양손잡이의

dismal ⁹⁰⁰
[dízməl]
ⓐ 형편없는; 음산한

The band gave a **dismal** performance of Beatles songs.
밴드는 비틀즈 노래 몇 곡을 형편없이 불렀다.

We cancelled our plan to go on a picnic due to the **dismal** weather.
우리는 음산한 날씨 때문에 소풍 가려던 계획을 취소했다.

distort ⁸⁰⁰
[distɔ́ːrt]
ⓥ 왜곡하다

He deliberately used **distorted** images to depict reality.
그는 현실을 묘사하기 위해 의도적으로 왜곡된 이미지를 사용했다.

cf. distortion n. 왜곡, 곡해

 기출표현

distort history 역사를 왜곡하다
distorted facts 왜곡된 사실
distorted views 편견
distorted vision 난시

ecstatic ⁹⁰⁰
[ekstǽtik]
ⓐ 황홀한, 무아지경의

I feel **ecstatic** whenever I listen to Sophia Peterson's electro house music.
나는 소피아 피터슨의 일렉트로 하우스 음악을 들을 때마다 황홀감을 느낀다.

cf. ecstasy n. 환희, 황홀경

elicit ⁹⁰⁰
[ilísit]
ⓥ 이끌어 내다

His acting **elicited** a strong response from the audience.
그의 연기는 관객들로부터 강렬한 반응을 이끌어 냈다.

engrave 800
[ingréiv]
- v (금속·돌 등에) 새기다

The craftsman **engraved** his name on the pillar.
공예가는 기둥에 자신의 이름을 새겼다.

enthusiasm 600
[inθú:ziæzm]
- n 열중, 열의, 열광

The cellist never lost her **enthusiasm** for music in her entire life.
첼리스트는 평생 음악에 대한 열정을 절대 잃지 않았다.

cf. enthusiastic a. 열렬한, 열광적인
enthusiast n. 열성적인 사람
enthuse v. 열중[열광, 감격]시키다

 기출표현
sports enthusiast 열광적인 스포츠 팬

impression 600
[impréʃən]
- n 인상, 느낌, 감명, 감동

Her painting gave me an **impression** of depression and sorrow.
그녀의 그림은 나에게 우울하고 슬픈 인상을 주었다.

cf. impress v. 인상을 주다
impressive a. 강한 인상을 주는
impressed a. 좋은 인상을 받은
Impressionist n. 인상파 화가
Impressionism n. 인상파[주의]

 기출표현
give a good first impression
좋은 첫인상을 주다

improvise 900
[ímprəvàiz]
- v 즉흥적으로 작곡[연주]하다

Jazz musicians are good at **improvising** melodies.
재즈 뮤지션들은 멜로디를 즉흥적으로 잘 만든다.

cf. improvisation n. 즉석에서 하기

induce 800
[indjú:s]
- v 야기하다, 일으키다; 권유하다

The music **induced** excitement in the audience.
음악은 청중의 흥분을 유발했다.

infringe 800
[infrínd3]
ⓥ (법·계약·의무를) 위반하다, 침해하다

He **infringed** Jane's copyright by plagiarizing her song.
그는 제인의 노래를 표절함으로써 저작권을 침해했다.
cf. infringement n. 침해, 위반

inimitable 900
[inímətəbl]
ⓐ 흉내 낼 수 없는, 독특한

The painter is well known for his **inimitable** brush strokes.
화가는 흉내 낼 수 없는 붓놀림으로 잘 알려져 있다.
cf. imitable a. 모방할 수 있는
imitate v. 모방하다

inspire 600
[inspáiər]
ⓥ 영감을 주다, (감정 등을) 불어 넣다, 고취하다

The songwriter was **inspired** by the beautiful landscape of Jasper.
작곡가는 재스퍼의 아름다운 풍경에 영감을 얻었다.
cf. inspiration n. 영감
inspirational a. 영감을 주는
inspiring a. 고무하는

inventive 800
[invéntiv]
ⓐ 창의적인, 독창적인

The art class inspired her to be more **inventive** with her own painting.
미술 수업은 그녀가 더 창의적으로 그림을 그리도록 자극했다.
cf. invention n. 발명

laud 900
[lɔ́ːd]
ⓥ 칭송하다, 찬미하다

It was **lauded** as one of the greatest musicals of all time.
그것은 역대 최고의 뮤지컬 중 하나로 칭송 받았다.

lyric 600
[lírik]
- n. 서정시
- pl. 가사

Paul wrote the **lyrics** of the song.
폴이 그 노래의 가사를 썼다.
cf. lyrical a. 서정적인

masterpiece 800
[mǽstərpìːs]
- n. 걸작, 명작, 대표작

The sculpture was lauded as one of the greatest **masterpieces** of Latin American art.
조각상은 라틴 아메리카 예술의 최고 명작 중 하나로 칭송 받았다.

meticulous 800
[mətíkjuləs]
- a. 꼼꼼한, 세심한

The artist made the sculpture with **meticulous** care.
예술가는 세심하게 신경을 써서 조각품을 만들었다.

moving 600
[múːviŋ]
- a. 감동시키는, 심금을 울리는

The song's tune is catchy and its lyrics are **moving**.
노래는 선율이 귀에 쏙 들어오고 가사가 감동적이다.

originality 600
[ərìdʒənǽləti]
- n. 독창성

It is true that most of the songs he wrote lack **originality**.
그가 쓴 곡 대부분이 독창성이 부족한 것은 사실이다.

patron 800
[péitrən]
- n. (예술가 · 자선 사업 등의) 후원자; (호텔 · 상점 등의) 단골손님, 고객

In the past, it was common for wealthy **patrons** to support artists.
과거에는 부유한 후원자가 예술가를 지원하는 것이 흔한 일이었다.

The **patrons** of the hotel are mostly European tourists.
호텔의 고객은 주로 유럽 관광객들이다.

cf. patronage n. 후원, 단골
　　patronize v. 후원하다, 단골로 다니다

perspective 800
[pərspéktiv]

n 원근법; 관점

These pictures are drawn in **perspective**.
이 그림들은 원근법에 맞게 그려져 있다.

I'd like to approach this issue from a different **perspective**.
다른 관점에서 이 문제에 접근하고 싶다.

 기출표현

out of perspective 원근법에서 벗어나

portray 600
[pɔːrtréi]

v 묘사하다, 그리다; (배우가) 역을 맡아 하다

The musical vividly **portrays** the Vietnam War.
그 뮤지컬은 베트남 전쟁을 생생히 묘사한다.

The role of the King was **portrayed** by actor Terry Bogard.
왕 역할은 배우 테리 보가드가 연기했다.

cf. portrayal n. 묘사
   portrait n. 초상화

preoccupied 800
[priːɑ́kjupàid]

a 몰두한, 여념이 없는, 사로잡힌

The painter was **preoccupied** with the task of depicting rural scenes.
화가는 시골 풍경을 묘사하는 일에 몰두해있었다.

cf. preoccupy v. 몰두하게 하다
   preoccupation n. 몰두

profound 800
[prəfáund]

a 심오한, 깊은, 난해한

Romney's new play deals with **profound** questions about existence.
롬니의 새 연극은 존재에 대한 심오한 질문을 다룬다.

render [réndər]
v 표현하다; ~이 되게 하다; 주다

The painter **rendered** the beautiful scene in bright colors.
화가는 아름다운 풍경을 밝은 색으로 표현했다.

The tsunami **rendered** hundreds of thousands of Japanese people homeless.
쓰나미로 인해 수십만 명의 일본인들이 집을 잃었다.

Please remember that you will be charged for services **rendered**.
제공된 서비스에 대해 요금이 청구된다는 점을 기억하세요.

cf. rendering n. 표현; 넘겨줌
   rendition n. 연주, 공연

renowned [rináund]
a 유명한, 명성 있는

He is **renowned** for composing both classical and contemporary music.
그는 클래식 음악과 현대 음악을 모두 작곡하는 것으로 유명하다.

cf. renown n. 명성

reputation [rèpjutéiʃən]
n 평판, 명성

He acquired a **reputation** as a prolific musician.
그는 다작을 하는 뮤지션이라는 평판을 얻었다.

cf. repute n. 평판, 명성 v. ~라고 여기다
   reputed a. 평판이 좋은
   reputedly ad. 평판으로는
   reputable a. 평판이 좋은
   disreputable a. 평판이 좋지 않은

sculpt [skʌlpt]
v 조각하다

They displayed a castle **sculpted** in ice.
그들은 얼음으로 조각한 성을 전시했다.

cf. sculpture n. 조각(품) v. 조각하다
   sculptor n. 조각가

standing ovation
phr 기립 박수

The violinist felt ecstatic when she received a **standing ovation**.
바이올리니스트는 기립 박수를 받았을 때 황홀했다.

talented 600
[tǽləntid]

ⓐ 재능이 있는, 유능한

Although Sandra is not a superstar, she is a very **talented** actress.
산드라는 슈퍼스타는 아니지만 매우 재능이 뛰어난 배우다.

cf. talent n. 재주, 재능

virtuoso 900
[vəːrtʃuóusou]

ⓝ (음악의) 대가, 대연주가

She built a reputation as a piano **virtuoso**.
그녀는 피아노 대가로서의 평판을 쌓았다.

cf. virtuosity n. 묘기; 기교

Daily TEST

A 의미상 적절한 단어를 골라 빈칸에 넣고, 필요 시 단어의 형태를 어법에 맞게 바꾸시오.

> 보기
> ⓐ compose ⓑ virtuoso ⓒ perspective ⓓ preoccupied ⓔ dismal
> ⓕ laud ⓖ elicit ⓗ infringe ⓘ distort ⓙ masterpiece

1 At yesterday's performance, the actor's tears _____ great sympathy from his audience.

2 The Japanese government approved school textbooks that _____ history.

3 Mr. Arison is regarded as the greatest violin _____ in Europe.

4 She was _____ with writing lyrics.

5 Wolfgang Amadeus Mozart _____ forty one symphonies in total.

6 Shakespeare is _____ as one of the greatest writers ever.

7 The musician was accused of _____ on Mr. Jackson's copyright.

8 The film is considered a(n) _____ by critics and viewers alike.

9 He was a bad singer and his performance was _____.

10 The vase on the right is out of _____.

B 단어의 의미가 올바르게 설명된 보기를 찾아 연결하시오.

11 meticulous ⓐ make or do something without having planned it in advance

12 improvise ⓑ very happy and full of excitement

13 ecstatic ⓒ extremely or excessively concerned with details

14 aesthetic ⓓ to express, show, or perform something in a particular way

15 render ⓔ of or concerning the appreciation of beauty or good taste

- **acoustics** [əkúːstiks]   n. 음향학; 음향 상태
- **allegory** [ǽləgɔ̀ːri]   n. 우화, 풍자
- **ambiguous** [æmbígjuəs]   a. 다의의; 모호
- **anticipate** [æntísəpèit]   v. 예상하다, 기대하다, 고대하다
- **antique** [æntíːk]   n. 골동품

- **appreciate** [əpríːʃièit]   v. 진가를 알다, 감상하다
- **apprentice** [əpréntis]   n. 견습생, 도제
- **art museum**   phr. 미술관
- **artwork** [áːrtwə̀ːrk]   n. 삽화, 수공예품
- **auditorium** [ɔ̀ːdətɔ́ːriəm]   n. 강당

- **bizarre** [bizáːr]   a. 기이한
- **blare** [blɛ́ər]   v. (나팔·경적 등이) 울려 퍼지다, 쾅쾅 울리다
- **brushwork** [brʌ́ʃwə̀ːrk]   n. 화법; 화풍
- **bust** [bʌ́st]   n. 흉상, 반신상
- **caption** [kǽpʃən]   n. [삽화의] 설명문

- **carve** [káːrv]   v. (고기를) 베다; 새기다
- **celebrated** [séləbrèitid]   a. 유명한
- **chisel** [tʃízəl]   n. 끌 v. 끌로 새기다[파다]
- **choir** [kwáiər]   n. 합창단, 성가대
- **choreography** [kɔ̀ːriágrəfi]   n. 안무

- **classic** [klǽsik]   a. 일류의; 고전의
- **collage** [kəláːʒ]   n. 콜라주
- **collection** [kəlékʃən]   n. 수집, 소장품
- **conceit** [kənsíːt]   n. 자만; 기발한 착상
- **consciousness** [kánʃəsnis]   n. 자각, 의식

☐ **consummate** [kənsʌ́mət]	a.	완성된, 유능한
☐ **costume** [kástjuːm]	n.	복장; 시대 의상
☐ **crossover** [krɔ́ːsòuvər]	n.	크로스오버(재즈에 록·라틴 음악이 섞인 형태)
☐ **culminate** [kʌ́lmənèit]	v.	최고점[절정]에 달하다
☐ **delineate** [dilínièit]	v.	묘사[서술]하다
☐ **display** [displéi]	v.	전시[진열]하다
☐ **embody** [imbádi]	v.	구현하다; 통합하다
☐ **encore** [áːnkɔːr]	n.	앙코르의 소리, 재청
☐ **enigma** [ənígmə]	n.	수수께끼, 수수께끼 같은 인물
☐ **epitome** [ipítəmi]	n.	발췌, 개요
☐ **essence** [ésns]	n.	본질, 정수, 진수
☐ **exquisite** [ikskwízit]	a.	아주 아름다운, 정교한
☐ **fade** [féid]	v.	(색깔이) 바래다, 희미해지다
☐ **fine art**	phr.	미술품
☐ **flair** [fléər]	n.	(천부적인) 재능; 경향
☐ **flashback** [flǽʃbæ̀k]	n.	회상 장면
☐ **flowering of**	phr.	(예술·과학 등에서) ~의 전성기
☐ **gallery** [gǽləri]	n.	미술관, 화랑
☐ **get into full swing**	phr.	최고조에 달하다
☐ **gig** [gíg]	n.	재즈 연주회
☐ **golden age**	phr.	황금기, 전성기
☐ **handiwork** [hǽndiwə̀ːrk]	n.	수세공, 수공품, 공작
☐ **harmony** [háːrməni]	n.	조화, 화성(법)
☐ **hue** [hjúː]	n.	빛깔, 색조
☐ **illuminate** [ilúːmənèit]	v.	조명하다, 비추다

- illusion [ilú:ʒən]   n. 환상, 환각
- instrument [ínstrəmənt]   n. 악기
- interlude [íntərlù:d]   n. 막간, 사이
- jeer [dʒíər]   v. 조롱하다, 놀리다
- kitsch [kítʃi]   n. 저속한[저질] 작품

- luminous [lú:mənəs]   a. 야광의, 빛을 내는
- maestro [máistrou]   n. 대음악가, 명인, 거장
- magnum opus   phr. 대표작, 최고작
- major scale   phr. 장음계
- minor scale   phr. 단음계

- monument [mánjumənt]   n. (건물·동상 등의) 기념물
- muse [mjú:z]   n. (영감을 주는) 뮤즈 v. 사색하다
- museum [mju:zí:əm]   n. 박물관, 미술관
- note [nóut]   n. 음, 음표
- onstage [ánstéidʒ]   a. 무대 위의

- orchestra [ɔ́:rkəstrə]   n. 오케스트라, 관현악단
- outpouring [áutpɔ́:riŋ]   n. (감정의) 분출
- painting [péintiŋ]   n. 그림
- paradoxical [pæ̀rədáksikəl]   a. 역설의, 자기모순의
- parody [pǽrədi]   n. 패러디, 풍자

- pathos [péiθɑs]   n. 비감, 비애감
- performing arts   phr. 공연 예술
- pigment [pígmənt]   n. 색소, 안료, 물감 재료
- pottery [pátəri]   n. 도기류
- premiere [primíər]   n. (영화의) 특별 개봉, (연극의) 초연

☐	**preview** [príːvjùː]	n. 시사회
☐	**production** [prədʌ́kʃən]	n. 제작; 제품
☐	**pulsate** [pʌ́lseit]	v. (심장·맥박 등이) 뛰다
☐	**pulse** [pʌ́ls]	n. 율동, 맥박
☐	**quintessential** [qwìntəsénʃəl]	a. 정수의, 본질적인
☐	**rapture** [rǽptʃər]	n. 황홀경
☐	**rehearse** [rihə́ːrs]	v. 연습하다; ~의 예행연습을 하다
☐	**scene** [síːn]	n. 장면, (극·영화 등의) 무대
☐	**script** [skrípt]	n. 대본; 규약
☐	**sensibility** [sènsəbíləti]	n. 감각, 감수성
☐	**sequence** [síːkwəns]	n. 연속물; 순서
☐	**showcase** [ʃóukèis]	n. 유리 진열장; 전시
☐	**statue** [stǽtʃuː]	n. 조각상
☐	**subtitle** [sʌ́btàitl]	n. 설명자막
☐	**subtle** [sʌ́tl]	a. 미묘한, 민감한
☐	**symbolize** [símbəlàiz]	v. 상징하다
☐	**synesthesia** [sìnəsθíːʒə]	n. 공감각
☐	**texture** [tékstʃər]	n. 직물; 감촉
☐	**tint** [tínt]	n. 엷은 빛깔, 색조
☐	**tone** [tóun]	n. 음; 색조; 어조
☐	**trailer** [tréilər]	n. (영화) 예고편
☐	**tune** [tjúːn]	n. 곡, 곡조, 선율
☐	**unfold** [ʌnfóuld]	v. 전개되다, 펼쳐지다
☐	**well-received** [wélrisíːvd]	a. 잘 받아들여지는
☐	**workmanship** [wə́ːrkmənʃip]	n. 솜씨, 기술, 기량

DAY 21 ~ 30

DAY 21
중요한 건 사람 마음
심리

aloof ⁹⁰⁰
[əlúːf]
ⓐ 떨어진; 무관심한, 냉담한

She always keeps **aloof** because she is very introverted.
그녀는 매우 내성적이라 항상 거리를 두고 지낸다.

animosity ⁹⁰⁰
[ӕnəmάsəti]
ⓝ 반감, 적대감

The teenage girl felt **animosity** towards her teacher.
십 대 소녀는 선생님에게 반감을 느꼈다.

antipathy ⁹⁰⁰
[ӕntípəθi]
ⓝ 반감, 혐오

Robert felt a deep **antipathy** toward illegal immigrant workers.
로버트는 불법 이주 노동자들에게 강한 반감을 느꼈다.

anxiety ⁶⁰⁰
[æŋzáiəti]
ⓝ 불안(감), 걱정; 열망, 갈망

She practices yoga and meditation to relieve **anxiety**.
그녀는 불안감을 진정시키기 위해 요가와 명상을 수련한다.

Thomas has a keen **anxiety** to succeed in his career.
토마스는 일에서 성공하고 싶은 강한 열망이 있다.

cf. anxious a. 불안한; 열망하여

 기출표현

anxiety disorder 불안 장애

arrogant ⁶⁰⁰
[ǽrəgənt]
ⓐ 거만한, 오만한

He is so **arrogant** that he thinks he knows everything.
그는 너무 거만해서 자신이 모든 것을 다 안다고 생각한다.

cf. arrogance n. 거만, 오만

assuage ⁹⁰⁰
[əswéidʒ]
- ⓥ 진정시키다, 완화하다, 달래다

It was not easy for him to **assuage** his daughter's anxiety.
딸의 불안감을 진정시키는 것은 그에게는 쉽지 않은 일이었다.
cf. assuasive a. 진정시키는

complacent ⁹⁰⁰
[kəmpléisnt]
- ⓐ 자기만족의, 현실에 안주하는

Unfortunately, Rachael has become **complacent** after years of success.
안타깝게도 레이첼은 오랫동안 성공을 거듭한 이후 자기만족에 빠졌다.
cf. complacency n. 자기만족, 안주

console ⁸⁰⁰
[kənsóul]
- ⓥ 위로하다, 위문하다

Nothing could **console** her when she was dismissed from her job.
그녀가 해고를 당했을 때 아무것도 위로가 되지 못했다.
cf. consolation n. 위로, 위안

counsel ⁶⁰⁰
[káunsəl]
- ⓥ 상담을 하다, 충고[조언]하다
- ⓝ 상담, 조언

Both psychologists and psychiatrists **counsel** patients but only psychiatrists can prescribe medication.
심리학자와 정신과 의사 모두 환자를 상담하지만, 약 처방은 정신과 의사만 할 수 있다.
cf. counseling n. 상담, 카운슬링
counselor n. 상담 전문가, 카운슬러

 기출표현

marriage counseling 결혼 생활 상담

detached ⁸⁰⁰
[ditætʃt]
- ⓐ 거리를 두는; 무심한

The lawyer always tries to remain emotionally **detached** from his clients.
변호사는 항상 의뢰인들과 감정적으로 거리를 두려 노력한다.
cf. detach v. 분리하다
detachment n. 거리를 둠, 객관성

distraught [900]
[distrɔ́ːt]
- ⓐ 완전히 제정신이 아닌

Ross and Alice were extremely **distraught** at the news of their son's death.
로스와 앨리스는 아들의 사망 소식을 듣고 제정신이 아니었다.

empathize [800]
[émpəθàiz]
- ⓥ 공감하다, 감정 이입하다

Clinical psychologists should be able to **empathize** with their patients.
임상 심리학자들은 환자들과 공감을 할 수 있어야 한다.

cf. empathy n. 공감, 감정 이입
 empathic a. 공감할 수 있는, 감정 이입의
 empathetic a. 공감할 수 있는, 감정 이입의

fret [800]
[frét]
- ⓥ 초조해하다, 애타다

He is **fretting** about the upcoming job interview.
그는 다가오는 입사면접 때문에 초조해하고 있다.

gratify [800]
[ɡrǽtəfài]
- ⓥ 만족시키다, 기쁘게 하다

Christine was **gratified** to hear the news that her son passed the exam.
크리스틴은 아들이 시험에 합격했다는 소식을 듣고 기뻤다.

cf. gratification n. 만족감, 기쁨

grudge [900]
[ɡrʌ́dʒ]
- ⓝ 원한, 유감

The teenage hacker bore a **grudge** against society without any reason.
십 대 해커는 아무 이유도 없이 사회에 원한을 품고 있었다.

 기출표현

hold a grudge 원한을 품다

hypnosis 800
[hipnóusis]
ⓝ 최면 (상태), 최면술

Hypnosis has helped him overcome the trauma.
최면은 그가 트라우마를 극복하는 데 도움이 됐다.
cf. hypnotism n. 최면, 최면술
　　hypnotize v. 최면을 걸다
　　hypnotic a. 최면술의, 졸음을 유발하는

insomnia 800
[insámniə]
ⓝ 불면(증)

People with depression often suffer from **insomnia** or excessive sleep.
우울증이 있는 사람들은 불면증이나 수면 과다를 겪는 경우가 많다.
cf. insomniac n. 불면증 환자 a. 불면증의

jittery 800
[dʒítəri]
ⓐ 초조해하는, 조마조마한

He felt **jittery** about meeting his girlfriend's parents.
그는 여자 친구의 부모님을 만나는 것 때문에 초조했다.
cf. jitter v. 안달하다, 안절부절못하다

lethargic 900
[ləθá:rdʒik]
ⓐ 무기력한; 혼수(상태)의

I recommend you listen to upbeat music when you feel **lethargic**.
무기력할 때는 경쾌한 음악을 들어보세요.
cf. lethargy n. 무기력; 혼수상태

melancholy 800
[mélənkàli]
ⓝ 우울, 침울
ⓐ 우울한

The dreary weather made me feel **melancholy**.
음산한 날씨 때문에 우울해졌다.
cf. melancholic a. 우울한

moody 800
[mú:di]
ⓐ 감정 기복이 심한; 침울한

Moody people's emotions fluctuate frequently.
감정 기복이 심한 사람은 기분이 자주 바뀐다.
cf. mood n. 기분, 분위기

 기출표현
mood swing 잦은 기분 변화

morbid [800]
[mɔ́:rbid]
ⓐ 병적인

She came to have a **morbid** fear of high places after the accident.
그녀는 사고 이후 높은 곳에 대한 병적인 공포심이 생겼다.
cf. morbidity n. 병적 상태, (어떤 병의) 사망률

nostalgia [900]
[nɑstǽldʒiə]
ⓝ 옛날을 그리워함, 향수

People at the high school reunion were filled with **nostalgia**.
고등학교 동창회에 모인 사람들은 옛 시절에 대한 향수에 젖었다.
cf. nostalgic a. 옛날을 그리워하는

obsess [800]
[əbsés]
ⓥ ~에 집착하게 하다, 강박감을 갖다

Some Japanese women are **obsessed** with brand-name bags.
일부 일본 여성들은 명품 가방에 집착한다.
cf. obsession n. 강박 상태, 집착
　　 obsessive a. 사로잡혀 있는, 강박적인

기출표현
obsession with weight 몸무게에 대한 집착
obsessive-compulsive disorder 강박 장애

overjoyed [600]
[òuvərdʒɔ́id]
ⓐ 매우 기뻐하는

He was **overjoyed** to hear that his wife was pregnant.
그는 아내가 임신했다는 말을 듣고 크게 기뻐했다.

paranoid [800]
[pǽrənɔ́id]
ⓐ 피해망상적인, 편집증의
ⓝ 편집증 환자

Paranoid people often think that other people are trying to harm them.
편집증이 있는 사람들은 흔히 남들이 자신을 해치려 한다는 생각을 한다.
cf. paranoia n. 피해망상, 편집증
　　 paranoiac a. 편집증의 n. 편집증 환자

pessimistic 600
[pèsəmístik]
ⓐ 비관적인, 비관주의적인

He looks like a cheerful person but he is actually **pessimistic** about his future.
그는 쾌활한 사람처럼 보이지만 사실 자신의 미래에 대해 비관적이다.

cf. pessimism n. 비관주의, 비관론
optimistic a. 낙관적인
optimism n. 낙관주의, 낙관론

 기출표현
cautiously optimistic 조심스럽게 낙관적인

phobia 800
[fóubiə]
ⓝ 공포증, 혐오증

The North Korean leader was known to have a **phobia** about flying.
북한 지도자는 비행에 대한 공포증이 있는 것으로 알려졌다.

cf. phobic a. 공포증의 n. 공포증이 있는 사람

psychological 600
[sàikəládʒikəl]
ⓐ 심리적인, 정신적인

Sometimes, **psychological** abuse could cause more problems than physical abuse.
때로는 정신적 학대가 육체적 학대보다 더 많은 문제를 야기할 수도 있다.

cf. psychology n. 심리, 심리학
psychologist n. 심리학자

relieved 600
[rilí:vd]
ⓐ 안심한, 안도한

She was **relieved** to be back home safely after the long drive.
그녀는 장거리 운전 끝에 안전하게 집에 돌아와서 안심이 되었다.

cf. relieve v. 완화하다; 안심하게 하다
relief n. 완화, 안심

remorse [800]
[rimɔ́ːrs]
- n 후회, 양심의 가책, 회한

She was filled with **remorse** for the crime she committed.
그녀는 자신이 저지른 범죄에 대해 후회로 가득 찼다.

Psychopaths do not feel **remorse** for the crimes they commit.
사이코패스는 자신이 저지르는 범죄에 대해 양심의 가책을 느끼지 않는다.

cf remorseful a. 후회하는, 양심의 가책을 받는

solace [800]
[sáləs]
- n 위안, 위로
- v 위로하다

When his wife left him, he sought **solace** in his old friends.
아내가 그를 떠났을 때, 그는 옛 친구들에게서 위안을 찾았다.

soothe [800]
[súːð]
- v 달래다, 진정시키다

He took a walk to **soothe** his anger.
그는 분을 삭이기 위해 산책을 했다.

cf soothing a. 달래는, 진정하는
    soother n. 고무젖꼭지

sympathize [600]
[símpəθàiz]
- v 동감하다, 동정하다

The therapist **sympathized** with Joey over his troubles.
치료사는 조이의 문제에 대해 공감했다.

cf sympathy n. 공감, 동정
    sympathetic a. 동정적인

temper [600]
[témpər]
- n 기질, 성질, 성미, 화

Chandler lost his **temper** with his boss and punched him.
챈들러는 상사에게 화가 나서 주먹질을 했다.

cf temperament n. 기질; 격한 성미
    temperamental a. 신경질적인

 기출표현

have a quick temper 성미가 급하다
short-tempered 성마른

tension 600
[ténʃən]
n 긴장, 불안, 갈등

Taking a warm bath helps relieve **tension** and stress.
따뜻한 물에 목욕을 하는 것은 긴장과 스트레스 완화에 도움이 된다.
cf. tense a. 긴장한

trauma 800
[tráumə]
n 정신적 외상, 충격

Earthquake survivors may suffer **trauma** later.
지진 생존자들은 나중에 정신적 외상을 겪을 수도 있다.
cf. traumatic a. 매우 충격적인

ulterior 900
[ʌltíəriər]
a 이면의, 숨은, 마음속의

Jessica had an **ulterior** motive for being nice to Tiffany.
제시카가 티파니에게 잘 대해준 데에는 뭔가 속셈이 있었다.

vigilant 800
[vídʒələnt]
a 경계하는, 방심하지 않는

Security guards on duty should remain **vigilant** at all times.
근무 중인 경비원은 항상 경계하고 있어야 한다.
cf. vigilance n. 경계, 불침번

vulnerable 600
[vʌ́lnərəbl]
a (신체적·정서적으로) 취약한, 연약한

Dana is a successful career woman but she is very **vulnerable** to stress.
다나는 성공한 커리어 우먼이지만 스트레스에는 매우 약하다.
cf. vulnerability n. 취약성

Daily TEST

A 의미상 적절한 단어를 골라 빈칸에 넣고, 필요 시 단어의 형태를 어법에 맞게 바꾸시오.

보기: ⓐ complacent ⓑ detached ⓒ vulnerable ⓓ moody ⓔ temper
ⓕ remorse ⓖ morbid ⓗ insomnia ⓘ solace ⓙ pessimistic

1. I don't like _____ people because their emotions change like a roller coaster.
2. _____ people think that only bad things will happen in the future.
3. People who suffer from _____ find it difficult to sleep at night.
4. Mickey is an introverted boy and he is _____ from what is going on around him.
5. I was shocked that John showed no sign of _____ for betraying me.
6. We should not be _____ even though we are successful at the moment.
7. He had a(n) _____ fear of fire after he got burned.
8. Those who have a quick _____ are not patient.
9. Some people seek _____ in religion in hard times.
10. She is _____ now because her boyfriend dumped her a couple of days ago.

B 단어의 의미가 올바르게 설명된 보기를 찾아 연결하시오.

11. distraught   ⓐ that somebody keeps hidden and does not admit
12. assuage   ⓑ very careful to notice any signs of danger or trouble
13. empathize   ⓒ to make an unpleasant feeling less severe
14. vigilant   ⓓ extremely upset and anxious so that you cannot think clearly
15. ulterior   ⓔ to understand how someone feels because you can imagine what it is like to be them

- **active** [ǽktiv] — a. 적극적인
- **affront** [əfrʌ́nt] — v. 모욕하다 n. 모욕
- **allay** [əléi] — v. (감정을) 가라앉히다, 누그러뜨리다
- **anguish** [ǽŋgwiʃ] — n. 괴로움, 비통, 고뇌, 번민
- **annoy** [ənɔ́i] — v. 짜증나게 하다, 귀찮게 하다

- **apathy** [ǽpəθi] — n. 무관심
- **apprehensive** [æ̀prihénsiv] — a. 걱정되는, 불안한
- **arouse** [əráuz] — v. (감정을) 자극하다, 자아내다
- **aspire** [əspáiər] — v. 열망[염원]하다
- **audacious** [ɔːdéiʃəs] — a. 대담한, 뻔뻔스러운

- **averse to** — phr. ~을 싫어하는[반대하는]
- **baffle** [bǽfl] — v. 당황[당혹]하게 하다
- **belittle** [bilítl] — v. 얕보다, 하찮아 보이게 하다
- **benign** [bináin] — a. 상냥한, 유순한
- **be taken aback** — phr. 충격을 받다

- **bother** [bɑ́ðər] — v. 신경 쓰이게 하다, 괴롭히다
- **burdensome** [bə́ːrdnsəm] — a. 부담스러운, 힘든
- **capricious** [kəpríʃəs] — a. 변덕스러운
- **compassionate** [kəmpǽʃənət] — a. 연민 어린, 동정하는
- **complex** [kɑ́mpleks] — n. 콤플렉스, 강박 관념

- **consultation** [kɑ̀nsəltéiʃən] — n. 상담, 진찰
- **convince** [kənvíns] — v. 확신시키다, 설득하다
- **daring** [déəriŋ] — a. 대담한, 위험한 n. 대담성
- **depressed** [diprést] — a. 우울한
- **despair** [dispέər] — n. 절망

☐ **doleful** [dóufəl]	a. 슬픈, 비통한
☐ **down** [dáun]	a. 우울한
☐ **easygoing** [í:zigóuiŋ]	a. 느긋한, 태평스러운
☐ **euphoria** [ju:fɔ́:riə]	n. 행복감, 희열
☐ **exceptional** [iksépʃənl]	a. 예외적인, 특출한
☐ **extrovert** [ékstrəvə̀:rt]	n. 외향적인 사람
☐ **fathom** [fǽðəm]	v. 추측[간파]하다
☐ **fervent** [fə́:rvənt]	a. 열렬한, 강렬한
☐ **fickle** [fíkl]	a. 변덕스러운, 변화하기 쉬운
☐ **fiery** [fáiəri]	a. 불같은, 맹렬한
☐ **flamboyant** [flæmbɔ́iənt]	a. 화려한[현란한], 이색적인, 대담한
☐ **foible** [fɔ́ibl]	n. 약점, 단점
☐ **fury** [fjúəri]	a. 분노, 격분
☐ **greed** [grí:d]	n. 탐욕, 식탐
☐ **gullible** [gʌ́ləbl]	a. 잘 속는
☐ **haphazard** [hæphǽzərd]	a. 무계획적인, 되는 대로의
☐ **hit the roof**	phr. 격노하다, 길길이 뛰다
☐ **hyperactivity** [hàipəræktívəti]	n. 과잉 행동
☐ **impetuous** [impétʃuəs]	a. 성급한, 충동적인
☐ **in hindsight**	phr. 지나고 나서 보니까
☐ **incredible** [inkrédəbl]	a. 믿을 수 없는, 믿기 힘든
☐ **incredulous** [inkrédʒuləs]	a. 의심 많은, 쉽사리 믿지 않는
☐ **insane** [inséin]	a. 정신 이상의, 미친
☐ **insincere** [ìnsinsíər]	a. 진실되지 못한
☐ **insult** [ínsʌlt]	n. 모욕

☐ **in the mood for**	phr.	~할 기분인
☐ **introvert** [íntrəvə̀ːrt]	n.	내성[내향]적인 사람
☐ **intuition** [ìntjuːíʃən]	n.	직관력, 직관
☐ **ire** [áiər]	n.	분노, 노여움
☐ **jealous** [dʒéləs]	a.	시기[질투]하는
☐ **lunatic** [lúːnətik]	a. 미친 n.	미치광이
☐ **mental** [méntl]	a.	정신의, 마음의
☐ **mentality** [mentǽləti]	a.	(개인·집단의) 사고방식
☐ **mock** [mák]	v.	놀리다, 조롱하다
☐ **narrow-minded** [nǽroumáindid]	a.	마음이 좁은, 편협한
☐ **nervous** [nə́ːrvəs]	a.	불안해[초조해/두려워] 하는
☐ **obstinate** [ábstənət]	a.	고집 센, 완강한
☐ **offensive** [əfénsiv]	a.	모욕적인, 불쾌한
☐ **palpable** [pǽlpəbl]	a.	감지할 수 있는, 뚜렷한, 명백한
☐ **passive** [pǽsiv]	a.	수동적인, 소극적인
☐ **pent-up** [péntʌ́p]	a.	억눌린, 답답한
☐ **personality** [pə̀ːrsənǽləti]	n.	성격, 인격
☐ **pique** [píːk]	n.	화, 불쾌감, 언짢음
☐ **placate** [pléikeit]	v.	(화를) 달래다
☐ **pretentious** [priténʃəs]	a.	가식적인
☐ **psychiatrist** [sikáiətrist]	n.	정신과 의사
☐ **psychiatry** [sikáiətri]	n.	정신 의학, 정신과학
☐ **psychic** [sáikik]	a.	영혼의, 심령의
☐ **psychopath** [sáikəpæ̀θ]	n.	사이코패스
☐ **put-down** [pútdàun]	n.	말대꾸

- **qualm** [kwá:m] — n. 거리낌, 양심의 가책
- **quirk** [kwə́:rk] — n. 별난 점, 기벽
- **relaxed** [rilǽkst] — a. 느긋한, 여유 있는
- **reluctant** [rilʌ́ktənt] — a. 꺼리는, 마지못한, 주저하는
- **resolute** [rézəlùːt] — a. 단호한, 확고한

- **self-esteem** [sélfistí:m] — n. 자존감, 자부심
- **sincere** [sinsíər] — a. 진실된, 진정한, 진심 어린
- **single-minded** [síŋglmáindid] — a. (한 가지 목적에만) 전념하는
- **spontaneous** [spɑntéiniəs] — a. 자발적인, 자연적인
- **strain** [stréin] — n. 긴장; 압박감

- **subconscious** [sʌbkánʃəs] — a. 잠재의식의
- **take offense to[at]** — phr. ~에 기분이 상하다, 성내다
- **talkative** [tɔ́:kətiv] — a. 수다스러운
- **tease** [tí:z] — v. 놀리다, 장난하다
- **thunderstruck** [θʌ́ndərstrʌ̀k] — a. 벼락 맞은

- **timid** [tímid] — a. 소심한, 용기[자신감]가 없는
- **torment** [tɔ́:rment] — n. 고통, 고뇌 v. 괴롭히다
- **tranquil** [trǽŋkwil] — a. 고요한, 평온한
- **tranquilizer** [trǽŋkwəlàizər] — n. 정신 안정제, 진정제
- **trifling** [tráifliŋ] — a. 하찮은, 사소한

- **uneasy** [ʌníːzi] — a. 불안한
- **upset** [ʌpsét] — v. 속상하게 하다 a. 속상한
- **urge** [ə́:rdʒ] — n. (강한) 욕구, 충동 v. 재촉하다
- **whim** [hwím] — n. 변덕
- **whimsical** [hwímzikəl] — a. 변덕스러운

DAY 22
텝스 고득점한 당신, 떠나라
여행

admire [600]
[ədmáiər]
- v 감탄[탄복]하다; 동경[존경]하다

Tourists were **admiring** the breathtaking scenery of the lake.
관광객들이 숨이 멎을 듯한 호수의 경치에 감탄하고 있었다.

People **admire** Ted for his dedication.
사람들은 테드의 헌신을 존경한다.

cf. admiration n. 감탄, 존경
    admirer n. 찬양자, 팬

admission [600]
[ədmíʃən]
- v 입장(료); 입학, 가입; 시인, 인정

Admission is free for children under twelve years of age.
12세 미만 어린이는 입장이 무료이다.

He saw her resignation as an **admission** of failure.
그는 그녀의 사임이 실패를 인정한 것이라고 보았다.

cf. admit v. 인정하다, 입장[입학]을 허락하다
    admittance n. 입장

 기출표현
admission fee 입장료
college admission process 대학 입학 절차

ambience [900]
[ǽmbiəns]
- n (장소 등의) 분위기

The restaurant has a cozy and relaxed **ambience**.
식당은 아늑하고 편안한 분위기이다.

cf. ambient a. 주위의, 주변의

attraction ⁶⁰⁰
[ətrǽkʃən]
ⓝ 명소, 명물

They had a plan to develop the canal into a major tourist **attraction**.
그들은 그 운하를 주요 관광 명소로 개발할 계획이 있었다.

a tourist attraction 관광 명소

belongings ⁶⁰⁰
[bilɔ́ːŋiŋ]
ⓝ 소지품; 소유물, 재산

Please make sure you have all your **belongings** with you when you disembark from the ferry.
페리에서 내리실 때 모든 소지품을 챙겼는지 확인하시기 바랍니다.

cf. belong to v. ~에 속하다

breathtaking ⁸⁰⁰
[bréθtèikiŋ]
ⓐ 숨이 멎는 듯한

Come and enjoy the **breathtaking** view of Mt. Seoraksan during the fall season.
숨이 멎는 듯한 설악산 경치를 가을에 와서 즐기세요.

It took my breath away.
(너무 놀랍거나 아름다워서) 숨이 멎을 정도였다.

burgeon ⁹⁰⁰
[bə́ːrdʒən]
ⓥ 급성장[급증]하다; 싹트다; 갑자기 출현하다

The medical tourism industry is **burgeoning** in Korea.
한국에서 의료 관광 산업이 급성장하고 있다.

cf. burgeoning a. 급증하는, 급성장하는

chip in ⁸⁰⁰
phr (돈을) 갹출하다, 조금씩 내다

If everyone **chips in**, we'll be able to rent a van.
모두가 돈을 조금씩 내면 밴을 빌릴 수 있을 것이다.

cf. chip n. 조각

coincidence 600
[kouínsidəns]
Ⓝ (우연의) 일치, 동시 발생

By sheer **coincidence**, Victoria and Jay stayed in the same youth hostel.
순전히 우연의 일치로 빅토리아와 제이는 같은 유스 호스텔에 묵었다.

cf. coincide v. 동시에 일어나다, 일치하다
coincident a. 일치하는, 부합하는
coincidental a. 우연의 일치인, 우연의

 기출표현
What a coincidence! 정말 우연이군요!

excursion 600
[ikskə́ːrʒən]
Ⓝ 짧은 여행, 소풍

All of our staff members went on an **excursion** to the beach.
우리 직원들 모두 해변으로 여행을 갔다.

= trip n. 여행

flock 600
[flák]
Ⓥ 모이다, 떼 지어 가다
Ⓝ 무리, 떼

Hundreds of thousands of tourists **flock** to Haeundae Beach in July and August.
7~8월에는 수십만 명의 관광객들이 해운대 해수욕장으로 몰린다.

= group n. 무리, 집단

gear 600
[gíər]
Ⓝ 장비, 복장

We'll go hiking to a nearby hill so you don't have to bring professional climbing **gear**.
근처 동산에 하이킹 갈 거니까 전문 등산 장비를 가져올 필요는 없다.

get away 600
phr 휴가를 가다, 여행을 떠나다

They are planning to **get away** for a few days at the end of this month.
그들은 이달 말에 며칠 휴가를 갈 계획이다.

cf. getaway n. (단기) 휴가, 휴가지; 도주

 기출표현
weekend getaway 주말 휴가지

hasten 600
[héisn]
ⓥ 서두르다, 재촉하다

He went backpacking to Europe, but had to **hasten** home after losing all his belongings.
그는 유럽으로 배낭여행을 갔지만, 소지품을 모두 잃어버리고 서둘러 돌아와야 했다.
= hurry, rush v. 서두르다

hectic 900
[héktik]
ⓐ 정신없이 바쁜; 열광적인

I don't like guided tours because the schedules are usually **hectic**.
가이드가 딸린 여행은 대개 스케줄이 너무 빡빡해서 별로 좋아하지 않는다.
= feverish, frenetic a. 열광적인

hoist 800
[hɔ́ist]
ⓥ (돛·짐 등을) 올리다, 높이 달다
ⓝ (화물용) 승강기

When my family went sailing, I learned how to **hoist** a sail.
가족과 요트를 타러 갔을 때, 나는 돛을 올리는 법을 배웠다.

hospitable 600
[hɑspítəbl]
ⓐ 환대하는, 친절한

The local people were quite **hospitable** to foreign tourists.
현지인들은 외국인 관광객들에게 꽤 친절했다.
cf. hospitality n. 환대, 후대

idyllic 900
[aidílik]
ⓐ 목가적인, 전원시(풍)의

We will be staying in a cottage in **idyllic** surroundings.
우리는 목가적인 환경에 둘러싸인 오두막집에서 머물 것이다.
cf. idyl(l) n. 목가, 전원시

intrigue 900
[intríːg] **v** 흥미를 끌다; 음모를 꾸미다
[íntriːg] **n** 음모, 모의

The traditional culture festival **intrigued** foreign travelers.
전통문화 축제가 외국인 여행객들의 흥미를 끌었다.

The mayor engaged in political **intrigues** against the president.
시장은 대통령에 대한 정치적 음모에 가담했다.

cf. intriguing a. 흥미를 자아내는
intrigued a. 흥미 있는

itinerary 900
[aitínərèri]
n 여행 일정(표)

The next place on their **itinerary** was Kyoto.
일정표의 다음 방문지는 교토였다.

landmark 600
[lǽndmàːrk]
n 주요 지형지물, 역사적 건물

The Seoul Tower is one of the most well-known **landmarks** in Seoul.
서울 타워는 서울에서 가장 유명한 랜드마크 중 하나이다.

lodge 600
[ládʒ]
n 오두막, 산장, 별장

The tourists from Germany stayed in the **lodge** near Lake Louise for two days.
독일에서 온 관광객들은 레이크 루이스 근처의 오두막에서 이틀간 머물렀다.

mount 600
[máunt]
v 오르다; 증가하다

To get to the Seoul Tower, you should either **mount** a hill or take a gondola lift.
서울 타워에 가기 위해서는 산을 오르거나 케이블카를 타야 한다.

Oil prices are **mounting** due to the supply disruption.
공급 차질로 유가가 상승하고 있다.

navigate 600
[nǽvəgèit]
- v 길을 찾다, 항해하다

Robin **navigated** and Barney drove when they traveled to Florida.
플로리다로 갈 때 로빈이 길을 안내하고 바니가 운전했다.
cf. navigation n. 항해, 운항
navigator n. 조종사, 항해사

pack 600
[pǽk]
- v (짐을) 싸다
- n 짐, 배낭

I can't go to bed now because I haven't **packed** yet.
아직 짐을 못 싸서 지금 잘 수가 없어.
⟷ unpack v. (짐을) 풀다

picturesque 800
[pìktʃərésk]
- a 그림 같은, 아름다운

You'll be able to see **picturesque** villages in Hallstatt.
할슈타트에서 그림 같은 마을들을 볼 수 있을 것이다.
cf. picture n. 그림

quaint 900
[kwéint]
- a (매력 있게) 진기한, 예스러운; 기묘한

While backpacking in France, I visited a **quaint** town near Paris.
프랑스에서 배낭여행을 했을 때, 파리 근처의 예스러운 마을을 방문했다.
= odd, weird a. 기묘한

recollection 800
[rèkəlékʃən]
- n 회상, 회고, 기억(력)

She has a vivid **recollection** of her honeymoon to Jeju Island.
그녀는 제주도로 갔던 신혼여행을 생생히 기억한다.
cf. recollect v. 기억해 내다

refrain [600]
[rifréin]
- v 삼가다, 참다
- n 후렴

Please **refrain** from taking pictures inside the museum.
박물관 안에서는 사진 촬영을 삼가해 주시기 바랍니다.

She only remembered the **refrain** of the song.
그녀는 노래의 후렴만 기억났다.

reminiscence [900]
[rèmənísns]
- n 회상, 추억, 기억

I think the **reminiscence** of this trip will stay with me forever.
이번 여행의 추억은 영원히 기억될 것 같습니다.

cf. reminisce v. 추억하다, 추억에 잠기다

resort [800]
[rizɔ́:rt]
- n 휴양지; 의존, 최후의 수단
- v 의지하다, 호소하다

Last winter we went to the ski **resort** in Whistler, Canada.
지난 겨울 우리는 캐나다 휘슬러에 있는 스키 리조트에 갔다.

North Korea might use nuclear weapons as a last **resort**.
북한은 최후의 수단으로 핵무기를 사용할지도 모른다.

France is not likely to **resort** to military action.
프랑스가 군사 행동에 의지할 것 같지는 않다.

 기출표현
as a last resort 최후의 수단으로서
as the last resort[expedient] 궁여지책으로

scenic [800]
[sí:nik]
- a 풍경의; 경치가 아름다운

Interlaken is one of the most **scenic** areas in Switzerland.
인터라켄은 스위스에서 경치가 가장 아름다운 곳 중 하나이다.

cf. scenery n. 경치, 풍경

 기출표현
make a scene 야단법석을 떨다

shimmer 800
[ʃímər]
- ⓥ 희미하게 빛나다, 반짝이다

Crickets were chirping and the lake was **shimmering** in the moonlight.
귀뚜라미가 울고 있었고 호수는 달빛에 반짝이고 있었다.

sojourn 900
[sóudʒəːrn]
- ⓝ (일시적인) 체류
- ⓥ 묵다, 체류하다

I was packing for a week's **sojourn** in Hong Kong.
일주일간의 홍콩 체류를 위해 짐을 싸고 있었다.

souvenir 600
[sùːvəníər]
- ⓝ 기념품

He bought the key chain as a **souvenir** of China.
그는 중국 여행 기념품으로 열쇠고리를 샀다.

specialty 600
[spéʃəlti]
- ⓝ 특산물, 명물, 전문 요리; 전문[전공] (분야)

Mandarin oranges are a **specialty** of Jeju Island.
밀감은 제주도의 특산물이다.

The historian's **specialty** is the history of China.
그 역사학자의 전문 분야는 중국사이다.

spectacular 600
[spektǽkjulər]
- ⓐ 장관을 이루는, 극적인

I vividly remember the island's **spectacular** scenery.
그 섬의 장관을 생생히 기억한다.
cf. spectacle n. 장관, 광경

splendid 600
[spléndid]
- ⓐ 화려한, 훌륭한, 멋진

You can enjoy the **splendid** scenery during the excursion.
여행 중에 멋진 경치를 즐기실 수 있습니다.
cf. splendor n. 장관, 화려함

trek [800]
[trék]
- ⓝ 트레킹; 오지 여행
- ⓥ 트레킹을 하다; (힘들게 오래) 걷다

Duane goes **trekking** in the Rocky Mountains every June.
듀안은 매년 6월에 로키 산맥으로 트레킹을 간다.

wade [800]
[wéid]
- ⓥ (개천 등을) 걸어서 건너다

Travelers were **wading** across the stream.
여행자들이 개울을 걸어서 건너고 있었다.

Daily TEST

A 의미상 적절한 단어를 골라 빈칸에 넣고, 필요 시 단어의 형태를 어법에 맞게 바꾸시오.

보기: ⓐ landmark ⓑ resort ⓒ intrigue ⓓ recollection ⓔ ambience ⓕ hospitable ⓖ refrain ⓗ wade ⓘ hectic ⓙ shimmer

1 The Korean pop concert held last month _____ thousands of Asian fans.

2 Madison had no _____ of meeting him before.

3 The lights were _____ on the river.

4 The labor union might go on strike as a last _____.

5 The bar has a distinct _____.

6 My doctor told me to _____ from alcohol while on medication.

7 Rescuers had to _____ across the river at a shallow point.

8 Most people in this town are _____ to travelers and strangers.

9 New York City has many famous _____ such as the Statue of Liberty, the Empire State Building, and the Rockefeller Center.

10 Everyone in the marketing department had a really _____ week due to the new project.

B 단어의 의미가 올바르게 설명된 보기를 찾아 연결하시오.

11 quaint   ⓐ to begin to grow or develop rapidly

12 sojourn   ⓑ a plan of a journey, including the route and the places that you will visit.

13 reminiscence   ⓒ a short stay in a place that is not your home.

14 itinerary   ⓓ the act of remembering things that happened in the past

15 burgeon   ⓔ attractive in an unusual or old-fashioned way

☐ **abroad** [əbrɔ́ːd]	ad.	국외[해외]로[에]
☐ **all-inclusive** [ɔ́ːlinklúːsiv]	a.	모두 포함한, 포괄적인
☐ **aquarium** [əkwɛ́əriəm]	n.	수족관
☐ **atlas** [ǽtləs]	n.	지도책
☐ **attractive** [ətrǽktiv]	a.	매력적인
☐ **avocation** [ævəkéiʃən]	n.	취미, 여가 활동
☐ **backpack** [bǽkpæk]	n.	배낭 v. 배낭을 지고 걷다
☐ **bask in the sun**	phr.	햇볕을 쬐다
☐ **bustle** [bʌ́sl]	n.	부산함, 북적거림 v. 서두르다
☐ **captain** [kǽptin]	n.	선장, (항공기의) 기장
☐ **capture** [kǽptʃər]	v.	(마음·관심을) 사로잡다, 매료하다
☐ **colossal** [kəlásəl]	a.	거대한, 엄청난
☐ **comfortable** [kʌ́mfərtəbl]	a.	편(안)한, 쾌적한
☐ **coral reef**	n.	산호초
☐ **cruise** [krúːz]	n.	유람선 여행
☐ **dice** [dáis]	n.	주사위
☐ **diversion** [divə́ːrʒən]	n.	기분 전환, 오락
☐ **drowsy** [dráuzi]	a.	졸리는, 나른하게 만드는
☐ **energize** [énərdʒàiz]	v.	활기[기운]를 북돋우다
☐ **expedition** [èkspədíʃən]	n.	탐험, 원정
☐ **extensive** [iksténsiv]	a.	아주 넓은[많은], 대규모의
☐ **fascinating** [fǽsənèitiŋ]	a.	대단히 흥미로운, 매력적인
☐ **ferry** [féri]	n.	페리 v. 나르다
☐ **forthcoming** [fɔ́ːrθkʌ́miŋ]	a.	곧 올; 다가오는
☐ **fountain** [fáuntən]	n.	분수

☐ **fragrant** [fréigrənt]	a.	향기로운, 향긋한
☐ **handbook** [hǽndbùk]	n.	편람, 안내서
☐ **haven** [héivən]	n.	안식처, 피난처
☐ **hefty** [héfti]	a.	장대한, 크고 무거운
☐ **hit the road**	phr.	출발하다, 여행을 떠나다
☐ **hot spring**	phr.	온천
☐ **houseboat** [háusbòut]	n.	선상 가옥[주거용 보트]
☐ **hustle** [hʌ́sl]	n.	법석, 혼잡 v. 떠밀다[밀치다]
☐ **imposing** [impóuziŋ]	a.	인상적인, 당당한
☐ **inconvenience** [ìnkənvíːnjəns]	n.	불편, 폐
☐ **in demand**	phr.	수요가 많은
☐ **invigorate** [invígərèit]	v.	기운 나게 하다, 활기를 북돋우다
☐ **isolated** [áisəlèitid]	a.	외떨어진, 외딴, 고립된
☐ **jaunt** [dʒɔ́ːnt]	n.	짧은 여행
☐ **keen** [kíːn]	a.	간절히 ∼하고 싶은, 열망하는
☐ **lackluster** [lǽklʌ̀stər]	a.	광택이 없는, 활기 없는
☐ **laid-back** [léidbǽk]	a.	느긋한, 태평스러운
☐ **languid** [lǽŋgwid]	a.	나른한, 노곤한, 축 늘어진
☐ **lodging** [ládʒiŋ]	n.	임시 숙소, 하숙
☐ **loiter** [lɔ́itər]	v.	빈둥거리다, 어슬렁어슬렁 걷다
☐ **Make yourself at home.**		편히 계세요.
☐ **mass transit**	phr.	대중교통
☐ **mecca** [mékə]	n.	메카, 성지, 많은 사람이 찾아가는 곳
☐ **memento** [məméntou]	n.	기념품
☐ **memorable** [mémərəbl]	a.	기억할 만한

- **memorial** [məmɔ́:riəl]   n. 기념비, 기념물
- **mesmerize** [mézməráiz]   v. 매혹시키다
- **miss out on**   phr. ~할 기회를 놓치다
- **monotonous** [mənάtənəs]   a. 단조로운, 지루한
- **off-limits** [ɔ́(:)flímits]   a. 출입 금지의

- **outlook** [áutlùk]   n. 전망, 조망, 경치
- **overnight** [óuvərnàit]   ad. 밤새도록, 하룻밤 사이에
- **palace** [pǽlis]   n. 궁전, 대저택
- **paradise** [pǽrədàis]   n. 천국, 낙원
- **particular** [pərtíkjulər]   a. 특정한

- **platform** [plǽtfɔ:rm]   n. (역의) 승강장
- **postpone** [poustpóun]   v. 연기하다, 미루다
- **pristine** [prístin]   a. 자연 그대로의, 오염되지 않은
- **pub** [pʌ́b]   n. 술집
- **recreation** [rèkriéiʃən]   n. 레크리에이션, 오락

- **refresh** [rifréʃ]   v. 생기를 되찾게[상쾌하게] 하다
- **rejuvenate** [ridʒú:vənèit]   v. 활기를 되찾게 하다
- **relax** [rilǽks]   v. 휴식을 취하다, 긴장을 풀다
- **remote** [rimóut]   a. 외진, 외딴
- **rest** [rést]   n. 휴식, 수면 v. 쉬다, 자다

- **retrace** [ri:tréis]   v. 발자취를 따라가다
- **routine** [ru:tí:n]   n. (판에 박힌) 일상
- **runway** [rʌ́nwèi]   n. 활주로, (패션쇼장의) 무대
- **scent** [sént]   n. 향기, 향
- **seek** [sí:k]   v. 찾다, 구하다

☐ **serene** [sərí:n]	a.	고요한, 평화로운, 조용한
☐ **serenity** [sərénəti]	n.	(마음·생활의) 평온, 평정, 침착
☐ **shade** [ʃéid]	n.	그늘
☐ **sightseeing** [sáitsì:iŋ]	n.	관광
☐ **snapshot** [snǽpʃɑ̀t]	n.	스냅 사진
☐ **sought-after** [sɔ́:tæftər]	a.	수요가 있는, 인기 있는
☐ **stunning** [stʌ́niŋ]	a.	굉장히 아름다운[멋진]
☐ **submarine** [sʌ̀bmərí:n]	n.	잠수함
☐ **sunbathe** [sʌ́nbèið]	v.	일광욕을 하다
☐ **sunscreen** [sʌ́nskrì:n]	a.	자외선 차단제
☐ **sunset** [sʌ́nsèt]	n.	해질 녘, 일몰
☐ **sweltering** [swéltəriŋ]	a.	무더운, 더위 먹은
☐ **tourism** [túərizm]	n.	관광
☐ **trail** [tréil]	n.	오솔길, 산길
☐ **travel agency**	phr.	여행사
☐ **traveler's check**	phr.	여행자 수표
☐ **traverse** [trǽvə:rs]	v.	가로지르다, 횡단하다 n. 횡단
☐ **unforgettable** [ʌ̀nfərgétəbl]	a.	잊지 못할[잊을 수 없는]
☐ **unwind** [ʌ̀nwáind]	v.	긴장을 풀다
☐ **vacation spot**	phr.	휴양지
☐ **vigor** [vígər]	n.	힘, 활력
☐ **vivid** [vívid]	a.	생생한
☐ **voyage** [vɔ́iidʒ]	n.	여행, 항해
☐ **waiting list**	phr.	대기자[후보자] 명단
☐ **You can't miss it.**		찾기 쉬워요.

DAY 23

미디어의 시대, 미디어의 영어
미디어

acclaim 800
[əkléim]
ⓥ 환호하다

Mr. Lupin's new album was **acclaimed** by critics and fans alike.
미스터 루핀의 새 앨범은 평론가들과 팬들 모두의 호평을 받았다.

cf. acclamation n. 환호, 갈채

 기출표현

critically acclaimed 평론가들의 호평을 받은

affirm 800
[əfə́ːrm]
ⓥ 단언하다

In the televised speech, the President **affirmed** his commitment to immigration reform.
TV로 방송된 연설에서 대통령은 이민 개혁에 대한 약속을 지킬 것을 단언했다.

cf. affirmation n. 확언, 단언
　　affirmative a. 동의하는 n. 동의

 기출표현

affirmative action
사회적 약자 우대 정책(차별 철폐 조치)

allegedly 800
[əlédʒidli]
ⓐⓓ 전해진 바에 의하면

The actor **allegedly** beat his ex-wife.
전해진 바에 의하면 그 배우가 전 부인에게 폭력을 휘둘렀다고 한다.

cf. allege v. (증거 없이) 혐의를 제기하다, 주장하다
　　alleged a. 주장된
　　allegation n. 주장, 혐의

 기출표현

alleged victim 피해자로 추정되는 사람

anonymous [800]
[ənánəməs]

ⓐ 익명의, 작자 불명의

The reporter received an **anonymous** letter that alleged Jacob killed Juliet.
기자는 제이콥이 줄리엣을 살해했다고 주장하는 익명의 편지를 받았다.

cf. anonymity n. 익명

on condition of anonymity 익명을 조건으로

bail out [800]
phr 벗어나다, 탈출하다; ~을 구하다

Two new members joined the girl band after the lead vocalist **bailed out**.
걸그룹의 리드 보컬이 그만둔 이후 새 멤버 두 명이 합류했다.

The suspect was **bailed out** on October 10th.
용의자는 10월 10일 보석으로 풀려났다.

The IMF **bailed out** Korea at the end of 1997.
IMF는 1997년 말 한국에 구제 금융을 제공했다.

cf. bailout n. 구제 금융, 긴급 구제

bombard [800]
[bɑmbá:rd]

ⓥ 퍼붓다

Reporters **bombarded** the actress with questions regarding her divorce.
기자들이 여배우에게 이혼에 대한 질문 공세를 퍼부었다.

cf. bombardment n. 포격, 충격

celebrity [600]
[səlébrəti]

ⓝ 유명 인사

A host of **celebrities** including musicians and soccer players will appear on the show.
뮤지션과 축구 선수를 포함한 여러 유명 인사들이 프로그램에 출연할 것이다.

cf. celebrate v. 축하하다

censor 800
[sénsər]
ⓥ 검열하다

The Chinese government still heavily **censors** the news.
중국 정부는 여전히 뉴스를 엄격하게 검열한다.
cf. censorship n. 검열 (제도)

commentary 600
[káməntèri]
ⓝ 해설, 실황 방송

Nicholas was listening to the radio **commentary** on the baseball game while driving.
니콜라스는 운전하면서 라디오 야구 실황 방송을 듣고 있었다.
cf. comment n. 논평, 지적 v. 논평[해설]하다
commentator n. 해설자, 실황 방송원

 기출표현

commentary on politics 정치에 대한 논평

correspondent 800
[kɔ̀ːrəspándənt]
ⓝ 특파원

The Washington **correspondent** gave a running commentary on the election results.
워싱턴 특파원이 선거 결과에 대해 중계방송을 했다.
cf. correspond v. 서신을 왕래하다; 부합하다
correspondence n. 서신, 편지; 관련성, 유사함

coverage 600
[kʌ́vəridʒ]
ⓝ 보도, 취재; 보상 (범위)

There will be massive TV **coverage** of the upcoming Olympic Games.
다가오는 올림픽 대회를 TV에서 대대적으로 보도할 것이다.
cf. cover v. 취재하다, 방송하다

critique 800
[kritíːk]
ⓝ 비평, 평론

Collin wrote a series of literary **critiques** for the *New York Times*.
콜린은 〈뉴욕타임즈〉에 문학 평론을 연재했다.
cf. critic n. 비평가
criticize v. 비평하다

deliberate ⁶⁰⁰
ⓐ [dilíbərət] 계획적인, 신중한
ⓥ [dilíbərèit] 숙고하다

The **deliberate** dissemination of personal information is a crime.
고의적인 개인 정보 유포는 범죄이다.

Journalists should be **deliberate** in their speech.
언론인은 말을 신중하게 해야 한다.

Jordan **deliberated** on whether to report the scandal.
조던은 스캔들을 보도해야 할지 심사숙고했다.

cf. deliberation n. 숙고, 신중함
　　deliberately ad. 고의로, 신중하게

disclose ⁸⁰⁰
[disklóuz]
ⓥ 폭로하다

He was apprehended for **disclosing** military secrets to the press.
그는 군사 기밀을 언론에 폭로한 혐의로 체포되었다.

cf. disclosure n. 폭로

disseminate ⁹⁰⁰
[disémənèit]
ⓥ 퍼뜨리다

It is true that some websites **disseminate** incorrect information.
일부 웹사이트에서 부정확한 정보를 유포하는 것이 사실이다.

cf. dissemination n. 보급

editorial ⁶⁰⁰
[èdətɔ́:riəl]
ⓝ 사설, 논설

There is an **editorial** on the Korea-U.S. FTA in today's paper.
오늘 신문에 한미 FTA에 대한 사설이 실렸다.

cf. edit v. 편집하다
　　editor n. 편집자(장)

engrossing ⁹⁰⁰
[ingróusiŋ]
ⓐ 마음을 사로잡는

I watched an **engrossing** documentary about the history of communism.
공산주의 역사에 대한 흥미진진한 다큐멘터리를 보았다.
cf. engross v. 몰두시키다
　 engrossed a. 몰두한

ensure ⁶⁰⁰
[inʃúər]
ⓥ 확실하게 하다, 보증하다

The media must **ensure** that no inaccurate or distorted news is published.
미디어는 부정확하거나 왜곡된 뉴스가 보도되지 않도록 해야 한다.

evade ⁸⁰⁰
[ivéid]
ⓥ 피하다, 회피하다

The former mayor **evaded** the press for one month.
전 시장은 한 달간 언론을 피했다.
cf. evasion n. 회피; 탈세
　 evasive a. 회피적인; 애매한

 기출표현
tax evasion 탈세
evasive answer 애매한 대답

fad ⁸⁰⁰
[fǽd]
ⓝ 일시적인 유행

He thinks the latest fitness craze is just a passing **fad**.
그는 최근의 몸매 관리 열풍이 단지 지나가는 일시적인 유행이라고 생각한다.

fall out of favor ⁸⁰⁰
phr 눈 밖에 나다

The actor **fell out of favor** after a drug scandal.
배우는 약물 스캔들 이후 인기가 떨어졌다.

 기출표현
be in favor 인기가 있다

feature [fíːtʃər] 600
- ⓝ 특집 기사
- ⓥ 특집으로 하다

The Japanese newspaper did a **feature** on Korean pop music.
일본 신문은 한국 가요 특집 기사를 실었다.

The magazine **featured** an article on the U.S. presidential election.
잡지는 미 대선 특집 기사를 실었다.

issue [íʃuː] 600
- ⓝ 발행물; 문제
- ⓥ 발행하다

The March **issue** of *Fortune* has a special article on genetic engineering.
〈포춘〉 3월호는 유전 공학에 대한 특집 기사를 싣고 있다.

Same sex marriage is a controversial **issue** in the U.S.
동성 결혼은 미국에서 논란이 많은 문제이다.

Christina was **issued** a parking ticket last Thursday.
크리스티나는 지난 목요일에 주차 위반 딱지를 받았다.

manipulate [mənípjulèit] 800
- ⓥ 조작[조종]하다

Some politicians are good at **manipulating** public opinion.
일부 정치인들은 여론 조작에 능하다.

Training is necessary in order to learn to **manipulate** heavy equipment.
중장비를 다루는 법을 배우려면 훈련이 필요하다.

cf. manipulative a. 조종에 능한
   manipulation n. 교묘한 처리, 조작
   manipulator n. 조종자

medium [míːdiəm] 600
- ⓝ 매체
- ⓐ 중간의

Radio is still an important **medium** of communication for many people.
라디오는 여전히 많은 사람들에게 중요한 통신 매체이다.

Lily is of **medium** height with red hair.
릴리는 중간 정도 키에 빨간 머리이다.

 기출표현

small and medium-sized enterprises
중소기업

mordant ⁹⁰⁰
[mɔ́:rdənt]
ⓐ 신랄한

The column contained **mordant** criticism of government and society.
칼럼에는 정부와 사회에 대한 신랄한 비판이 담겨 있었다.

obituary ⁹⁰⁰
[oubítʃuèri]
ⓝ (신문에 실리는) 사망 기사

When she died, her **obituary** ran in about 400 newspapers around the world.
그녀가 사망했을 때 전 세계 약 400여개의 신문에 사망 기사가 실렸다.

piracy ⁶⁰⁰
[páiərəsi]
ⓝ 저작권 침해

In spite of anti-piracy efforts, **piracy** of movies, music, video games, and software is still rising.
불법 복제 방지 노력에도 불구하고 영화, 음악, 비디오 게임, 소프트웨어의 불법 복제가 여전히 증가하고 있다.

cf. pirate n. 저작권 침해자 v. 저작권을 침해하다

 기출표현

pirated edition 해적판
pirated DVD 해적판 DVD

press ⁶⁰⁰
[prés]
ⓝ 언론계, 기자단

Press reports revealed that the company had evaded taxes.
기업이 탈세를 했다는 사실이 언론 보도를 통해 밝혀졌다.

prominent ⁸⁰⁰
[prámənənt]
ⓐ 유명한

Some of the most **prominent** politicians in Korea participated in the conference.
한국에서 가장 유명한 정치인들 중 몇 명이 회의에 참석했다.

cf. prominence n. 두드러짐, 현저함

 기출표현

rise to prominence 유명해지다

propagate [900]
[prɑ́pəgèit]
v 보급시키다, 번식시키다

Young politicians use social media to **propagate** their political views.
젊은 정치인들은 자신의 정치적 견해를 전파하기 위해 소셜 미디어를 이용한다.

These plants **propagate** only at low temperatures.
이 식물들은 낮은 온도에서만 번식한다.

cf. propagation n. 번식, 선전
propaganda n. 선전

publication [600]
[pʌ̀bləkéiʃən]
n 출판, 발행

Her autobiography is scheduled for **publication** at the end of this year.
그녀의 자서전이 올해 말 출간될 예정이다.

cf. publish v. 출판하다

rave [800]
[réiv]
v 격찬하다

Critics **raved** about Spielberg's new movie.
평론가들은 스필버그의 새 영화를 극찬했다.

🗨️ 기출표현
receive rave reviews 극찬을 받다

release [600]
[ri:líːs]
v 발매하다

His new single will be **released** tomorrow.
그의 새 싱글 음반은 내일 발매될 것이다.

sensation [600]
[senséiʃən]
n 센세이션, 물의

The teenage singer caused a **sensation** in the Korean music scene.
10대 가수가 한국 음악계에 돌풍을 일으켰다.

cf. sensational a. 선풍적인, 매우 훌륭한
sensationalize v. 선정적으로 다루다
sensationalism n. 선정주의

subscribe 600
[səbskráib]
- v 구독하다

I have **subscribed** to *L.A. Times* for ten years.
나는 10년 동안 〈LA 타임즈〉를 구독했다.

cf. subscription n. 구독
    subscriber n. 구독자

---

syndicate 900
[síndikèit]
- v (동시에 많은 신문·잡지에) 팔다

Ms. Sullivan's column is **syndicated** to more than 110 newspapers.
설리번 씨의 칼럼은 110개 이상의 신문사에 팔린다.

---

taint 800
[téint]
- v 더럽히다
- n 오점, 오명

The scandal **tainted** the reputation of the president.
스캔들로 대통령의 명성에 오점이 남았다.

 기출표현
pure of taint 오점 없는

---

uncover 600
[ʌnkʌ́vər]
- v 폭로하다

The reporter **uncovered** the fact that Mr. Abbot took bribes from local businessmen.
기자는 애보트 씨가 지역 기업인들로부터 뇌물을 받았다는 사실을 폭로했다.

⟷ cover v. 감추다, 숨기다

---

viewership 800
[vjúːərʃìp]
- n 시청률

The drama has a large **viewership** in Korea.
그 드라마는 한국에서 시청률이 높다.

cf. view v. 보다
    viewer n. 텔레비전 시청자

Daily TEST

A 의미상 적절한 단어를 골라 빈칸에 넣고, 필요 시 단어의 형태를 어법에 맞게 바꾸시오.

> 보기 ⓐ correspondent ⓑ feature ⓒ disseminate ⓓ allegedly ⓔ subscribe
> ⓕ rave ⓖ censor ⓗ piracy ⓘ taint ⓙ deliberate

1. Public television has always _____ bad language and violence in movies.
2. The news media has a responsibility to _____ information to the public.
3. The politician _____ took bribes from businesspeople, but he denies it.
4. The play received _____ reviews from the critics.
5. He lived abroad for five years as an international _____.
6. Enzo _____ over the decision for two weeks before he made up his mind.
7. The Lincoln administration was free from the _____ of corruption.
8. Yesterday all Korean newspapers _____ the massive earthquake in China on their front pages.
9. Software _____ is still a serious problem in Korea.
10. I don't _____ to a newspaper because I can read news online for free.

B 단어의 의미가 올바르게 설명된 보기를 찾아 연결하시오.

11. mordant   ⓐ critical and unkind, but funny
12. manipulate   ⓑ to avoid accepting or dealing with something that you should do
13. propagate   ⓒ to influence someone, or to control something, in a clever or dishonest way
14. acclaim   ⓓ to praise enthusiastically and often publicly
15. evade   ⓔ to spread an idea, a belief or a piece of information among many people

Voca PLUS

- **a fly in the ointment** — phr. 옥에 티
- **air** [ɛər] — v. 방송하다, 방송되다
- **anchor** [ǽŋkər] — n. 앵커 v. (뉴스를) 진행하다
- **anecdote** [ǽnikdòut] — n. 일화, 개인적인 진술
- **annotate** [ǽnətèit] — v. 주석을 달다

- **appear** [əpíər] — v. (방송에) 출연하다
- **article** [áːrtikl] — n. (신문·잡지의) 글, 기사
- **authorship** [ɔ́ːθərʃip] — n. (원)저자, 저작[저술] (작업)
- **autobiography** [ɔ̀ːtəbaiágrəfi] — n. 자서전
- **autograph** [ɔ́ːtəgræf] — n. 사인 v. 사인을 해주다

- **back-page** [bækpéidʒ] — a. 뒷면의, 보도 가치가 적은
- **bibliography** [bìbliágrəfi] — n. 참고 문헌 (목록)
- **blackout** [blǽkàut] — n. (정부에 의한) 보도 통제[정지]
- **blooper** [blúːpər] — n. 실수, NG
- **box office** — phr. 매표소

- **broadcast** [brɔ́ːdkæ̀st] — v. 방송하다
- **brochure** [brouʃúər] — n. 팸플릿, 소책자
- **bulletin** [búlətin] — n. 뉴스 단신, 고시, 공고
- **by word of mouth** — phr. 구전으로, 입에서 입으로
- **cast** [kǽst] — v. 배역을 정하다 n. 출연자들

- **column** [káləm] — n. (신문·잡지의) 정기 기고란[칼럼]
- **concise** [kənsáis] — a. 간결한, 축약된
- **contempt** [kəntémpt] — n. 모욕(죄)
- **copycat** [kápikæ̀t] — n. 모방하는 사람, 흉내쟁이
- **copyright** [kápiràit] — n. 저작권, 판권

- **debut** [déibju:]   n. 데뷔, 첫 등장
- **detract from**   phr. 나쁘게 말하다, 헐뜯다
- **divulge** [diváldʒ]   v. 누설[폭로]하다
- **documentary** [dàkjəméntəri]   n. 다큐멘터리, 기록물
- **dramatic** [drəmǽtik]   a. 극적인, 감격적인

- **dubbing** [dʌ́biŋ]   n. 더빙, 재녹음
- **edition** [idíʃən]   n. (간행물의) 판
- **encyclopedia** [insàikləpí:diə]   n. 백과사전
- **enlighten** [enláitn]   v. 계몽[교화]하다
- **entertainment** [èntərtéinmənt]   n. 오락(물), 여흥

- **exaggerate** [igzǽdʒərèit]   v. 과장하다
- **fallacy** [fǽləsi]   n. 오류, 잘못된 생각
- **filmmaking** [fílmmèikiŋ]   n. 영화 제작
- **foreword** [fɔ́:rwə̀:rd]   n. 서문
- **front page**   phr. (신문의) 제1면

- **glossary** [glásəri]   n. 용어 사전, 해설 목록
- **gossip** [gásəp]   n. 소문, 험담
- **hardcover** [há:rdkʌ́vər]   n. 양장본
- **headline** [hédlàin]   n. 헤드라인, 표제
- **identify with**   phr. ~와 동일시하다

- **impression** [impréʃən]   n. 쇄, 인쇄 부수
- **incite** [insáit]   v. 선동[조장]하다
- **in-depth** [indépθ]   a. 심도 있는
- **innuendo** [ìnjuéndou]   n. 풍자, 빈정대는 말
- **journal** [dʒə́:rnl]   n. 정기 간행물, 저널, 학술지

☐ **journalism** [dʒə́ːrnəlìzm]	n.	저널리즘, 언론 활동
☐ **lampoon** [læmpúːn]	n.	풍자 v. 풍자하다
☐ **lead** [líːd]	n.	(신문 기사의) 머리글, 첫머리
☐ **libel** [láibəl]	n.	(문서에 의한) 명예 훼손 v. 명예를 훼손하다
☐ **misleading** [mislíːdiŋ]	a.	호도[오도]하는
☐ **newsstand** [njúːzstænd]	n.	신문[잡지] 판매점, 가판대
☐ **obscene** [əbsíːn]	a.	음란한, 외설적인
☐ **out of sync**	phr.	(영화) 음이 화면과 안 맞는
☐ **outspoken** [àutspóukən]	a.	(말 등이) 솔직한, 노골적인
☐ **over the top**	phr.	과장된, 지나친
☐ **overstate** [òuvərstéit]	v.	과장하다
☐ **overview** [óuvərvjùː]	n.	개관, 개요
☐ **paperback** [péipərbæ̀k]	n.	페이퍼백, 종이 표지의 책
☐ **periodical** [pìəriádikəl]	n.	(학술지 등) 정기 간행물
☐ **pop culture**	phr.	대중문화
☐ **preface** [préfis]	n.	서문
☐ **prime time**	phr.	황금 시간대
☐ **proofread** [prúːfrìːd]	v.	교정을 보다
☐ **provoke** [prəvóuk]	v.	(특정한 반응을) 유발[도발]하다
☐ **pseudonym** [súːdənìm]	n.	(작가의) 필명, 가명
☐ **public announcement**	phr.	공고, 공시, 공표
☐ **publisher** [pʌ́bliʃər]	n.	출판인(사)
☐ **quarterly** [kwɔ́ːrtərli]	n.	계간지
☐ **quote** [kwóut]	v.	인용하다 n. 인용문[구]
☐ **readership** [ríːdərʃìp]	n.	독자수[층]

☐ **reference** [réfərəns]	n.	참조, 참고
☐ **relay** [ríːlei]	v.	중계[전달]하다
☐ **reportedly** [ripɔ́ːrtidli]	ad.	전하는 바에 따르면, 소문에 의하면
☐ **royalty** [rɔ́iəlti]	n.	로열티, 저작권 사용료
☐ **scapegoat** [skéipgòut]	n.	희생양
☐ **scoop** [skúːp]	n.	특종, 최신 정보
☐ **screenwriter** [skríːnràitər]	n.	시나리오 작가
☐ **sentimental** [sèntiméntl]	a.	정서[감정]적인
☐ **shoot** [ʃúːt]	v.	(영화·사진을) 촬영하다[찍다]
☐ **skew** [skjúː]	v.	왜곡하다
☐ **skirt** [skɔ́ːrt]	v.	(곤란한 주제에 대해) 언급을 피하다
☐ **slander** [slǽndər]	n.	(말로 하는) 명예 훼손 v. 명예를 훼손하다
☐ **slot** [slát]	n.	(텔레비전·라디오 등의) 시간대
☐ **soap opera**	phr.	연속극, 드라마
☐ **spoof** [spúːf]	n.	패러디 v. 패러디하다
☐ **star** [stáːr]	n.	주연 v. 주연을 맡다
☐ **synchronize** [síŋkrənàiz]	v.	(영화) 영상과 발성이 일치하다
☐ **touching** [tʌ́tʃiŋ]	a.	감동적인
☐ **transcription** [trænskrípʃən]	n.	필사, 전사, 글로 옮김
☐ **TV personality**	phr.	방송인, 탤런트
☐ **universal** [jùːnəvə́ːrsəl]	a.	보편적인, 전 세계적인
☐ **up-to-the-minute news**	phr.	가장 최근 소식
☐ **version** [vɔ́ːrʒən]	n.	판, 변형, 각색
☐ **violence** [váiələns]	n.	폭력
☐ **wrap-up** [rǽpʌ̀p]	n.	간추린 뉴스, 요약

DAY 24 역사

역사는 돌고 돌고, 빈출어휘도 돌고 돌고

accede 900
[æksíːd]
ⓥ (왕위에) 오르다; 동의하다

King Sejong the Great **acceded** to the throne in 1418.
세종대왕은 1418년에 왕위에 올랐다.

Alison finally **acceded** to our demands.
앨리슨은 마침내 우리의 요구에 따랐다.

cf. accession n. 취임; 가입

aggravate 800
[ǽgrəvèit]
ⓥ 악화시키다

The war **aggravated** ethnic tensions between the two tribes.
전쟁은 두 부족 간의 민족적 긴장 상태를 악화시켰다.

cf. aggravation n. 악화

archaeology 600
[ὰːrkiάlədʒi]
ⓝ 고고학

Archaeology is the study of past human societies by examining their remains.
고고학은 유적을 조사하여 과거의 인간 사회를 연구하는 학문이다.

cf. archaeologist n. 고고학자
　archaeological a. 고고학의

archive 800
[άːrkaiv]
ⓝ 고기록, 공문서

The museum houses the most important **archive** of early modern texts.
박물관은 초기 현대의 가장 중요한 문서들을 소장하고 있다.

cf. archival a. 기록의; 고문서의

artifact [800]
[ɑ́ːrtəfækt]
n 인공 유물

More than 40 **artifacts** were excavated from this site.
이 현장에서 40개 이상의 유물이 발굴되었다.

assassinate [800]
[əsǽsənèit]
v 암살하다

The attempt to **assassinate** the king failed.
왕을 암살하려는 시도는 실패했다.

cf. assassination n. 암살
    assassin[assassinator] n. 암살자

authentic [800]
[ɔːθéntik]
a 진정한, 진짜의

The upcoming exhibition will display hundreds of **authentic** artifacts from World War II.
곧 있을 전시회에서는 수백 점의 세계 2차 대전 유물 진품이 전시될 것이다.

cf. authenticity n. 진짜임
    authenticate v. 진짜임을 증명하다
    authentication n. 증명, 인증

brandish [800]
[brǽndiʃ]
v 휘두르다

Joan of Arc **brandished** her sword at him.
잔 다르크가 그에게 칼을 휘둘렀다.

break out [600]
phr 발발[발생]하다

She was born in the year the civil war **broke out**.
그녀는 내전이 발생한 해에 태어났다.

cf. outbreak n. 발발, 발생

 기출표현

an outbreak of cholera 콜레라 발생
the outbreak of war 전쟁의 발발

civilization ⁶⁰⁰
[sìvəlizéiʃən]

ⓝ 문명

Dr. Jay has studied the dawn of **civilization** in Mesopotamia.
제이 박사는 메소포타미아 문명의 기원을 연구해왔다.

cf. civil a. 시민의
civilize v. 문명화하다
civilized a. 문명화된, 개화된

 기출표현

civil rights 시민의 평등권   civil servant 공무원
civil service 행정 업무   droit civil 민법
civil society 시민 사회   civil war 내전

colonial ⁶⁰⁰
[kəlóuniəl]

ⓐ 식민(지)의

Korea was under Japanese **colonial** rule for thirty five years.
한국은 35년간 일제 식민 통치하에 있었다.

cf. colony n. 식민지
colonize v. 식민지로 만들다
colonization n. 식민지화
colonialism n. 식민주의

concur ⁸⁰⁰
[kənkə́:r]

ⓥ 일치하다, 동의하다

Abraham Lincoln's birthday **concurred** with Charles Darwin's birthday.
아브라함 링컨의 생일과 찰스 다윈의 생일은 같은 날이었다.

All the conscientious historians **concur** that China and Japan are distorting history.
모든 양심적인 역사학자들은 중국과 일본이 역사를 왜곡하고 있다는 데 동의한다.

cf. concurrence n. 동의
concurrently ad. 동시에

consecutive ⁸⁰⁰
[kənsékjutiv]

ⓐ 연속적인, 연이은

The Hundred Years' War did not last for 100 **consecutive** years.
백년전쟁이 100년 연이어 지속된 것은 아니다.

= successive a. 연속적인

counterpart 800
[káuntərpà:rt]
Ⓝ 상대방, 대응물

President Park Chung-hee met his Japanese **counterpart**, Prime Minister Ikeda, in 1961.
박정희 대통령은 1961년에 일본의 이케다 총리를 만났다.

credence 900
[krí:dəns]
Ⓝ 신빙성

Archaeological evidence lends **credence** to Professor Mosby's theory.
고고학적 증거가 모스비 교수의 이론에 신빙성을 부여해 준다.

 기출표현
　　give credence to ~을 믿다

emancipate 900
[imǽnsəpèit]
Ⓥ 해방하다

Contrary to popular belief, Lincoln did not intend to **emancipate** slaves.
일반적인 생각과 달리 링컨은 노예 해방을 의도하지 않았다.
cf. emancipation n. 해방

enslave 800
[insléiv]
Ⓥ 노예로 만들다

The barbaric tribe **enslaved** enemies they conquered.
야만적인 부족은 정복한 적들을 노예로 만들었다.
cf. slave n. 노예
　　 slavery n. 노예 제도
　　 enslavement n. 노예화

excavate 800
[ékskəvèit]
Ⓥ 발굴하다

Chinese archaeologists **excavating** in Xian discovered a royal tomb.
시안에서 발굴 작업을 하던 중국인 고고학자들이 왕릉을 발견했다.
cf. excavation n. 발굴
　　 excavator n. 발굴자

exhibit 600
[igzíbit]
v 전시하다

The authentic artifacts will be **exhibited** in the museum for two months.
진품 유물들이 박물관에서 2개월 동안 전시될 것이다.
cf. exhibition n. 전시(회)

found 600
[fáund]
v 설립하다

Yi Seong-gye successfully staged a coup and **founded** the Joseon Dynasty in 1392.
이성계는 성공적으로 쿠데타를 벌였고, 1392년에 조선 왕조를 세웠다.
cf. founder n. 설립자
  foundation n. 창설

 기출표현

  lay the foundation of ~을 창설하다
  Founding Fathers 미합중국 헌법 제정자들

heir 800
[ɛər]
n 계승자

King Taejong chose Sejong as an **heir** to the throne.
태종왕은 세종을 왕위 계승자로 선출했다.
cf. heiress n. 여자 상속인

heritage 600
[héritidʒ]
n 유산

Korea has a rich cultural **heritage** and various tourist attractions.
한국은 문화유산이 풍부하고 관광 명소도 다양하다.

 기출표현

  World Heritage Committee
  (유네스코의) 세계 유산 위원회

imperialism 600
[impíəriəlìzm]
n 제국주의

Koreans fought bravely against Japanese **imperialism** for national independence.
한국인들은 독립을 위해 일본 제국주의에 맞서 용감히 싸웠다.
cf. empire n. 제국
  emperor n. 황제
  imperial a. 제국의
  imperialist n. 제국주의자
  imperialistic a. 제국주의의

legacy 600
[légəsi]

ⓝ 유산

We should continue our ancestors' **legacy**.
우리는 선조들의 유산을 이어나가야 한다.

medieval 600
[mìːdíːvəl]

ⓐ 중세의

Scientific advancement halted during **medieval** times in Europe.
중세 시대 유럽에서는 과학의 발전이 멈추었다.

 기출표현
> the Middle Ages 중세 시대
> middle age 중년기

nomadic 800
[noumǽdik]

ⓐ 유목의, 방랑의

Nomadic tribes were able to move freely through Europe in the 10th century.
10세기 유목 민족들은 유럽을 자유롭게 여행할 수 있었다.

cf. nomad n. 유목민

occupy 600
[ákjupài]

ⓥ 점령하다, 차지하다; ~의 마음을 끌다

During the Korean War, this city was **occupied** by North Korean forces.
한국 전쟁 당시 이 도시는 북한군에 의해 점령되었다.

The piano **occupied** most of her bedroom.
피아노가 그녀의 침실 대부분을 차지하고 있었다.

Children were **occupied** with playing video games.
아이들은 비디오 게임을 하느라 정신이 없었다.

cf. occupancy n. 사용; 점유
　　occupant n. 입주자
　　occupation n. 직업; 점령
　　occupational a. 직업의

originate 600
[ərídʒənèit]
- ⓥ 유래하다

Buddhism and Hinduism **originated** in India, and Confucianism and Taoism arouse in China.
불교와 힌두교는 인도에서 유래하였고, 유교와 도교는 중국에서 발생했다.

cf. origin n. 유래
　　original a. 최초의

---

patriarchy 900
[péitriɑ̀ːrki]
- ⓝ 가부장제

The country was a **patriarchy** until recently.
그 나라는 최근까지 가부장제 국가였다.

cf. patriarch n. 가장
　　patriarchal a. 가장의
 matriarchy n. 여가장제

🔸 기출표현
patriarchal society 가부장 사회

---

precede 800
[prisíːd]
- ⓥ 먼저 일어나다

The Goryeo Dynasty **preceded** the Joseon Dynasty.
고려 왕조가 조선 왕조보다 먼저 있었다.

cf. precedence n. 선행
　　unprecedented a. 전례가 없는

🔸 기출표현
take[have] precedence of[over]
~보다 우선하다

---

rebel 800
[ribél]
- ⓥ 반란을 일으키다

Chinese people **rebelled** against the government in Tiananmen Square in 1989.
중국인들은 1989년 천안문 광장에서 정부에 맞서 반란을 일으켰다.

cf. rebellion n. 반란
　　rebellious a. 반역하는, 반항하는

reign 800
[réin]
ⓥ 군림하다

Queen Seondeok **reigned** over Silla from 632 to 647.
선덕여왕은 632년부터 647년까지 신라를 다스렸다.

relic 800
[rélik]
ⓝ 유물, 유적

Every year a large number of tourists visit Italy to see the Roman **relics**.
매년 많은 관광객들이 로마 유적을 보기 위해 이탈리아에 간다.

remains 800
[riméinz]
ⓝ 유물, 유적; 유해

Archaeologists excavated the **remains** of houses from the Bronze Age.
고고학자들이 청동기 시대 가옥 유적을 발굴했다.

restore 600
[ristɔ́ːr]
ⓥ 복원하다

After the war, the two mosques were **restored** to the original state.
전쟁이 끝난 후 두 회교 사원은 원상 복구되었다.
cf. restoration n. 복원, 복구

savage 800
[sǽvidʒ]
ⓐ 야만적인

Native Americans were regarded as **savage** and primitive.
북미 원주민들은 야만적이고 원시적이라고 여겨졌다.

succeed 600
[səksíːd]
ⓥ 뒤를 잇다

Prime Minister Choi Kyu-hah **succeeded** Park Chung-hee as President.
최규하 국무총리가 박정희의 뒤를 이어 대통령이 되었다.
cf. succession n. 계승; 연쇄
successor n. 후임자
success n. 성공

transition 800
[trænzíʃən]
ⓝ 과도기

In the 1980's, Korea was in **transition** from autocracy to democracy.
1980년대는 한국이 독재 정치에서 민주주의로 변화하는 과도기였다.
cf. transitional a. 과도기의

treasure 600
[tréʒər]
ⓝ 보물; 보배; 귀중품

The imperialistic country looted our cultural **treasures**.
제국주의 국가가 우리 문화재를 약탈했다.

tyranny 800
[tírəni]
ⓝ 전제 정치; 횡포

He was one of the people who stood up against Nazi **tyranny**.
그는 나치의 압제에 저항한 사람 중 하나였다.
cf. tyrant n. 폭군

Daily TEST

A
의미상 적절한 단어를 골라 빈칸에 넣고, 필요 시 단어의 형태를 어법에 맞게 바꾸시오.

보기: ⓐ relic ⓑ excavate ⓒ authentic ⓓ credence ⓔ medieval
ⓕ nomadic ⓖ transition ⓗ precede ⓘ accede ⓙ patriarchy

1. The queen's decision to _____ to Spain's request was met with fierce criticism.
2. The former foreign minister ruled the country during the period of _____ to democracy.
3. _____ is a society where men dominate women.
4. The _____ period in European history is often referred to as the Dark Ages.
5. I'm not sure whether this diamond is _____ or fake.
6. The museum houses _____ of the Silla Dynasty.
7. _____ people do not live in one place all the time but travel from place to place.
8. Further studies are needed to give _____ to his theory.
9. Pottery and weapons have been _____ from the site.
10. In Chinese history, the Tang Dynasty _____ the Ming Dynasty.

B
단어의 의미가 올바르게 설명된 보기를 찾아 연결하시오.

11. concur — ⓐ to wave a weapon or other object around in your hand so that other people can see it
12. brandish — ⓑ to make something worse
13. emancipate — ⓒ to be of the same opinion
14. aggravate — ⓓ a government that treats people in a cruel and unfair way, using force to control them
15. tyranny — ⓔ to free somebody, especially from legal, political or social restrictions.

- **aboriginal** [æ̀bərídʒənl] — a. 원주민의, 토착의
- **ancestor** [ǽnsestər] — n. 조상, 선조
- **ancient** [éinʃənt] — a. 고대의
- **antecedent** [æ̀ntəsíːdnt] — a. 선행된, 이전의
- **anthropology** [æ̀nθrəpálədʒi] — n. 인류학

- **archaic** [ɑːrkéiik] — a. 태곳적의, 고대의, 구식인
- **aristocracy** [æ̀rəstákrəsi] — n. 귀족 (계층)
- **atrocity** [ətrásəti] — n. 잔혹 행위
- **autocrat** [ɔ́ːtəkræ̀t] — n. 전제 군주, 독재자
- **banish** [bǽniʃ] — v. 추방하다

- **barbarian** [bɑːrbɛ́əriən] — n. 이방인, 미개인
- **battlefield** [bǽtlfìːld] — n. 전쟁터, 전장
- **beleaguer** [bilíːgər] — v. 포위[공격]하다, 둘러싸다
- **bellicose** [bélikòus] — a. 호전적인, 싸우기 좋아하는
- **beset** [bisét] — v. 포위하다, 에워싸다

- **bygone** [báigɔ̀ːn] — a. 지나간, 옛날의
- **captive** [kǽptiv] — a. 사로잡힌, 억류된
- **carnage** [káːrnidʒ] — n. 대학살
- **class struggle** — phr. 계급 투쟁
- **confederation** [kənfèdəréiʃən] — n. 연합, 연맹

- **conquer** [káŋkər] — v. 정복하다
- **cradle** [kréidl] — n. 요람, 발상지
- **cultivate** [kʌ́ltəvèit] — v. 경작하다, 일구다
- **defunct** [difʌ́ŋkt] — a. 없어져 버린, 현존하지 않는
- **demise** [dimáiz] — n. 종말, 사망

☐ **despotism** [déspətìzm]	n. 폭정
☐ **dethrone** [diθróun]	v. 퇴위시키다, 권좌에서 몰아내다
☐ **downtrodden** [dáuntràdn]	a. 탄압받은, 짓밟힌
☐ **dynasty** [dáinəsti]	n. 왕조
☐ **ebb and flow**	phr. 성쇠
☐ **edict** [í:dikt]	n. 포고령, 칙령
☐ **encroach** [enkróutʃ]	v. 침략하다, 침입하다
☐ **enthrone** [enθróun]	v. 왕위에 올리다, 즉위시키다
☐ **era** [íərə]	n. 시대
☐ **exhume** [igzjú:m]	v. 발굴하다, (무덤을) 파내다
☐ **expansion** [ikspǽnʃən]	n. 확대, 확장, 팽창
☐ **fabricated history**	phr. 날조된 역사
☐ **famine** [fǽmin]	n. 기근
☐ **feat** [fi:t]	n. 위업, 공적, 공훈
☐ **federal** [fédərəl]	a. 연방제의
☐ **feudalism** [fjú:dəlìzm]	n. 봉건 제도
☐ **folk tale**	phr. 민간 설화, 민화, 전설
☐ **forebear** [fɔ́:rbɛ̀ər]	n. 선조, 조상
☐ **forerunner** [fɔ́:rrʌ̀nər]	n. 선구자, 전신, 전조
☐ **gateway** [géitwèi]	n. 입구
☐ **genocide** [dʒénəsàid]	n. 집단[종족] 학살
☐ **glacial period**	phr. 빙하기
☐ **gladiator** [glǽdièitər]	n. 검투사
☐ **governor** [gʌ́vərnər]	n. 총독, 주지사
☐ **hieroglyph** [háiərəglìf]	n. 상형 문자

☐ **history-making**	a.	역사적인, 역사에 남을
☐ **hoard** [hɔ́:rd]	n.	비축[저장]물
☐ **hunter-gatherer**	n.	수렵 채집민
☐ **Ice Age**	phr.	빙하기
☐ **in chronological order**	phr.	연대순으로
☐ **insurgence** [insə́:rdʒəns]	n.	모반, 폭동, 반란
☐ **leadership** [líːdərʃip]	n.	지도력, 지도[대표]부
☐ **legendary** [lédʒəndèri]	a.	전설적인
☐ **liberate** [líbərèit]	v.	해방시키다
☐ **lineage** [líniidʒ]	n.	혈통, 계통
☐ **livestock** [láivstàk]	n.	가축
☐ **massacre** [mǽsəkər]	n.	대학살
☐ **mercenary** [mə́:rsənèri]	n.	용병
☐ **milestone** [máilstòun]	a.	중요한[획기적인] 단계[사건]
☐ **monarch** [mánərk]	n.	군주
☐ **mummy** [mʌ́mi]	n.	미라
☐ **mythology** [miθálədʒi]	n.	신화, 근거 없는 믿음
☐ **noble** [nóubl]	a.	귀족의
☐ **onset** [ɔ́:nsèt]	n.	시작
☐ **oppressive** [əprésiv]	a.	억압[탄압]하는, 억압적인
☐ **oust** [áust]	v.	몰아내다, 축출하다
☐ **outset** [àutsèt]	n.	착수, 시초, 발단
☐ **overland** [óuvərlænd]	a.	육로[육상]의
☐ **patrimony** [pǽtrəmòuni]	n.	유산, 세습 재산
☐ **perpetuate** [pərpétʃuèit]	v.	영구화하다, 영속시키다

☐ **plantation** [plæntéiʃən]	n.	대농장, 플랜테이션
☐ **plunder** [plʌ́ndər]	v.	약탈[강탈]하다
☐ **prehistoric** [prìːhistɔ́ːrik]	a.	선사 시대의
☐ **previous** [príːviəs]	a.	이전의, 전의
☐ **primitive** [prímətiv]	a.	원시 사회의
☐ **promulgate** [prάməlgèit]	v.	반포[공포]하다
☐ **prosper** [prάspər]	v.	번영[번창]하다; 번성하다
☐ **realm** [rélm]	n.	왕국, 영역; 범위
☐ **reconstruction** [rìːkənstrʌ́kʃən]	n.	복원, 재건
☐ **regime** [reiʒíːm]	n.	정권, 체제
☐ **republic** [ripʌ́blik]	n.	공화국
☐ **revert** [rivə́ːrt]	v.	되돌아가다
☐ **revolt** [rivóult]	n.	반란, 봉기, 저항
☐ **riot** [ráiət]	n.	폭동
☐ **royal** [rɔ́iəl]	a.	국왕[여왕]의
☐ **ruins** [rúːinz]	n.	잔해, 폐허, 유적
☐ **socialism** [sóuʃəlìzm]	n.	사회주의
☐ **starvation** [staːrvéiʃən]	n.	기아, 굶주림
☐ **subdue** [səbdjúː]	v.	진압하다
☐ **survival** [sərváivəl]	n.	생존
☐ **tomb** [tuːm]	n.	무덤
☐ **treaty** [tríːti]	n.	조약
☐ **unearth** [ʌnə́ːrθ]	v.	파내다, 발굴하다
☐ **usurp** [juːsə́rp]	v.	빼앗다, 찬탈하다
☐ **wield** [wíːld]	v.	(권력 등을) 행사하다, (무기를) 휘두르다

DAY 25
하늘 천 따 지
지질학, 천문학

absorb 600
[æbsɔ́ːrb]
ⓥ 흡수하다

Black holes **absorb** matter and light and do not emit anything.
블랙홀은 물질과 빛을 흡수하고 아무것도 방출하지 않는다.
cf. absorption n. 흡수; 몰두

analysis 600
[ənǽləsis]
ⓝ 분석

The **analysis** of the soil shows that it is rich in organic matter.
토양을 분석해 보니 유기물이 풍부하다는 것이 드러났다.
cf. analyst n. 분석자
analytical a. 분석적인

cluster 800
[klʌ́stər]
ⓝ 무리; 자음군
ⓥ 모이다

A **cluster** of stars means a group of stars.
성단이란 별들의 무리를 뜻한다.
The children **clustered** around the clown.
아이들이 광대 주위에 모였다.

collision 800
[kəlíʒən]
ⓝ 충돌

An asteroid **collision** caused the annihilation of dinosaurs 65 million years ago.
소행성 충돌은 6천 5백만 년 전 공룡 멸종의 원인이 되었다.
cf. collide v. 충돌하다

component 600
[kəmpóunənt]
n 구성 요소

CO_2 is the main **component** of the atmosphere of Mars.
이산화탄소는 화성 대기의 주요 구성 요소이다.

conduct 600
[kəndʌ́kt] v 수행[전도]하다
[kándʌkt] n 행동, 품행, 행실

Geologists **conducted** studies to determine the relative risk of earthquakes in the area.
지질학자들이 그 지역에서 지진의 상대적인 위험성을 알아내기 위해 연구를 수행했다.

This material **conducts** electricity well.
이 물질은 전기를 잘 전도한다.

The student was reprimanded for his bad **conduct**.
학생은 나쁜 품행 때문에 질책을 받았다.

cf. conductor n. 지휘자, 여행 안내원
    conduction n. 전도

daydream 600
[déidrì:m]
v 공상에 잠기다

The young man who used to **daydream** of being an astronaut has now become an astronomer.
우주 비행사가 되는 공상에 잠기던 젊은이는 이제 천문학자가 되었다.

density 600
[dénsəti]
n 밀도, 농도

Mercury has a higher **density** than Mars.
수성은 화성보다 밀도가 높다.

cf. dense a. 밀집한

desolate 800
[désələt]
a 황량한, 적막한

The astronaut said that the moon was a **desolate** place.
우주 비행사는 달이 황량한 곳이라고 말했다.

cf. desolation n. 황량함, 적막함

eclipse 800
[iklíps]

Ⓝ (해·달의) 식

It is not difficult for astronomers to calculate a solar **eclipse**.
천문학자에게 일식 계산은 어렵지 않다.

lunar eclipse 월식
total[full] eclipse 개기 일식
partial eclipse 부분식
annular eclipse 금환식

encounter 600
[inkáuntər]

Ⓥ 만나다, 마주치다

Stephen Hawking said that we might **encounter** hostile aliens someday.
스티븐 호킹은 언젠가 우리가 적대적인 외계인들을 만날지도 모른다고 말했다.

a chance encounter 우연한 만남

erode 800
[iróud]

Ⓥ 침식하다

The rock has been steadily **eroded** by the river.
바위가 강물에 의해 끊임없이 침식되었다.

cf. erosion n. 침식

soil erosion 토양 침식

erupt 800
[irʌ́pt]

Ⓥ 분출하다

Mt. Fuji is a dormant volcano that could **erupt** at any time.
후지산은 언제든지 폭발할 수 있는 휴화산이다.

cf. eruption n. 폭발

gravity 600
[grǽvəti]
n 중력

The **gravity** on earth is more than that on Mars.
지구의 중력은 화성의 중력보다 강하다.

cf. gravitational a. 중력의

 기출표현
the gravity of the situation 상황의 심각성

hypothesis 800
[haipάθəsis]
n 가설

Scientists found strong evidence confirming the **hypothesis** that the earth is about 4.5 billion years old.
과학자들은 지구 나이가 약 45억 년이라는 가설에 대한 강력한 증거를 발견했다.

cf. hypothesize v. 가설을 세우다(제기하다)
    hypothetical a. 가설(가정)의

infinite 800
[ínfənət]
a 무한한

Lay people find it difficult to understand that the universe is **infinite**.
비전문가들은 우주가 무한하다는 사실을 이해하기 어려워한다.

cf. infinity n. 무한대

⟷ finite a. 한정된

intense 600
[inténs]
a 강렬한

When a comet approaches the sun, the sun's **intense** heat melts it.
혜성이 태양에 접근하면 강력한 태양열이 혜성을 녹인다.

cf. intensity n. 강렬함, 강도
    intensify v. 심해지다, 격렬해지다
    intensive a. 집중적인, 철두철미한

 기출표현
an intensive course 집중 강좌

mitigate 800
[mítəgèit]
- v 완화하다

Planting trees helps **mitigate** soil erosion.
나무 심기는 토양 침식 완화에 도움이 된다.

cf. mitigation n. 완화

myriad 800
[míriəd]
- n 무수

Our universe has a **myriad** of stars.
우리 우주에는 무수한 별이 있다.

numerous 600
[njú:mərəs]
- a 수많은

There are **numerous** galaxies in our universe.
우리 우주에는 수많은 은하계가 있다.

cf. number n. 수, 숫자
    numeral n. 숫자, 수사

 기출표현

Arabic numeral 아라비아 숫자
binary[decimal] numeral 이진(십진)수

objective 600
[əbdʒéktiv]
- a 객관적인
- n 목적, 목표

Scientists need **objective** evidence to support their hypothesis.
과학자들은 자신들의 가설을 지지하는 객관적인 증거가 필요하다.

The **objective** of this research is to calculate the age of the solar system.
이 연구의 목적은 태양계의 나이를 계산하는 것이다.

cf. object n. 물건, 목적 v. 반대하다
    objection n. 이의, 반대

⟷ subjective a. 주관적인

observe 600
[əbzə́ːrv]
ⓥ 관찰하다; 준수하다

He began to **observe** the movement of the planet.
그는 행성의 움직임을 관찰하기 시작했다.

I'll show you the door if you do not **observe** the regulations.
규정을 준수하지 않으면 쫓아내겠다.

cf. observer n. 관찰자
observation n. 관찰
observance n. 준수
observatory n. 관측소

orbit 600
[ɔ́ːrbit]
ⓥ 궤도를 돌다

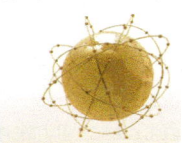

In 1958, the United States launched the second satellite to **orbit** the earth.
1958년에 미국은 지구 궤도를 도는 두 번째 인공위성을 발사했다.

cf. orbital a. 궤도의; 도시 외곽을 도는

parched 900
[páːrtʃt]
ⓐ 바짝 마른, 목이 타는

The soil was **parched** from lack of rain.
비가 오지 않아 흙이 바짝 말라버렸다.

I'm **parched**. Could you get me some water, please?
목이 너무 말라요. 물 좀 주시겠어요?

cf. parch v. 바짝 마르게 하다

partial 600
[páːrʃəl]
ⓐ 부분적인; 편파적인

Hundreds of people gathered to observe a **partial** eclipse.
수백 명의 사람들이 부분식을 관찰하기 위해 모였다.

The newspaper was accused of being **partial** to the ruling party.
신문은 여당에 편파적이라는 비난을 받았다.

cf. partiality n. 편애, 편파
⟷ impartial a. 공정한
impartiality n. 공명정대

phase [600]
[féiz]

- ⓝ (달의) 상, 단계
- ⓥ 단계적으로 실행하다

We can observe the **phase** of the moon change every day.
우리는 달의 상이 매일 변화하는 것을 관찰할 수 있다.

The International Space Station is in the final **phase** of construction.
국제 우주 정거장은 건설 마지막 단계에 있다.

The government plans to **phase** in the new tax over the next three years.
정부는 향후 3년에 걸쳐 단계적으로 새로운 조세를 도입할 계획이다.

 기출표현

phase in ~을 단계적으로 도입하다
phase out 단계적으로 폐지(중단)하다

---

probe [600]
[próub]

- ⓝ 탐사용 로켓
- ⓥ 탐사[탐구]하다

Only a few countries have successfully sent space **probes** beyond the solar system.
오직 소수의 국가가 태양계 너머까지 무인 우주 탐사선을 보내는 데 성공했다.

Netizens are **probing** into her personal life.
네티즌들이 그녀의 사생활을 캐고 있다.

---

quest [800]
[kwést]

- ⓝ 탐색

Scientists are on a **quest** for alien life.
과학자들은 외계 생명체를 찾고 있다.

reflect 600
[riflékt]
ⓥ 반사하다; 반영하다; 곰곰이 생각하다

The planet seems to give off its own light but actually it just **reflects** the sun's light.
행성은 자체적으로 빛을 발산하는 것처럼 보이지만, 사실은 태양빛을 반사할 뿐이다.

The mainstream media does not seem to **reflect** the views of ordinary people.
주류 대중 매체는 일반인의 견해를 반영하지는 않는 것으로 보인다.

Lyn **reflected** on the meaning of the poem.
린은 시의 의미를 곰곰이 생각했다.

cf. reflection n. 반사
　　 reflective a. 반사하는

 기출표현
be reflective of ~을 반영하다

---

revolve 800
[riválv]
ⓥ 공전하다

The survey found that 20% of Americans think the sun **revolves** around the earth.
조사에 따르면 미국인 20%가 태양이 지구 주위를 공전한다고 생각한다고 한다.

cf. revolutionary a. 혁명의　n. 혁명가

 기출표현
revolving door 회전문

---

simulate 800
[símjulèit]
ⓥ 모의실험을 하다

This computer software was used to **simulate** conditions on Mars.
이 컴퓨터 소프트웨어가 화성의 환경 시뮬레이션에 이용되었다.

cf. simulation n. 모의실험
　　 simulator n. 모의실험 장치

---

tangible 800
[tǽndʒəbl]
ⓐ 명백한

Scientists have not found any **tangible** evidence that alien life exists.
과학자들은 외계 생명체가 존재한다는 명백한 증거를 조금도 찾지 못했다.

⟷ intangible a. 막연한; 무형의

terrain ⁹⁰⁰
[təréin]
n 지형, 지역

The research showed how mountainous **terrain** could be turned into arable land.
연구는 산악 지형이 어떻게 경작지로 바뀔 수 있는지를 보여주었다.

terrestrial ⁹⁰⁰
[təréstriəl]
a 지구상의

Mercury, Venus, Earth, and Mars are **terrestrial** planets, whereas Jupiter, Saturn, Uranus, and Neptune are Jovian planets.
수성, 금성, 지구, 화성은 지구형 행성인 반면, 목성, 토성, 천왕성, 해왕성은 목성형 행성이다.

cf. **extraterrestrial** a. 지구 (대기권) 밖의 n. 우주인

 기출표현

terrestrial animal 육상 동물
terrestrial magnetism 지자기
terrestrial radiation 지구 복사

underlying ⁸⁰⁰
[ʌ́ndərlàiiŋ]
a 밑에 있는; 근원적인

The **underlying** strata show that the area was very humid 10,000 years ago.
밑에 있는 지층은 그 지역이 만 년 전에 매우 습했다는 사실을 보여 준다.

Stress might be an **underlying** cause of many diseases.
스트레스가 여러 질환의 근본적인 원인일지도 모른다.

cf. **underlie** v. ~의 기초가 되다; 어근이 되다

undermine ⁸⁰⁰
[ʌ̀ndərmáin]
v ~의 뿌리[토대]를 침식하다; ~의 밑을 파다; 약화시키다

The strong ocean current has **undermined** the cliff.
강한 해류가 절벽 아래를 침식해왔다.

The Vatican rejected the Copernican theory because they thought it could **undermine** the church's authority.
교황청은 교회의 권위를 손상시킬 수 있다고 생각했기 때문에 지동설을 거부했다.

validate [800]
[vǽlədèit]
ⓥ 정당성을 입증하다

Halley's Comet **validated** Edmond Halley's theory that comets are a part of the solar system.
핼리 혜성은 혜성이 태양계의 일부라는 에드먼드 핼리의 이론을 입증했다.

cf. valid a. 유효한, 타당한
validity n. 유효성, 타당성
validation n. 확인, 비준
⟷ invalidate v. 무효화하다
invalid a. 무효의, 근거 없는

wane [800]
[wéin]
ⓥ 이지러지다; 약해지다

The moon waxes and **wanes** in a four week cycle.
달은 4주 주기로 차고 이지러진다.

Marshall's popularity has **waned**.
마셜의 인기가 떨어졌다.

⟷ wax v. (달이) 차츰 커지다

watershed [900]
[wɔ́ːtərʃèd]
ⓝ 분수령

Newton's laws of motion served as a **watershed** in astronomy.
뉴턴의 운동 법칙은 천문학의 분수령 역할을 했다.

zenith [900]
[zíːniθ]
ⓝ 천정; 절정

The sun is at the **zenith** at midday.
태양은 정오가 되면 천정에 위치한다.

Her career as a lawyer reached its **zenith** in 2009.
변호사로서 그녀의 성공은 2009년 정점에 달했다.

⟷ nadir n. 천저; 최악의 순간, 밑바닥

Daily TEST

A 의미상 적절한 단어를 골라 빈칸에 넣고, 필요 시 단어의 형태를 어법에 맞게 바꾸시오.

보기	ⓐ revolve	ⓑ wane	ⓒ gravity	ⓓ infinite	ⓔ probe
	ⓕ terrestrial	ⓖ erupt	ⓗ parched	ⓘ conduct	ⓙ tangible

1 _____ animals live on land while aquatic animals live in the water.

2 The popularity of jazz music has waxed and _____ over the years.

3 Wood does not _____ electricity well.

4 The universe is _____ and continues to expand.

5 I don't think Serena understands the _____ of the situation.

6 The moon _____ around the earth.

7 The media has _____ into almost every aspect of Chloe's life.

8 People want to see some _____ evidence that the economy is improving.

9 I was _____ after the run and was looking for water.

10 People evacuated when the volcano began to _____.

B 단어의 의미가 올바르게 설명된 보기를 찾아 연결하시오.

11 desolate   ⓐ to gradually destroy the surface of something through the action of wind, rain, etc.

12 mitigate   ⓑ a lot of stars that are close to each other

13 cluster   ⓒ to make something less unpleasant, serious, or painful

14 terrain   ⓓ empty of people and lacking in comfort

15 erode   ⓔ an area of land, usually one that has a particular physical feature

Voca PLUS

- **active volcano** — phr. 활화산
- **archipelago** [à:rkəpéləgòu] — n. 다도해, 군도
- **asteroid** [ǽstərɔ̀id] — n. 소행성
- **astrology** [əstrálədʒi] — n. 점성술
- **astronaut** [ǽstrənɔ̀:t] — n. 우주 비행사

- **astronomer** [əstránəmər] — n. 천문학자
- **atomic** [ətámik] — a. 원자의, 원자력의
- **axis** [ǽksis] — n. (중심) 축, 축선
- **basin** [béisn] — n. 분지
- **bedrock** [bédràk] — n. 기반, 기반암

- **canal** [kənǽl] — n. 운하, 수로
- **canyon** [kǽnjən] — n. 협곡
- **cascade** [kæskéid] — n. 작은 폭포
- **cavern** [kǽvərn] — n. (특히 큰) 동굴
- **celestial** [siléstʃəl] — a. 하늘의, 천체의, 천상의

- **chaos** [kéiɑs] — n. 혼돈, 혼란
- **circumference** [sərkÁmfərəns] — n. 원주, (구의) 둘레
- **cliff** [klíf] — n. 절벽
- **coastal** [kóustəl] — a. 해안[연안]의
- **comet** [kámit] — n. 혜성

- **constellation** [kànstəléiʃən] — n. 별자리, 성좌
- **continental drift theory** — n. 대륙 이동설
- **cosmos** [kázməs] — n. 우주
- **crater** [kréitər] — n. 분화구
- **crevice** [krévis] — n. (바위나 담에 생긴) 틈

☐ **crust** [krʌ́st]	n.	지각
☐ **desertification** [dizə̀:rtəfikéiʃən]	n.	사막화
☐ **diameter** [daiǽmitər]	n.	지름
☐ **dormant volcano**	phr.	휴화산
☐ **elliptical** [ilíptikəl]	a.	타원형의
☐ **epicenter** [épisèntər]	n.	진원지, 진앙
☐ **equator** [ikwéitər]	n.	적도
☐ **explore** [iksplɔ́:r]	v.	탐험[답사]하다
☐ **extinct volcano**	phr.	사화산
☐ **fluid** [flú:id]	n.	유체, 유동체
☐ **galaxy** [gǽləksi]	n.	은하계
☐ **gentle slope**	phr.	완만한 경사
☐ **geography** [dʒi:ágrəfi]	n.	지리(학), 지형
☐ **geology** [dʒì:álədʒi]	n.	지질학
☐ **globe** [glóub]	n.	지구본, 지구의
☐ **gravitate** [grǽvətèit]	v.	인력에 끌리다
☐ **grotto** [grátou]	n.	작은 동굴
☐ **groundwater** [gráundwɔ̀:tər]	n.	지하수
☐ **gulf** [gʌ́lf]	n.	만
☐ **highland** [háilənd]	n.	고지, 산악지
☐ **hollow** [hálou]	n.	(속이) 빈
☐ **horizon** [həráizn]	n.	수평선, 지평선
☐ **horoscope** [hɔ́:rəskòup]	n.	점성술, 별점
☐ **innumerable** [injú:mərəbl]	a.	셀 수 없이 많은, 무수한
☐ **irrigate** [írəgèit]	v.	(땅에) 물을 대다, 관개하다

☐ **landmass** [lǽndmæs]	n.	광대한 땅, 대륙
☐ **landslide** [lǽndslàid]	n.	산사태
☐ **latitude** [lǽtətjùːd]	n.	위도
☐ **lava** [láːvə]	n.	용암
☐ **longitude** [lándʒətjùːd]	n.	경도
☐ **lowland** [lóulənd]	a.	저지대의
☐ **lunar** [lúːnər]	a.	달의
☐ **magnetic field**	phr.	자기장
☐ **magnitude** [mǽgnətjùːd]	n.	(별의) 광도, 지진 규모
☐ **man-made** [mǽnméid]	a.	사람이 만든, 인공의
☐ **meadow** [médou]	n.	목초지
☐ **meteor** [míːtiər]	n.	유성, 별똥별
☐ **meteorite** [míːtiəràit]	n.	운석
☐ **mire** [máiər]	n.	진창, 진흙탕, 수렁
☐ **nebula** [nébjələ]	n.	성운
☐ **outer space**	phr.	(대기권 외) 우주 공간
☐ **particle** [páːrtikl]	n.	(아주 작은) 입자, 조각
☐ **pasture** [pǽstʃər]	n.	초원, 목초지
☐ **peninsula** [pənínsjulə]	n.	반도
☐ **perimeter** [pərímitər]	n.	주위[주변], 둘레
☐ **permafrost** [páːrməfrɔ̀ːst]	n.	영구 동토층
☐ **plain** [pléin]	n.	평원, 평지
☐ **planet** [plǽnit]	n.	행성
☐ **primeval** [praimíːvəl]	a.	태고의, 원시 시대부터 내려온
☐ **radiance** [réidiəns]	n.	광휘, 광채

- range [réindʒ]   n. 산맥
- reef [ríːf]   n. 암초
- resonate [rézənèit]   v. 공명하다, 울려 퍼지다
- ridge [rídʒ]   n. 산등성이, 산마루
- salinity [səlínəti]   n. 염분, 염도

- satellite [sǽtəlàit]   n. 위성, 인공위성
- sediment [sédəmənt]   n. 침전물, 앙금
- seismic [sáizmik]   a. 지진의, 지진에 의한
- solar system   phr. 태양계
- spacewalk [spéiswɔ̀ːk]   n. 우주 유영

- spatial [spéiʃəl]   a. 공간의, 공간적인
- sphere [sfiər]   n. 구
- stalactite [stəlǽktait]   n. 종유석
- steep slope   phr. 급경사
- strait [stréit]   n. 해협

- subterranean [sÀbtəréiniən]   a. 지하의
- telescope [téləskòup]   n. 망원경
- tide [táid]   n. 조수, 밀물과 썰물, 조류
- topography [təpágrəfi]   n. 지형, 지형학
- topsoil [tápsɔ̀il]   n. 표토

- trajectory [trədʒéktəri]   n. 궤도; 탄도; 궤적
- tremor [trémər]   n. 떨림, 미동, 미진
- unmanned spacecraft   phr. 무인 우주선
- valley [vǽli]   n. 계곡, 골짜기
- vibrate [váibreit]   v. 진동하다

DAY 26
운동도 영어공부도 결국은 반복 숙달
스포츠

---

account for ⁸⁰⁰
phr 차지하다; 원인이 되다; ~의 소재를 확인하다

Male college students **accounted for** 80% of the spectators.
남자 대학생이 관중의 80%를 차지했다.

The rainy weather might have **accounted for** the small crowd.
비 오는 날씨가 관중이 적은 이유였는지도 모른다.

All missing students have now been **accounted for**.
실종된 학생들 모두의 소재가 확인되었다.

---

assert ⁸⁰⁰
[əsə́ːrt]
v 주장하다

Some experts **assert** that mixed martial arts is safer than boxing.
일부 전문가들은 종합 격투기가 복싱보다 더 안전하다고 주장한다.

cf. assertion n. 주장
assertive a. 단정적인

 기출표현

assertiveness training 적극성 훈련
(소극적인 사람에게 자신감을 길러 주는 훈련)

---

avid ⁹⁰⁰
[ǽvid]
a (취미 등에) 열심인, 열렬한

Neil is an **avid** fan of Major League Baseball.
닐은 메이저리그 야구의 열성팬이다.

 기출표현

an avid reader 독서광

374

coerce 800
[kouə́:rs]
ⓥ 강제하다

His parents **coerced** him into joining the tennis club.
그의 부모는 강제로 그를 테니스 클럽에 가입시켰다.

cf. coercive a. 강압(강제)적인
coercion n. 강제, 강압

competition 600
[kàmpətíʃən]
ⓝ (경연) 대회

She was only nine years old when she entered a swimming **competition** for the first time.
처음으로 수영 대회에 나갔을 때 그녀는 아홉 살에 불과했다.

cf. compete v. 경쟁하다, (경기에) 참가하다
competitor n. 경쟁자
competitive a. 경쟁적인
competitiveness n. 경쟁력

concede 800
[kənsí:d]
ⓥ (마지못해) 인정하다

The golfer **conceded** defeat even before starting his 17th hole.
골프 선수는 17홀을 시작하기도 전에 패배를 인정했다.

Noah **conceded** that his theory was wrong.
노아는 자신의 이론이 틀렸음을 마지못해 인정했다.

cf. concession n. 양보

confine 800
[kənfáin]
ⓥ 가두다, 제한하다

The wrestler was **confined** to a wheelchair after the injury.
레슬링 선수는 부상을 당한 뒤 휠체어를 타야만 했다.

His lecture will not be **confined** to geology.
그의 강의는 지질학에 국한되지 않을 것이다.

cf. confinement n. 감금, 제한

dabble in[at] 800
phr 취미 삼아 해보다

She **dabbled in** swimming in high school.
그녀는 고등학교 때 취미 삼아 수영을 했다.

defeat [600]
[difíːt]

- v 패배시키다
- n 패배

Chelsea **defeated** Manchester United by the score of 5-1.
첼시가 맨체스터 유나이티드를 5대 1로 이겼다.

Manchester United suffered a humiliating 5-1 **defeat** against Chelsea.
맨체스터 유나이티드는 첼시에 5대 1의 굴욕적인 패배를 당했다.

defense [600]
[diféns]

- n 수비, 방어

Robin cut through the **defense** to score the fifth goal.
로빈이 수비진을 뚫고 다섯 번째 골을 넣었다.

Alex said in Nina's **defense** that she didn't know about the crime.
알렉스는 니나를 옹호하기 위해 그녀가 범죄에 대해 몰랐다고 말했다.

cf. defend v. 방어하다, 옹호하다
　　defender n. 옹호자
　　defensive a. 방어적인, 수비의
⟷ offense n. 위반, 무례
　　attack n. 공격, 비난 v. 공격하다

 기출표현

　　a psychological defense mechanism
　　심리적 방어 기제
　　national defense 국방

distracted [600]
[distræktid]

- a (정신이) 산만[산란]해진

The American players were **distracted** by the loud Chinese fans.
미국 선수들은 시끄러운 중국 팬들 때문에 정신이 산만해졌다.

cf. distract v. 산만하게 하다
　　distraction n. 주의 산만

dominate 600
[dámənèit]
- ⓥ 우위를 차지하다, 지배하다

Jeonju KCC **dominated** the first quarter of the match.
전주 KCC는 1쿼터를 압도했다.

Phoebe tends to **dominate** the conversation.
피비는 대화를 독차지하는 경향이 있다.

cf. dominant a. 우세한, 지배적인

 기출표현
a male-dominated society 남성 우위의 사회

dope 800
[dóup]
- ⓝ 마약

Robin won the race but failed a **dope** test.
로빈은 경주에서 우승했지만 약물 검사에서 탈락했다.

cf. doping n. 도핑, 금지 약물 복용

exuberant 900
[igzú:bərənt]
- ⓐ 열광적인, 활기찬

They were **exuberant** after winning the baseball game.
그들은 야구 경기에서 이기고 열광적으로 기뻐했다.

cf. exuberance n. 풍부, 윤택

fit 600
[fít]
- ⓐ 건강한, 알맞은
- ⓥ 맞다, 적합하다

He is in his forties, but he still looks **fit** for his age.
그는 40대지만 나이치고는 몸이 탄탄해 보인다.

I don't think Cobie is **fit** to do the job.
코비가 그 일을 하기에 적합하지 않다고 생각한다.

This baseball cap doesn't **fit** my big head.
이 야구모자는 내 큰 머리에 맞지 않다.

cf. fitness n. 체력, 적성

 기출표현
fitting room 탈의실

invincible 800
[invínsəbl]
ⓐ 이길 수 없는, 불굴의

At badminton, Justin is **invincible**.
배드민턴에서 저스틴을 이길 사람은 없다.

malicious 800
[məlíʃəs]
ⓐ 악의적인

He got a red card for his **malicious** foul.
그는 악의적인 반칙 때문에 레드카드를 받았다.

cf. malice n. 악의, 적의

malicious code (컴퓨터) 악성 코드

match 600
[mætʃ]
ⓝ 경기
ⓥ 어울리다; ~에 필적[대등]하다

Hundreds of spectators gathered to watch the tennis **match**.
테니스 경기를 보기 위해 수백 명의 관중들이 모였다.

I have a hat that **matches** this suit.
나에게 이 정장에 어울리는 모자가 있다.

No one **matches** Jenny at kickboxing.
킥복싱에서 제니와 맞먹을 상대가 없다.

cf. matching a. 어울리는
matchless a. 무적의, 비길 데 없는

meditation 600
[mèdətéiʃən]
ⓝ 명상

Yoga and **meditation** are popular among young people.
요가와 명상이 젊은이들 사이에서 인기 있다.

cf. meditate v. 명상하다

opponent 600
[əpóunənt]
ⓝ 상대, 반대자

The boxer knocked out his **opponent** in the fourth round.
권투 선수는 4라운드에서 상대방을 KO시켰다.

Opponents of abortion held a protest against the government's new policy.
낙태 반대자들이 정부의 새 정책에 반대하는 시위를 벌였다.

cf. oppose v. 반대하다, 겨루다
opposition n. 반대

overcome [òuvərkʌm]
v 극복하다

Steve Austin **overcame** injury to defend his title.
스티브 오스틴은 부상을 극복하고 타이틀 방어에 성공했다.

pastime [pǽstàim| páːs-]
n 오락

Baseball has long been the national **pastime** in America.
미국에서 야구는 오랫동안 전 국민의 오락이었다.

plague [pléig]
v 괴롭히다
n 전염병

The athlete was **plagued** by injury last season.
운동선수는 지난 시즌 부상에 시달렸다.

The **plague** has taken hundreds of thousands of lives in Asia.
전염병으로 아시아에서 수십만 명이 사망했다.

qualify [kwáləfài]
v ~의 자격을 얻다

The nation has never **qualified** for the FIFA World Cup.
그 나라는 FIFA 월드컵 예선을 통과한 적이 한 번도 없다.

cf. qualified a. 자격이 있는

⟵ disqualify v. 실격시키다

 기출표현

> be disqualified for using drugs
> 약물 복용으로 실격 당하다

referee [rèfəríː]
n 심판원

The **referee** gave a red card to the defender.
심판은 수비수에게 레드카드를 주었다.

rehabilitate [800]
[riːhəbílətèit]

v 회복하다

It took the soccer player a year to **rehabilitate** his right knee.
그 축구 선수가 오른쪽 무릎을 회복하는 데는 1년이 걸렸다.

cf. rehabilitation n. 사회 복귀, 갱생
rehab n. 사회 복귀; 갱생 시설

rivalry [600]
[ráivəlri]

n 경쟁

There has been a **rivalry** between the New York Yankees and the LA Dodgers for a long time.
뉴욕 양키스와 LA 다저스는 오랫동안 경쟁 관계에 있다.

cf. rival n. 경쟁자

root for [600]
phr 응원[성원]하다

Tens of thousands of spectators were **rooting for** Daejeon FC.
수만 명의 관중이 대전 FC를 응원하고 있었다.

rout [900]
[ráut]

v 완패시키다

The Pacific Dolphins **routed** the Chicago Bulls 20-4.
퍼시픽 돌핀스가 시카고 불스를 20대 4로 완패시켰다.

score [600]
[skɔ́ːr]

v 득점하다, 점수를 받다

Adrian **scored** two goals in the first half.
애드리언은 전반전에 두 골을 넣었다.

shape 600
[ʃéip]
ⓝ 외양, 스타일

George works out regularly to keep in **shape**.
조지는 몸매를 유지하기 위해 규칙적으로 운동한다.

get in shape 몸매를 만들다
be in (good) shape 몸매가 좋다
out of shape 몸매가 엉망인, 제 모양이 아닌

spectator 600
[spékteitər]
ⓝ 구경꾼, 관객

Eighty thousand **spectators** watched the championship match.
8만 관중이 챔피언십 경기를 보았다.

cf. spectate n. 관전하다, 구경하다

spent 800
[spént]
ⓐ 녹초가 된

The two players were **spent** after the match.
두 선수는 경기가 끝난 후 녹초가 되었다.

stake 800
[stéik]
ⓥ (돈·생명 등을) 걸다

The wrestler **staked** his career on the title match.
레슬링 선수는 선수권 시합에 자신의 선수 생활을 걸었다.

streak 800
[stríːk]
ⓝ (성공·실패의) 연속

The Kia Tigers are on a winning **streak** this season.
기아 타이거즈는 올 시즌 연승을 거두고 있다.

end a losing streak 연패에서 벗어나다

stretch 600
[strétʃ]
ⓥ 뻗다, 기지개를 켜다

You should **stretch** your legs before practicing kicks.
발차기 연습을 하기 전에 다리 스트레칭을 해야 한다.

cf. stretching n. 스트레칭
stretcher n. 들것, 펴는 도구

stroll 600
[stróul]
ⓥ 산책하다

Jonathan was **strolling** along the beach.
조나단은 해변을 따라 산책하고 있었다.

cf. stroller n. 방랑자; 유모차

 기출표현
take a stroll 산책하다

substitute 600
[sʌ́bstətʃùːt]
ⓝ 교체 선수; 대용품, 대체물
ⓥ 교체하다

Coming on as a **substitute**, Ted scored the winning goal for Canada.
교체 선수로 투입된 테드는 캐나다에 결승골을 안겼다.

Michael Jordan was **substituted** in the third quarter after an elbow injury.
마이클 조던은 팔꿈치 부상을 입고 3쿼터에 교체되었다.

cf. substitution n. 대리(인), 대용(품)
sub n. 교체 선수, 대리인

try out 600
phr 시험해 보다

He **tried out** for the college basketball team.
그는 대학 농구팀 선발 테스트에 나가보았다.

cf. tryout n. 적격 시험

work out 600
phr 운동하다; (일이) 잘 풀리다; (답을) 알아내다

Koreans need to work less and **work out** more.
한국인들은 일을 덜 하고 운동을 더 많이 해야 할 필요가 있다.

The coach's tactics did not **work out**.
감독의 전술이 잘 먹히지 않았다.

None of the students **worked out** the answer.
학생들 중 아무도 답을 알아내지 못했다.

cf. workout n. 운동

Daily TEST

A 의미상 적절한 단어를 골라 빈칸에 넣고, 필요 시 단어의 형태를 어법에 맞게 바꾸시오.

보기	ⓐ avid	ⓑ dabble	ⓒ stroll	ⓓ shape	ⓔ streak
	ⓕ substitute	ⓖ root	ⓗ account	ⓘ coerce	ⓙ fit

1 The athlete got out of _____ after retirement.
2 He looks _____ because he works out regularly.
3 He _____ in tennis when he was young.
4 She always takes a(n) _____ after having lunch.
5 Messi said turkey can be _____ with chicken in this recipe.
6 Some students are _____ into playing soccer every Wednesday even though they don't like it.
7 Currently, foreigners _____ for about 30% of the K-League soccer players.
8 He is a(n) _____ reader who reads ten books a month.
9 The team desperately wants to end a losing _____ by winning this game.
10 Sixty thousand fans were _____ for the Korean national team.

B 단어의 의미가 올바르게 설명된 보기를 찾아 연결하시오.

11 rehabilitate   ⓐ too strong to be defeated

12 exuberant   ⓑ to admit that you have lost a game, an election, etc.

13 invincible   ⓒ unkind and showing a strong feeling of wanting to hurt someone

14 malicious   ⓓ full of energy, excitement, and cheerfulness.

15 concede   ⓔ to help someone who has been sick or in prison to return to a healthy, independent, and useful life

Day 26 스포츠_383

☐ **abs** [ǽbz]	n.	복근(=abdominal muscles)
☐ **absorbed** [əbsɔ́ːrbd]	a.	몰두한, 빠져 있는
☐ **Achilles' heel**	phr.	아킬레스건(치명적인 약점)
☐ **Achilles tendon**	phr.	아킬레스건(발꿈치의 힘줄)
☐ **adversary** [ǽdvərsèri]	n.	상대방, 적수
☐ **agile** [ǽdʒəl]	a.	날렵한, 민첩한
☐ **amusement** [əmjúːzmənt]	n.	재미, 오락, 놀이
☐ **archery** [áːrtʃəri]	n.	양궁
☐ **ardent** [áːrdənt]	a.	열렬한, 열정적인
☐ **arena** [əríːnə]	n.	경기장, 공연장
☐ **athlete** [ǽθliːt]	n.	운동선수
☐ **athlete's foot**	phr.	무좀
☐ **athletic** [æθlétik]	a.	(몸이) 탄탄한, 육상(경기)의
☐ **beat** [bíːt]	v.	(게임·시합에서) 이기다
☐ **biceps** [báiseps]	n.	이두박근
☐ **boo** [búː]	v.	야유하다
☐ **bounce** [báuns]	v.	(공이) 튀다
☐ **bowling alley**	phr.	볼링장
☐ **bruise** [brúːz]	n.	멍, 타박상
☐ **camaraderie** [kàːmərádəri]	n.	동지애
☐ **captain** [kǽptin]	n.	주장
☐ **cartilage** [káːrtilidʒ]	n.	연골
☐ **challenging** [tʃǽlindʒiŋ]	a.	도전적인, 도전 의식을 북돋우는
☐ **championship** [tʃǽmpiənʃip]	n.	선수권 대회, 챔피언전
☐ **cheer for**	phr.	~를 응원하다

- **climb** [kláim] — v. 오르다, 등산을 하다
- **close game** — phr. 접전, 아슬아슬한 승부
- **concentration** [kànsəntréiʃən] — n. 집중
- **contender** [kənténdəri] — n. 도전자, 경쟁자
- **contusion** [kəntjúːʒən] — n. 타박상

- **cramp** [kræmp] — n. (근육에 생기는) 경련, 쥐
- **cut in line** — phr. 새치기하다
- **dare** [dɛər] — v. (위험을) 무릅쓰다, 도전하다
- **earnest** [ə́ːrnist] — a. 진지한, 열심인
- **energetic** [ènərdʒétik] — a. 정력[활동]적인

- **exalt** [igzɔ́ːlt] — v. 칭찬[칭송]하다
- **fanatic** [fənǽtik] — n. 열광자, 광적인 팬
- **fantastic** [fæntǽstik] — a. 기막히게 좋은, 환상적인
- **fervid** [fə́ːrvid] — a. 열렬한
- **final** [fáinl] — n. 결승전

- **firecracker** [fáiərkræ̀kər] — n. 폭죽
- **fishing rod** — phr. 낚싯대
- **fitness center** — phr. 피트니스 센터, 헬스클럽
- **flank** [flǽŋk] — v. ~의 측면에 서다
- **foolhardy** [fúːlhɑ̀ːrdi] — a. 무모한

- **form** [fɔ́ːrm] — n. 기량, 솜씨
- **foul** [fául] — n. 파울[반칙] v. 파울[반칙]을 범하다
- **give it a try** — phr. 시도하다, 한번 해보다
- **gym** [dʒím] — n. 체육관(=gymnasium)
- **haul** [hɔ́ːl] — n. 대량 득점

☐ **hit the target**	phr.	과녁을 맞히다, 명중하다
☐ **home advantage**	phr.	홈의 이점
☐ **ice pack**	phr.	(부상 부위 등의 찜질용) 얼음주머니
☐ **impulse** [ímpʌls]	n.	충동; 자극
☐ **in a split second**	phr.	눈 깜짝할 사이에
☐ **injury** [índʒəri]	n.	부상
☐ **intercept** [ìntərsépt]	v.	가로채다
☐ **jersey** [dʒə́:rzi]	n.	(운동 경기용) 셔츠
☐ **lift weights**	phr.	역기를 들다
☐ **lose track of time**	phr.	시간 가는 줄 모르다
☐ **lukewarm** [lú:kwɔ̀:rm]	a.	미온적인, 열의가 없는
☐ **make partial judgments**	phr.	편파 판정을 하다
☐ **miss the mark**	phr.	과녁을 벗어나다
☐ **motor skill**	phr.	운동 기능, 운동 능력
☐ **nimble** [nímbl]	a.	빠른, 날렵한
☐ **odds** [ádz]	n.	가능성, 확률
☐ **on form**	phr.	컨디션이 좋은
☐ **pace** [péis]	n.	걸음, 보폭, 속도
☐ **parachute** [pǽrəʃù:t]	n.	낙하산
☐ **paragliding** [pǽrəglàidiŋ]	n.	패러글라이딩
☐ **physique** [fizí:k]	n.	체격
☐ **referee's call**	phr.	심판 판정
☐ **revenge** [rivéndʒ]	n.	복수, 보복, 설욕
☐ **rough** [rʌf]	a.	거친, 난폭한
☐ **runner-up** [rʌ́nərʌ́p]	n.	(경주·대회의) 차점자[팀], 2위 (선수·팀)

- **semifinal** [sèmifáinl]   n. 준결승
- **short of breath**   phr. 숨이 가빠, 헐떡거려
- **slaughter** [slɔ́:tər]   v. 완승[압승]을 거두다
- **sports commentator**   phr. 스포츠 해설자
- **sprain one's ankle**   phr. 발목을 삐다

- **stadium** [stéidiəm]   n. 경기장, 스타디움
- **stiff** [stíf]   a. (근육이) 결리는[뻐근한]
- **strenuous** [strénjuəs]   a. 힘이 많이 드는, 몹시 힘든, 격렬한
- **sunburn** [sʌ́nbə̀ːrn]   n. 햇볕에 탐
- **swollen** [swóulən]   a. 부어오른

- **tactics** [tǽktiks]   n. 전술
- **take a rain check**   phr. 다음으로 미루다
- **toss a coin**   phr. 동전을 던져 결정하다
- **touchdown** [tʌ́tʃdàun]   n. (럭비, 미식축구) 터치다운; (비행기) 착륙
- **tough** [tʌ́f]   a. 튼튼한; 억센, 거친

- **tournament** [túərnəmənt]   n. 토너먼트
- **trace** [tréis]   v. 추적하다
- **triceps** [tráiseps]   n. 삼두(박)근
- **umpire** [ʌ́mpaiər]   n. (테니스·야구 경기 등의) 심판   v. 심판을 보다
- **versus** [və́ːrsəs]   prep. (스포츠 경기 등에서) ~대

- **vigorous** [vígərəs]   a. 활발한, 격렬한
- **winner** [wínər]   n. 우승자, 승자
- **wipeout** [wáipàut]   n. 대패, 전멸
- **wrist guards**   phr. 손목 보호대
- **zealous** [zéləs]   a. 열성적인

DAY 27
아카데믹 텝스 어휘의 결정
철학, 종교

afterlife 600
[ǽftərlàif]
Ⓝ 내세, 사후

Most religious people believe there is an **afterlife**.
대부분의 종교인들은 내세가 있다고 믿는다.

atheist 900
[éiθiist]
Ⓝ 무신론자

Atheists believe that there is no God while agnostics believe that it is impossible to know whether God exists or not.
무신론자는 신이 없다고 믿는 반면, 불가지론자는 신의 존재 유무는 알 수 없다고 믿는다.

cf. atheism n. 무신론
　　atheistic a. 무신론의

atone 800
[ətóun]
Ⓥ 속죄하다

Catherine felt she had to **atone** for her sins.
캐서린은 자신의 죄를 속죄해야 한다고 느꼈다.

cf. atonement n. 속죄

confess 600
[kənfés]
Ⓥ 고해하다

Robert went and **confessed** his sins to the priest.
로버트는 신부님에게 가서 자신의 죄를 고해했다.

cf. confession n. 고백, 자백

congregate ⁹⁰⁰
[káŋgrigèit]
ⓥ 모이다

Thousands of people **congregated** to listen to the pastor's sermon.
목사의 설교를 듣기 위해 수천 명이 모였다.

cf. congregation n. 모임, 회중

contemplate ⁸⁰⁰
[kántəmplèit]
ⓥ 심사숙고하다

Theologians have long **contemplated** the mystery of God.
신학자들은 오랫동안 신의 신비에 대해 숙고했다.

cf. contemplation n. 묵상, 숙고
　　contemplative a. 명상적인

convert ⁶⁰⁰
[kənvə́:rt]
ⓥ 개종하다, 바꾸다

Muslims are not allowed to **convert** to other religions.
이슬람교도는 다른 종교로 개종하는 것이 허락되지 않는다.

Collin **converted** his garage into a dance studio.
콜린은 차고를 댄스 연습실로 개조했다.

cf. conversion n. 개종, 전환
　　convertible a. 개조할 수 있는

disillusion ⁸⁰⁰
[dìsilú:ʒən]
ⓥ 환멸을 느끼게 하다

After studying science, history, and theology, she became **disillusioned** with religious fundamentalism.
과학, 역사, 신학을 공부한 이후 그녀는 종교적 근본주의에 환멸을 느꼈다.

cf. disillusionment n. 환멸

divinity ⁸⁰⁰
[divínəti]
ⓝ 신, 신성

Both Muslims and Jews deny the **divinity** of Jesus Christ.
이슬람교도와 유태인 모두 예수 그리스도의 신성을 부정한다.

 기출표현
divine intervention 신의 개입

doctrine 800
[dάktrin]
ⓝ 교리

Nagarjuna criticized the traditional Buddhist **doctrines** of karma and rebirth.
나가르주나는 업보와 환생이라는 전통적인 불교 교리를 비판했다.
cf. doctrinal a. 교의상의

dwell on 800
phr ~을 깊이 생각하다

Confucians tend not to **dwell on** an afterlife.
유생들은 내세에 대해 깊이 생각하지 않는 경향이 있다.

eternity 800
[itə́ːrnəti]
ⓝ 영원

Those terrorists believed that their souls would live in heaven for **eternity**.
테러리스트들은 자신들의 영혼이 영원히 천국에서 살게 될 것이라고 믿었다.
cf. eternal a. 영원한

 기출표현
eternal life 영생

ethical 600
[éθikəl]
ⓐ 윤리적인

People have different opinions about the **ethical** issues of human embryo research.
사람들은 인간 배아 연구의 윤리적 문제에 대한 의견이 다르다.
cf. ethic n. 윤리
ethics n. 윤리학
unethical a. 비윤리적인

exponent 900
[ikspóunənt]
ⓝ 옹호자

He was an **exponent** of existentialism.
그는 실존주의 옹호자였다.

fundamental 600
[fʌndəméntl]
ⓐ 근본적인

The professor discussed one of the **fundamental** questions in philosophy.
교수는 철학의 근본 질문 중 하나에 대해 논의했다.

cf. fundamentalism n. 근본주의
　　 fundamentalist n. 근본주의자

ideology 600
[ìdiálədʒi]
ⓝ 이념

During the period of the Three Kingdoms, Buddhism was used as a political **ideology**.
삼국 시대에는 불교가 정치 이념으로 사용되었다.

cf. ideological a. 이념적인

ignorant 600
[ígnərənt]
ⓐ 모르는

Most Koreans are **ignorant** of the fundamental differences between Shiite Islam and Sunni Islam.
대부분의 한국인들은 시아파 이슬람교와 수니파 이슬람교의 근본적인 차이를 알지 못한다.

cf. ignore v. 무시하다
　　 ignorance n. 무지, 무식

inscrutable 900
[inskrú:təbl]
ⓐ 헤아릴 수 없는

They believe the world was created for God's **inscrutable** purpose.
그들은 세계가 신의 헤아릴 수 없는 목적을 위해 창조됐다고 믿는다.

⟷ scrutable a. 이해할 수 있는
　 scrutiny n. 정밀한 조사
　 scrutinize v. 세밀히 조사하다

insight 600
[ínsàit]
ⓝ 통찰력

The philosopher showed his keen **insight** into the meaning of life.
철학자는 삶의 의미에 대한 예리한 통찰력을 보였다.

cf. insightful a. 통찰력이 있는

 기출표현
    ideological warfare 사상전, 관념 투쟁

instill 600
[instíl]
ⓥ 서서히 주입시키다

He tried to **instill** his socialist philosophy into his students.
그는 자신의 사회주의 철학을 학생들에게 주입시키려 노력했다.

cf. instillation n. 서서히 주입시킴
   instilment n. 스며들게 함

licentious 900
[laisénʃəs]
ⓐ 방탕한

In his twenties, he was addicted to **licentious** pleasures.
20대 때 그는 방탕한 쾌락에 중독되어 있었다.

mandate 800
[mǽndeit]
ⓥ 지시하다, 권한을 주다

Some Americans seem to have forgotten that the Constitution **mandates** separation of church and state.
일부 미국인들은 헌법에 정교분리가 명시되어 있다는 사실을 잊은 것처럼 보인다.

The commission was **mandated** to negotiate an FTA with China.
위원회에 중국과 FTA를 협상할 권한이 주어졌다.

cf. mandatory a. 의무의

 기출표현
    mandatory education 의무 교육

notion 600
[nóuʃən]
ⓝ 개념

She contemplated the philosophical **notion** of idealism.
그녀는 이상주의라는 철학적 개념에 대해 깊이 생각했다.

cf. notional a. 개념적인

obscure 800
[əbskjúər]

ⓐ 이해하기 어려운

Students found the professor's explanation of positivism **obscure**.
학생들은 실증주의에 대한 교수의 설명을 이해하기 어려워했다.

cf. obscurity n. 불분명

⟷ clear a. 알아듣기 쉬운

persecute 800
[pə́ːrsikjùːt]

ⓥ 박해하다

There are still many people who are **persecuted** for their religious beliefs.
종교적 신념 때문에 박해를 받는 사람들이 여전히 많다.

cf. persecution n. 박해

pilgrimage 800
[pílgrəmidʒ]

ⓝ 성지 순례

Muslims are supposed to go on a **pilgrimage** to Mecca at least once in their lives.
이슬람교도는 최소한 일생에 한 번은 메카로 성지 순례를 가야 한다.

cf. pilgrim n. 순례자

pious 900
[páiəs]

ⓐ 경건한, 신앙심이 깊은, 독실한

Nicholas was raised by **pious** parents and went to Catholic school.
니콜라스는 독실한 부모님 밑에서 자라 가톨릭 학교를 다녔다.

cf. piety n. 경건함, 독실함

profanity 900
[proufǽnəti]

ⓝ 신성 모독, 불경

Drawing an image of the Prophet Mohammed is considered **profanity**.
예언자 모하메드를 그리는 것은 신성 모독으로 간주된다.

cf. profane a. 신성을 더럽히는

purify [600]
[pjúərəfài]
ⓥ 정화하다

Buddhists learn to **purify** their mind through meditation.
불교도들은 명상을 통해 마음을 정화하는 법을 배운다.

cf. pure a. 순수한, 깨끗한
pure n. 맑음
purification n. 정화
purifier n. 정화 장치

🔖 기출표현
water purifier 정수기

rational [600]
[ráʃənl]
ⓐ 이성적인

Kant said that not all humans are **rational** beings.
칸트는 모든 인간이 이성적인 존재는 아니라고 말했다.

cf. rationality n. 합리성, 순리성
rationalize v. 합리화하다
rationalism n. 합리주의
rationale n. 이유, 근거

 irrational a. 불합리한

revere [800]
[rivíər]
ⓥ 숭배하다, 존경하다

Some Protestants criticize Catholics for **revering** Mother Mary.
일부 개신교도들은 가톨릭교도들이 성모 마리아를 숭배한다고 비판한다.

cf. reverence n. 존경, 경외
reverent a. 숭상하는
the Reverend[Rev.] n. ~목사님

ritual [600]
[rítʃuəl]
ⓝ 종교적인 의식

Some of the religious **rituals** have been simplified.
일부 종교 의식은 간소화되었다.

cf. rite n. 의식, 의례

 기출표현
rite of passage 통과 의례

ruminate 900
[rúːmənèit]
v 심사숙고하다; 반추하다

The scholar was **ruminating** over the meaning of existence.
학자는 존재의 의미에 대해 숙고하고 있었다.

Cows, sheep, and camels **ruminate**.
소, 양, 낙타는 되새김질을 한다.

cf. ruminant n. 반추 동물 a. 명상하는
　　 rumination n. 반추, 심사숙고

---

secular 800
[sékjulər]
a 세속의

Turkey has a **secular** government although 98% of the Turks are Muslims.
터키인 98%가 이슬람교도이지만 터키 정부는 세속적인 정부이다.

cf. secularism n. 세속주의
　　 secularize v. 세속화하다

---

superficial 600
[sùːpərfíʃəl]
a 피상적인

You can't study philosophy with such a **superficial** view of the world.
그렇게 피상적인 세계관으로는 철학을 공부할 수 없다.

cf. superficiality n. 피상, 천박

---

supernatural 800
[sùːpərnǽtʃərəl]
a 초자연적인

The religious leader was believed to possess **supernatural** powers.
종교 지도자가 초자연적 능력을 갖고 있다고 여겨졌다.

---

superstition 600
[sùːpərstíʃən]
n 미신

The famous scholar said that one man's religion is another man's **superstition**.
유명한 학자가 한 사람에게 종교인 것이 다른 사람에게는 미신이라고 했다.

cf. superstitious a. 미신을 믿는, 미신적인

theology [800]
[θiálədʒi]
n 신학

There is a fundamental difference between **theology** and religious studies.
신학과 종교학 사이에는 근본적인 차이가 있다.

cf. theological a. 신학의
theologian[theologist] n. 신학자

tolerant [800]
[tálərənt]
a 관대한, 내성이 있는

Fundamentalists are not **tolerant** of other religions.
근본주의자들은 다른 종교에 대해 관대하지 않다.

These trees are **tolerant** of extreme heat.
이 나무들은 폭염에 잘 견딘다.

cf. tolerance n. 관용, 내성
⟷ intolerant a. 참을 수 없는

 기출표현

religious tolerance 종교적 관용
cultural tolerance 문화적 관용

transient [900]
[trǽnʃənt]
a 덧없는

He said our existence is as **transient** as clouds.
그는 우리 존재가 구름처럼 덧없다고 했다.

= momentary, temporary a. 일시적인
cf. transience n. 덧없음

 기출표현

transience of life 인생의 무상함

Daily TEST

A 의미상 적절한 단어를 골라 빈칸에 넣고, 필요 시 단어의 형태를 어법에 맞게 바꾸시오.

보기: ⓐ convert ⓑ persecute ⓒ secular ⓓ eternity ⓔ tolerant
ⓕ instill ⓖ dwell ⓗ inscrutable ⓘ exponent ⓙ atone

1. All men are mortal and no one can live for _____.
2. You don't have to _____ on your past mistakes.
3. He used to be a Buddhist but _____ to Islam.
4. It is impossible for human-beings to understand God's _____ providence.
5. He now wants to _____ for his crimes.
6. He doesn't eat meat because he is a(n) _____ of vegetarianism.
7. Libya is not a(n) _____ state because it has a state religion.
8. Christians are being _____ by Muslims in some Middle Eastern countries.
9. Parents and teachers should _____ a sense of responsibility in children.
10. She is Catholic but has a(n) _____ attitude towards other religions.

B 단어의 의미가 올바르게 설명된 보기를 찾아 연결하시오.

11. profanity   ⓐ continuing for only a short time
12. transient   ⓑ to think about something very carefully
13. ruminate   ⓒ an act that shows disrespect for a religion or religious beliefs
14. congregate   ⓓ not clearly expressed, or not easy to understand
15. obscure   ⓔ to bring or come together in a group, crowd, or assembly

- **abstract** [ǽbstrǽkt]   a. 추상적인, 관념적인
- **agnostic** [ægnάstik]   n. 불가지론자
- **antithesis** [æntíθəsis]   n. 반대, 대조
- **apocalypse** [əpάkəlips]   n. 종말, 파멸
- **avatar** [ǽvətὰːr]   n. (신의) 화신

- **biblical** [bíblikəl]   a. 성서의
- **blaspheme** [blæsfíːm]   v. 신성 모독하다
- **bless** [blés]   v. (신의) 가호[축복]를 빌다
- **cardinal** [kάːrdənl]   n. 추기경   a. 가장 중요한
- **cathedral** [kəθíːdrəl]   n. 대성당

- **clarification** [klæ̀rəfikéiʃən]   n. 정화, 설명, 해명
- **clergy** [klə́ːrdʒi]   n. 성직자들
- **Confucianism** [kənfjúːʃənìzm]   n. 유교
- **conscientious** [kὰnʃiénʃəs]   a. 양심적인, 성실한
- **consecrate** [kάnsəkrèit]   v. 축성하다, 봉헌하다, (사제 등으로) 서임하다

- **creed** [kríːd]   n. 교리, 신념, 신조
- **cult** [kʌ́lt]   n. 신흥 종교, 광신적[사이비] 종교 집단
- **deference** [défərəns]   n. 존중, 경의
- **deity** [díːəti]   n. 신
- **desecration** [dèsikréiʃən]   n. 신성 모독

- **devout** [diváut]   a. 독실한
- **dialectic** [dàiəléktik]   n. 변증법
- **disciple** [disáipl]   n. 제자, 신봉자
- **divine** [diváin]   a. 신의, 신성한
- **dogmatic** [dɔːgmǽtik]   a. 교리상의, 독단적인

☐ **doomsday** [dú:mzdèi]	n.	최후의 심판일
☐ **dualism** [djú:əlìzm]	n.	이원론
☐ **empirical** [impírikəl]	a.	경험[실험]에 의거한, 실증적인
☐ **enshrine** [inʃráin]	v.	신전에 모시다, 소중히 간직하다
☐ **faith** [féiθ]	n.	신뢰; 신앙, 종교
☐ **heresy** [hérəsi]	n.	이단
☐ **hermit** [hə́:rmit]	n.	은둔자
☐ **holy** [hóuli]	a.	신성한, 성스러운
☐ **Holy Book[Scripture]**	phr.	성경, 성서
☐ **humane** [hju:méin]	a.	인도적인, 인정 있는; 인문학의
☐ **humanitarian** [hju:mænətɛ́əriən]	a.	인도주의적인, 인도주의의
☐ **icon** [áikɑn]	n.	우상, 성상, 성화
☐ **idealism** [aidí:əlìzm]	n.	이상주의, 관념론, 유심론
☐ **incarnate** [inká:rneit]	a. 인간의 모습을 한 v.	구현하다; 화신이 되게 하다
☐ **induction** [indʌ́kʃən]	n.	귀납법
☐ **infer** [infə́:r]	v.	추론하다, 암시하다
☐ **inquisition** [ìnkwəzíʃən]	n.	종교 재판
☐ **invocation** [ìnvəkéiʃən]	n.	기도, 기원
☐ **irreligious** [ìrilídʒəs]	a.	무종교의, 반종교적인
☐ **Judgment Day**	phr.	최후의 심판일
☐ **karma** [ká:rmə]	n.	업보, 카르마
☐ **logical** [ládʒikəl]	a.	논리적인, 타당한, 사리에 맞는
☐ **man of the cloth**	phr.	성직자, 목사
☐ **materialism** [mətíəriəlizm]	n.	물질(만능)주의, 유물론
☐ **metaphysics** [mètəfíziks]	a.	형이상학

☐ **minister** [mínistər]	n.	성직자, 목사
☐ **mission** [míʃən]	n.	전도, 포교
☐ **monastery** [mánəstèri]	n.	수도원
☐ **mortal** [mɔ́ːrtl]	a.	영원히 살 수는 없는, 죽어야 할 운명의
☐ **nirvana** [niərváːnə]	n.	열반
☐ **obfuscate** [ábfəskèit]	v.	애매하게[혼란스럽게] 만들다
☐ **omnipresent** [àmniprézənt]	a.	편재하는, 어디에나 있는
☐ **ordain** [ɔːrdéin]	v.	(성직자로) 임명하다
☐ **orthodox** [ɔ́ːrθədàks]	a.	정통의, 전통적인
☐ **pagan** [péigən]	n.	이교도
☐ **pageantry** [pǽdʒəntri]	n.	화려한 행사
☐ **papal** [péipəl]	a.	교황의
☐ **pew** [pjúː]	n.	(교회의) 신도 좌석 (등받이 있는 긴 의자)
☐ **polytheism** [páliθìːizm]	n.	다신론[교]
☐ **pontiff** [pántif]	n.	교황
☐ **pope** [póup]	n.	교황
☐ **preach to the choir**	phr.	다 아는 얘기를 하다
☐ **priest** [príːst]	n.	사제, 신부
☐ **prophet** [práfit]	n.	선지자, 예언자
☐ **providence** [právədəns]	n.	(신의) 섭리
☐ **puritan** [pjúərətn]	n.	청교도
☐ **reason** [ríːzn]	n. 이유, 이성	v. 추리[추론]하다
☐ **redemption** [ridémpʃən]	n.	구원, 구함
☐ **reincarnation** [rìːinkɑːrnéiʃən]	n.	환생
☐ **renounce** [rináuns]	v.	포기[단념]하다

- **resurrect** [rèzərékt] — v. 소생[부활]시키다
- **retribution** [rètrəbjúːʃən] — n. 응보, 천벌; 보복
- **sacred** [séikrid] — a. 성스러운, 종교적인
- **sacrilege** [sǽkrəlidʒ] — n. 신성 모독
- **salvation** [sælvéiʃən] — n. 구원; 구조, 구제

- **schism** [skízm] — n. (특히 종파의) 분립
- **sermon** [sə́ːrmən] — n. 설교
- **skeptic** [sképtik] — n. 회의론자, 의심 많은 사람
- **solemn** [sáləm] — a. 침통한, 근엄한, 엄숙한
- **staunch** [stɔ́ːntʃ] — a. 확고한, 충실한, 독실한

- **stigma** [stígmə] — n. 오명, 성흔
- **temple** [témpl] — n. 신전, 사원, 절
- **temporal** [témpərəl] — a. 현세적인, 속세의
- **tenet** [ténit] — n. 주의, 교리
- **torture** [tɔ́ːrtʃər] — n. 고문 v. 고문하다

- **transcend** [trænsénd] — v. 초월하다
- **ultimate** [ʌ́ltəmət] — a. 궁극[최종]적인, 최후의, 근본적인
- **vice** [váis] — n. 악, 악덕
- **virtue** [və́ːrtʃuː] — n. 선, 선행, 미덕
- **vocation** [voukéiʃən] — n. 천직, 소명

- **void** [vɔ́id] — a. 텅 빈 n. 공허감
- **witchcraft** [wítʃkrǽft] — n. 마법, 마술
- **worldly** [wə́ːrldli] — a. 세속적인, 속세의
- **worship** [wə́ːrʃip] — n. 예배, 숭배 v. 예배[숭배]하다
- **zealot** [zélət] — n. 열성분자, 광신자

DAY 28

인간은 사회적 동물
사회

---

abuse [600]
- ⓝ [əbjúːs] 학대, 남용, 오용
- ⓥ [əbjúːz] 학대[남용]하다

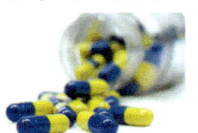

The authoritarian ruler physically **abused** dissenters.
권위적인 통치자는 반체제 인사들을 육체적으로 학대했다.

The legislator was apprehended for drug **abuse**.
의원은 약물 남용으로 체포되었다.

cf. abusive a. 학대하는, 남용하는

 기출표현

> child abuse 아동 학대
> sexual abuse 성적 학대
> substance abuse 약물 남용
> abuse of power 권력 남용

---

acceptance [800]
[ékséptəns]
- ⓝ 받아들임, 수용, 수락

The event was designed to promote **acceptance** of minority cultures in our society.
행사는 우리 사회의 소수 민족 문화의 수용을 촉진하기 위해 준비됐다.

cf. accept v. 받아들이다
acceptable a. 받아들일 수 있는

---

acclimate [900]
[ǽkləmèit]
- ⓥ 익히다[순응시키다]

We are helping immigrants **acclimate** to the new surroundings.
우리는 이민자들이 새로운 환경에 적응하도록 돕고 있다.

cf. acclimation[acclimatization] n. 새 환경 순응
acclimatize v. 익히다, 순응시키다

---

accustomed [600]
[əkʌ́stəmd]
- ⓐ 익숙해진

It takes time to get **accustomed** to a new culture.
새로운 문화에 익숙해지는 데는 시간이 걸린다.

cf. accustom v. 익히다, 익숙해지다

adhere [800]
[ædhíər]
- ⓥ 고수하다; 들러붙다, 부착되다

People in this town tend to **adhere** to old customs.
이 마을 사람들은 옛 관습을 고수하는 경향이 있다.

This glue does not **adhere** to the glass surface well.
이 접착제는 유리 표면에 잘 붙지 않는다.

cf. adherence   n. 고수, 집착; 충성
   adherent   n. 지지자
   adhesion   n. 접착력

adopt [600]
[ədápt]
- ⓥ 받아들이다; 입양하다

An increasing number of young Chinese are **adopting** Western lifestyles.
점점 많은 중국의 젊은이들이 서구적인 생활 양식을 받아들이고 있다.

The celebrity couple **adopted** three children.
연예인 부부는 세 명의 아이를 입양했다.

cf. adoption   n. 채택, 입양
   adoptive   a. 입양으로 맺어진
   adoptee   n. 양자
   adopter   n. 입양인, (신기술) 사용자

 기출표현

an early adopter
얼리어답터 (남들보다 먼저 신제품을 사서 써보는 사람)
adoptive parents 양부모

advocate [600]
[ǽdvəkèit] ⓥ 지지하다
[ǽdvəkət] ⓝ 지지[옹호]자

The group publicly **advocates** multiculturalism.
그 단체는 공개적으로 다문화주의를 지지한다.

Elaine was a staunch **advocate** of feminism.
일레인은 확고한 페미니즘 지지자였다.

cf. advocacy   n. 지지, 옹호

 기출표현

an advocacy group
(특정 운동의) 활동 그룹, 시민 단체

agitate 800
[ǽdʒitèit]
- v 주장하다; 동요시키다; (액체를) 휘젓다

There are a number of civic groups **agitating** for social change.
사회 변화를 주장하는 시민 단체들이 많다.

People were **agitated** over the news that the company went bankrupt.
회사가 파산했다는 소식에 사람들이 동요했다.

Agitate the sauce until foam appears.
거품이 생길 때까지 소스를 저으세요.

cf. agitation n. 동요; 시위; 휘저음
agitated a. 흥분한, 동요한

assimilate 800
[əsíməlèit]
- v 동화하다

The foreign brides rapidly **assimilated** into the Korean way of life.
외국인 신부들은 한국의 생활 방식에 빠르게 동화되었다.

cf. assimilation n. 동화; 흡수

associate 600
[əsóuʃièit]
- v 연상하다; 어울리다

In Korean politics, the color yellow is **associated** with liberalism.
한국 정치에서 노란색은 진보주의를 연상시킨다.

He **associated** with international students from China and Japan.
그는 중국과 일본에서 온 유학생들과 어울렸다.

cf. association n. 협회, 유대

biased 800
[báiəst]
- a 편견을 지닌

Joey is **biased** against African Americans.
조이는 흑인에 대한 편견이 있다.

cf. bias n. 편견   v. 편견을 갖게 하다

 기출표현
gender bias 성 편견

breach 800
[bríːtʃ]
- n (관계의) 단절; 위반
- v 위반하다

The election caused a **breach** in relations between the two regions.
선거로 인해 두 지역 간 관계의 단절이 생겼다.

Jerry **breached** the contract with the shipping company.
제리는 해운 회사와의 계약을 위반했다.

charity 600
[tʃǽrəti]
- n 자선 (단체)

The **charity** raised money by selling second-hand goods.
자선 단체는 중고품을 팔아 돈을 모았다.

cf. charitable a. 자비로운, 관용적인

compulsory 800
[kəmpʌ́lsəri]
- a 강제적인

All children in Korea receive nine years of **compulsory** education.
모든 한국 아이들은 9년간의 의무 교육을 받는다.

cf. compel v. 강요하다
compulsion n. 강제

conform 600
[kənfɔ́ːrm]
- v 따르다, 순응하다

Immigrants are supposed to **conform to** the local customs.
이민자들은 그 지역의 관습을 따라야 한다.

cf. conformity n. 따름, 순응

convention 800
[kənvénʃən]
- n 관습; 대회; 협약

The singer gained popularity by defying social **conventions**.
가수는 사회적 관습을 거부하여 인기를 얻었다.

Barack Obama became famous when he addressed the Democratic **Convention** in 2004.
버락 오바마는 2004년 민주당 전당 대회에서 연설하고 유명해졌다.

In 1991, Korea ratified the United Nations **convention** on the rights of children.
1991년에 한국은 아동의 권리에 관한 유엔 협약을 비준했다.

cf. conventional a. 전통[인습]적인

demography [dimágrəfi]
n. 인구 변동[동태]

Korea's **demography** is changing rapidly.
한국의 인구 동태가 급속하게 변화하고 있다.

cf. demographic a. 인구 (통계)학의
demographics n. 인구 통계

descent [disént]
n. 혈통, 출신; 하강

Nichkhun is of Thai **descent**.
닉쿤은 태국 혈통이다.

The plane began its **descent** to Incheon International Airport.
비행기가 인천 국제공항으로 하강하기 시작했다.

cf. descend v. 내려가다
descendant n. 자손, 후예

discriminate [diskrímənèit]
v. 차별하다; 식별[구별]하다

Kramer **discriminated** against foreigners.
크레이머는 외국인을 차별했다.

The boy is too young to **discriminate** between right and wrong.
소년은 너무 어려서 옳고 그른 것을 분간할 수 없다.

cf. discrimination n. 차별, 안목
discriminatory a. 차별적인

 기출표현

racial discrimination 인종 차별
discriminate in favor of ~을 우대하다

diversity [daivə́:rsəti]
n. 다양성

Racial **diversity** is one of the characteristics of American society.
인종의 다양성은 미국 사회의 특징 중 하나이다.

cf. diverse a. 다양한
diversify v. 다각[다양]화하다
diversification n. 다양화, (사업의) 다각화

divisive 800
[diváisiv]
ⓐ 분열을 초래하는

Unlike in the U.S., gun control is not a **divisive** issue in Korea.
미국과는 달리 총기 규제는 한국에서 분열을 일으키는 문제가 아니다.

cf. divide v. 나누다
division n. 분할, (조직의) 분과[부·국]

donate 600
[dóuneit]
ⓥ 기부[기증]하다

Eric has **donated** a huge amount of money to charity.
에릭은 엄청나게 많은 돈을 자선 단체에 기부했다.

cf. donation n. 기부, 기증
donor n. 기부자, 기증자

 기출표현

an organ donor 장기 제공자

drastic 800
[drǽstik]
ⓐ 급격한

The country is currently undergoing a **drastic** transition.
그 나라는 현재 급격한 변화를 겪고 있다.

embrace 600
[imbréis]
ⓥ 기꺼이 받아들이다

Our society needs to **embrace** diversity.
우리 사회는 다양성을 받아들일 필요가 있다.

cf. embracement n. 수락

 기출표현

all-embracing 포괄적인

endow 800
[indáu]
ⓥ 기부하다; (재능·특징을) 부여하다

Donna **endowed** the foundation with $1 million.
도나는 재단에 백만 달러를 기부했다.

Hyde was **endowed** with musical talent.
하이드는 음악적 재능을 타고났다.

cf. endowment n. 기증, 기부

ethnic 600
[éθnik]
ⓐ 민족의

The city is home to 200,000 people of diverse **ethnic** backgrounds.
도시에는 다양한 민족적 배경을 가진 20만 명이 살고 있다.

cf. ethnicity n. 민족성

> 🔹 기출표현
> ethnic minority 소수 민족

exclude 600
[iksklú:d]
ⓥ 배제하다

Asian women felt **excluded** from the mainstream society.
아시아 여성은 주류 사회에서 배제된 느낌을 받았다.

cf. exclusion n. 제외, 배제
exclusive a. 배타적
exclusivity n. 고급스러움

integrate 800
[íntəgrèit]
ⓥ 통합하다

They failed to fully **integrate** into the local community.
그들은 지역 사회에 완전히 통합되지 못했다.

cf. integration n. 통합

multicultural 600
[mÀltikÁltʃərəl]
ⓐ 다문화의

Korea is gradually becoming a **multicultural** society.
한국은 점차 다문화 사회가 되고 있다.

cf. multiculturalism n. 다문화주의

mutual 600
[mjú:tʃuəl]
ⓐ 상호의

Mutual distrust is a serious problem in our society.
상호 불신은 우리 사회의 심각한 문제이다.

> 🔹 기출표현
> a mutual friend 서로 아는 친구

pathetic 800
[pəθétik]
ⓐ 불쌍한; 한심한

Our society needs to do more to help those **pathetic** and lonely old people.
우리 사회는 불쌍하고 외로운 노인들을 돕기 위해 더 많은 것을 해야 한다.

He gave a **pathetic** excuse for being late.
그는 지각한 것에 대해 한심한 변명을 했다.

pervade 800
[pərvéid]
ⓥ 만연하다

The influence of Confucianism **pervades** Korean culture.
유교의 영향이 한국 문화에 만연해 있다.

cf. pervasion n. 충만, 보급; 침투
  pervasive a. 퍼지는, 스며드는

prejudice 600
[prédʒudis]
ⓝ 편견

There is widespread **prejudice** against workers from Southeast Asia.
동남아에서 온 노동자들에 대한 편견이 널리 퍼져있다.

privilege 800
[prívəlidʒ]
ⓝ 특권

In the past, only men had the **privilege** of formal education.
과거에는 남자만이 정식 교육을 받을 특권이 있었다.

cf. privileged a. 특권이 있는
  underprivileged a. 혜택을 받지 못한

 기출표현

the privileged few 소수특권층

ramification 900
[ræməfikéiʃən]
ⓝ 파문, 영향

The reform measures will have serious social **ramifications**.
개혁 조치가 심각한 사회적 파문을 몰고 올 것이다.

rampant ⁸⁰⁰
[rǽmpənt]
ⓐ 만연하는

We all know that bureaucracy is **rampant** in this country.
우리 모두 관료주의가 이 나라에 만연하다는 것을 알고 있다.
cf. rampancy n. 만연

reclusive ⁹⁰⁰
[riklúːsiv]
ⓐ 은둔한

The singer lived a **reclusive** life in Canada after retirement.
가수는 은퇴 이후 캐나다에서 은둔 생활을 했다.
cf. recluse n. 은둔자 a. 은둔한
reclusion n. 은둔, 사회적 소외

segment ⁸⁰⁰
ⓝ [ségmənt] 부분
ⓥ [segmént] 분할하다

We need to expand welfare programs for the poorer **segments** of society.
우리는 사회의 가난한 계층을 위한 복지 프로그램을 확대할 필요가 있다.
cf. segmentation n. 구분, 분할

segregation ⁹⁰⁰
[sègrigéiʃən]
ⓝ 분리

Racial **segregation** in American schools was abolished in the 1950's.
미국 학교에서 인종 차별은 1950년대에 폐지되었다.
cf. segregate v. 분리[차별]하다

snob ⁶⁰⁰
[snáb]
ⓝ 속물

He became a **snob** after he made a lot of money in real estate.
그는 부동산으로 많은 돈을 벌고 속물이 되었다.
cf. snobbish a. 속물의
snobbery n. 속물근성

Daily TEST

A 의미상 적절한 단어를 골라 빈칸에 넣고, 필요 시 단어의 형태를 어법에 맞게 바꾸시오.

보기	ⓐ acclimate	ⓑ adopt	ⓒ associate	ⓓ biased	ⓔ compulsory
	ⓕ discriminate	ⓖ endow	ⓗ ethnic	ⓘ mutual	ⓙ privilege

1. I think Jimmy is _____ with artistic talent.
2. Tony and I went to the same middle school, so we have many _____ friends.
3. The boy was really shocked when he found out that he was _____.
4. In a modern democracy, the right to vote is not a(n) _____ but a universal right.
5. Many people are _____ against male nurses.
6. He failed to _____ himself to the new working conditions.
7. In the U.S., you can meet various _____ minorities.
8. Unfortunately, some Asians still _____ in favor of white people.
9. In Israel, military service is _____ for not only men but also women.
10. I recommend you do not _____ with criminals.

B 단어의 의미가 올바르게 설명된 보기를 찾아 연결하시오.

11. agitate   ⓐ living alone and avoiding other people
12. ramification   ⓑ to be present throughout
13. adhere   ⓒ to argue strongly for something you want, especially for changes in a law, in social conditions, etc.
14. reclusive   ⓓ one of the large number of complicated and unexpected results that follow an action or a decision
15. pervade   ⓔ to follow or support a particular opinion or set of beliefs

☐ **abandon** [əbǽndən]	v.	버리다, 포기하다
☐ **adulthood** [ədʌ́lthùd]	n.	성인(임), 성년
☐ **age group**	phr.	연령대
☐ **alien** [éiljən]	a.	외국의, 이국의 n. 외국인 체류자
☐ **alienate** [éiljənèit]	v.	멀리하다, 소원하게 하다, 이간하다
☐ **all walks of life**	phr.	사회 각계각층
☐ **altruism** [ǽltruːìzm]	n.	이타주의, 이타심
☐ **ancestry** [ǽnsestri]	n.	가계, 혈통
☐ **apartheid** [əpáːrtheit]	n.	(흑인에 대한) 인종 차별[격리] 정책
☐ **archetypal** [áːrkitàipəl]	a.	전형적인
☐ **barrier** [bǽriər]	n.	장애물, 장벽
☐ **below the poverty line**	phr.	빈곤선 이하
☐ **bigamy** [bígəmi]	n.	중혼
☐ **birth control**	phr.	산아 제한
☐ **birth rate**	phr.	출생률
☐ **bow** [báu]	v.	(허리를 굽혀) 절하다
☐ **celebration** [sèləbréiʃən]	n.	기념, 기념[축하] 행사
☐ **census** [sénsəs]	n.	인구 조사
☐ **ceremony** [sérəmòuni]	n.	의식, 식
☐ **chasm** [kǽzm]	n.	틈, 구멍
☐ **citizenship** [sítəzənʃip]	n.	시민[공민]권
☐ **civic** [sívik]	a.	시민의, (도)시의
☐ **cling to**	phr.	~을 고수하다, ~에 매달리다
☐ **code of conduct**	phr.	행동 강령, 행동 수칙
☐ **cohesive** [kouhíːsiv]	a.	화합[결합]하는, 응집력 있는

☐ confuse [kənfjúːz]	v. 교란하다, 어지럽히다; 혼동하다	
☐ consult [kənsʌ́lt]	v. 상담[상의]하다	
☐ continent [kántənənt]	n. 대륙	
☐ cope with	phr. ~에 대처[대응]하다	
☐ crass [krǽs]	a. 무신경한	
☐ customary [kʌ́stəmèri]	a. 관례적인, 습관적인	
☐ demean [dimíːn]	v. 품위를 손상시키다, 비하하다	
☐ discreet [diskríːt]	a. 신중한, 조심스러운	
☐ egalitarian [igæ̀lətɛ́əriən]	n. 평등주의자 a. 평등주의자의	
☐ emergence [imə́ːrdʒəns]	n. 출현, 발생	
☐ endemic [endémik]	a. (특정 지역·집단) 고유의, 고질적인, 풍토적인	
☐ family planning	phr. 가족 계획	
☐ feminism [fémənìzəm]	n. 페미니즘, 남녀평등주의 [운동]	
☐ fertility rate	phr. 출산율	
☐ filial piety	phr. 효도	
☐ folk [fóuk]	n. (일반적인) 사람들	
☐ foresight [fɔ́ːrsàit]	n. 예지력, 선견지명	
☐ frontier [frʌntíər]	n. 국경[경계] (지역)	
☐ generation gap	phr. 세대 차이	
☐ grass roots	phr. 민초, 보통 사람들	
☐ hate crime	phr. (타인종·동성애자 등에 대한) 증오에 의한 범죄	
☐ heterogeneous [hètərədʒíːniəs]	a. 이종의, 이질적인, 다인종으로 이루어진	
☐ homogeneous [hòumədʒíːniəs]	a. 동종[동질]의, 단일 민족의	
☐ humanity [hjuːmǽnəti]	n. 인류, 인간	
☐ identity [aidéntəti]	n. 신원, 신분; 정체성	

- **intellectual** [ìntəléktʃuəl]   a. 지능의, 지적인
- **locality** [loukǽləti]   n. 장소, 부근, 근처
- **lore** [lɔ́ːr]   n. (전승적) 지식, 민간전승
- **manifest** [mǽnəfèst]   v. 나타내다, 드러내 보이다   a. 분명한
- **mankind** [mænkáind]   n. 인류, (모든) 인간

- **maxim** [mǽksim]   n. 격언, 금언
- **mediocre** [mìːdióukər]   a. 보통의, 2류의
- **metropolitan** [mètrəpálitən]   a. 대도시[수도]의
- **milieu** [miljúː]   n. (사회적) 환경
- **monogamous** [mənágəməs]   a. 일부일처의

- **naturalize** [nǽtʃərəlàiz]   v. (외국인을) 귀화시키다
- **norm** [nɔ́ːrm]   n. 표준, 일반적인 것
- **nursing home**   phr. 양로원
- **obliterate** [əblítəréit]   v. 지우다, 없애다, 제거하다
- **occidental** [àksədéntl]   a. 서양(인)의, 서구의

- **oriental** [ɔ̀ːriéntl]   a. 동양[인]의
- **orphanage** [ɔ́ːrfənidʒ]   n. 고아원
- **outcast** [áutkæ̀st]   a. 쫓겨난, 버림받은   n. 따돌림[버림]받는 사람
- **overpopulation** [òuvərpɑ̀pjuléiʃən]   a. 인구 과잉[과밀]
- **pluralism** [plúərəlìzm]   n. 다원성, 다원주의

- **polygamy** [pəlígəmi]   n. 일부다처제
- **population density**   phr. 인구 밀도
- **populous** [pápjuləs]   a. 인구가 많은
- **principle** [prínsəpl]   n. 원칙, 원리, 주의, 신조
- **province** [právins]   n. 주, 도, 지방

☐ **puberty** [pjú:bərti]	n.	사춘기
☐ **redistribution of wealth**	phr.	부의 재분배
☐ **regionalism** [rí:dʒənəlìzəm]	n.	지역적 특징, 지방분권주의
☐ **related** [riléitid]	a.	관련된, 친척의, 동족[동류]의
☐ **relative** [rélətiv]	a.	비교적인, 상대적인
☐ **reproductive age**	phr.	가임기
☐ **role model**	phr.	역할 모델
☐ **senior citizen**	phr.	어르신, 노인
☐ **sexism** [séksizm]	n.	성차별[주의]
☐ **social mobility**	phr.	사회적 유동성
☐ **social science**	phr.	사회학, 사회 과학
☐ **social security**	phr.	사회 보장 제도
☐ **sociology** [sòusiálədʒi]	n.	사회학
☐ **status** [stéitəs]	n.	(법적) 신분, 자격; (사회적) 지위
☐ **stereotype** [stériətàip]	n.	고정 관념, 정형화된 생각[이미지]
☐ **stratification** [strӕtəfikéiʃən]	n.	성층, 계층화
☐ **the less privileged**	phr.	소외 계층
☐ **tribe** [tráib]	n.	부족, 종족
☐ **uncivilized** [ʌnsívəlaizd]	a.	미개한, 야만적인, 예의 없는
☐ **upheaval** [ʌphí:vəl]	n.	격변, 대변동
☐ **upscale** [ʌpskèil]	a.	(수입·교육·사회적 지위가) 평균 이상의, 부자의
☐ **utilitarian** [ju:tìlətɛ́əriən]	a.	공리주의의, 실용적인
☐ **vernacular** [vərnǽkjələr]	n.	(특정 지역·집단이 쓰는) 말, 토착어, 방언
☐ **welfare** [wélfɛ̀ər]	n.	복지, 후생
☐ **women's empowerment**	phr.	여권 신장

DAY 29

오늘 있었던 일을 영어로
일상생활

adolescent 800
[ǽdəlésnt]
ⓝ 청소년

According to a recent survey, Korean **adolescents** are the least happy among those in OECD countries.
최근 조사에 따르면 한국 청소년들의 행복 지수가 OECD 회원국 중 가장 낮다고 한다.

cf. adolescence n. 사춘기

alternate 800
ⓥ [ɔ́ltərnèit] 번갈아 하다
ⓐ [ɔ́ːltərnət] 하나씩 거른

Carter and his wife **alternate** doing household chores.
카터와 그의 아내는 집안일을 번갈아 한다.

In Korea, students go to school on **alternate** Saturdays.
한국 학생들은 토요일에 격주로 학교에 간다.

cf. alternately ad. 번갈아, 교대로
    alternation n. 교대, 교체
    alternative n. 대안 a. 대안이 되는

be tied up 600
phr 바쁘다

As a mother of three, she **is** always **tied up** with housework.
세 자녀의 어머니로서 그녀는 항상 집안일로 바쁘다.

caregiver 600
[kέərgìvər]
ⓝ 돌보는 사람

Babies are dependent on their **caregivers** to meet their emotional and physical needs.
아기들은 정서적, 육체적 욕구를 충족시키기 위해 자신을 돌보는 사람에게 의지한다.

come by [800]

phr 지나는 길에 들르다; ~을 손에 넣다

I **came by** her place on my way home.
집에 가는 길에 그녀의 집에 들렀다.

Nowadays decent jobs are hard to **come by**.
요즘에는 괜찮은 일자리를 구하기 어렵다.

conceive [600]
[kənsíːv]

v 상상하다; 임신하다

I cannot **conceive** of a world without the Internet.
인터넷이 없는 세상은 상상도 할 수 없다.

She **conceived** her first child at 40.
그녀는 40세에 첫 아이를 임신했다.

cf. conception n. 수정, 임신
    concept n. 개념
    conceivable a. 상상할 수 있는

consent [800]
[kənsént]

n 동의[허락]

In some countries, minors cannot see a doctor without their parents' **consent**.
일부 국가에서 미성년자들은 부모 동의 없이는 병원에 갈 수 없다.

 기출표현

the age of consent (결혼 따위의) 승낙 연령

crack up [900]

phr 쓰러지다; 갑자기 웃기 시작하다

Mia **cracked up** under the strain.
미아는 압박감 때문에 무너져버렸다.

He **cracked up** when he heard that joke.
그는 농담을 듣고 웃음을 터뜨렸다.

 기출표현

crack a joke 농담하다

custody 800
[kʌ́stədi]
n 양육권; 구금

Child **custody** is usually granted to the mother.
자녀 양육권은 대개 엄마에게 주어진다.

Jacob was taken into **custody** for domestic violence.
제이콥은 가정 폭력 혐의로 구금되었다.

cf. custodial a. 보호의
custodian n. 관리인

daycare 600
[déikɛ̀ər]
a 주간 보호, 탁아, 보육

The company provides **daycare** service for its employees.
회사는 직원들을 위해 보육 서비스를 제공한다.

detergent 600
[ditə́:rdʒənt]
n 세제

Do not use too much **detergent** when doing the laundry.
빨래할 때 세제를 너무 많이 쓰지 마세요.

get by 800
phr 그럭저럭 살아[해] 나가다

He had to **get by** on a small income.
그는 적은 수입으로 살아가야 했다.

give ... a break 600
phr ~를 너그럽게 봐주다

Oh, please **give** me **a break**. This is my first week on the job.
좀 봐주세요. 이번 주가 일을 시작한 첫 주잖아요.

insolent 900
[ínsələnt]
a 무례한

His **insolent** behavior shocked people.
그의 무례한 행동에 사람들이 충격을 받았다.

= impertinent a. 건방진
cf. insolence n. 무례

look after ⁶⁰⁰
phr ~를 돌보다

My older sister **looked after** my son while I was away.
내가 다른 데 있는 동안 언니가 내 아들을 돌봤다.

maternal ⁸⁰⁰
[mətə́:rnl]
ⓐ 모성의, 어머니의

Macy doesn't seem to have any **maternal** instincts.
메이시는 모성 본능이 전혀 없는 것 같다.

cf. **maternity** n. 모성, 어머니임

⟷ **paternal** a. 부계의, 아버지의
　 paternity n. 부성, 아버지임

 기출표현

be on maternity leave 출산 휴가 중이다

misplace ⁶⁰⁰
[mispléis]
ⓥ 잘못 두다

She often **misplaces** her cell phone.
그녀는 종종 휴대폰을 잘못 둔다.

cf. **misplaced** a. (위치가) 잘못된, 부적절한

mundane ⁸⁰⁰
[mʌndéin]
ⓐ 평범한

Most of the employees here think their job is **mundane**.
이곳 직원 대부분은 자신의 직업이 평범하다고 생각한다.

negligent ⁹⁰⁰
[néɡlidʒənt]
ⓐ 무관심한

He was **negligent** in looking after his sick child.
그는 아픈 아이를 제대로 돌보지 않았다.

cf. **negligence** n. 부주의, 태만

 기출표현

medical negligence 의료 과실

nosy 800
[nóuzi]
ⓐ 참견 잘하는

My aunt is so **nosy** about my private life.
우리 이모는 내 사생활에 참견하기 좋아한다.

nursery 600
[nə́:rsəri]
ⓝ 탁아소

My third child is at **nursery** now.
제 셋째 아이는 지금 탁아소에 있습니다.
cf. nurse n. 간호사, 유모 v. 간호하다, 돌보다

obedient 800
[oubí:diənt]
ⓐ ~의 말을 잘 듣는

Juliana was always **obedient** to her parents.
줄리아나는 항상 부모님 말씀을 잘 들었다.
cf. obedience n. 순종, 복종
    obey v. 순종(복종)하다
⟷ disobedient a. 복종하지 않는

pacify 800
[pǽsəfài]
ⓥ 진정시키다[달래다]

It was hard to **pacify** the crying baby.
우는 아기를 달래기는 어려웠다.
cf. pacifier n. 고무젖꼭지
    pacifist n. 평화주의자

picky 800
[píki]
ⓐ 까다로운

Tiana is really **picky** about clothes.
티아나는 옷에 대해 정말 까다롭다.
cf. pick v. 고르다

procrastinate 900
[proukrǽstənèit]
ⓥ 미루다

Many workers **procrastinate** until the very last minute.
많은 직원들이 막판까지 일을 미룬다.
cf. procrastination n. 지연

raise [600]
[réiz]
ⓥ 기르다; 올리다; 제기하다

Nicole was born and **raised** in LA.
니콜은 LA에서 태어나 자랐다.

The government should **raise** salaries for police officers and firefighters.
정부는 경찰관과 소방관의 임금을 인상해야 한다.

The civic group **raised** important questions about safety standards.
시민 단체는 안전 기준에 대한 중요한 질문을 제기했다.

a pay raise 임금 인상

recede [800]
[risí:d]
ⓥ 약해지다

Fortunately, the pain is gradually **receding**.
다행히도 통증이 서서히 약해지고 있다.

Daniel is young, but he has a **receding** hairline.
다니엘은 젊지만 머리가 벗겨지고 있다.

cf. recess n. 휴식; 우묵하게 들어간[후미진] 곳
    recession n. 경기 후퇴, 불경기
    recessive a. 열성의

a recessive gene 열성 유전자
⟷ a dominant gene 우성 유전자

refractory [900]
[rifrǽktəri]
ⓐ 다루기 힘든; 난치의

Nursery teachers should learn to deal with **refractory** children.
유치원 교사는 다루기 힘든 아이들을 다루는 법을 배워야 한다.

refractory disease 난치병

resolve 600
[rizálv]
ⓥ 결심하다; 해결하다

Elvis **resolved** to quit smoking.
엘비스는 금연을 결심했다.

They tried to **resolve** their differences without going to court.
그들은 법정까지 가지 않고 불화를 해결하려 애썼다.

cf. resolved a. 결심한, 단호한
    resolution n. 결의안, 해결

 기출표현
New Year's resolution 새해 결심

rummage 900
[rʌ́midʒ]
ⓥ 뒤지다

She **rummaged** through her bag for the car key.
그녀는 자동차 열쇠를 찾으려고 가방을 뒤졌다.

shelve 800
[ʃélv]
ⓥ 선반에 얹다; 보류하다

He **shelved** books at the library as a part-time job.
그는 아르바이트로 도서관에서 책꽂이에 책을 꽂는 일을 했다.

The marketing department decided to **shelve** the project.
마케팅 부서는 그 프로젝트를 보류하기로 결정했다.

cf. shelf n. 선반

sibling 600
[síbliŋ]
ⓝ 형제, 자매

How many **siblings** do you have?
형제자매가 몇 명 있나요?

 기출표현
sibling rivalry 형제간의 경쟁(대립)

slip one's mind 600
phr 잊어버리다

It **slipped my mind** to bring the box.
상자를 가져오는 것을 잊어 버렸다.

spoil 600
[spɔ́il]
v 망치다, 응석받이로 키우다

The nosy neighbor **spoiled** my party.
참견하기 좋아하는 이웃이 내 파티를 망쳤다.

The millionaire **spoiled** his son with expensive toys.
백만장자는 비싼 장난감을 사주며 아들을 응석받이로 키웠다.

cf. spoilage n. 부패, 손상

stubborn 600
[stʌ́bərn]
a 고집 센; 다루기 힘든

He is so **stubborn** that he never listens to other people.
그는 너무 고집이 세서 다른 사람의 말을 절대로 듣지 않는다.

The company has developed a new chemical product that removes **stubborn** stains.
회사는 잘 없어지지 않는 얼룩을 제거하는 새 화학제품을 개발했다.

stunt 800
[stʌnt]
v 발육을 방해하다

One third of North Korean children's growth is **stunted** due to malnutrition.
북한 아동 세 명 중 한 명은 영양실조로 발육이 제대로 안 된다.

take after 600
phr 닮다

William really **takes after** his grandfather.
윌리엄은 할아버지를 쏙 빼 닮았다.

tantrum 900
[tǽntrəm]
n 짜증

Children throw a **tantrum** when they don't get enough sleep.
아이들은 잠이 부족하면 짜증을 낸다.

 기출표현

have[throw] a tantrum[fit] 성질을 내다

trivial 800
[trívi əl]
ⓐ 사소한

It is pointless to argue over **trivial** things.
사소한 일로 말다툼하는 것은 무의미하다.
cf. trivialize v. 사소하게 만들다
triviality n. 하찮음
trivia n. 사소한 일

utensil 600
[juːténsəl]
ⓝ 기구

The kitchen in the youth hostel had cooking **utensils**.
유스호스텔의 주방에는 요리 기구가 있었다.

Daily TEST

A 의미상 적절한 단어를 골라 빈칸에 넣고, 필요 시 단어의 형태를 어법에 맞게 바꾸시오.

보기	ⓐ alternate	ⓑ come	ⓒ consent	ⓓ crack	ⓔ custody
	ⓕ insolent	ⓖ obedient	ⓗ picky	ⓘ rummage	ⓙ stunt

1. The _____ child swore at his teacher.
2. The dry weather has _____ the growth of trees.
3. The diplomat _____ up a joke to ease the tension, but it did not work.
4. The Chinese restaurant is closed on _____ Mondays.
5. Last night I _____ through the closet to find my blue tie.
6. The criminal was arrested and taken into _____.
7. I don't want to eat out with her because she is too _____ about food.
8. This report should not be photocopied without the written _____ of the author.
9. Most teenagers do not understand money is not easy to _____ by.
10. Muslim women are expected to be _____ to their husband.

B 단어의 의미가 올바르게 설명된 보기를 찾아 연결하시오.

11. refractory   ⓐ to put off doing something
12. procrastinate   ⓑ failing to give care or attention, especially when this causes harm or damage
13. mundane   ⓒ difficult to deal with or control
14. tantrum   ⓓ a sudden short period of angry, unreasonable behavior, especially in a child
15. negligent   ⓔ very ordinary and not at all interesting or unusual

☐ **abide by**	phr.	준수하다, 지키다, 따르다
☐ **adore** [ədɔ́ːr]	v.	흠모[사모]하다, 아주 좋아하다
☐ **ascribe A to B**	phr.	A를 B의 탓[덕]으로 돌리다
☐ **ashamed** [əʃéimd]	a.	부끄러운, 수치스러운
☐ **assume** [əsjúːm]	v.	가정하다; (권력·책임을) 맡다
☐ **auspicious** [ɔːspíʃəs]	a.	상서로운
☐ **bathtub** [bǽθtʌ̀b]	n.	목욕통, 욕조
☐ **belated** [biléitid]	a.	뒤늦은
☐ **blow up**	phr.	화내다
☐ **brash** [bræʃ]	a.	(지나치게) 자신만만한, 건방진
☐ **breastfeed** [bréstfìːd]	v.	모유를 먹이다
☐ **characteristic** [kæ̀riktərístik]	a.	특유의 n. 특징, 특질
☐ **chore** [tʃɔ́ːr]	n.	자질구레한 일, 허드렛일
☐ **clutter** [klʌ́tər]	n.	잡동사니, 어수선함 v. (장소를) 어지르다
☐ **commiserate** [kəmízərèit]	v.	위로[동정]를 표하다
☐ **compatible** [kəmpǽtəbl]	a.	화목하게[의좋게] 지낼 수 있는, 뜻이 맞는
☐ **count on**	phr.	~에 의지하다; ~을 믿다
☐ **cut off**	phr.	~을 자르다, ~을 차단하다[가로막다]
☐ **dearly** [díərli]	ad.	대단히, 몹시; 비싼 대가[희생·비용]를 치르고
☐ **deride** [diráid]	v.	조롱[조소]하다
☐ **deserve** [dizə́ːrv]	v.	~을 받을 만하다, ~을 (당)해야 마땅하다
☐ **despise** [dispáiz]	v.	경멸하다
☐ **disturb** [distə́ːrb]	v.	(작업·수면 등을) 방해하다
☐ **divorce** [divɔ́ːrs]	n.	이혼; 분리, 단절
☐ **doze** [dóuz]	v.	졸다

☐ **drape** [dréip]	v.	(옷·천 등을 느슨하게) 걸치다, 씌우다
☐ **dress code**	phr.	복장 규정
☐ **eavesdrop** [í:vzdràp]	v.	엿듣다
☐ **effusive** [efjú:siv]	a.	(감정 표현이) 야단스러운, 과장된
☐ **estrange** [istréindʒ]	v.	(사람을) 소원하게 하다, 멀리하다
☐ **farewell** [fɛ̀ərwél]	n.	작별 (인사)
☐ **fidelity** [fidéləti]	n.	충실함; (부부간의) 정절, 신의
☐ **flimsy** [flímzi]	a.	조잡한, 엉성하게 만든; 얇은
☐ **foreboding** [fɔ:rbóudiŋ]	n.	(불길한) 예감
☐ **forsake** [fərséik]	v.	저버리다, 그만두다
☐ **futile** [fjú:tl]	a.	헛된, 소용없는
☐ **gaze** [géiz]	v.	뚫어지게 보다, 응시하다 n. 응시, 주시
☐ **get one's way**	phr.	생각대로 하다, 제멋대로 하다
☐ **grasp** [grǽsp]	v.	움켜잡다; 이해하다, 파악하다
☐ **grumble** [grʌ́mbl]	v.	투덜[툴툴]거리다 n. 불만[불평] 사항
☐ **habitual** [həbítʃuəl]	a.	특유의, 습관적인
☐ **handle** [hǽndl]	v.	다루다, 처리하다
☐ **have a narrow escape**	phr.	구사일생하다
☐ **hit the spot**	phr.	(자신이 원하는) 딱 그것이다
☐ **household** [háushòuld]	n.	가족, 식솔
☐ **housekeeper** [háuskì:pər]	n.	가정부, 살림하는 사람
☐ **infant** [ínfənt]	n.	유아, 젖먹이, 아기
☐ **interject** [ìntərdʒékt]	v.	(말 따위를) 불쑥 끼워 넣다, 말참견을 하다
☐ **keep … under one's hat**	phr.	~을 비밀로 해두다
☐ **keep an eye on**	phr.	~을 계속 지켜보다

☐ keep in touch with	phr.	~와 연락하고 지내다, 연락하다
☐ kit [kít]	n.	조립용품 세트, 도구 한 벌, 세트
☐ lame [léim]	a.	절름발이의, (변명·해명 등이) 설득력이 없는
☐ lawn mower	phr.	잔디 깎는 기계
☐ make a living	phr.	생계를 꾸리다
☐ make up one's mind	phr.	결심하다
☐ meddle [médl]	v.	간섭[참견]하다, 끼어들다
☐ miscarriage [mìskǽridʒ]	n.	유산
☐ neat [níːt]	a.	정돈된, 단정한, 말쑥한
☐ nonchalant [nɑ̀nʃəlɑ́ːnt]	a.	태연한, 무관심한
☐ nurture [nə́ːrtʃər]	v.	양육하다, 보살피다
☐ obtuse [əbtjúːs]	a.	둔한, 둔감한
☐ odd [ád]	a.	이상한, 특이한
☐ ordinary [ɔ́ːrdənèri]	a.	보통의, 일상적인, 평범한
☐ ostensible [ɑsténsəbl]	a.	표면상의, 표면적으로는
☐ overstep [òuvərstép]	v.	지나치게 가다, (한도를) 넘다
☐ paltry [pɔ́ːltri]	a.	(금액 등이) 얼마 안 되는, 하찮은, 보잘것없는
☐ play a role	phr.	역할을 맡다, 한몫을 하다
☐ polish [páliʃ]	v.	닦다, 윤[광]을 내다 n. 윤, 광택
☐ pull through	phr.	(심한 병·수술 뒤에) 회복하다; (힘든 일을) 해내다
☐ razor [réizər]	n.	면도기[칼]
☐ rear [ríər]	v.	(아이·동물을) 기르다, 양육[부양]하다
☐ receptacle [riséptəkl]	n.	그릇, 용기
☐ regain [rigéin]	v.	되찾다; 회복하다
☐ run[go on] an errand	phr.	심부름을 가다

- **scowl** [skául]   v. 노려[쏘아]보다   n. 노려봄, 쏘아봄
- **separate** [sépərèit]   v. 분리하다   a. 분리된, 별개의
- **shirk** [ʃə́:rk]   v. 회피하다, 태만히 하다
- **shun** [ʃʌ́n]   v. 피하다
- **shy** [ʃái]   a. 수줍은, 부끄럼 타는

- **slender** [sléndər]   a. 날씬한, 호리호리한; 빈약한
- **spill** [spíl]   v. 흘리다, 쏟다   n. 흘린[쏟은] 액체
- **stain** [stéin]   v. 얼룩지게 하다, 더럽히다; 오점을 남기다
- **subsistence** [səbsístəns]   n. 최저 생활, 생계
- **suited** [sú:tid]   a. 어울리는, 적당한, 적합한

- **sweep** [swi:p]   v. 쓸다, 청소하다
- **tedious** [tí:diəs]   a. 지루한, 싫증나는
- **throng** [θrɔ́:ŋ]   n. 인파, 군중   v. (떼를 지어) 모여들다
- **trifle** [tráifl]   n. 하찮은 것
- **uninitiated** [ʌ̀niníʃièitid]   a. 충분한 경험[지식]이 없는, 풋내기의

- **vacuum** [vǽkjuəm]   n. 진공   v. 진공청소기로 청소하다
- **vent** [vént]   n. 통풍구, 환기구   v. (감정·분통을) 터뜨리다
- **visible** [vízəbl]   a. (눈에) 보이는, 알아볼 수 있는
- **wean** [wí:n]   v. (아기의) 젖을 떼다, 이유를 시작하다
- **weed** [wí:d]   n. 잡초   v. 잡초를 뽑다

- **What a nuisance!**   아, 귀찮아! 골칫거리야!
- **wheedle** [hwí:dl]   v. 감언이설로 꾀다, 솔깃한 말로 속이다
- **withhold** [wiðhóuld]   v. 억누르다, 보류하다
- **work from home**   phr. 재택근무
- **wrinkle** [ríŋkl]   n. (얼굴의) 주름; (옷의) 주름, 구김살

DAY 30 세상이 돌아가는 원리
물리학, 화학

amplify [ǽmpləfài] 800
ⓥ 증폭하다

Many elderly people use hearing aids to **amplify** sounds.
많은 노인들이 소리를 증폭시키기 위해 보청기를 사용한다.

cf. amplification n. 확대, 확장, 증폭
amplifier n. 앰프, 증폭기

catalyst [kǽtəlist] 900
ⓝ 촉매(제); 기폭제

There are a lot of chemical reactions that require a **catalyst**.
많은 화학 반응들이 촉매를 필요로 한다.

The advent of the Internet served as an important **catalyst** in improving communications.
인터넷의 도래가 통신 발달에 있어서 중요한 기폭제로 작용했다.

coalesce [kòuəlés] 900
ⓥ 합체하다

You cannot see atoms **coalesce** into molecules with the naked eye.
원자가 합쳐져 분자가 되는 것을 육안으로는 볼 수 없다.

cf. coalescence n. 합체, 유착
coalescent a. 합체한, 유착한

compound [kámpaund] 600
ⓝ 화합물; 수용소

The new chemical **compound** could be detrimental to health.
새로운 화합물은 건강에 해로울 수 있다.

Only authorized soldiers can leave the military **compound**.
허가받은 군인만이 수용소를 떠날 수 있다.

consist of 600
phr ~으로 이루어지다

One methane molecule **consists of** one carbon atom and four hydrogen atoms.
하나의 메탄 분자는 하나의 탄소 원자와 네 개의 수소 원자로 이루어져 있다.

constant 600
[kánstənt]
a 일정한

Light travels at a **constant** speed of almost 300,000 km per second.
빛은 1초에 거의 30만 킬로미터의 일정한 속도로 이동한다.
cf. constantly ad. 끊임없이, 항상

constituent 800
[kənstítʃuənt]
n (구성) 요소; 유권자

Carbon and oxygen are **constituents** of carbon dioxide.
탄소와 산소는 이산화탄소의 구성 요소이다.

Most of the **constituents** in this district are liberal.
이 지역의 유권자 대부분은 진보적이다.
cf. constitute v. 구성하다; ~에 해당하다
constitution n. 헌법; 구조; 체질
constituency n. 유권자, 선거구

core 600
[kɔ́ːr]
n 중심핵

The earth consists of the crust, the mantle, the outer **core**, and the inner **core**.
지구는 지각, 맨틀, 외핵, 내핵으로 구성된다.

decompose 800
[dìːkəmpóuz]
v 분해[부패]하다

When this organic matter **decomposes**, it produces carbon dioxide and methane gas.
이 유기물은 분해될 때 이산화탄소와 메탄가스가 발생한다.
cf. decomposition n. 분해, 부패, 변질

diffuse 800
[difjúːz]
v 발산하다; 퍼지다

This gas **diffuses** through the air faster at a higher temperature.
이 가스는 높은 온도에서 더 빨리 공기 중에 확산된다.

These days technologies **diffuse** very fast.
요즘은 기술이 매우 빨리 보급된다.
cf. diffusion n. 발산; 보급, 유포

dilute 800
[dailú:t]
ⓥ 희석하다

He **diluted** the liquid with water before conducting an experiment.
그는 실험 전에 액체를 물로 희석시켰다.

cf. dilution n. 희석

disperse 800
[dispə́:rs]
ⓥ 흩뜨리다; 해산시키다

The warm air that rose upward **dispersed** throughout the classroom.
위로 올라간 따뜻한 공기가 교실 전체에 퍼졌다.

Police had to fire tear gas to **disperse** the violent protesters.
경찰은 폭력적인 시위대를 해산시키기 위해 최루탄을 발사해야 했다.

cf. dispersion n. 확산, 분산
 dispersal n. 해산, 분산

dissolve 800
[dizálv]
ⓥ 녹다; 해산하다

Sugar **dissolves** in water while oil does not.
설탕은 물에 녹는 반면 기름은 물에 녹지 않는다.

The Prime Minister **dissolved** the parliament and called an early election.
국무총리는 의회를 해산시키고 조기 선거를 발표했다.

cf. dissolution n. 파경, 해산

elastic 800
[ilǽstik]
ⓐ 신축성이 있는

Elastic materials such as spandex are used to make swimming suits.
수영복을 만드는 데는 스판덱스처럼 신축성 있는 직물이 사용된다.

cf. elasticity n. 탄력, 신축성

equivalent 800
[ikwívələnt]
ⓐ 상당하는
ⓝ 동의어

One horsepower is **equivalent** to 0.746 kilowatts.
1마력은 0.746 킬로와트에 해당한다.

This Korean word does not have an **equivalent** in English.
이 한국어는 영어에 같은 단어가 없다.

cf. equivalence n. 등가, 동량; 동의성

evaporate 600
[ivǽpərèit]
ⓥ 증발하다

Water **evaporates** at 100 degrees Celsius or 212 degrees Fahrenheit.
물은 섭씨 100도 또는 화씨 212도에서 증발한다.

cf. evaporation n. 증발
vapor n. 증기

explosive 600
[iksplóusiv]
ⓐ 폭발(성)의

Hydrogen is safe when handled correctly although it is a highly **explosive** gas.
수소는 폭발성이 강한 기체이지만 제대로 다루면 안전하다.

cf. explode v. 폭발하다
explosion n. 폭발
explosiveness n. 폭발성

exposure 600
[ikspóuʒər]
ⓝ 노출; 적발

Exposure to radioactive waste could cause cancer.
방사성 폐기물에 노출되면 암을 유발할 수 있다.

The **exposure** of the lobbyist as a Chinese spy shocked people.
로비스트가 중국 스파이라는 것이 적발되자 사람들은 충격에 빠졌다.

cf. expose v. 드러내다, 폭로하다
exposition n. 박람회, 전시회

extract 800
[ikstrǽkt]
ⓥ 추출하다

Scientists have developed a new technology to **extract** oil from oil sands.
과학자들이 유사에서 석유를 추출하는 신기술을 개발했다.

cf. extraction n. 추출

exude 900
[igzú:d]
ⓥ 발산하다; 넘치다

The old vanilla extract **exuded** a strange smell.
오래된 바닐라 추출물이 이상한 냄새를 풍겼다.

People like Anthony because he always **exudes** confidence.
앤소니는 항상 자신감이 넘쳐서 사람들이 그를 좋아한다.

formula [800]
[fɔ́:rmjulə]
ⓝ 화학식; 유아용 유동식

H_2SO_3 is the molecular **formula** for sulfurous acid.
H_2SO_3는 아황산을 나타내는 분자식이다.

Although breast milk is the healthiest choice for babies, many mothers use baby **formula**.
모유가 아기들의 건강을 위해 가장 좋은 선택이지만 많은 어머니들이 유아용 유동식을 사용한다.

frequency [600]
[frí:kwənsi]
ⓝ 주파수; 빈도

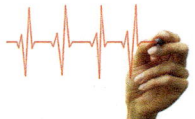

Dogs can hear high **frequency** sounds that are not perceived by human ears.
개는 인간의 귀가 인지하지 못하는 고주파 소리를 들을 수 있다.

Traffic accidents have increased in **frequency** for the last five years.
지난 5년간 교통사고 빈도가 늘었다.

 frequent a. 자주 일어나는
frequently ad. 자주

friction [600]
[fríkʃən]
ⓝ 마찰

Lubricants are used to reduce **friction** in moving parts of engines.
엔진 가동부의 마찰을 줄이기 위해 윤활유를 사용한다.

🔵 기출표현
friction between two parties [labor and industry] 양당 간의(노사 간의) 알력
friction between the two countries
두 나라 사이의 불화

fuse [800]
[fjú:z]
ⓥ 융합하다

When hydrogen atoms **fuse** together, they produce helium.
수소 원자들이 융합하면 헬륨이 된다.

 fusion n. 융합

🔵 기출표현
nuclear fusion 핵융합
nuclear fusion reaction[reactor]
핵융합 반응(핵융합로)

inertia 900
[inə́ːrʃə]
ⓝ 관성; 무력(증)

When a bus stops suddenly, passengers fall forward due to the law of **inertia**.
버스가 급정거하면 관성의 법칙 때문에 승객들은 앞으로 넘어진다.

I just cannot do anything when I have a feeling of **inertia**.
나는 무력감을 느끼면 아무것도 할 수가 없다.

initiate 800
[iníʃièit]
ⓥ 시작하다

The Washington Education Commission **initiated** an annual physics competition for high school students.
워싱턴 교육 위원회는 고등학생들을 위해 연례 물리학 대회를 시작했다.

cf. initiation n. 가입; 입회; 입문
　　initiative n. 계획; 결단력
　　initial a. 처음의   n. 이름의 첫 글자

molecule 800
[máləkjùːl]
ⓝ 분자, 미립자

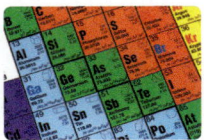

Scientists knew about the existence of **molecules** in the early 19th century.
과학자들은 19세기 초에 분자의 존재에 대해 알고 있었다.

cf. molecular a. 분자의

momentum 800
[mouméntəm]
ⓝ 운동량; 타성, 여세

Momentum is in proportion to mass and velocity.
운동량은 질량과 속도에 비례한다.

The basketball team gained **momentum** in the third quarter.
농구팀은 3쿼터에 탄력이 붙었다.

 기출표현

　gain[gather] momentum 탄력이 붙다
　lose momentum 세가 꺾이다, 탄력을 잃다
　keep the momentum going 여세를 몰아가다

nuclear 600
[njúːkliər]
ⓐ 원자력의

Nuclear power is still regarded as an important source of energy.
원자력은 여전히 중요한 에너지원으로 여겨진다.
cf. nucleus n. 핵, 중심

 기출표현
nuclear weapons 핵무기

oxidation 900
[àksədéiʃən]
ⓝ 산화 (작용)

Oxidation is a process in which a substance combines chemically with oxygen and changes.
산화는 물질이 산소와 화학적으로 결합해 변화하는 과정이다.
cf. oxidize v. 산화시키다
  oxidant n. 산화제
⟷ antioxidant n. 산화(노화) 방지제

perpendicular 900
[pə̀ːrpəndíkjulər]
ⓐ 수직의

The wind turbines are **perpendicular** to the ground.
풍력 발전용 터빈은 지면과 수직을 이루고 있다.
= vertical a. 수직의
⟷ horizontal a. 수평의, 가로의

pliable 900
[pláiəbl]
ⓐ 잘 휘어지는

This substance is **pliable** but sturdy.
이 물질은 잘 휘어지지만 견고하다.

react 600
[riːǽkt]
ⓥ 반응하다, 화학 반응을 일으키다

Some metals do not **react** with water.
일부 금속은 물과 화학 반응을 일으키지 않는다.
cf. reaction n. 반응, 반작용
  reactive a. 민감한, 반작용적인

resilient 900
[rizíliənt]

ⓐ 탄력 있는

Latex is a durable and **resilient** material.
라텍스는 내구성이 있고 탄력이 있는 물질이다.

cf. resilience n. 탄성

sterilize 900
[stérəlàiz]

ⓥ 소독하다; 불임 시술을 하다

These chemicals are used to **sterilize** equipment.
이 화학 약품들은 장비를 소독하는 데 사용된다.

It is common for pet owners to have their pets **sterilized**.
애완동물 주인이 반려동물에게 불임 시술을 시키는 것은 흔한 일이다.

cf. sterile a. 불모의, 메마른

substance 600
[sʌ́bstəns]

ⓝ 물질; 요지

Water, ice, and vapor are the same **substance**.
물, 얼음, 수증기는 같은 물질이다.

There is no **substance** in Paul's report.
폴의 보고서에는 요지가 없다.

cf. substantial a. 상당한

trigger 600
[trígər]

ⓥ 유발하다

The catalyst **triggered** a chemical reaction.
촉매제가 화학 반응을 유발했다.

ultrasonic ⁸⁰⁰
[ʌ̀ltrəsánik]

ⓐ 초음파의

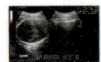
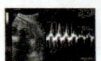

Ultrasonic waves are used to show images of organs.
초음파는 장기의 영상을 보여주는 데 사용된다.

cf. ultrasound n. 초음파 (검사)

verify ⁸⁰⁰
[vérəfài]

ⓥ 증명하다

The physicist **verified** his theory by experiment.
물리학자는 실험으로써 자신의 이론을 증명했다.

cf. verification n. 확인; 입증

volatile ⁸⁰⁰
[válətl]

ⓐ 휘발성의; 변동하는

Alcohol, gasoline, and ammonia are **volatile** substances.
알코올, 휘발유, 암모니아는 휘발성 물질이다.

Commodity prices are currently highly **volatile**.
현재 원자재 가격은 변동성이 매우 높다.

cf. volatility n. 휘발성; 변덕

Daily TEST

A 의미상 적절한 단어를 골라 빈칸에 넣고, 필요 시 단어의 형태를 어법에 맞게 바꾸시오.

보기: ⓐ catalyst ⓑ decompose ⓒ dilute ⓓ disperse ⓔ dissolve ⓕ exude ⓖ frequency ⓗ momentum ⓘ trigger ⓙ volatile

1 Fortunately, violent crimes have decreased in _____.
2 The reform measures lost _____ after the ruling party's crushing defeat in the election.
3 It takes a plastic bag more than one hundred years to _____.
4 Like many celebrities, Tyler _____ arrogance.
5 You can _____ the juice with water if it is too thick.
6 The political situation in this country is very _____.
7 The democratic movement was a(n) _____ for reform.
8 The crowd began to _____ after dark.
9 In 1999, the president's remarks _____ an anti-government protest.
10 This instant coffee _____ very well even in cold water.

B 단어의 의미가 올바르게 설명된 보기를 찾아 연결하시오.

11 pliable   ⓐ to come together and form a larger group or system

12 inertia   ⓑ one of the parts that form something when they combine

13 sterilize   ⓒ the tendency of a physical object to remain still or to continue moving, unless a force is applied to it

14 constituent   ⓓ easily bent or shaped

15 coalesce   ⓔ to kill all the bacteria on or in something and to make it completely clean

- **acid** [ǽsid]   n. 산 a. 산성의
- **activate** [ǽktəvèit]   v. 작동시키다, 활성화시키다
- **alchemist** [ǽlkəmist]   n. 연금술사
- **alkaline** [ǽlkəlàin]   a. 알칼리성의
- **alloy** [ǽlɔi]   n. 합금 v. 합금을 만들다

- **ample** [ǽmpl]   a. 충분한
- **angle** [ǽŋgl]   n. 각(도)
- **antimatter** [ǽntimæ̀tər]   n. 반물질
- **arc** [áːrk]   n. (원)호 v. (전기) 아크를 발생하다
- **asymmetrical** [èisəmétrikəl]   a. 비대칭의

- **atom** [ǽtəm]   n. 원자
- **buoyancy** [bɔ́iənsi]   n. 부력, 부양성; 쾌활함; (주가의) 상승 경향
- **byproduct** [báiprɑ̀dʌkt]   n. 부산물; 부작용
- **centrifuge** [séntrəfjùːdʒ]   n. 원심 분리기
- **chemical** [kémikəl]   a. 화학의

- **coagulate** [kouǽgjulèit]   v. (액체가) 응고하다, 응고시키다
- **cogent** [kóuʒənt]   a. 설득력 있는
- **combustion** [kəmbʌ́stʃən]   n. 연소
- **condense** [kəndéns]   v. (기체가) 응결되다, 응결시키다
- **contradict** [kɑ̀ntrədíkt]   v. 모순되다; 부정[부인]하다

- **convulse** [kənvʌ́ls]   v. 진동시키다; 경련을 일으키다
- **corrosion** [kəróuʒən]   n. 부식 (작용)
- **cube** [kjúːb]   n. 정육면체
- **diagram** [dáiəgræ̀m]   n. 도표, 도해
- **dilate** [dailéit]   v. 확장하다, 팽창시키다

- **dioxide** [dàiáksaid]   n. 이산화물
- **dissipation** [dìsəpéiʃən]   n. 소멸, 소실
- **distill** [distíl]   v. 증류[정제]하다
- **electrode** [iléktroud]   n. 전극
- **electromagnetic** [ilèktroumægnétik]   a. 전자기의

- **electron** [iléktrɑn]   n. 전자
- **element** [éləmənt]   n. 원소, 요소, 성분
- **emanate** [émənèit]   v. 발산하다, 내뿜다
- **enzyme** [énzaim]   n. 효소
- **equation** [i:kwéiʒən]   n. 방정식, 등식

- **feedback** [fí:dbæk]   n. 피드백
- **fieldwork** [fí:ldwə̀:rk]   n. 현장 연구
- **flux** [flʌks]   n. 유동, 흐름; 끊임없는 변화
- **fragment** [frǽgmənt]   n. 조각, 파편 v. 부서지다; 해체하다
- **freeze** [frí:z]   v. 얼다, 얼리다

- **geometry** [dʒiámətri]   n. 기하학, 기하학적 구조
- **give off**   phr. (냄새·열·빛 등을) 내다, 발하다
- **heavy metal**   phr. 중금속
- **hydrogen** [háidrədʒən]   n. 수소
- **immerse** [imə́:rs]   v. (액체 속에) 담그다; 몰두하게 만들다

- **indivisible** [ìndəvízəbl]   a. 나눌 수 없는, 불가분의
- **infuse** [infjú:z]   v. 불어넣다, 주입하다
- **inquisition** [ìnkwəzíʃən]   n. 조사, 연구; 심문
- **juxtapose** [dʒʌ̀kstəpóuz]   v. (대조·비교를 위하여) 병치하다, 나란히 놓다
- **kindle** [kíndl]   v. 불을 붙이다, 태우다

- **kinetic** [kinétik]   a. 운동의, 운동에 의해 생기는
- **lab** [lǽb]   n. 실험실(=laboratory)
- **lead** [líːd]   n. 납
- **lever** [lévər]   n. 지렛대, 지레   v. 지렛대로 움직이다
- **lightning rod[conductor]**   phr. 피뢰침

- **limestone** [láimstòun]   n. 석회암
- **measure** [méʒər]   v. 측정하다, 재다   n. 양, 정도; 단위
- **meld** [méld]   v. 섞이다, 혼합하다
- **microwave** [máikrouwèiv]   n. 마이크로파, 극초단파; 전자레인지
- **mineral** [mínərəl]   n. 광물(질); 무기물, 미네랄

- **miniscule** [mínəskjùːl]   a. 극소의
- **neutron** [njúːtrɑn]   n. 중성자
- **nitrogen** [náitrədʒən]   n. 질소
- **nuclear fission**   phr. 핵분열
- **oscillate** [ásəlèit]   v. (전파·전자파 등이) 진동하다

- **overheat** [òuvərhíːt]   v. 과열시키다, 과열하다
- **paradigm** [pǽrədàim]   n. 패러다임, 이론적 틀, 전형적인 예
- **particulate** [pərtíkjulət]   a. 미립자의, 미립자로 된   n. 입자성 물질
- **permeate** [pə́ːrmièit]   v. 스며들다, 침투하다
- **physicist** [fízisist]   n. 물리학자

- **platinum** [plǽtənəm]   n. 백금
- **postulate** [pástʃulèit]   v. 상정[가정]하다
- **pressure** [préʃər]   n. 압박, 압력, 기압   v. 압력을 가하다
- **proportion** [prəpɔ́ːrʃən]   n. 부분, 비율
- **proton** [próutɑn]   n. 양성자, 양자

- **pundit** [pʌ́ndit] — n. 전문가, 권위자
- **qualitative** [kwάlətèitiv] — a. 질적인
- **quantitative** [kwάntətèitiv] — a. 양적인
- **quantum mechanics** — phr. 양자역학
- **ratio** [réiʃou] — n. 비(율)

- **refract** [rifrǽkt] — v. (빛을) 굴절시키다
- **repulsive forces** — phr. 밀어내는 힘
- **residue** [rézidjùː] — n. 잔여[잔류]물
- **resin** [rézin] — n. 수지, 송진; 합성수지
- **saturation** [sæ̀tʃəréiʃən] — n. 포화 (상태), 포화도

- **solidify** [səlídəfài] — v. 굳어지다, 응고시키다
- **split** [splít] — v. 나뉘다, 나누다 n. 분열, 분할
- **square** [skwɛ́ər] — a. 정사각형의, 직각의, 제곱[평방]의
- **stability** [stəbíləti] — n. 안정(성)
- **stir** [stə́ːr] — v. 휘젓다, 뒤섞다

- **substantiate** [səbstǽnʃièit] — v. 입증하다
- **sulfur** [sʌ́lfər] — n. 황, 유황
- **tarnish** [tάːrniʃ] — v. 변색시키다, 손상시키다 n. (금속의) 변색된 부분
- **tenable** [ténəbl] — a. (이론 등이) 쉽게 옹호될 수 있는
- **thunder** [θʌ́ndər] — n. 천둥, 우레

- **turn into** — phr. ~으로 변하다
- **universal gravitation** — phr. 만유인력
- **velocity** [vəlάsəti] — n. 속도
- **viscosity** [viskάsəti] — n. 점도, 점착성, 점성률
- **wavelength** [wéivlèŋkθ] — n. 파장, 주파수

 Actual TEST

Part I Questions 1—25
Choose the best answer for the blank.

1

A: Do you know what the fourth-largest island in the world is?

B: No, you've _____ me there.

(a) captured
(b) got
(c) put
(d) grasped

2

A: I'd like to return the vacuum cleaner I bought two weeks ago.

B: I'm sorry, but we don't allow returns _____ the 3-day period after the sale.

(a) beyond
(b) within
(c) in
(d) out

3

A: What's your overarching concern?

B: Our _____ concern is to ensure the continuity of the wise and compassionate policies of the king.

(a) minor
(b) lesser
(c) slight
(d) utmost

4

A: Would you like to _____ a message?

B: Sure. My name is Tracy from Central Bank.

(a) lay
(b) take
(c) put
(d) leave

5

A: Hello, ma'am! How can I assist you today?

B: Can you please tell me what the _____ is on my account?

(a) bill
(b) saving
(c) remains
(d) balance

6

A: I bumped into Linda yesterday. She looked quite depressed.

B: I wonder what's _____ at her.

(a) bothering
(b) interrupting
(c) eating
(d) looking

7

A: Sarah, are you scared of driving after the accident?

B: Yes, I'm very _____. I've always had very bad anxiety.

(a) sanguine
(b) indifferent
(c) gaudy
(d) apprehensive

8

A: Excuse me. This bread tastes _____.

B: I'm sorry. We'll get you another one.

(a) stale
(b) blend
(c) banal
(d) stink

9

A: Colin, do you think that robots will ever be smarter than people?

B: No. Robots are like computers. They can never _____ the creativity and ingenuity of the human mind.

(a) adhere to
(b) abstain from
(c) aspire to
(d) conspire with

10

A: I'd like to buy this necklace, but I think the price is a little steep

B: Eighty dollars is the _____. We can't go any lower.

(a) finish line
(b) line-up
(c) bottom line
(d) deadline

11

A: Should I _____ this tie to the counter where I purchased it?

B: Yes. Show them the receipt and they'll give you a refund.

(a) carry
(b) take
(c) go
(d) come

12

A: What were you doing at 9 p.m. yesterday? I tried to call you, but I couldn't _____ to you.

B: Since I felt bad, I went to bed early.

(a) get in
(b) get through
(c) be close by
(d) make up

13

A: Don't hang out with Ronald. He's a bad _____ on you.

B: But dad, he's my best friend! Besides, he's very funny.

(a) influence
(b) virtue
(c) caliber
(d) faculty

14

A: Didn't you see that _____ spiral Christmas tree at the Plaza hotel?

B: Yes, it's neat, but I like our spruce tree better.

(a) fallacious
(b) ferocious
(c) fabulous
(d) frivolous

15

A: I can't find that word in this pocket dictionary.

B: Then try looking in a(n) _____ dictionary.

(a) added
(b) portable
(c) unabridged
(d) abridged

16

A: Don't tell anybody about this incident.

B: My lips are _____.

(a) chiseled
(b) milled
(c) peeled
(d) sealed

17

A: I'm worried my Russian is getting pretty _____.

B: If you want to keep your Russian fresh in your mind, why don't you watch Russian films instead of Hollywood ones?

(a) hectic
(b) rusty
(c) petty
(d) misty

18

A: Let's _____ a coin to decide who will be the unlucky one to write the paper.

B: Okay. Heads or tails?

(a) flop
(b) flip
(c) flicker
(d) flap

19

A: Do you think Derek is guilty or _____?

B: He insists he didn't take the money.

(a) immoral
(b) innocent
(c) immense
(d) indecent

20

A: Who is the new magazine _____ toward?

B: I think college students will be the major readership.

(a) geared
(b) inclined
(c) pushed
(d) hired

21

A: I thought Tom was your best friend. Am I wrong?

B: Absolutely. A good friend never deserts you in times of _____.

(a) prosperity
(b) affluence
(c) adversity
(d) affection

22

A: Is it true that in the District of Columbia young students can't go out after midnight?

B: Yes. People under the age of 17 are not allowed to stay in outdoor public places during _____ hours.

(a) curfew
(b) rebuke
(c) custody
(d) curtailment

23

A: Do you still enjoy riding a bike? I guess it's a bit too hot for it these days.

B: Yes, it's becoming hotter and hotter. The _____ of sweat hits my lower back even when I ride early morning.

(a) inflow
(b) trickle
(c) trident
(d) infusion

24

A: Experts are worried that growing appetite for fast food is _____ the country's centuries-old healthy diet.

B: I can't disagree with you there.

(a) underlying
(b) underestimating
(c) undermining
(d) underwriting

25

A: What do you think of stories about people being fed a meal of snake or dog meat?

B: I find them _____.

(a) repugnant
(b) enchanting
(c) seductive
(d) ludicrous

Part II Questions 26—50
Choose the best answer for the blank.

26

Formula milk may have been developed to be very similar to breast milk, but it is still _____ to mom's milk.

(a) inferior
(b) superior
(c) lesser
(d) mediocre

27

A statue stands proud and erect in the town center, with the name "Newton" _____ boldly below.

(a) melted
(b) chiselled
(c) grooved
(d) caved

28

My parents _____ that I take a different route to school and avoid that scary place altogether.

(a) told
(b) made
(c) suggested
(d) informed

29

While _____ in Bogor, John captured the tranquillity of the village at sunset with his camera.

(a) spending
(b) steering
(c) vacating
(d) vacationing

30

Statistical analyses revealed that the more young adults play video games, the more frequent their _____ in risky behaviors like drinking and drug abuse.

(a) accompaniment
(b) abandonment
(c) involvement
(d) attachment

31

When we speak, we are not hearing our voice _____ with our ears, but also through internal hearing.

(a) together
(b) all
(c) solely
(d) barely

32

When Sue suffered _____ spinal cord damage, doctors told her she would never walk again.

(a) transient
(b) temporary
(c) irresistible
(d) irreversible

33

After leaving the nursing home, Irene moved in with her parents and got a job _____ a receptionist.

(a) as
(b) for
(c) with
(d) by

34

Silva _____ a non-profit training and support organization for disabled people.

(a) walked
(b) ran
(c) went
(d) flew

35

With this recipe book you will discover superb food from every country, so within a short time you will be cooking _____ food that will delight everyone.

(a) selective
(b) delectable
(c) derisible
(d) gregarious

36

They delivered flyers door-to-door, explaining the goals of their training center and _____ donations.

(a) asking for
(b) wanting
(c) mending
(d) guttering

37

The government agreed to new rules _____ government buildings, shopping malls, offices and public places to offer facilities for the disabled.

(a) making
(b) proposing
(c) requiring
(d) suggesting

38

Cellphone novels are largely written in the first person and _____ to be read like a diary.

(a) contended
(b) consigned
(c) deliberated
(d) designed

39

Many women would fall so completely under the _____ of the handsome foreigner fantasy that common sense goes out the window.

(a) spell
(b) spin
(c) span
(d) squall

40

Our son Bill rents a home from us, but he is _____ in paying the small rent we charge. Currently he is three months behind.

(a) strict
(b) lax
(c) tense
(d) attentive

41

All hospitals must improve basic infection control measures, such as _____ hand-washing and the use of gloves and gowns around high-risk patients.

(a) irregular
(b) unusual
(c) frequent
(d) occasional

42

I guess it was my _____ to make people laugh by dressing up and sounding like anyone other than myself.

(a) call
(b) calling
(c) deal
(d) dealing

43

Malaysia was colonized by the British, and during this period English was the _____ language in the country.

(a) durable
(b) dominant
(c) aggressive
(d) submissive

44

Next morning, we tried to shake off the jet _____ with a swim in the chilly Indian Ocean.

(a) lag
(b) tag
(c) travel
(d) propulsion

45

Generally, conservatives are pleased by what will _____ a more traditional interpretation of the US Constitution.

(a) entail
(b) force
(c) evoke
(d) retail

46

Tax imposition may help _____ alcohol abuse, with a new study showing that a lower number of people are likely to drink if the cost of alcoholic beverages is high.

(a) foster
(b) facilitate
(c) spur
(d) curb

47

Political power was handed to one of the most ruthless dictators of the 20th century in a _____ political deal.

(a) laudable
(b) virtuous
(c) honorable
(d) sordid

48

In this meeting, we hope to finalize our plans for the _____ of the year.

(a) leftover
(b) nest
(c) remainder
(c) residue

49

They had no meeting during the February winter break and will _____ meeting on March 7th, when Jamie Huffer will debate "Using Drama in the English Classroom."

(a) resume
(b) consume
(c) assume
(d) presume

50

All information on upcoming events should be sent at least three months in _____.

(a) futures
(b) commission
(c) advance
(d) permission

정답 및 해설

Day 01

1 ⓒ detector 2 ⓕ rate 3 ⓑ amenities 4 ⓔ frisked 5 ⓖ concierge
6 ⓓ stow 7 ⓐ layover 8 ⓘ stranded 9 ⓙ accommodate 10 ⓗ courtesy
11 ⓔ 12 ⓓ 13 ⓑ 14 ⓐ 15 ⓒ

해석
1 연기 탐지기(화재경보기)는 비상시에 생명을 구할 수 있다.
2 이 도시에 있는 호텔들의 평균 숙박 요금은 225달러이다.
3 그녀는 극장, 박물관, 쇼핑몰과 같은 현대적 문화 편의 시설을 갖춘 대도시에 살고 있다.
4 그 경찰관은 범인을 체포하기 전에 몸수색을 했다.
5 호텔 안내원은 훌륭한 중국 음식점을 추천했다.
6 앞 좌석 아래에 가방을 넣으실 수 있습니다.
7 그녀는 도쿄에서 다음 비행까지 하루 경유했다.
8 눈보라 때문에 수천 명의 승객들이 공항에 발이 묶였다.
9 YDP 유스 호스텔은 최대 250명의 투숙객을 수용할 수 있다.
10 제리코 호텔은 공항을 오가는 무료 버스를 제공한다.

Day 02

1 ⓓ prestigious 2 ⓖ versed 3 ⓙ foster 4 ⓘ complimented 5 ⓔ rigid
6 ⓐ dawned 7 ⓗ suspended 8 ⓑ rudimentary 9 ⓒ flunked 10 ⓕ digresses
11 ⓐ 12 ⓒ 13 ⓔ 14 ⓑ 15 ⓓ

해석
1 한국의 많은 부모들은 자녀를 명문대에 보내는 데 집착한다.
2 그 강사는 기하학에 조예가 깊다.
3 개방형 질문을 하는 것은 교사가 학생들의 수업 참여를 촉진할 수 있는 한 가지 방법이다.
4 어제 선생님께서 내 뛰어난 불어 실력을 칭찬해주셨다.
5 사립 학교는 공립 학교보다 규칙이 더 엄격한 경향이 있다.
6 그녀는 도서관에 책을 반납하는 것을 깜빡한 것이 갑자기 생각났다.
7 재커리는 담배를 피운 것 때문에 학교에서 정학을 당했다.
8 그녀는 미국에서 10년을 살았기 때문에 한국사에 대해서는 기초적인 지식만 있었다.
9 그는 대학에서 낙제해 퇴학을 당했지만 28세의 나이에 온라인 사업에서 성공했다.
10 강의를 하다 자주 옆길로 새곤 하지만 난 심리학 교수님이 좋다.

Day 03

1 ⓗ turnaround   2 ⓘ disparity   3 ⓖ frugal   4 ⓑ boost   5 ⓕ plunged
6 ⓓ demand   7 ⓒ fluctuated   8 ⓐ confidence   9 ⓔ intervene   10 ⓙ deficit
11 ⓓ   12 ⓐ   13 ⓔ   14 ⓑ   15 ⓒ

해석

1 우리는 아직 경기 침체기에 있으며, 금방 경제가 호전될 것이라 기대하지 않는다.
2 부자들은 더 부유해지고 가난한 사람들은 더 가난해지고 있다. 다시 말해, 소득 격차가 커지고 있다.
3 나는 밥과 김치로 간소한 저녁 식사를 했다.
4 세계 경기 회복이 한국 상품의 해외 판매를 증대시키는 데 도움이 됐다.
5 전쟁 소식에 주가가 거의 20% 급락했다.
6 수요 증가에 맞추기 위해 공장을 전면 가동하고 있다.
7 화요일에 주가 지수가 등락을 거듭했다.
8 정부의 노력에도 불구하고, 소비자들은 경제에 대한 신뢰를 잃고 있다.
9 보수 정치인들은 정부가 민간 부문에 개입하는 것을 원치 않는다.
10 정부는 예산 부족 때문에 복지 프로그램을 축소해야 했다.

Day 04

1 ⓘ relieve   2 ⓒ complications   3 ⓗ injected   4 ⓔ apply   5 ⓐ impaired
6 ⓕ contagious   7 ⓙ immune   8 ⓑ diagnosed   9 ⓓ chronic   10 ⓖ addicted
11 ⓑ   12 ⓒ   13 ⓐ   14 ⓔ   15 ⓓ

해석

1 이 진통제는 통증 완화에 도움이 될 것이다.
2 실명은 당뇨의 흔한 합병증 중 하나이다.
3 로이는 병원에 갔을 때 항생제 주사를 맞았다.
4 얼굴에 크림을 너무 많이 바르지 마세요.
5 시각 장애인들은 신문을 읽을 수 없다.
6 음식 알레르기는 전염병이 아니다.
7 독감 백신으로는 일반 감기에 면역력이 생기지 않는다.
8 그의 병은 피부암으로 진단되었다.
9 최 씨는 25년간 만성 천식을 앓았다.
10 일단 술에 중독이 되면 끊는 것이 대단히 어렵다.

Day 05

1 ⓘ browsed	2 ⓓ haggling	3 ⓑ credit	4 ⓕ exempt[exempted]
5 ⓔ affordable	6 ⓖ extravagant	7 ⓐ exclusive	8 ⓗ defective
9 ⓙ coaxed	10 ⓒ splurges	11 ⓒ	12 ⓓ 13 ⓐ 14 ⓔ 15 ⓑ

해석

1 사이먼은 윈도쇼핑을 가서 아무것도 사지 않고 가게들을 둘러봤다.
2 우리 엄마는 가격 흥정을 정말 잘 하신다.
3 이 피아노를 살 돈이 충분치 않으면, 신용 카드로 사실 수 있습니다.
4 영국을 포함한 많은 국가에서 식품은 부가가치세가 면제된다.
5 경제가 나쁠 때 사람들은 저렴한 물건을 찾는다.
6 루시는 18세에 백만장자가 되었고 항상 돈 씀씀이가 헤펐다.
7 우리는 한국에서 고고 윈터 아이스크림을 판매할 독점권이 있다.
8 대부분의 백화점은 하자가 있는 물건에 대한 교환 정책이 잘 되어 있다.
9 그녀는 정직하지 못한 텔레마케터에 설득 당해 러닝머신을 샀다.
10 스티브는 이미 컴퓨터가 네 대나 있지만 여전히 전자제품에 돈을 펑펑 쓴다.

Day 06

1 ⓘ deciphered	2 ⓕ coherent	3 ⓔ memoirs	4 ⓕ bilingual	5 ⓒ plagiarism
6 ⓖ banalities	7 ⓑ coined	8 ⓐ gist	9 ⓗ prolific	10 ⓓ anonymity
11 ⓓ	12 ⓔ	13 ⓐ	14 ⓒ	15 ⓑ

해석

1 샹폴리옹은 1822년에 고대 이집트 문자를 해독했다.
2 학생들은 이 수업에서 논리 정연한 에세이를 쓰는 법을 배운다.
3 미국에서는 대개 유명 인사들의 회고록이 매우 잘 팔린다.
4 그 통역사는 불어와 일본어를 구사한다.
5 친구가 쓴 에세이에서 한 단락을 베끼는 것은 표절에 해당한다.
6 10대를 위한 그의 로맨스 소설은 유치하며 진부한 내용으로 가득하다.
7 '로봇'이라는 용어는 1921년에 한 체코 극작가가 만든 말이다.
8 그의 강의가 너무 어려워서 나는 요점도 이해할 수 없었다.
9 그녀는 다작을 하는 작가로서, 매년 평균 다섯 편의 소설을 쓴다.
10 정부 관료는 익명을 조건으로 기자에게 이야기를 했다.

Day 07

1 ⓓ letting   2 ⓗ scarcity   3 ⓖ adjust   4 ⓕ stark   5 ⓑ humidity
6 ⓙ imminent 7 ⓔ adverse   8 ⓐ inclement 9 ⓒ scorching 10 ⓘ drizzling
11 ⓐ   12 ⓓ   13 ⓑ   14 ⓔ   15 ⓒ

해석
1 폭우가 가라앉을 기색이 보이지 않았다.
2 전례 없는 가뭄 때문에, 사람들이 점점 심각해지는 물 부족 문제를 겪고 있다.
3 지구 온난화를 막을 수 없다면 온난화에 적응하도록 노력해야 한다.
4 캐나다의 기후는 멕시코의 기후와 극명한 대조를 보인다.
5 한국은 겨울보다 여름에 습도가 높다.
6 토네이도가 임박했을 때 시정부가 경보를 발령했다.
7 그들은 에너지를 덜 사용해 기후 변화의 악영향을 최소화하려 하고 있다.
8 모스크바에서의 악천후 때문에 내가 탈 비행편이 연착했다.
9 한국인들은 무더운 여름 날씨에 인삼이 들어간 전통 닭고기 수프(삼계탕)를 즐겨 먹는다.
10 비가 많이 오지는 않지만 가랑비가 내리고 있다.

Day 08

1 ⓖ premises 2 ⓗ renovate 3 ⓓ demolish 4 ⓐ adequate 5 ⓕ evicted
6 ⓙ tenant   7 ⓒ adorned   8 ⓘ stuffy   9 ⓔ evacuated 10 ⓑ adjoin
11 ⓔ   12 ⓑ   13 ⓐ   14 ⓒ   15 ⓓ

해석
1 구내에서 술은 금지되어 있습니다.
2 노아는 새 집을 짓는 대신 낡은 집을 개보수하기로 했다.
3 그들은 새 발전소를 위한 공간을 만들기 위해 이 구역에 있는 건물 몇 채를 철거할 계획이다.
4 내 차고는 차 두 대가 들어갈 공간이 충분하다.
5 알렉산더가 세 달 동안 집세를 못 내자 집주인은 그를 쫓아냈다.
6 집주인과 세입자 사이에 갈등이 일어날 수 있다.
7 그녀는 장미로 침실을 장식했다.
8 그 방은 창문이 없어서 답답하다.
9 작은 화재가 발생하자 직원들은 사무실 밖으로 피신했다.
10 부엌과 거실은 서로 붙어 있다.

Day 09

1 ⓘ counterfeiting	2 ⓓ remitted	3 ⓑ appreciation	4 ⓘ decent	5 ⓖ account
6 ⓕ due	7 ⓒ compensate	8 ⓐ deposit	9 ⓔ speculating	10 ⓗ appraised
11 ⓒ	12 ⓔ	13 ⓐ	14 ⓑ	15 ⓓ

해석

1 그는 미 달러화를 위조한 혐의로 체포됐다.
2 지난 수요일에 그녀는 캐나다에 있는 이모에게 오백만 원을 송금했다.
3 일본 수출업체들은 미 달러화 대비 엔화의 가치 상승으로 고통을 겪고 있다.
4 경기 침체기에 괜찮은 일자리를 찾기 어려웠다.
5 어제 로열 은행에 새 계좌를 개설했다.
6 납입 기한은 2월 27일까지이다.
7 그가 아내를 잃은 것은 그 무엇으로도 보상할 수 없었다.
8 스키 장비를 빌리기 위해 보증금 100달러를 냈다.
9 그는 금에 투기해서 돈을 많이 벌었다.
10 그녀의 집은 5억 원으로 감정을 받았다.

Day 10

1 ⓔ fined	2 ⓘ detour	3 ⓗ reckless	4 ⓐ circumvent	5 ⓓ dropped
6 ⓒ congestion	7 ⓘ standstill	8 ⓕ hailed	9 ⓖ pedestrians	10 ⓑ commutes
11 ⓔ	12 ⓓ	13 ⓒ	14 ⓐ	15 ⓑ

해석

1 벤은 안전띠 미착용으로 벌금이 부과되었다.
2 그들은 도로 공사 때문에 우회해야 했다.
3 러츠 씨는 난폭 운전으로 사람을 죽인 혐의를 받고 있다.
4 똑똑한 범죄자들은 법을 피해 갈 방법을 찾아냈다.
5 에이든은 지난 화요일에 기차역에 스테파니를 내려주었다.
6 이사벨라는 교통 체증 때문에 늦었다.
7 남쪽 방향 차선의 차량들은 완전히 멈췄다.
8 소피아는 밖으로 나가 길가에서 택시를 불러 세웠다.
9 이 길은 보행자 전용이기 때문에 여기서 자전거를 타서는 안 된다.
10 그는 매일 지하철로 통학한다.

Day 11

1 ⓒ ascertain 2 ⓗ extinct 3 ⓑ alternative 4 ⓙ repercussions 5 ⓖ detrimental
6 ⓔ conserve 7 ⓘ obligation 8 ⓓ compel 9 ⓐ alleviate 10 ⓕ depleted
11 ⓒ 12 ⓓ 13 ⓐ 14 ⓔ 15 ⓑ

해석
1 연구자들이 아그네스 호수에서 수백 마리의 새가 사망한 원인을 규명하기 위해 애쓰고 있다.
2 도도새는 17세기에 멸종됐으며 더 이상 존재하지 않는다.
3 선진국들은 대체 에너지 기술에 많은 투자를 하고 있다.
4 기후 변화는 야생 생물에 심각한 영향을 끼칠 것이다.
5 새 화학 공장은 생태계에 해로운 영향을 줄 것이다.
6 의회는 북쪽 지역의 야생 생물을 보호하기 위해 새 법을 제정했다.
7 선진국은 개발도상국의 환경 보호를 도울 도덕적 의무가 있다.
8 정부는 기업들이 좀 더 환경친화적이 되도록 강제해야 한다.
9 과학자들은 지구 온난화의 영향을 완화하기 위한 방법을 찾기 위해 애쓰고 있다.
10 일부 전문가들은 석유가 약 150년 뒤 고갈될 것이라고 말한다.

Day 12

1 ⓖ implement 2 ⓗ turnover 3 ⓑ allot 4 ⓒ consensus 5 ⓐ acquiring
6 ⓘ lucrative 7 ⓕ entrepreneurs 8 ⓔ dismissed 9 ⓙ motivated 10 ⓓ consolidated
11 ⓑ 12 ⓒ 13 ⓔ 14 ⓓ 15 ⓐ

해석
1 오렌지 컴퓨터는 효율성을 높이기 위해 새 정책들을 시행할 것이다.
2 회사는 직원들이 보수를 많이 받지 못하기 때문에 이직률이 꽤 높다.
3 경영진은 광고에 더 많은 돈을 할당하기로 결정했다.
4 켈란과 에마는 그 문제에 대해 합의에 도달했다.
5 그 회사는 JJ모터스를 인수해서 가장 큰 자동차 제조업체가 되었다.
6 미국에는 대학 학위를 요구하지 않는 고소득 일자리가 많이 있다.
7 기업친화적이지 못한 정책들 때문에 젊은 기업가들이 나라를 떠나고 있다.
8 그는 회사 자금을 훔치다가 발각됐을 때 해고당했다.
9 이곳 직원들은 불공정한 대우를 받는다고 느끼기 때문에 동기 부여가 잘 안되고 있다.
10 KG 텔레콤은 유럽에서 가장 큰 무선 통신회사로서의 지위를 굳혔다.

Day 13

1 ⓗ novelty   2 ⓖ glitch   3 ⓙ supplanted   4 ⓓ duplicated   5 ⓑ acting up
6 ⓔ feasible   7 ⓒ advent   8 ⓘ obsolete   9 ⓐ access   10 ⓕ generate
11 ⓑ   12 ⓓ   13 ⓒ   14 ⓐ   15 ⓔ

해석

1 90년대 초에는 핸드폰을 가지고 있는 것이 신기한 일이었다.
2 카요토 자동차들이 기술적 결함 때문에 회수되었다.
3 디지털 카메라가 거의 완전히 필름 카메라를 대체했다.
4 어젯밤에 그는 컴퓨터가 고장 날 경우에 대비해 USB 드라이브에 그 파일들을 복사해 두었다.
5 낡은 노트북 컴퓨터가 또 말썽이었다.
6 시간 여행은 아직 가능하지 않다.
7 인터넷의 도래 이후 TV의 영향력이 줄었다.
8 MP3 플레이어로 인해 카세트 플레이어와 CD 플레이어는 쓸모없게 되었다.
9 요즘은 거의 모든 사람들이 핸드폰으로 인터넷에 접속하는 방법을 알고 있다.
10 원자력 에너지는 이산화탄소를 많이 발생시키지 않는다.

Day 14

1 ⓓ confidential   2 ⓙ adroit   3 ⓕ competence   4 ⓘ beforehand   5 ⓔ address
6 ⓒ strike   7 ⓐ extension   8 ⓗ rebuked   9 ⓖ came   10 ⓑ appointed
11 ⓒ   12 ⓔ   13 ⓑ   14 ⓐ   15 ⓓ

해석

1 당신은 기밀 서류를 읽을 수 없습니다.
2 협상에 능하지 못하면 성공적인 사업가가 될 수 없다.
3 이 프로젝트는 그 사람의 능력 밖의 일이라고 생각한다.
4 한 달 전에 예약하실 것을 권장합니다.
5 왜 아무도 이 문제를 처리하려 하지 않는지 이해가 안 간다.
6 경영진과 합의에 도달하지 못하자 직원들은 파업에 들어갔다.
7 양측은 계약을 6개월 연장하기로 합의했다.
8 에바는 반복되는 지각 때문에 질책을 받았다.
9 지난주 회의에서 올리비아는 그 문제에 대해 좋은 해결책을 제안했다.
10 마사는 광고 부사장으로 임명되었다.

Day 15

1 ⓓ enforce   2 ⓗ involved   3 ⓒ apprehended   4 ⓔ fabricated   5 ⓑ acquitted
6 ⓘ stringent   7 ⓖ interrogated   8 ⓐ accused   9 ⓙ plead   10 ⓕ filed
11 ⓑ   12 ⓓ   13 ⓔ   14 ⓒ   15 ⓐ

해석

1 입법자들은 법을 제정하고 경찰관들은 법을 집행한다.
2 스캔들에 연루된 모든 정부 관리들은 결국 사임했다.
3 강도 용의자가 공원을 이리저리 헤매고 있을 때 형사들이 그를 체포했다.
4 부패한 경찰관이 무고한 사람에게 불리하도록 증거를 조작했음이 드러났다.
5 증거가 없어서 그는 살인 혐의에 대해 무죄를 선고 받았다.
6 내가 고등학교 다닐 때는 복장 규정이 너무 엄격했다.
7 그는 열 시간 넘게 검사들의 심문을 받았다.
8 그는 가게에서 물건을 훔치다 잡혀 절도죄로 기소를 당했다.
9 변호사와 이야기한 뒤 녹스는 강도 혐의에 대해 유죄를 인정하기로 했다.
10 2년 전 그녀는 전 고용주에게 소송을 제기했다.

Day 16

1 ⓖ introverted   2 ⓓ came   3 ⓑ amicable   4 ⓔ condolences   5 ⓙ venue
6 ⓐ acquaintances   7 ⓕ confided   8 ⓘ pending   9 ⓗ mingled   10 ⓒ boasts
11 ⓑ   12 ⓐ   13 ⓔ   14 ⓒ   15 ⓓ

해석

1 그녀는 너무 수줍어하고 내성적이라 모르는 사람에게 말하는 것을 어려워한다.
2 어제 중학교 시절 친구를 우연히 만났다.
3 한국은 미국과 우호적인 관계를 유지해왔다.
4 그는 장례식에서 애도를 표했다.
5 잠실 경기장이 한류 축제가 열리는 장소이다.
6 그는 친구들뿐 아니라 지인들도 파티에 초대했다.
7 마침내 에밀리는 모든 비밀을 어머니께 털어놓았다.
8 미국 대선이 임박했다.
9 그는 어젯밤 파티에서 다른 손님들과 어울렸다.
10 그는 항상 자기 배경에 대해 자랑하기 때문에 사람들이 그를 싫어한다.

Day 17

1 ⓖ oblivious	2 ⓒ interim	3 ⓘ rhetoric	4 ⓑ sanctions	5 ⓓ garnered
6 ⓕ radical	7 ⓔ dissented	8 ⓙ proclaimed	9 ⓐ impose	10 ⓗ defies
11 ⓒ	12 ⓐ	13 ⓓ	14 ⓔ	15 ⓑ

해석

1. 대부분 독재자들은 사람들이 무엇을 원하는지 모른다.
2. 다음 선거 때까지 임시 정부가 나라를 이끌 것이다.
3. 사람들은 정치적 수사에 넌더리가 났다.
4. 미국은 만약 북한이 핵 프로그램을 포기한다면 북한에 대한 제재조치를 해제할 의사가 있다.
5. 그는 지난달 선거에서 젊은 유권자들의 강력한 지지를 받았다.
6. 여성의 투표권 허용은 19세기에는 급진적인 생각이었다.
7. 그녀는 환경 문제에 대해 총리와 의견이 달랐다.
8. 1945년 소련은 일본에 전쟁을 선포했다.
9. 정부는 불법 이민자를 고용한 고용주들에게 벌금을 부과할 것이다.
10. 많은 사람들이 그 호수의 아름다움은 설명이 불가능하다고 말한다.

Day 18

1 ⓕ circulation	2 ⓔ hibernate	3 ⓐ susceptible	4 ⓓ lure	5 ⓙ spawn
6 ⓖ infested	7 ⓗ resistant	8 ⓘ genetically	9 ⓑ inherited	10 ⓒ evolved
11 ⓔ	12 ⓓ	13 ⓑ	14 ⓐ	15 ⓒ

해석

1. 규칙적인 운동은 혈액 순환을 개선해줄 것이다.
2. 일부 곰들은 일 년 내내 먹이를 찾을 수 있기 때문에 겨울에 겨울잠을 자지 않는다.
3. 비만인들은 심장병에 걸리기 더 쉽다.
4. 꽃은 꿀로 벌과 나비를 유혹한다.
5. 일부 물고기는 알을 낳은 직후 죽는다.
6. 집에는 바퀴벌레가 들끓었다.
7. 과학자들은 항생제에 저항력을 가진 위험한 새 박테리아 종을 발견했다.
8. 일부 전문가들은 유전자 조작 식품이 위험하지 않다고 말한다.
9. 그가 어머니로부터 음악적 재능을 물려받았다고 생각한다.
10. 단순한 종에서 더 복잡한 종이 진화되었다.

Day 19

1 ⓑ edible	2 ⓘ craving	3 ⓔ indulge	4 ⓓ gratuity	5 ⓗ recipe
6 ⓙ savoring	7 ⓒ brewed	8 ⓐ devoured	9 ⓕ bland	10 ⓖ Gourmets
11 ⓓ	12 ⓔ	13 ⓑ	14 ⓐ	15 ⓒ

해석
1 모든 버섯이 다 식용은 아니기 때문에 조심해야 한다.
2 나는 스트레스를 받으면 초콜릿이 당긴다.
3 살을 빼고 싶다면 단 것을 마음껏 먹어서는 안 된다.
4 한국인들은 보통 미용사에게 팁을 주지 않는다.
5 호박파이 요리법이 필요해서 요리책을 샀다.
6 안젤리나는 파스타를 매우 천천히 먹으며 한 입 한 입 음미했다.
7 나는 갓 끓인 커피를 마시는 것을 좋아한다.
8 어제 세 시간 동안 운동을 한 뒤 축구 선수는 피자 한 판을 게걸스레 먹었다.
9 일반적으로 말해서 싱거운 음식이 짠 음식보다 몸에 좋다.
10 미식가들은 맛있는 음식을 먹는 데 기꺼이 많은 돈을 쓴다.

Day 20

1 ⓖ elicited	2 ⓘ distort	3 ⓑ virtuoso	4 ⓓ preoccupied	5 ⓐ composed
6 ⓕ lauded	7 ⓗ infringing	8 ⓙ masterpiece	9 ⓕ dismal	10 ⓒ perspective
11 ⓒ	12 ⓐ	13 ⓑ	14 ⓔ	15 ⓓ

해석
1 어제 공연에서 배우의 눈물은 관객들의 큰 공감을 이끌어냈다.
2 일본 정부는 역사를 왜곡하는 학교 교과서를 승인했다.
3 애리슨 씨는 유럽에서 가장 위대한 바이올린 거장으로 여겨진다.
4 그녀는 가사를 쓰는 데 몰두해있었다.
5 볼프강 아마데우스 모차르트는 총 41개의 교향곡을 작곡했다.
6 셰익스피어는 역대 가장 위대한 작가 중 한 명으로 칭송 받고 있다.
7 그 음악가는 잭슨의 저작권을 침해한 혐의로 고소를 당했다.
8 평론가들과 관객 모두 그 영화를 걸작이라고 생각한다.
9 그는 노래를 잘 못했고 공연은 형편없었다.
10 오른쪽에 있는 꽃병은 원근법에 맞지 않는다.

Day 21

1 ⓓ moody	2 ⓘ Pessimistic	3 ⓗ insomnia	4 ⓑ detached	5 ⓕ remorse
6 ⓐ complacent	7 ⓖ morbid	8 ⓔ temper	9 ⓙ solace	10 ⓒ vulnerable
11 ⓓ	12 ⓒ	13 ⓔ	14 ⓑ	15 ⓐ

해석

1 감정 변화가 심한 사람들은 기분이 롤러코스터처럼 바뀌기 때문에 별로이다.
2 비관적인 사람들은 미래에 나쁜 일만 일어날 것이라 생각한다.
3 불면증을 앓는 사람들은 밤에 잠드는 것을 어려워한다.
4 미키는 내성적인 소년이며 주위에서 일어나는 일에 거리를 둔다.
5 존이 나를 배신한 일에 대해 뉘우치는 기미가 전혀 없어서 놀랐다.
6 우리는 지금 성공하고 있다고 해도 현실에 안주해선 안 된다.
7 그는 화상을 당한 뒤 불에 대해 병적인 공포심이 생겼다.
8 성미가 급한 사람들은 인내심이 없다.
9 어떤 사람들은 어려운 시기에 종교에서 위안을 찾으려 한다.
10 그녀는 며칠 전 남자 친구에게 차였기 때문에 지금 상처받기 쉽다.

Day 22

1 ⓒ intrigued	2 ⓓ recollection	3 ⓙ shimmering	4 ⓑ resort	5 ⓔ ambience
6 ⓖ refrain	7 ⓗ wade	8 ⓕ hospitable	9 ⓐ landmarks	10 ⓘ hectic
11 ⓔ	12 ⓒ	13 ⓓ	14 ⓑ	15 ⓐ

해석

1 지난 달 열린 한국 가요 콘서트는 수천 명의 아시아 팬들의 흥미를 끌었다.
2 매디슨은 전에 그를 만난 기억이 없었다.
3 불빛이 강 위에 반짝이고 있었다.
4 노조는 최후의 수단으로 파업을 할지도 모른다.
5 그 술집은 분위기가 독특하다.
6 의사 선생님이 약을 복용하는 동안에는 술을 삼가라고 말했다.
7 구조대원들은 수심이 얕은 곳은 걸어서 건너야 했다.
8 이 도시 사람들은 대부분 여행객들과 낯선 사람들에게 친절하다.
9 뉴욕시에는 자유의 여신상, 엠파이어 스테이트 빌딩, 록펠러 센터 같은 유명한 랜드마크가 많다.
10 마케팅 부서에 있는 모든 사람들은 새 프로젝트 때문에 정말 바쁜 한 주를 보냈다.

Day 23

1 ⓖ censored   2 ⓒ disseminate   3 ⓓ allegedly   4 ⓕ rave   5 ⓐ correspondent
6 ⓘ deliberated   7 ⓙ taint   8 ⓑ featured   9 ⓗ piracy   10 ⓔ subscribe
11 ⓐ   12 ⓒ   13 ⓔ   14 ⓓ   15 ⓑ

해석

1 공영 방송은 영화에 나오는 욕설과 폭력을 항상 검열해왔다.
2 언론 매체는 대중들에게 정보를 전파할 의무가 있다.
3 정치인이 기업인들로부터 뇌물을 받았다고 전해지지만 그는 부인하고 있다.
4 연극이 평론가들의 극찬을 받았다.
5 그는 해외 특파원으로 5년간 외국에 거주했다.
6 엔조는 결심을 하기 전까지 2주 동안 결정에 대해 심사숙고했다.
7 링컨 행정부는 부패의 오명에서 자유로웠다.
8 어제 한국의 모든 신문은 1면에 중국의 대규모 지진을 대서특필했다.
9 소프트웨어 불법 복제는 한국에서 여전히 심각한 문제이다.
10 나는 인터넷에서 무료로 뉴스를 읽을 수 있기 때문에 신문을 구독하지 않는다.

Day 24

1 ⓘ accede   2 ⓖ transition   3 ⓙ Patriarchy   4 ⓔ medieval   5 ⓒ authentic
6 ⓐ relics   7 ⓕ Nomadic   8 ⓓ credence   9 ⓑ excavated   10 ⓗ preceded
11 ⓒ   12 ⓐ   13 ⓔ   14 ⓑ   15 ⓓ

해석

1 스페인의 요구에 응하기로 한 여왕의 결정은 호된 비판에 직면했다.
2 민주주의로 이행하는 과도기 동안 전 외무 장관이 나라를 통치했다.
3 가부장제는 남자가 여자를 지배하는 사회이다.
4 유럽 역사에서 중세는 암흑기로 불리는 경우가 많다.
5 이 다이아몬드가 진품인지 가짜인지 잘 모르겠다.
6 이 박물관은 신라 왕조의 유물을 소장하고 있다.
7 유목민들은 한 곳에서 계속 살지 않고 다른 곳으로 이동해 다닌다.
8 그의 이론에 신빙성을 부여하기 위해서는 추가 연구가 필요하다.
9 도자기와 무기가 그 부지에서 발굴되었다.
10 중국 역사에서 당나라가 명나라보다 먼저 있었다.

Day 25

1 ⓕ Terrestrial 2 ⓑ waned 3 ⓘ conduct 4 ⓓ infinite 5 ⓒ gravity
6 ⓐ revolves 7 ⓔ probed 8 ⓙ tangible 9 ⓗ parched 10 ⓖ erupt
11 ⓓ 12 ⓒ 13 ⓑ 14 ⓔ 15 ⓐ

해석
1 육상 동물은 육지에 살고 수생 동물은 물속에서 산다.
2 재즈 음악의 인기가 지난 몇 년간 부침을 겪었다.
3 나무는 전기를 잘 전도하지 않는다.
4 우주는 무한하며 계속 팽창한다.
5 세레나가 상황의 심각성을 이해 못하는 것 같다.
6 달은 지구 주위를 공전한다.
7 미디어가 클로이의 생활의 거의 모든 면을 캐고 있다.
8 사람들은 경제가 나아지고 있다는 명백한 증거를 보고 싶어한다.
9 나는 달리기를 한 뒤 매우 목이 말라 물을 찾았다.
10 화산이 폭발하기 시작했을 때 사람들은 대피했다.

Day 26

1 ⓓ shape 2 ⓙ fit 3 ⓑ dabbled 4 ⓒ stroll 5 ⓕ substituted
6 ⓘ coerced 7 ⓗ account 8 ⓐ avid 9 ⓔ streak 10 ⓖ rooting
11 ⓔ 12 ⓓ 13 ⓐ 14 ⓒ 15 ⓑ

해석
1 운동선수는 은퇴 이후 몸매가 엉망이 되었다.
2 그는 정기적으로 운동을 하기 때문에 몸이 탄탄해 보인다.
3 그는 젊었을 때 테니스를 취미 삼아 잠시 했다.
4 그녀는 점심을 먹고 난 후 항상 산책을 한다.
5 메시는 이 조리법에서 칠면조 고기 대신 닭고기를 쓸 수 있다고 했다.
6 일부 학생들은 매주 수요일에 하기 싫어도 강제로 축구를 해야 한다.
7 현재 K리그 축구 선수의 약 30%를 외국인들이 차지하고 있다.
8 그는 한 달에 책을 열 권 읽는 독서광이다.
9 팀은 이번 경기에 이겨서 연패에서 벗어나길 간절히 원한다.
10 6천 명의 팬들이 한국 국가 대표팀을 응원하고 있었다.

Day 27

1 ⓓ eternity	2 ⓖ dwell	3 ⓐ converted	4 ⓗ inscrutable	5 ⓙ atone
6 ⓕ exponent	7 ⓒ secular	8 ⓑ persecuted	9 ⓘ instill	10 ⓔ tolerant
11 ⓒ	12 ⓐ	13 ⓑ	14 ⓔ	15 ⓓ

해석

1 모든 인간은 언젠가는 반드시 죽으며 누구도 영원히 살 수 없다.
2 과거에 저지른 실수에 대해 곱씹을 필요는 없다.
3 그는 불교 신자였지만 이슬람교로 개종했다.
4 헤아릴 수 없는 신의 섭리를 인간이 이해하는 것은 불가능하다.
5 그는 이제 자신이 저지른 범죄를 속죄하고 싶어한다.
6 그는 채식주의 옹호자이기 때문에 고기를 먹지 않는다.
7 리비아는 국교가 있기 때문에 세속 국가가 아니다.
8 일부 중동 국가에서 기독교인이 무슬림에게 박해를 받고 있다.
9 부모와 교사들은 아이들에게 책임감을 심어주어야 한다.
10 그녀는 가톨릭교도이지만 다른 종교에 관대한 태도를 갖고 있다.

Day 28

1 ⓖ endowed	2 ⓕ mutual	3 ⓑ adopted	4 ⓘ privilege	5 ⓓ biased
6 ⓐ acclimate	7 ⓗ ethnic	8 ⓕ discriminate	9 ⓔ compulsory	10 ⓒ associate
11 ⓒ	12 ⓓ	13 ⓔ	14 ⓐ	15 ⓑ

해석

1 지미는 예술적 재능을 타고난 것 같다.
2 토니와 나는 같은 중학교를 다녔기 때문에 서로 아는 친구가 많다.
3 소년은 자신이 입양됐다는 사실을 알고는 큰 충격을 받았다.
4 현대 민주주의 국가에서 투표권은 특권이 아니라 보편적인 권리이다.
5 많은 사람들이 남자 간호사에 대한 편견이 있다.
6 그는 새로운 근로 환경에 적응하지 못했다.
7 미국에서는 다양한 소수 민족들을 만날 수 있다.
8 안타깝지만 일부 아시아인들은 여전히 백인을 우대한다.
9 이스라엘에서는 남성뿐 아니라 여성도 군복무의 의무가 있다.
10 범죄자들과 어울리지 말 것을 권합니다.

Day 29

1 ⓕ insolent	2 ⓘ stunted	3 ⓓ cracked	4 ⓐ alternate	5 ⓙ rummaged
6 ⓔ custody	7 ⓗ picky	8 ⓒ consent	9 ⓑ come	10 ⓖ obedient
11 ⓒ	12 ⓐ	13 ⓔ	14 ⓓ	15 ⓑ

해석

1 무례한 아이가 선생님에게 욕을 했다.
2 건조한 날씨가 나무의 성장을 막아왔다.
3 외교관이 긴장 완화를 위해 농담을 했지만 효과가 없었다.
4 그 중국 음식점은 월요일 격주 휴무이다.
5 파란색 넥타이를 찾기 위해 지난밤에 벽장을 뒤졌다.
6 범인은 체포되어 구금되었다.
7 그녀는 음식에 대해 너무 까다롭기 때문에 함께 외식을 하고 싶지 않다.
8 이 보고서는 저자의 서면 동의 없이 복사해서는 안 된다.
9 대부분의 십대들은 돈을 버는 것이 쉽지 않다는 것을 이해하지 못한다.
10 무슬림 여성들은 남편에게 순종할 것을 요구받는다.

Day 30

1 ⓖ frequency	2 ⓗ momentum	3 ⓑ decompose	4 ⓕ exudes	5 ⓒ dilute
6 ⓘ volatile	7 ⓐ catalyst	8 ⓓ disperse	9 ⓙ triggered	10 ⓔ dissolves
11 ⓓ	12 ⓒ	13 ⓔ	14 ⓑ	15 ⓐ

해석

1 다행히 폭력 범죄의 빈도가 줄었다.
2 여당이 선거에서 참패한 뒤 개혁 조치들이 추진력을 잃었다.
3 비닐 봉투가 분해되는 데 100년이 넘게 걸린다.
4 많은 유명인사들과 마찬가지로 타일러도 오만함이 넘친다.
5 주스가 너무 진하면 물로 희석하면 된다.
6 이 나라의 정치 상황은 매우 불안정하다.
7 민주화 운동이 개혁의 촉매 역할을 했다.
8 날이 어두워진 뒤 군중들은 흩어지기 시작했다.
9 1999년에 대통령의 발언이 반정부 시위를 촉발시켰다.
10 이 인스턴트 커피는 찬물에서도 잘 녹는다.

Actual TEST 정답 및 해설

Part I

1 (b)	2 (a)	3 (d)	4 (d)	5 (d)	6 (c)	7 (d)	8 (a)	9 (c)	10 (c)
11 (b)	12 (b)	13 (a)	14 (c)	15 (c)	16 (d)	17 (b)	18 (b)	19 (b)	20 (a)
21 (c)	22 (a)	23 (b)	24 (c)	25 (a)					

Part II

26 (a)	27 (b)	28 (c)	29 (d)	30 (c)	31 (c)	32 (d)	33 (a)	34 (b)	35 (b)
36 (a)	37 (c)	38 (c)	39 (a)	40 (b)	41 (c)	42 (b)	43 (b)	44 (a)	45 (a)
46 (d)	47 (d)	48 (c)	49 (a)	50 (c)					

Part I

1

해석
A 세상에서 네 번째로 큰 섬이 뭔지 아니?
B 몰라. 전혀 모르겠어.

해설
You've got me there는 '종잡을 수 없다, 전혀 모른다'라는 뜻의 관용 표현으로 정답은 (b)이다.
capture 포획하다 grasp 잡다, 이해하다

정답 (b)

2

해석
A 2주 전에 산 진공청소기를 반품하고 싶습니다.
B 죄송하지만 저희는 판매 후 3일이 지난 물품에 대해서는 반품을 받지 않습니다.

해설
환불해 줄 수 없다는 내용이므로 문맥상 빈칸에는 '경과한, 초과한'이라는 뜻의 (a) beyond가 들어가야 한다.
return 반품하다 vacuum cleaner 진공청소기 allow 허용하다 period 기간

정답 (a)

3

해석
A 제일 큰 관심이 무엇입니까?
B 우리의 가장 큰 관심은 국왕의 현명하고 자비로운 정책이 계속 유지되게 하는 것입니다.

해설
'무엇보다도 중요한'의 뜻인 overarching을 알면 쉽게 비슷한 단어인 (d)를 정답으로 고를 수 있다.
overarching 대단히 중요한 ensure 틀림없이 ~하게 하다 continuity 연속(성) compassionate 인정 많은 minor 사소한 lesser 덜한 slight 경미한 utmost 최고의

정답 (d)

4

해석
A 메시지를 남겨 드릴까요?
B 네. 센트럴 은행의 트레이시라고 합니다.

해설
message를 목적어로 취할 수 있는 동사는 (b) take와 (d) leave이지만, B가 메시지를 남기는 상황이므로, '메시지를 받아 적다'라는 뜻의 (b) take는 적합하지 않다. May I take a message?라고 말한다면 (b)가 될 수 있다. 하지만 여기서는 (d)가 알맞다.
would like to ~하고 싶다

정답 (d)

5

해석
A 안녕하세요, 부인! 무엇을 도와드릴까요?
B 제 계좌에 잔고가 얼마인지 확인해 주실래요?

해설
은행원과 고객 간의 대화로, 단수로 '지불 잔액, 잔고'를 뜻하는 (d) balance가 답이다. (c) remains도 '잔액'이라는 뜻이지만 동사가 is이므로 수일치에 맞지 않고, (b) saving은 '절약'이라는 뜻으로 옳지 않다.
assist 돕다 **account** 계정, 계좌 **bill** 계산서, 지폐 **remains** 나머지, 유적 **balance** 잔고, 잔액

정답 (d)

6

해석
A 어제 우연히 린다를 만났어. 풀이 죽어 있던데.
B 무엇 때문에 그런지 궁금하군.

해설
eat at이 보통 '초조하게 하다, 근심하게 하다'라는 뜻으로 쓰이므로 (c) eating이 정답이다. at을 쓰지 않고, What's eating you?라고 하면 What's bothering you?와 같은 의미이다. 빈칸 뒤 at이 있으므로 (a)는 옳지 않다.
bump into 우연히 만나다 **depressed** 의기소침한 **bother** 괴롭히다, 초조하게 하다 **interrupt** 방해하다

정답 (c)

7

해석
A 사라야, 사고 후에 운전하기 겁나니?
B 응, 몹시 겁이나. 항상 잘못될까 많이 걱정돼.

해설
자동차 사고 후에 운전하기를 두려워하는 상황으로, '염려되는, 걱정이 되는'이라는 (d)가 정답이다.
sanguine 명랑한 **indifferent** 무심한, 무관심한 **gaudy** 번지르르한, 야한 **apprehensive** 걱정되는

정답 (d)

8

해석
A 실례지만 빵이 상한 것 같아요.
B 죄송합니다. 다른 것으로 갖다 드리겠습니다.

해설
(a) stale은 음식이나 식품의 싱싱함이 한물갔을 때 사용하므로 답이 된다. 생선의 경우 '싱싱하지 못한'이라는 뜻이고, 빵과 같은 곡물의 경우 '곰팡내가 나는'이라는 뜻이다. (d) stink는 명사나 동사이며, 형용사형인 stinky라면 답이 될 수 있다.
taste ~한 맛이 나다 **stale** 싱싱하지 못한 **banal** 진부한, 평범한 **stink** 악취, 악취를 풍기다

정답 (a)

9

해석
A 콜린, 로봇이 사람들보다 더 똑똑해질 거라고 생각하세요?
B 아니요. 로봇은 컴퓨터와 같아요. 로봇은 인간의 머리가 지닌 창조력과 창의력을 결코 가질 수 없죠.

해설
(c) aspire to는 보통 '~을 열망하다, 원하다'라는 뜻으로 쓰이는데, aspire의 원래 의미는 '높은 자리에 오르다'이다. 로봇은 인간의 창조력과 창의력을 가질 수 없다는 의미가 되기 위해서는 (c)가 알맞다.
ingenuity 창의력 **adhere to** 고수하다 **abstain from** 삼가다 **aspire to** 열망하다 **conspire with** ~와 공모하다

정답 (c)

10

해석
A 이 목걸이를 사고 싶은데 좀 비싼 것 같군요.
B 80달러가 마지노선입니다. 그 이하로는 해드릴 수가 없습니다.

해설
(c) bottom line이 더 이상 양보할 수 없는 한계지점을 나타내므로 정답이다. (c) bottom line의 다른 중요한 뜻인 '기본, 원칙'도 반드시 기억하자.

steep 고가인, 비싼   finish line 결승선   line-up 라인업, 제품 일람   bottom line (수락 가능한) 최종 가격, 요점   deadline 기한

정답 (c)

11
해석
A 이 넥타이를 구입한 카운터로 가져가야 하나요?
B 네. 거기 있는 직원에게 영수증을 보여주시면 환불해 드릴 겁니다.

해설
문맥상 빈칸에는 '가져가다'라는 뜻의 동사가 들어가야 하므로 (b) take가 답이다. (a) carry는 '운반하다, 나르다'라는 뜻으로 상황에 맞지 않다.
purchase 구입하다   receipt 영수증   refund 환불

정답 (b)

12
해석
A 어젯밤 9시에 뭐 했니? 통화하려고 했는데 연결이 안 되더라.
B 몸이 안 좋아서 일찍 잠자리에 들었어.

해설
get through (to somebody)는 '전화로 누군가와 연락이 되다' 또는 '~에게 닿다[전달되다]'라는 의미를 나타내므로 (b)가 답이 된다.
get through 연락이 닿다   be close by ~가까이 있다   make up to ~에게 변명하다

정답 (b)

13
해석
A 로널드와 어울리지 마. 네게 나쁜 영향을 줄 거야.
B 하지만 아빠, 가장 친한 친구인 걸요! 게다가 아주 재미있어요.

해설
(a) influence가 '영향'이라는 뜻일 때는 셀 수 없는 명사로 관사 없이 쓰이지만, '영향을 주는 사람이나 사물'을 지칭할 때는 셀 수 있는 명사로 관사와 함께 쓰임에 유의하자. 따라서 정답은 (a)이다.
hang out with ~와 함께 다니다, ~와 어울리다
virtue 미덕   caliber 구경, 직경   faculty 능력

정답 (a)

14
해석
A 플라자 호텔에 있는 나선형 모양의 근사한 크리스마스트리 못 보셨어요?
B 네, 봤어요. 멋지더군요. 하지만 저는 우리 전나무 트리가 더 좋아요.

해설
neat가 '깔끔한'이라는 뜻 외에 '근사한'이라는 뜻도 갖고 있음을 안다면 쉽게 답을 고를 수 있다. 구어체 표현으로 '멋진, 근사한'이라는 뜻의 (c) fabulous가 답이다.
spiral 나선형의   neat 훌륭한   spruce 전나무
fallacious 그릇된   ferocious 사나운   fabulous 기막히게 좋은, 굉장한   frivolous 천박한

정답 (c)

15
해석
A 이 포켓 사전에는 그 단어가 안 나와.
B 그럼 대사전에서 찾아봐.

해설
unabridged는 '축약하지 않은, 원문 그대로인'이라는 뜻으로 사전이나 소설 등을 줄이지 않고 원저 그대로 편집하여 출간한 것을 unabridged dictionary[novel]이라고 한다. 따라서 정답은 (c)이다.
portable 휴대용의   unabridged 생략되지 않은   abridged 축약된

정답 (c)

16

해석
A 이 사건에 대해서 누구에게도 말하지 마.
B 난 입이 무거워.

해설
My lips are sealed는 편지 봉투가 봉해지듯이 입술이 봉해졌다는 뜻으로 '절대 입 벌리는 일은 없을 거야'라는 의미이므로 정답은 (d)이다.
chisel 끌로 파다 **mill** 맷돌로 갈다 **peel** (껍질 등을) 벗기다 **seal** 봉인하다

정답 (d)

17

해석
A 러시아어 실력이 무뎌지고 있어서 걱정이야.
B 러시아어 실력을 유지하고 싶으면 할리우드 영화 대신 러시아 영화를 보지 그래?

해설
(b) rusty는 원래 '녹이 슨'이라는 뜻이지만 어떤 기술이나 지식을 사용하지 않아 무디어지거나 서툴러진 것을 뜻하기도 한다. 따라서 답은 (b)이다.
pretty 꽤, 상당히 **instead of** ~대신 **hectic** 몹시 흥분한, 열광적인 **petty** 사소한 **misty** 희미한

정답 (b)

18

해석
A 리포트를 쓸 불행한 자가 누군지 동전을 던져 정해 보자.
B 좋아. 앞면이야, 뒷면이야?

해설
경기를 시작하기 전에 위치나 순서를 정하기 위해 보통 동전을 튕기어 던지는 것을 flip a coin이라고 한다. 따라서 정답은 (b)이다.
paper 보고서, 리포트 **head** (화폐의) 앞면 **tail** 꼬리, (화폐의) 뒷면 **flop** 털썩 쓰러지다 **flip** 툭 던지다 **flicker** 깜박이다 **flap** 펄럭이다

정답 (b)

19

해석
A 데릭이 유죄일까, 무죄일까?
B 그는 돈을 안 가져갔다고 주장하고 있어.

해설
빈칸에는 앞의 guilty와 반대되는 형용사가 들어가야 한다. 따라서 (b) innocent가 답이다. (b)는 '순진한'이라는 뜻 외에도 '죄가 없는'이라는 의미로 잘 쓰인다.
guilty 유죄의 **immoral** 부도덕한 **innocent** 무죄의 **immense** 광대한 **indecent** 점잖지 못한

정답 (b)

20

해석
A 새 잡지는 어떤 사람들을 겨냥하고 있나요?
B 저는 대학생들이 주요 독자층이라고 생각합니다.

해설
gear는 동사로 쓰일 경우 '~에 맞게 조정하다'라는 뜻이다. 보통 '~를 겨냥하다'라는 뜻으로 be geared toward[to]를 사용하므로 (a)가 답이 된다.
readership 독자층 **incline** (마음을) 내키게 하다 **hire** 고용하다

정답 (a)

21

해석
A 톰이 너의 가장 친한 친구라고 생각했는데 그게 아니니?
B 절대 그럴 리 없지. 좋은 친구는 힘들 때 배반하지 않는 법이야.

해설
빈칸에는 문맥상 '고난, 역경'이라는 뜻의 단어가 들어가야 한다. 따라서 (c) adversity가 정답이며 '고통, 불행'이라는 뜻의 affliction도 선택지에 있다면 답으로 가능하다.
desert 버리다 **prosperity** 번성 **affluence** 풍요 **adversity** 역경 **affection** 애정

정답 (c)

22

해석
A 콜럼비아 특별 지구에서는 어린 학생들이 자정 이후 외출할 수 없다는 게 사실인가요?
B 네. 17세 이하는 통행금지 시간에 외부 공공장소에 있는 게 허용이 안 돼요.

해설
공공장소에 있는 것이 허용되지 않는다고 했으므로, 빈칸에는 '통행금지'라는 뜻의 (a) curfew가 들어가야 한다.
district 구역, 지역 **curfew** 통행금지[귀가] 시간
rebuke 비난, 힐책 **custody** 보호, 관리
curtailment 축소, 감축

정답 (a)

23

해석
A 아직도 자전거 타세요? 요즘은 너무 더운 것 같아요.
B 네, 점점 더 더워지고 있어요. 아침 일찍 자전거를 탈 때도 등 아래로 땀이 흘러내려요.

해설
땀과 같은 소량의 물방울을 나타내는 표현이 와야 한다. 따라서 소량의 액체가 떨어지는 것을 뜻하는 (b) trickle이 정답이다.
inflow 유입 **trident** 삼지창 **infusion** 주입

정답 (b)

24

해석
A 전문가들은 패스트푸드에 대해 점점 커지는 입맛이 이 나라의 수백 년 된 건강 식단을 해치고 있다고 우려합니다.
B 그 점에서는 저도 동의합니다.

해설
'해치다, 훼손하다'라는 뜻의 (c) undermining가 문맥상 가능한 답이다.
appetite 입맛, 식욕 **underlie** ~의 기초를 이루다 **underestimate** 과소평가하다 **undermine** 약화시키다 **underwrite** 서약하다, 계약하다

정답 (c)

25

해석
A 뱀이나 개고기를 사람들에게 먹이는 이야기에 대해 어떻게 생각하세요?
B 비위에 맞지 않네요.

해설
먹는 것과 관련하여 부정적인 의미를 가진 형용사는 음식이 '비위에 맞지 않는, 불쾌감을 불러일으키는'이라는 의미를 가진 (a) repugnant이다.
feed 먹이다 **repugnant** 불쾌한, 혐오스러운
enchanting 황홀한, 매력적인 **seductive** 유혹적인
ludicrous 우스꽝스러운

정답 (a)

Part II

26

해석
분유는 모유와 매우 흡사하게 개발되었을지라도 여전히 모유보다 못하다.

해설
문맥상 '열등한'이라는 뜻의 형용사 (a) inferior가 들어가야 한다.
formula milk 분유 **breast milk** 모유 **inferior** 열등한 **superior** 우수한 **lesser** 더욱 작은[적은]
mediocre 썩 좋지는 않은

정답 (a)

27

해석
한 조각상이 마을 한가운데에 자랑스럽게 우뚝 서 있는데 아래에는 '뉴턴'이라는 이름이 뚜렷이 새겨져 있다.

해설
조각상 밑에 이름을 써넣는 것을 표현하기에 가장 적

당한 것은 (b) chiselled이다. (c) grooved는 '홈이 있는, 홈이 팬'의 의미로 정답으로 혼동할 수 있다.
statue 조각상　**erect** 똑바로 선　**boldly** 뚜렷이　**melt** 녹다　**chiselled** 조각 같은, 깎아 놓은 듯한　**grooved** 홈이 있는

정답 (b)

28

해석
부모님께서 학교를 다른 길로 가서 무서운 곳을 완전히 피해 가라고 하셨다.

해설
suggest는 목적어로 명사절을 이끄는 that절을 취할 수 있어 (c)가 답이다. (a) told는 뒤에 바로 that 절이 나오지 않고 〈tell+목적어+that절〉의 형식을 취해 옳지 않으며, (d) informed 역시 inform A of[about] B 형태를 취하여 답이 될 수 없다.
route 길　**altogether** 완전히

정답 (c)

29

해석
보고르에서 휴가를 보내면서 존은 해 질 녘 마을의 평온을 카메라에 담았다.

해설
vacate는 '(집 등을) 비우다'라는 뜻이며, vacation 은 '휴가를 보내다'라는 뜻이다. 따라서 정답은 (d)가 된다.
capture 잡다, 포착하다　**tranquility** 평온　**steer** 키를 잡다, (배를) 조종하다　**vacate** 비우다

정답 (d)

30

해석
통계 분석은 청년들이 비디오 게임을 하면 할수록 음주와 약물 남용과 같은 위험한 행동에 더 빈번히 연루됨을 보여주었다.

해설
문맥상 빈칸에는 '연관, 관련'이라는 뜻의 단어가 들어가야 하므로 (c)가 답이다. 'the+비교급, the+비교급' 은 '~할수록 그만큼 ~하다'라는 뜻인데, 뒤 문장에서 동사가 생략되었다.
statistical analysis 통계분석　**reveal** 밝히다　**frequent** 빈번한　**attachment** 부착　**drug abuse** 약물 남용　**accompaniment** 반찬　**abandonment** 유기

정답 (c)

31

해석
말할 때 우리는 오로지 귀로만 목소리를 듣는 것이 아니라 내부 청각으로도 듣는다.

해설
(c) solely는 '오로지'라는 뜻으로 답이 된다.
internal 내부의　**solely** 단독으로　**barely** 간신히

정답 (c)

32

해석
돌이킬 수 없는 척수 손상을 앓았을 때 수는 의사로부터 다시는 못 걷게 될 거라는 말을 들었다.

해설
다시 걸을 수 없는 것과 연관성이 있는 형용사를 고른다. reverse는 동사로 '뒤바꾸다, 반전시키다'의 의미이다. 여기에 반대 의미를 나타내는 접두어 ir-과 형용사로 바꿔주는 접미사 -ible이 붙은 (d)가 답이다.
spiral cord 척수　**transient** 쉽게 바뀌는, 덧없는　**temporary** 일시적인　**irresistible** 저항할 수 없는, 뇌쇄적인　**irreversible** 되돌릴 수 없는

정답 (d)

33

해석
요양원을 떠난 뒤 아이린은 부모님 댁으로 이사했고, 접수원으로 취직했다.

해설
빈칸에는 '~로서'라는 뜻으로 자격을 나타내는 전치사 (a) as가 들어가야 한다.
nursing home 요양원   **move in** 이사를 들다
receptionist 접수 담당자

정답 (a)

34

해석
실바는 장애인을 위한 비영리 훈련 및 지원 단체를 운영했다.

해설
run에는 '달리다'라는 뜻 외에 '(조직이나 단체를) 운영하다'라는 뜻이 있다. 따라서 정답은 (b)이다.
non-profit 비영리적인   **disabled** 장애를 가진   **fly** 날다(fly-flew-flown)

정답 (b)

35

해석
이 요리책으로 여러분은 모든 나라의 최고 음식을 알게 될 것이며, 단시간 내에 모든 사람들을 기쁘게 할 맛있는 음식을 요리하게 될 것입니다.

해설
앞에 'discover superb food'(최상의 음식을 찾아내다)라는 표현이 오기 때문에 빈칸에는 food를 수식하는 긍정적인 의미의 형용사가 들어가야 하므로 정답은 (b)이다.
recipe book 요리책   **superb** 최고의   **delight** 많은 기쁨을 주다   **selective** 선택하는   **delectable** 아주 맛있는   **derisible** 웃음거리가 되는   **gregarious** 사교적인

정답 (b)

36

해석
그들은 집집마다 전단지를 돌리면서 수련원의 목표를 설명하고 기부를 요청했다.

해설
빈칸에는 '요청하다, 구하다'라는 뜻의 (a)가 들어가 그들이 집집이 전단지를 돌리는 이유를 보충 설명할 수 있어야 한다.
flyer 전단지, 인쇄물   **door-to-door** 집집마다의   **donation** 기부   **mend** 수선하다   **gutter** ~에 홈통을 달다

정답 (a)

37

해석
정부는 정부 건물과 쇼핑몰, 사무실과 공공장소에 장애인을 위한 시설 제공을 요구하는 새 법률에 동의했다.

해설
의미상 보기의 동사 4개 모두 답이 될 수 있지만 '동사+목적어+to부정사' 형태로 쓸 수 있는 (c) requiring이 답이 된다.
facility 시설   **require** 요구하다

정답 (c)

38

해석
핸드폰 소설은 주로 1인칭으로 서술되고 일기처럼 읽히도록 되어 있다.

해설
의미상 알맞은 것뿐만 아니라 형태상으로도 적절한 것을 골라야 한다. 따라서 〈be -ed to부정사〉 형태로 쓰일 수 있는 (d) designed가 답이다.
largely 주로   **contend** 논쟁하다   **consign** 위탁하다, 인도하다   **deliberate** 숙고하다   **design** 계획하다

정답 (d)

39

해석
많은 여자들이 상식이 전혀 통하지 않는 잘생긴 외국인에 대한 환상이라는 마법에 속수무책으로 빠지곤 한다.

해설
빈칸에는 under와 함께 쓰여 '마법에 홀리어', '주문에 걸려'라는 뜻이 되는 명사가 들어가야 하므로 (a) spell이 답이 된다. out (of) the window는 '문제가 되지 않는', '무력한'이라는 뜻이다.
fall under the spell 마법에 걸리다　**spin** 회전
span 한 뼘　**squall** 스콜, 돌풍

정답 (a)

40

해설
우리 아들 빌은 우리로부터 집을 임대 받아 쓰지만 우리가 청구하는 얼마 안 되는 집세를 제때 내지 않습니다. 현재 석 달 밀려 있어요.

해설
'three months behind'(석 달 밀려 있는)와 관련 있는 형용사가 빈칸에 적절하다. 따라서 '느슨한, 해이한'이라는 뜻의 (b) lax가 정답이다.
rent 임대하다　**charge** 청구하다　**behind** (지불·일이) 밀려　**strict** 엄한　**lax** 게으른, (사람·법규 등이) 엄격하지 않은　**tense** 팽팽한　**attentive** 주의 깊은

정답 (b)

41

해설
모든 병원은 손 자주 씻기와 고위험 환자를 대할 때 장갑과 가운 사용하기와 같은 기본 감염 방지 대책을 개선해야 한다.

해설
'기본적인 감염 방지 대책'과 연관성 있는 형용사를 골라야 한다. 손을 자주 씻는 것이 감염 방지에 도움이 되므로 (c) frequent가 가장 적절하다.
infection control 감염 관리　**measure** 대책
gown 가운　**high-risk** 고위험의　**occasional** 가끔

정답 (c)

42

해설
내가 아닌 다른 사람처럼 옷을 입고 말을 해 사람을 웃게 만드는 것이 나의 천직이었던 것 같다.

해설
(b) calling은 신이 부르는 소리를 뜻하는 '소명'을 의미하며, 이렇게 하늘이 내려 준 직업의 뜻인 '천직'이 되기도 한다. 따라서 (b)가 답이다.
dress up 옷을 갖춰 입다　**other than** ~외에
deal 거래

정답 (b)

43

해설
말레이시아는 영국인에 의해 식민지가 되었는데 이 기간 동안 영어는 말레이시아의 주요 언어였다.

해설
한 국가나 사회에서 가장 널리 쓰이는 언어를 dominant language라고 하므로 (b)가 답이다.
colonize 식민지로 만들다　**durable** 영속성 있는
dominant 우세한, 지배적인　**submissive** 복종하는

정답 (b)

44

해설
다음 날 아침 우리는 시원한 인도양에서 수영하면서 시차증을 떨구어내려 했다.

해설
항공기를 이용하여 장거리 여행을 할 때 생기는 신체의 시차 부적응 현상을 jet lag라고 하므로 (a)가 답이다.
shake off 떨어내다　**jet lag** 시차증　**chilly** 차가운
propulsion 추진력

정답 (a)

45

해설
일반적으로 보수주의자들은 미국 헌법의 좀 더 전통적인 해석을 수반하는 것에 만족스러워 한다.

해설
(a) entail은 include, involve와 비슷한 의미로, 무엇을 수반할 때 사용한다.
conservative 보수적인 사람 **interpretation** 해석하다 **constitution** 헌법 **entail** 수반하다 **evoke** 일깨우다

정답 (a)

46
해석
알코올 음료 가격이 높으면 더 적은 수의 사람들이 술을 마실 것이라는 새로운 조사 결과를 고려할 때 세금 부과는 알코올 남용을 억제하는 데 도움을 줄 수 있다.

해설
문맥상 빈칸에는 알코올 남용(alcohol abuse)을 '줄이다' 또는 '억제하다'라는 뜻의 동사가 와야 하므로 정답은 (d)이다.
imposition 부과 **alcohol abuse** 알코올 남용 **beverage** 음료 **foster** 육성하다, 기르다 **facilitate** 가능하게 하다 **spur** ~에 박차를 가하다 **curb** 억제하다

정답 (d)

47
해석
정권이 야비한 정치적 거래를 통해 20세기의 가장 무자비한 독재자 중 한 사람에게로 이양되었다.

해설
문맥상 빈칸에는 부정적인 의미의 형용사가 들어가야 한다. ruthless dictators는 '무자비한 독재자들'이라는 뜻이고, (d)를 제외한 나머지는 모두 긍정적인 의미를 지닌 형용사이다.
political power 정권 **hand** 넘겨주다 **ruthless** 무자비한 **dictator** 독재자 **laudable** 칭찬할 만한 **virtuous** 도덕적인 **sordid** 야비한

정답 (d)

48
해석
이 회의에서 우리는 올해 남은 기간에 대한 계획을 완성하기를 희망한다.

해설
보기 중 '남겨진 것', '나머지'라는 뜻으로 쓰일 수 있는 단어는 (a) leftover와 (c) remainder인데 (a) leftover는 보통 복수 형태로 음식 등에 대해 쓰이고, 연도나 월과 같은 기간에 대해서는 (c) remainder를 사용한다. (b) nest는 '둥지'라는 뜻으로 (c) remainder와 의미가 비슷한 것은 rest이다.
finalize 완성하다 **residue** 잔여

정답 (c)

49
해석
그들은 2월 겨울방학 동안 회의가 없었으며 3월 7일에 회합을 재개할 것인데, 이날 제이미 허퍼는 '영어 교실에서 드라마 사용하기'를 주제로 논의할 것이다.

해설
보기 중에서 목적어로 meeting을 취하기에 가장 자연스러운 (a) resume이 정답이다.
assume 사실이라고 보다 **presume** 추정하다

정답 (a)

50
해석
예정된 행사에 대한 정보를 최소 3개월 전에 미리 보내주시기 바랍니다.

해설
in과 함께 쓰여 '미리, 사전에'라는 뜻을 이루는 단어를 골라야 하므로 정답은 (c) advance이다. '앞으로, 미래에'라는 뜻으로 쓰이는 것은 in the future 또는 in future이다. futures는 경제 용어로 '선물(先物)'이라는 뜻이다.
upcoming 다가오는 **at least** 최소한 **futures** 선물 **commission** 수수료, 의뢰

정답 (c)

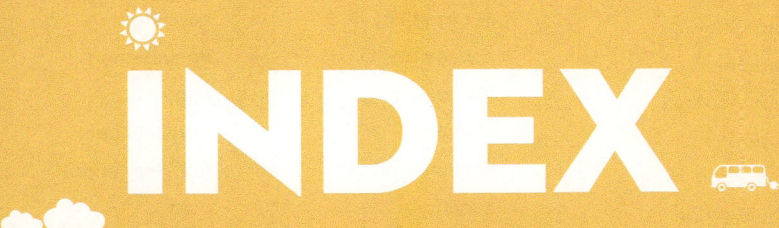

Index — A to Z

A

abandon	412	accede	344	account for	374
abandon a car	154	accelerate	144	accounting	128
abbreviation	96	acceleration	144	accrue	140
abduct	226	accelerator	144	accumulate	140
abide by	426	accept	402	accumulation	131
a blessing in disguise	54	acceptable	402	accurate	140
abnormal	68	acceptance	402	accusation	216
abolish	244	access	188	accuse	216
abolition	244	accessibility	188	accustom	402
abominable	226	accessible	188	accustomed	402
aboriginal	354	accession	344	ache	68
abortion	68	acclaim	330	Achilles' heel	384
above par	140	acclamation	330	Achilles tendon	384
abrasion	58	acclimate	402	acid	440
abridge	96	acclimation	402	acid rain	170
abroad	326	acclimatization	402	acoustics	296
abrupt	26	acclimatize	402	acquaint	230
abs	384	accommodate	16	acquaintance	230
absence	240	accommodation	16	acquainted	230
absolute	244	accommodative	16	acquire	174
absolutely	244	accompaniment	230	acquired	174
absorb	358	accompany	230	acquisition	174
absorbed	384	accomplice	216	acquit	216
absorption	358	accomplish	86	acquittal	216
abstract	398	accomplished	86	acronym	96
abundant	54	accomplishment	86	across the board	128
abuse	402	accord	254	act up	188
abusive	402	account	128	activate	440
academia	40	accountable	128	active	312
		accountant	128	active volcano	370

acupuncture	68	adolescence	416	affordable	72
acute	59	adolescent	416	affront	312
adapt	86, 198	adopt	403	a fly in the ointment	340
adaptable	268	adoptee	403	afterlife	388
adaptation	86	adopter	403	aftermath	170
adaptive	86	adoption	403	age group	412
addict	58	adoptive	403	agenda	202
addicted	58	adore	426	aggravate	344
addiction	58	adorn	114	aggravation	344
addictive	58	adornment	114	agile	384
additional	82	adroit	202	agitate	404
additive	282	adulate	212	agitated	404
address	202	adulthood	412	agitation	404
adequate	114	advance	198	agnostic	398
adhere	403	advent	188	agrarian	170
adherence	403	adversary	384	agreement	254
adherent	403	adverse	100	ahead of time	26
adhesion	403	adversely	100	ailment	68
adhesive	268	adversity	100	aim	184
adjacent	124	advertisement	82	air	340
adjoin	114	advocacy	403	air bladder	268
adjourn	202	advocate	403	airborne	26
adjust	100	aesthetic	286	aircraft	198
adjustable	100	aesthetics	286	airfare	26
adjustment	100	affable	240	airline ticket	26
administration	244	affiliate	184	airsickness	26
admiration	316	affinity	240	aisle	82
admire	316	affirm	330	aisle seat	16
admirer	316	affirmation	330	alarming	170
admission	30, 316	affirmative	330	alchemist	440
admit	30, 316	affix	96	alert	184
admittance	30, 316	afflict	170	algae	268
admonish	40	affluent	54	alias	226

alien	412	altruism	412	anecdote	340
alienate	412	alumnus	30	anemia	68
alkaline	440	amalgamate	184	anesthesia	58
allay	312	amass	140	anesthetic	58
allegation	216, 330	ambassador	254	angle	440
allege	216, 330	ambidextrous	288	anguish	312
alleged	216, 330	ambience	316	animosity	302
allegedly	216, 330	ambient	316	annex	254
allegory	296	ambiguous	296	annihilate	160
allergic to	68	ameliorate	254	annihilation	160
alleviate	160	amenity	16	anniversary	240
alleviation	160	amiable	240	annotate	340
alliance	254	amicable	230	annoy	312
all-inclusive	326	amid	124	annual	170
allocate	140	amnesia	68	annuity	140
allot	174	amnesty	245	annul	254
allotment	174	amortize	140	anonymity	86, 331
alloy	440	ample	440	anonymous	86, 331
allude to	96	amplification	430	anorexia	68
allure	72	amplifier	430	antagonist	96
allusive	96	amplify	430	Antarctic	170
all walks of life	412	amusement	384	antecedent	354
ally	254	analogy	96	anthology	96
all-you-can-eat	282	analysis	358	anthropology	354
alongside	154	analyst	358	antibiotic	58
aloof	302	analytical	358	antibody	68
alter	82	analyze	54	anticipate	296
altercation	254	anatomy	268	antigen	68
alternate	160, 416	ancestor	354	antimatter	440
alternately	416	ancestry	412	antioxidant	436
alternation	160, 416	anchor	340	antipathy	302
alternative	160, 416	ancient	354	antiquated	124
altitude	100	android	198	antique	296

antisocial	240	apprehension	217	armament	254
antithesis	398	apprehensive	217, 312	aroma	282
antitrust	54	apprentice	296	around the clock	212
antonym	96	approach	26	around the corner	154
anxiety	302	approval	174	arouse	312
anxious	302	approve	174	arraign	226
apartheid	412	approximately	212	arrest	226
apathy	312	aptitude	40	arrival card	26
a piece of cake	282	aquarium	326	arrogance	302
apocalypse	398	aquatic	268	arrogant	302
appeal	82	arable	170	arson	226
appear	340	arbitrate	184	article	340
appease	254	arc	440	articulate	96
appetite	282	arcade	124	artifact	345
appetizer	282	archaeological	344	artificial	198
applaud	231	archaeologist	344	artificial snow	110
applause	231	archaeology	344	art museum	296
appliance	72	archaic	354	artwork	296
applicable	59	archery	384	ascertain	160
applicant	30, 59	archetypal	412	ascribe A to B	426
application	30, 59	archipelago	370	ashamed	426
apply	30, 59	architect	114	ask … out	240
appoint	203	architectural	114	aspire	312
appointment	203	architecture	114	assassin	345
apportion	184	archival	344	assassinate	345
appraisal	128	archive	344	assassination	345
appraise	128	Arctic	170	assassinator	345
appreciable	54	ardent	384	assault	217
appreciate	296	arduous	212	assemble	188
appreciation	129	arena	384	assembly	188
appreciative	129	arid	101	assert	374
apprehend	217	aridity	101	assertion	374
apprehensible	217	aristocracy	354	assertive	374

assess	129	atmospheric pressure	110	authoritative	245
assessment	129	atom	440	authority	245
asset	129	atomic	370	authorize	184
assign	175	atone	388	authorship	340
assignment	175	atonement	388	autism	68
assimilate	404	atrocity	354	autobiography	340
assimilation	404	attach	189	autocrat	354
assist	189	attached	189	autograph	340
assistance	189	attachment	189	automatic transmission	154
assistant	189	attain	184	automation	198
associate	404	attempt	40	automobile	154
association	404	attendance	40	autonomous	245
assorted	82	attest	217	autonomy	245
assortment	82	attic	124	autopsy	68
assuage	303	attire	231	autumn colors	110
assuasive	303	attorney	226	availability	203
assume	426	attraction	317	available	203
asteroid	370	attractive	326	avalanche	101
asthma	68	auction	72	a vast array of	198
astrology	370	audacious	312	avatar	398
astronaut	370	audible	189	avenue	154
astronomer	370	audit	31	average	110
asylum	254	auditorium	296	averse to	312
asymmetrical	440	auspicious	426	avert	110
atheism	388	austere	44	avian	258
atheist	388	austerity	44	aviation	258
atheistic	388	authentic	345	aviation industry	26
athlete	384	authenticate	345	avid	374
athlete's foot	384	authentication	345	avocation	326
athletic	384	authenticity	345	award	96
atlas	326	authoritarian	245	awarenes	170
atmosphere	101	authoritarianism	245	axis	370
atmospheric	110				

B

baby shower	240	
bachelor	240	
bachelor party	240	
backpack	326	
back-page	340	
backseat	154	
baffle	312	
baggage	26	
baggage claim area	26	
bail out	331	
bailout	331	
balance	130	
balanced	130	
ballot	245	
ballpark figure	212	
ban	154	
banal	86	
banality	86	
bandwidth	198	
banish	354	
banknote	140	
bankrupt	140	
banner	240	
banquet	272	
barbarian	354	
barely	110	
bare mountain	110	
bargain	73	
bark	268	
barn	124	
barometer	110	
barren	161, 165	
barricade	154	
barrier	412	
barter	54	
basement	124	
basin	370	
bask in the sun	326	
bathtub	426	
battlefield	354	
beam	124	
bearish	140	
beat	384	
beat around the bush	212	
beat the clock	212	
be attributed to	170	
be aware of	170	
be behind the wheel	154	
be done with	212	
bedrock	370	
beforehand	203	
behave oneself	240	
be in debt	140	
be indicative of	184	
belated	426	
belated birthday greetings	240	
beleaguer	354	
be left behind	40	
be likely to	170	
belittle	312	
bellhop	26	
bellicose	354	
belligerent	254	
belongings	317	
belong to	317	
beloved	240	
below the poverty line	412	
below zero	110	
bemoan	240	
benchmark	44	
bend	154	
benefactor	240	
beneficial	175	
benefit	175	
benign	312	
be on a diet	282	
be one's own boss	212	
be on sale	82	
be on the day shift	212	
be on the night shift	212	
bereaved	240	
be responsible for	184	
be rich in	282	
beset	354	
be stuck in traffic	154	
be subject to	170	
be taken aback	312	
be tied up	416	
beverage	282	
be versed in	31	
bias	404	
biased	404	
biblical	398	
bibliography	340	

biceps	384	board	16	bowling alley	384
bid	184	boast	231	box office	340
bigamy	412	boastful	231	boycott	82
bilateral	254	bodily fluids	68	brainchild	198
bilingual	87	body shop	154	branch	184
bilk	226	bolster	26	brandish	345
billboard	82	bombard	331	brand-new	82
binge drinking	282	bombardment	331	brash	426
biodiversity	268	bond	130	brazen	161
biology	268	boo	384	breach	405
biosphere	170	book	17	breadwinner	54
bipartisan	254	booking	17	break down	189
birth control	412	bookkeeping	140	break into	115
birthplace	124	booming	54	break new ground	198
birth rate	412	boost	44	break out	345
bizarre	296	border	26	break through	190
blackout	340	borrow	140	breakup	231
bladder	268	bossy	212	breastfeed	426
bland	272	botany	268	breathtaking	317
blare	296	bother	312	breed	258
blaspheme	398	bottom line	184	breeding	258
blast	110	bough	268	breeze	110
bleak	110	boulevard	154	brew	272
bleed	68	bounce	140, 384	brewery	272
blend	282	bound	17	bribe	254
bless	398	bound to	17	bridal shower	240
blight	268	boundary	115	bride	240
blizzard	101	boundless	198	bridegroom	240
blood donation	68	bountiful	240	brief	184
blood transfusion	68	bounty	226	brilliant	40
bloom	268	bourgeoisie	54	bring about	170
blooper	340	bovine	268	bring home the bacon	54
blow up	426	bow	412		

brinkmanship	254	burgeon	317	candidacy	246
brisk	110	burgeoning	317	candidate	246
brittle	124	burn the midnight oil	212	canine	268
broadcast	340	bush	268	canyon	370
brochure	340	business card	212	cap	170
broil	282	business cycle	54	capable	115
broke	140	business day	82	capacity	115
bronchitis	68	business hour	82	capital	44
broth	282	bust	296	capitalism	44
browse	73	bustle	326	capitalization	44
browser	73	buttress	198	capitalize	44
bruise	384	buy ... on a whim	82	capital punishment	226
brushwork	296	buy ... on impulse	82	capricious	312
bubble	54	by air freight	26	captain	326, 384
budget	130	by check	82	caption	296
budgetary	130	bygone	354	captive	354
buffer	198	bypass	154	capture	326
bug	198	byproduct	440	carbohydrate	282
building materials	124	bystander	154	carbon dioxide	170
built-in	198	by word of mouth	340	carbon footprint	170
bulimia	68			carbon monoxide	170
bulletin	340	**C**		cardiac	258
bullish	140			cardinal	398
bully	40	cabin	26	cardiovascular	68
bump	154	cabinet	254	caregiver	416
bump into	240	cafeteria	212	cargo	144
bundle	198	caffeinated	282	carnage	354
buoyancy	440	call a meeting	240	carnivore	268
buoyant	54	camaraderie	384	carousel	26
burdensome	312	camouflage	268	carpool	154
bureaucracy	246	campaign	254	carry	32
bureaucrat	246	canal	370	carry out	212
bureaucratic	246	cancellation	26	carry-on	17

cartel	184	Celsius	110	chemical	440
cartilage	384	censor	332	cherish	240
carton	82	censorship	332	chew	282
carve	296	census	412	chic	82
cascade	370	centennial	240	chill	102
cash cow	184	centigrade	110	chilling	102
cast	340	centrifuge	440	chilly	102
cast a vote	254	ceremony	412	chip	317
casualty	154	certain	160	chip in	317
catalyst	430	certificate	31	chisel	296
catastrophe	101	certification	31	choir	296
catastrophic	101	challenging	384	cholera	68
catch on (to)	31	championship	384	choosy	82
catch … red-handed	226	chance	240	chore	426
categorize	268	chaos	370	choreography	296
cater	272	characteristic	426	chow down	282
catering	272	charge	73	chromosome	268
cathedral	398	charitable	405	chronic	59
causal relationship	170	charity	405	chronically	59
cause	170	charlatan	226	chronicle	96
caution	68	charter	17	circuit	198
cavern	370	chartered plane	17	circulate	259
cavity	68	chasm	412	circulation	259
ceasefire	254	chateau	124	circumference	370
ceaseless	198	chauffeur	154	circumvent	144
ceiling	124	cheat	40	circumvention	144
celebrate	331	check in	17	citation	31
celebrated	296	check out	17	cite	31
celebration	412	checker	82	citizenship	412
celebrity	331	checkered	96	civic	412
celestial	370	checkup	59	civil	346
cell	226, 258	cheer for	384	civilization	346
cellar	124	chef	282	civilize	346

civilized	346	clumsy driving	154	collaborate	203
civil suit	226	cluster	358	collaboration	203
claim	140	clutch	154	collaborative	203
clarification	398	clutter	426	collage	296
clarify	212	coagulate	440	collapse	115
classic	296	coalesce	430	collateral	130
classification	259	coalescence	430	colleague	203
classified ad	82	coalescent	430	collection	296
classify	259	coalition	246	collide	358
classschool reunion	241	coastal	370	collision	358
class struggle	354	coax	73	colloquial	96
clear	393	cockpit	26	collude	226
clearance sale	82	code	226	colonial	346
clear customs	26	code of conduct	412	colonialism	346
clear out	110	codify	226	colonization	346
clergy	398	coerce	375	colonize	346
clerical	212	coercion	375	colony	346
clerk	82	coercive	375	colossal	326
cliché	96	coffer	140	column	340
client	184	cogent	440	coma	68
clientele	184	cognition	87	combustion	440
cliff	370	cognitive	87	come across	231
climate	110	coherence	87	come by	417
climate change	170	coherent	87	come clean	226
climb	385	cohesive	412	come down with	59
cling to	412	coin	87	come over	232
clique	254	coinage	87	comet	370
cloakroom	26	coincide	318	come up with	204
clone	268	coincidence	318	comfortable	326
close game	385	coincident	318	commemorate	241
closet	124	coincidental	318	commemoration	232
cloudless	110	cold-blooded	268	comment	332
clout	254	cold front	110	commentary	332

commentator	332	complacent	303	concentration	385
commercial	74	complement	282	concept	417
commiserate	426	completion ceremony	124	conception	417
commission	212			concerning	96
commit	226	complex	124, 312	concession	375
committed	40	compliance	226	concierge	18
committee	212	complicate	60, 190	concise	340
commodity	44	complicated	190	conclude	40
communism	254	complication	60, 190	concourse	18
community	241	compliment	18, 32	concur	346
commute	144	complimentary	18	concurrence	346
commuter	144	comply with	226	concurrent	241
compact car	154	component	359	concurrently	346
companion	241	compose	286	condemn	217
companionship	241	composer	286	condemned building	124
compare	40	composition	286	condense	440
compassion	96	compound	430	condolence	232
compassionate	312	comprehend	32	condominium	124
compatible	426	comprehensible	32	conduct	286, 359
compel	161, 405	comprehension	32	conduction	359
compelling	161	comprehensive	32	conductor	286, 359
compensate	131	compromise	246	confederation	354
compensation	131	compulsion	405	conference	204
compete	375	compulsive buying	82	confess	388
competence	204	compulsory	405	confession	388
competent	204	computer-illiterate	198	confide	232
competition	375	conceal	74	confidence	45, 232
competitive	375	concealment	74	confident	232
competitiveness	375	concede	375	confidential	204, 232
competitor	375	conceit	296	confidentiality	204
compilation	190	conceivable	417	configure	198
compile	190	conceive	417	confine	375
complacency	303	concentrate on	40	confinement	375

confirm	18	conservative	161	consumption	273
confirmation	18	conserve	161	contact	26
confiscate	226	consign	184	contagion	60
conflict	254	consist of	431	contagious	60
conform	405	consistent	96	contain	170
conformity	405	consolation	303	contaminant	162, 167
confront	184	console	303	contaminate	162
Confucianism	398	consolidate	176	contemplate	389
confuse	413	consolidation	176	contemplation	389
congenial	232	consortium	184	contemplative	389
congeniality	232	conspicuous	74	contemporary	287
congested	60, 145	conspiracy	255	contempt	340
congestion	60, 145	constant	431	contender	385
conglomerate	175	constantly	431	content	26
conglomeration	175	constellation	370	continent	413
congregate	389	constipation	69	continental drift theory	370
congregation	389	constituency	431	contraceptive	69
connecting flight	18	constituent	431	contract	60
connection	26	constitute	217, 431	contraction	54, 96
connotation	87	constitution	217, 431	contractor	60
connote	87	constitutional	217	contractual	60
conquer	354	constrain	190	contradict	440
conquest	255	constraint	190	contrast	287
conscientious	398	construct	116	contravene	226
conscious	66	construction	116	contribute	145
consciousness	296	constructive	116	contribution	145
consecrate	398	consult	413	contributor	145
consecutive	346	consultation	312	contrite	226
consensual	175	consume	273	contrive	134
consensus	175	consumer	82, 273	control tower	27
consent	417	consumer confidence index	45	controversial	287
consequence	54			controversy	287
conservation	161	consummate	297		

contusion 385	correspond 332	craftsmanship 287
convene a meeting 212	correspondence 332	cram 40
convention 405	correspondent 332	cramp 385
conventional 405	corridor 124	cramped 145
converge 147, 162	corrosion 440	crash 155
convergence 162	corruption 255	crass 413
conversion 389	cosmetic 83	crater 370
convert 389	cosmos 370	crave 273
convertible 154, 389	costly 74	craving 273
convey 88	costume 297	creativity 198
conveyance 88	cough 69	credence 347
convict 218	counsel 303	credential 204
conviction 218	counseling 303	credibility 145
convince 312	counselor 303	credible 145
convivial 241	count on 426	credit 74
convoluted 145	counter 83, 176	creditor 140
convolution 145	counterfeit 131	creed 398
convulse 440	counterfeiter 131	crest 54
cook 282	counterpart 347	crevice 370
cooker 282	courseware 198	crew 19
cooperate 212	court 226	criminal suit 226
coordinate 184	courteous 19	crisis 54
cope with 413	courtesy 19	criterion 40
copy 96	covenant 184	critic 88, 332
copy and paste 198	cover 332, 338	critical 40
copycat 340	coverage 332	critical period 40
copyright 340	cover letter 212	criticism 88
copywriter 83	co-worker 212	criticize 88, 332
coral reef 326	cozy 124	critique 332
cordial 233	crack up 417	crop 282
cordially 233	cradle 354	crop up 212
core 431	craft 287	crossover 297
corporal punishment 40	craftsman 287	crossroad 155

crosswalk	155	cut back	176	debilitate	69
crucial	146	cut back[down] on	140	debrief	213
cruise	326	cut in line	385	debt	140
crust	371	cutback	176	debtor	140
crutch	69	cutlery	282	debug	199
cube	440	cut off	426	debut	341
cuisine	273	cutting-edge	190	decay	282
culinary	273	cut to the chase	212	decelerate	144
culminate	297	cyberspace	198	decency	131
culprit	227	cyclical	110	decent	131
cult	398	cyclone	110	decipher	88
cultivate	354	cynic	255	declaration	19
cumulate	131			declare	19
cumulation	131	**D**		decode	199
cumulative	131			decompose	431
cupboard	124	dabble at	375	decomposer	268
curb	146	dabble in	375	decomposition	431
currency	131	dairy	282	decorate	124
current	131, 198	dam	110	decoy	268
curtail	140	damp	110	decrease	54
curve	155	dare	385	dedicate	88
custodial	418	daring	312	dedicated	88
custodian	418	daunt	185	dedication	88
custody	418	dawdle	241	deduce	89
custom	19	dawn on	32	deductible	140
customary	413	daycare	418	deduction	89
customer	83	daydream	359	deductive	89
customer relations office	83	daylight savings time	27	defame	255
		daytime high	110	default	141
customize	184	dearly	426	defeat	376
custom-made	83	death penalty	227	defect	75
customs	19	death row	227	defective	75
customs clearance	27	debate	40	defend	376

INDEX_495

defendant	227	delineate	297	depressed	45, 312
defender	376	delinquent	141	depressing	45
defense	376	deliver	75	depression	45, 312
defensive	376	delivery	75	deprived	54
deference	398	deluxe	27	deputy	185
defiance	246	demand	45	deride	426
defiant	246	demean	413	derivation	89
deficiency	274	demeanor	241	derivative	89
deficient	274	demise	354	derive	89
deficit	45	democracy	255	descend	406
definition	199	demographic	406	descendant	406
deflation	54	demographics	406	descent	406
deforest	162, 167	demography	406	descriptive	96
deforestation	162	demolish	116	desecration	398
defray	141	demolition	116	desertification	371
defrost	111	demote	213	deserve	426
defunct	354	denomination	141	designate	233
defy	246	denotation	96	desolate	359
degenerate	269	denote	96	desolation	359
degenerative disease	69	denounce	255	despair	313
degrade	170	dense	359	despise	426
degree	32	density	359	despotism	355
dehumidifier	103	dent	155	destination	20
deity	398	depart	19	destitute	54
delay	27	departure	19	destructive	111
delectable	283	depict	287	detach	303
delegate	247	depiction	287	detached	303
delegation	247	deplete	162	detachment	303
delete	199	depletion	162	detail	40
deliberate	333	deport	255	detain	218
deliberately	333	deposit	132, 137	detainee	218
deliberation	333	depreciation	129	detect	20
delicatessen	283	depress	45	detection	20

detector	20	diabetes	61	direct flight	27
detention	218	diabetic	61	direction	155
deter	247	diagnose	61	disability	61
detergent	418	diagnosis	61	disabled	61
deteriorate	102	diagnostic	61	disapprove (of)	174
deterioration	102	diagram	440	disarm	255
determine	185	dialect	89	disassemble	188
deterrence	247	dialectic	398	disburse	141
deterrent	247	diameter	371	discard	171
dethrone	355	diarrhea	69	discharge	176
detour	146	dice	326	disciple	398
detoxify	171	dictate	255	discipline	33
detract from	341	dictator	255	disciplined	33
detriment	163	diffuse	431	disclose	333
detrimental	163	diffusion	431	disclosure	333
devaluation	141	digest	283	discount	83
devastate	102	digestion	262	discourse	96
devastating	102	digress	33	discreet	413
devastation	102	digression	33	discrepancy	141
develop	69	dilapidate	116	discriminate	406
developed country	54	dilapidated	116	discrimination	406
developing country	54	dilate	440	discriminatory	406
development	124	dilute	432	disembark	20
deviant	146	dilution	432	disguise	259
deviate	146	dimension	191	disillusion	389
deviation	146	dimensional	191	disillusionment	389
device	191	diminish	54	disintegrate	55
devise	191	diminutive	199	dislocate	119
devote	40	diner	283	dismal	288
devour	274	dingy	124	dismantle	125
devout	398	dioxide	441	dismiss	176
dexterity	288	diploma	40	dismissal	176
dexterous	288	diplomacy	255	disobedient	420

disorder	61, 276	distraction	376	dominate	259, 377
disorderly	61, 276	distraught	304	domination	259
disparage	40	distribute	185	donate	407
disparity	46	disturb	426	donation	407
dispensable	262	diurnal	269	donor	407
dispersal	432	diverge	147, 162	doomsday	399
disperse	432	divergence	147	doorway	125
dispersion	432	divergent	147	dope	377
display	297	diverse	406	doping	377
disposable	163	diversification	406	dormant volcano	371
disposal	163	diversify	406	dormitory	33
disproportionate	171	diversion	326	dosage	62
dispute	227	diversity	406	dose	62
disqualify	379	divert	155	down	313
disreputable	293	divide	407	down payment	141
disrupt	155	dividend	132	downpour	102
disseminate	333	divine	398	downsize	177
dissemination	333	divinity	389	downtrodden	355
dissension	247	division	132, 407	downturn	46
dissent	247	divisive	407	doze	426
dissenter	247	divorce	426	draft	205
dissertation	40	divulge	341	drain	116
dissipation	441	DNA sequence	269	drainage	116
dissolution	432	doctoral dissertation	40	dramatic	341
dissolve	432	doctrinal	390	drape	427
distill	441	doctrine	390	drastic	407
distinct	102	documentary	341	drawback	199
distinction	102	dogmatic	398	drawer	125
distinctive	102	dome	125	dreary	111
distort	288	domestic	20	drench	103
distortion	288	dominant	259, 377	dresscode	427
distract	376	dominant inheritance	269	driveway	125
distracted	376			driving under the	

influence	155	eco-friendly	171	elementary education	37
drizzle	103	ecology	171	elicit	288
drop off	147	economic indicator	55	eligibility	205
drop out	41	economy class	27	eligible	205
dropout	41	ecosystem	163	eliminate	55
drought	111	ecstasy	288	elliptical	371
drowsy	326	ecstatic	288	elongate	199
drug trafficking	227	edge	125	eloquent	255
dualism	399	edible	274	emanate	441
dubbing	341	edict	355	emancipate	347
ductile	199	edifice	125	emancipation	347
due	132	edit	333	embargo	255
dull	41	edition	341	embark	20
duplicate	191	editor	333	embassy	255
durable	75	editorial	333	embellish	97
duty-free	27	effective	185	embezzle	141
dwell	125	efficacy	69	embody	297
dwell on	390	efficient	185	embrace	407
dwindle	46	effluent	171	embracement	407
dynasty	355	effortlessly	41	embryo	260
dyslexia	41	effusive	427	embryonic	260
dyspepsia	283	egalitarian	413	emerge	55
		elaborate	97	emergence	413
E		elastic	432	emergency exit	27
		elasticity	432	emigrate	264
earnest	385	election	255	emissary	255
earnings	141	electorate	255	emission	163
easygoing	313	electrical	199	emit	163
eatable	274	electrode	441	empathetic	304
eat out	283	electromagnetic	441	empathic	304
eavesdrop	427	electron	441	empathize	304
ebb and flow	355	electronic	199	empathy	304
eclipse	360	element	441	emperor	348

emphasis	185	engrave	289	envoy	255
empire	348	engross	334	enzyme	441
empirical	399	engrossed	334	epic	97
enable	199	engrossing	334	epicenter	371
enact	247	enhance	185	epidemic	69
enactment	247	enigma	297	epilepsy	69
encipher	88	enlighten	341	epitome	297
enclose	205	enlist	255	equation	441
enclosure	205	enrich	283	equator	371
encode	191	enroll	33	equilibrium	171
encore	297	enrollment	33	equipment	199
encounter	360	enshrine	399	equity	141
encroach	355	enslave	347	equivalence	432
encrypt	199	enslavement	347	equivalent	432
encryption	199	ensure	334	era	355
encyclopedia	341	enterprise	177	eradicate	164
endanger	163	entertainment	341	eradication	164
endangered	163	enthrone	355	erect	125
endeavor	41	enthuse	289	erode	360
endemic	413	enthusiasm	289	erosion	360
endorse	213	enthusiast	289	erroneous	199
endow	407	enthusiastic	289	erupt	360
endowment	407	entrant	241	eruption	360
end up buying	83	entrap	269	escalate	46
end user	213	entrée	283	escalation	46
energetic	385	entrenched	255	essence	297
energize	326	entrepreneur	177	establish	218
enforce	218	entrepreneurial	177	established	218
enforcement	218	entrepreneurship	177	establishment	218
engage	233	entry	27	esteem	97
engaged	213, 233	entry-level	213	estimate	132
engagement	233	environmentally friendly	171	estimation	132
engineer	199			estrange	427

eternal	390	excavate	347	exonerate	219
eternity	390	excavation	347	exorbitant	83
ethic	390	excavator	347	exotic	164
ethical	390	exceed	147	expand	55
ethics	390	excel	41	expansion	355
ethnic	408	exceptional	313	expecting	69
ethnic food	283	excerpt	97	expedite	185
ethnicity	408	excess	141	expedition	326
eulogize	233	excess baggage	27	expel	41
eulogy	233	excessive	55	expend	133
euphoria	313	exchange	83	expenditure	133
euthanasia	227	exchange rate	141	expense	185
evacuate	117	exclude	75, 408	expertise	185
evacuation	117	exclusion	408	expiration	274
evacuee	117	exclusive	75, 408	expiration date	274
evade	334	exclusively	75	expire	274
evaluate	41	exclusivity	408	expiry	274
evaporate	433	excursion	318	explicit	97
evaporation	433	execute	205	explode	433
evasion	334	execution	205	exploit	164
evasive	334	executive	205	exploitation	164
even	125	exempt	76	exploitative	164
eventually	97	exemption	76	exploitive	164
evict	117	exhale	171	explore	371
eviction	117	exhaust	155, 274	explosion	433
evidence	227	exhausted	274	explosive	433
evoke	97	exhausting	274	explosiveness	433
evolution	260	exhaustion	274	exponent	390
evolutionary	260	exhaustive	274	export	55
evolve	260	exhibit	348	expose	433
exaggerate	341	exhibition	348	exposition	433
exalt	213, 385	exhume	355	exposure	433
examine	69	exodus	155	expulsion	41

exquisite	297	fabulous	83	fasten a seat belt	155
extend	205	façade	125	fat	283
extension	205	facet	97	fathom	313
extensive	326	facility	41	fatigue	27
extent	55	faction	255	fattening	283
extenuate	219	factor in	177	faucet	125
exterior	125	faculty	34	fauna	269
extinct	164	fad	334	feasibility	192
extinction	164	fade	297	feasible	192
extinct volcano	371	Fahrenheit	111	feast	241
extol	241	faint	69	feat	355
extort	227	fair	227	feather	269
extract	165, 433	fairy tale	97	feature	335
extraction	165, 433	faith	399	federal	355
extracurricular	41	fallacy	341	feed	269
extraterrestrial	366	fall foliage	111	feedback	441
extravagant	76	fallout	171	feed on	269
extreme	111	fall out of favor	334	feel free to do	27
extrovert	313	fall short of	141	feel under the weather	
extroverted	235	false	219		69
exuberance	377	falsification	219	feline	269
exuberant	377	falsify	219	fellow	213
exude	433	falter	46	felony	227
eyesore	117	faltering	46	feminism	413
eyewitness	227	family planning	413	ferment	283
		family reunion	241	ferry	326
		famine	355	fertile	161, 165
F		fanatic	385	fertility	165
fable	89	fantastic	385	fertility rate	413
fabled	89	fare	147	fertilize	165
fabricate	219	farewell	427	fertilizer	165
fabricated history	355	farewell party	241	fervent	313
fabrication	219	fascinating	326	fervid	385

fetal	260	fishing rod	385	fluctuate	47
fetus	260	fit	377	fluctuation	47
feudalism	355	fitness	377	fluency	97
fever	69	fitness center	385	fluid	371
feverish	319	fixed price	83	flunk	34
fiancé	241	flagrant	227	flurries of snow	111
fiancée	241	flair	297	flux	441
fiber	283	flamboyant	313	fly nonstop	27
fickle	313	flank	385	fly the coop	227
fiction	97	flashback	297	foible	313
fiddle	141	flash flood	111	folk	413
fidelity	427	flat	283	folk tale	355
field trip	41	flatter	234	food chain	269
fieldwork	441	flattered	234	foodstuff	283
fierce	171	flattering	234	foolhardy	385
fiery	313	flaunt	83	ford	171
file	219	flavor	283	forebear	355
filial piety	413	flavoring	283	foreboding	427
fill in	27	flawed	21, 199	forecast	103
filling	283	flea market	83	forecaster	103
fill out	27	fledgling	185	foreign	20
filmmaking	341	flexible	185	foreign exchange	141
final	41, 385	flight attendant	27	foremost	241
finance	141	flimsy	427	forerunner	355
financial assistance	141	flock	318	foresee	55
fine	147	flooded	111	foreshadow	97
fine art	297	floodgate	111	foresight	413
finite	361	floor	125	foreword	341
firecracker	385	flora	269	forfeit	227
fireplace	241	flour	283	forge	220
firm	185	flourish	55	forgery	220
fiscal	141	flowering of	297	form	385
fiscal year	141	flu	69	formal	213

formative years	41	frenetic	319	fury	313
formula	434	frequency	434	fuse	434
forsake	427	frequent	434	fusion	434
forthcoming	326	frequently	434	futile	427
fortify	125, 283	freshwater	171		
fossil	260	fret	304		
fossil fuel	171	friction	434		
fossilization	260	frigid	111	gadget	199
fossilize	260	frisk	20	gaiety	234
foster	34, 55	front	111	galaxy	371
foul	385	front page	341	gale	111
found	348	frontier	413	gall bladder	269
foundation	41, 348	frost	111	gallery	297
founder	348	frugal	47	garage sale	83
fountain	326	frugality	47	garbage dump	171
fracture	69	fruitful	269	garner	247
fragile	83	frustrating	155	garnish	274
fragment	441	fry	283	gas[gasoline]	155
fragrant	327	fugitive	227	gas bladder	268
frail	69	fulfill	41	gas pedal	144
frame	125	fume	165	gas station	155
franchise	185	function	199	gateway	355
fraternal	241	fund	133	gather	234
fraternity	241	fundamental	391	gathering	234
fraud	220	fundamentalism	391	gauge	199
fraudulent	220	fundamentalist	391	gay	234
fraught with	171	funding	133	gaze	427
freebie	83	fund-raiser	241	gear	318
free of charge	83	furnish	117	gene	261
freeway	155	furnished	117	generate	192
freeze	441	furnishing	83	generation	192
freezing	111	furnishings	117	generation gap	413
freight	155	furniture	117	generative	192

Term	Page	Term	Page	Term	Page
generator	192	give it a try	385	gratify	304
generic	69	give off	441	gratitude	234
generous	241	give … the benefit of the doubt	227	gratuitous	83
genetic	261			gratuity	275
genetically	261	glacial period	355	gravitate	371
genetics	261	glacier	171	gravitational	361
genocide	355	gladiator	355	gravity	361
gentle slope	371	glitch	192	grease	275
genuine	76	global warming	171	greasy	275
geography	371	globe	371	greed	313
geology	371	glossary	341	greenhouse effect	171
geometry	441	go Dutch	283	greet	241
germ	269	go for it	41	greeting	241
germinate	269	go green	171	gregarious	242
get … across	34	golden age	297	grocery	283
get a good deal	83	good buy	83	groom	269
get along with	234	go on an errand	428	gross	55
get a ticket	155	gossip	341	grotto	371
getaway	318	go through the roof	55	ground	111, 171
get away	318	gourmet	275	groundbreaking	192
get away with	227	governor	355	groundbreaking ceremony	125
get back at	97	grab a bite	275		
get by	418	grace period	21	groundwater	371
get into full swing	297	grace time	21	group	318
get one's way	427	gracious	241	grudge	304
giant	213	graduate	41	grumble	427
gift certificate	83	graduate school	41	guarantee	77
gig	297	grain	283	guest	27
gist	89	grant	34	guideline	41
give … a break	418	grasp	427	guild	242
give … a ride	155	grass roots	413	gulf	371
giveaway	76	grateful	234	gullible	313
give away	76	gratification	304	gulp	284

gust	111	harsh	111	herbivore	269
gym	385	hassle	148	hereditary	62
		hasten	319	heredity	62
		hatch	269	heresy	399
H		hate crime	413	heritage	348
habitable	261	haul	385	hermit	399
habitant	261	have a flat tire	155	heterogeneous	413
habitat	261	have a narrow escape	427	hibernate	261
habitation	261	have a party	243	hibernation	261
habitual	427	haven	327	hierarchy	255
haggle	77	hazard	27	hieroglyph	355
hail	111, 148	haze	103	high	111
hailstone	111	hazy	103	high blood pressure	69
halfway	155	headline	341	high definition	199
hallway	125	headquarters	185	high-end	83
halt	155	healthcare	69	higher education	37
handbook	327	health-conscious	69	highland	371
handheld	199	heatproof	125	high-resolution	199
handiwork	297	heat wave	111	highway	155
handle	427	heavy metal	441	hinder	171
hand luggage	27	hectic	319	hindrance	199
handout	242	hedge	47	hire	185
hang in there	41	hefty	327	history-making	356
hangout	235	hegemony	255	hit the road	327
hang out	235	height	125	hit the roof	313
hangover	284	heinous	227	hit the spot	427
haphazard	313	heir	348	hit the target	386
harass	227	heiress	348	hoard	356
hardcover	341	helping	275	hoist	319
hardship	55	help oneself to	284	holistic	69
hardware store	83	hemorrhage	69	hollow	371
harmony	297	herbicide	269	holy	399
harness	165			Holy Book	399

Holy Scripture	399	humidity	103	idyllic	319
home advantage	386	hunter-gatherer	356	ignorance	391
homeowner	125	hurry	319	ignorant	391
homicide	227	hustle	327	ignore	391
homogeneous	413	hybrid	269	illegal	227
hone	35	hybrid vehicle	155	illegible	90
honk	155	hydrogen	441	illegitimate	221
honor	141	hygiene	70	illiteracy	97
horizon	371	hype	84	illuminate	297
horizontal	436	hyperactivity	313	illusion	298
horoscope	371	hyperbole	97	imbalance	130
hospitable	319	hypertension	70	imitable	290
hospitality	319	hypnosis	305	imitate	290
hospitalize	70	hypnotic	305	imitation	41
hostage	255	hypnotism	305	immediately	242
hostile	166	hypnotize	305	immerse	441
hostility	166	hypochondria	70	immigrant	264
hot spring	327	hypothesis	361	immigrate	264
house	117	hypothesize	361	immigration	264
houseboat	327	hypothetical	361	imminence	104
household	427			imminent	104
household expenses	55			immobile	199
housekeeper	427	**I**		immoral	227
housewarming	235	Ice Age	356	immune	62
hue	297	ice pack	386	immunity	62
humane	399	icon	399	immunization	62
humanitarian	399	idealism	399	immunize	62
humanity	413	identify with	341	impact	55, 111
human resources	213	identity	413	impair	62
human trafficking	227	identity theft	227	impaired	62
humid	103	ideological	391	impairment	62
humidifier	103	ideology	391	impartial	363
humidify	103	idyl(l)	319	impartiality	363

impassable	148	impromptu	90	incredulous	313
impeach	247	improve	55	increment	141
impeachment	247	improvisation	289	incumbent	248
impeccable	21	improvise	289	incur	141
impending	237	impulse	386	indecent	131
imperative	41	impulse buying	84	in demand	327
imperial	348	in accordance with	228	independent	256
imperialism	348	inadequate	114	in-depth	341
imperialist	348	in advance	27	index	47
imperialistic	348	inarticulate	97	indication	185
impertinent	418	in a split second	386	indict	228
impetuous	313	inaudible	189	indigenous	261
impetus	192	inaugural	248	indispensable	262
implement	177	inaugurate	248	indivisible	441
implementation	177	inauguration	248	induce	289
implicate	90	in bulk	84	induction	399
implicated	221	incarnate	399	indulge	276
implication	90	in cash	84	indulgence	276
implicit	97	incentive	177	indulgent	276
import	55	inception	256	industrial	55
impose	248	incessant rain	111	inedible	274
imposing	327	in chronological order	356	inertia	435
imposition	248			inescapable	112
impotent	65	incidental	213	inevitable	141
impoverished	55	incite	341	infant	427
impress	289	inclement	104	in favor of	228
impressed	289	income	141	infect	63
impression	341, 289	incompetence	204	infection	63
Impressionism	289	in conjunction with	199	infectious	63
Impressionist	289	inconvenience	327	infer	399
impressive	289	incorporate	185	infertile	165
imprint	97	increase	55	infest	262
imprison	228	incredible	313	infestation	262

infiltrate	256	initiative	166, 435	inspire	290
infinite	361	inject	63	inspiring	290
infinity	361	injection	63	install	200
inflammation	70	injury	386	installment	142
inflate	55	injustice	220	instigate	256
inflation	55	inmate	228	instill	392
in-flight	27	innate	262	instillation	392
influenza	70	in no time	84	instilment	392
influx	47	innovate	118	instinct	263
infomercial	84	innovation	118	institute	248
inform	206	innovative	118	institution	248
information	206	innuendo	341	institutional	248
informative	206	innumerable	371	institutionalize	248
infrastructure	48	inpatient	70	in stock	78
infringe	290	input	200	instruction	185
infringement	290	inquisition	399, 441	instrument	298
infuse	441	insane	313	insufficient	112
ingenious	200	inscrutable	391	insulate	118
ingest	262	insecticide	269	insulated	118
ingestion	262	insert	193	insulation	118
ingredient	284	insertion	193	insult	314
inhabit	118	insidious	171	insurance policy	133
inhabitant	118	insight	392	insure	133
inhalant	63	insightful	392	insurgence	356
inhale	63	insincere	314	intake	284
in hindsight	313	insolence	418	intangible	365
inherent	262	insolent	418	integral	41
inherit	262	insolvent	142	integrate	408
inheritance	262	insomnia	305	integration	408
inimitable	290	insomniac	305	intellectual	414
initial	435	inspect	213	intense	361
initiate	166, 435	inspiration	290	intensify	361
initiation	166, 435	inspirational	290	intensity	361

intensive	361	intolerant	396	irreparable	185
intention	97	intoxicate	284	irresistible	266
interact	42	intractable	213	irreversible	70
intercept	386	intricate	200	irrigate	371
interchange	156	intrigue	320	irritate	63
interest rate	142	intrigued	320	isolated	327
interim	249	intriguing	320	issue	335
interior	125	introduce	242	itinerary	320
interject	427	introvert	314		
interlude	298	introverted	235		
intermediate	42	intuition	314	**J**	
intermittent	193	invalidate	367	jam	148
in terms of	97	invent	200	janitor	125
International Date Line		invention	290	jargon	97
	27	inventive	290	jaunt	327
interpersonal	235	inventory	84	jaywalk	148
interpret	90	invest in	55	jealous	314
interpretation	90	investigate	220	jeer	298
interpreter	90	investigation	220	jeopardize	104
interrogate	220	investigative	220	jeopardy	104
interrogation	220	investigator	220	jersey	386
interrogator	220	invigorate	327	jet lag	21
interrupt	213	invincible	378	jitter	305
intersection	156	invitation	213	jittery	305
interstate highway	156	invocation	399	job opening	213
intervene	48	involve	221	jolt	156
intervention	48	involved	221	journal	341
in the black	206	involvement	221	journalism	342
in the mood for	314	ire	314	Judgment Day	399
in the nick of time	27	ironic	90	jump the gun	213
in the red	206	irony	90	junction	156
intimacy	235	irrational	394	juror	221
intimate	235	irreligious	399	jury	221

justice	220	lame	428	leaky	118
juvenile	42	lampoon	342	learn ... by heart	42
juvenile delinquency	42	land	27	learn by rote	42
juxtapose	441	landfill	171	lease	125
		landlord	122	leave ... behind	42
		landmark	320	leftover	284
K		landmass	372	legacy	349
karma	399	landslide	256, 372	legalize	228
keen	327	lane	156	legal tender	142
keep abreast of	200	languid	327	legendary	356
keep an eye on	427	lapse into	70	legibility	90
keep in touch with	428	late fee	35	legible	90
keep ... under one's hat	427	latent	171	legislate	249
keep up with	200	latest	84	legislation	249
keynote	236	latitude	372	legislative	249
kidnap	228	laud	290	legislator	249
kidney stone	70	launch	77	legislature	249
kindergarten	42	laureate	236	legitimacy	221
kindle	441	lava	372	legitimate	221
kinetic	442	lavish	77	legitimize	221
kiosk	84	lawn mower	428	legroom	21
kit	428	lawsuit	221	lend	142
kitsch	298	lay claim to	249	lenient	228
knowledgeable	35	lay off	178	lessen	56
		lay the groundwork for	185	let up	104
				lethal	263
L		layoff	178	lethargic	305
lab	442	layout	125	lethargy	305
labor	55	layover	21	leukemia	70
lackluster	327	lead	342, 442	lever	442
lack of rain	112	leadership	356	levy taxes (on)	142
lagbehind	42	leak	118	lexicon	97
laid-back	327	leakage	118	liability	133

liable	133	live beyond one's means	56	lunatic	314
libel	342			luncheon	213
liberal	256	livestock	356	lure	263
liberal arts	35	loan	134	lurk	263
liberate	356	local time	28	lush	269
licentious	392	locality	414	lyric	291
life expectancy	63	locate	119	lyrical	291
life jacket	27	location	119		
life span	269	locomotion	200	**m**	
lift weights	386	lodge	320		
lightning	112	lodging	327	machination	256
lightning rod	442	logging	172	machinery	200
limestone	442	logical	399	maestro	298
limited edition	84	loiter	327	magnetic field	372
lineage	356	longevity	269	magnitude	372
lingo	97	longitude	372	magnum opus	298
linguist	91	long-term	185	mainstream	98
linguistic	91	look after	419	maintain	119
linguistics	91	look forward to	236	maintenance	119
liquid	134	loophole	228	majority	256
liquidate	134	lore	414	major scale	298
liquidation	134	lose track of time	386	make a fortune	56
liquor	284	lost and found	28	make a living	428
list price	84	lounge	28	make amends for	84
literacy	97	low	112	make an inroad into	213
literal	98	low-end	84	make a payment	142
literally	98	lower	56	make a profit	142
literary	91	lowland	372	make a reservation	28
literate	98	lucrative	178	make compelling reading	98
literati	91	luggage	21		
literature	91	lukewarm	386	make (both) ends meet	142
litigation	228	luminous	298	make it	42
litter	228	lunar	372	make it up to	84

make partial judgments	386	marinade	284	mechanism	200
make up one's mind	428	marine	270	meddle	428
malfeasance	256	marked	242	median line	156
malice	378	market economy	56	mediate	186
malicious	378	marketplace	56	medicate	64
malpractice	70	market share	186	medication	64
mammal	270	marsh	172	medieval	349
man of the cloth	399	mass	104	mediocre	414
manage	178	massacre	356	meditate	378
managerial	185	massive	104	meditation	378
mandate	392	mass market	84	medium	335
mandatory	392	mass production	186	meet	178
maneuver	256	mass transit	327	meet a deadline	213
manifest	414	masterpiece	291	melancholic	305
manipulate	335	match	378	melancholy	305
manipulation	335	matching	378	meld	442
manipulative	335	matchless	378	memento	327
manipulator	335	matchmaking	242	memo	213
mankind	414	materialism	399	memoir	91
man-made	372	maternal	419	memorabilia	242
manpower	185	maternity	419	memorable	327
manslaughter	228	matriarchy	350	memorial	328
manual	200	mature	42	memorial service	242
manual transmission	156	maul	270	menace	156
manufacture	178	maxim	414	menial job	213
manufacturer	178	maximum	142	mental	314
manufacturing	178	meadow	372	mentality	314
manuscript	98	meager	56	mentee	35
marble	126	measure	442	mentor	35
margin	134	measurement	126	mercenary	356
marginal	134	mecca	327	merchandise	214
marginally	134	mechanic	156	merchant	214
		mechanical	193	merge	179

merger	179	minister	400	moderation	105
mesmerize	328	minority	256	moisture	112
mess	28	minor offense	228	molecular	435
metabolism	263	minor scale	298	molecule	435
metamorphosis	270	miraculous	98	molest	228
metaphor	98	mirage	172	momentary	396
metaphysics	399	mire	372	momentum	435
meteor	372	misappropriate	142	monarch	356
meteorite	372	miscalculate	142	monastery	400
meteorology	112	miscarriage	428	monetary	48
meticulous	291	misdemeanor	228	monogamous	414
metropolitan	414	misdiagnose	61	monopolize	48
microbe	264	misinformed	28	monopoly	48
microorganism	270	misinterpret	90	monotonous	328
microscope	270	misleading	342	monsoon	112
microwave	442	misplace	419	monument	298
midday	104	misplaced	419	mood	305
midnight low	112	miss a flight	28	moody	305
midterm	42	mission	186, 400	moral	228
migrate	264	miss out on	328	morale	214
migration	264	miss the mark	386	moratorium	142
migratory	264	misty	112	morbid	306
mild	112	mitigate	362	morbidity	306
mileage	149	mitigating circumstances	228	mordant	336
milestone	356			mortal	400
milieu	414	mitigation	362	mortgage	134
mimic	270	mix	276	motion	206
mince	284	mixed	276	motionless	200
mineral	284, 442	mixer	276	motion sickness	156
mingle	236	mixture	276	motivate	179
miniature	126	mobile	200	motivation	179
minimum	142	mock	314	motivational	179
miniscule	442	moderate	105	motive	214

motor skill	386	
motorbike	156	
motorcade	242	
motorcycle	156	
motorist	156	
mount	320	
mouth-watering	284	
move	126	
moving	291	
muggy	112	
mull over	214	
multicultural	408	
multiculturalism	408	
multilateral	256	
multiply	270	
mummy	356	
mundane	419	
murder	228	
muse	298	
museum	298	
mushroom	270	
must-have	84	
mutable	105	
mutant	105, 264	
mutate	105, 264	
mutation	105, 264	
mutual	408	
myriad	362	
myth	91	
mythical	91	
mythology	356	

n

nadir	367
narcotic	228
narrate	91
narration	91
narrative	91
narrator	91
narrow-minded	314
nationalization	49
nationalize	49
native	270
natural resources	172
natural selection	270
naturalize	414
navigate	321
navigation	321
navigator	321
neat	428
nebula	372
necessary	77
necessity	77
neglect	228
negligence	419
negligent	419
negotiable	186
negotiate	214
nervous	314
nervous system	270
nest	270
neutron	442
newborn	242
newsletter	214

newsstand	342
niche market	186
nimble	386
nip	112
nippy	112
nirvana	400
nitrogen	442
no strings attached	84
noble	356
nocturnal	270
no-frills	84
nomad	349
nomadic	349
nominate	214
nonchalant	428
non-profit organization	242
nonverbal	98
noodle	284
norm	414
North Pole	172
no-show	28
nostalgia	306
nostalgic	306
nosy	420
notary	228
note	298
noteworthy	242
notice	214
notification	206
notify	206
notion	392
notional	392

nourish	270	obligate	166	offend	221
novel	193	obligation	166	offender	221
novelty	193	obligatory	166	offense	376
novice	200	obliterate	414	offensive	314
noxious	166	oblivious	249	offer	186
nuclear	436	obscene	342	official	256
nuclear fission	442	obscure	393	off-limits	328
nucleus	436	obscurity	393	offset	186
numb	70	observance	363	offspring	264
number	362	observation	363	off-the-rack	84
numeral	362	observatory	363	oligopoly	56
numerous	362	observe	363	ominous	28
nurse	420	observer	363	omit	98
nursery	420	obsess	306	omnipresent	400
nursing home	414	obsession	306	omnivore	270
nurture	428	obsessive	306	on behalf of	236
nutrient	276	obsolete	193	on form	386
nutrition	276	obstacle	186	on the brink of extinction	270
nutritional	276	obstinate	314	on the go	200
nutritious	276	obtain	186	on the house	284
		obtuse	428	on the move	200
		occasion	242	on the verge of	172
O		occidental	414	on time	28
obedience	420	occupancy	179, 349	one of a kind	84
obedient	420	occupant	349	one-way	28
obese	64	occupation	179, 349	onset	356
obesity	64	occupational	179, 349	onstage	298
obey	420	occupy	179, 349	operation	70
obfuscate	400	odd	321, 428	opponent	378
obituary	336	odds	386	opportunity	242
object	362	odor	172	oppose	378
objection	362	off duty	214	opposite	156
objective	362	off the charts	56		

opposition	378	outer space	372	overjoyed	306
oppressive	356	outfit	78	overland	356
optimal	200	outflow	48	overlook	126
optimism	307	outgoing	242	overnight	328
optimistic	307	outlaw	228	overpass	156
orator	236	outlet	84, 126	overpopulation	414
oratory	236	outlook	328	overrate	98
orbit	363	out of order	200	overrule	228
orbital	363	out of stock	78, 137	overseas	56
orchestra	298	out of sync	342	oversee	207
ordain	400	outpatient	70	oversight	28
order	61, 276	outperform	56	overstate	342
orderly	276	outpouring	298	overstep	428
ordinary	428	output	56, 200	overtake	180
organic	172	outreach	242	over the counter	70
organized	214	outset	356	over the top	342
oriental	414	outside line	214	overtime	214
origin	350	outskirts	126	overturn	222
original	98, 350	outsource	179	overview	342
originality	291	outsourcing	179	overwork	207
originate	350	outspoken	342	owe	142
ornament	126	outstanding	142	oxidant	436
ornate	126	overcast	105	oxidation	436
orphanage	414	overcharge	84	oxidize	436
orthodox	400	overcome	379	ozone layer	172
oscillate	442	overdose	64		
ostensible	428	overdraw	142	**P**	
ostentatious	84	overdue	132		
oust	356	overeat	284	pace	386
outbreak	64, 345	overestimate	132	pacifier	420
outcast	414	overhead compartment	21	pacifist	420
outcome	186			pacify	420
outdated	200	overheat	442	pack	321

pagan	400	parody	298	patronize	291
pageantry	400	parole	228	pavement	156
painstaking	214	partake of	284	payable	186
painting	298	partial	363	paycheck	214
palace	328	partiality	363	pay off	135
paleontology	270	participant	237	payout	186
palpable	314	participate	237	payroll	186
paltry	428	participation	237	peak season	28
panacea	70	particle	372	peculiar	237
pandemic	64	particular	328	pedagogy	42
panel	156	particulate	442	pedestrian	149
panic	28, 56	partisan	256	peel	284
papal	400	passable	148	peer	35
paperback	342	passage	126	pelt	112
paperwork	214	pass away	242	penchant	277
parachute	386	passenger	28	pending	237
paradigm	442	passive	314	peninsula	372
paradise	328	pass on knowledge	98	pension	142
paradoxical	298	passport	28	pent-up	314
paragliding	386	pastime	379	per annum	186
parallel	200	pasture	372	per capita income	56
paralysis	65	patch	200	perch	119
paralyze	65	paternal	419	perform	207
paramedic	70	path	126	performance	207
paranoia	306	pathetic	409	performer	207
paranoiac	306	pathos	298	performing arts	298
paranoid	306	patriarch	350	perfunctory	42
parasite	270	patriarchal	350	peril	28
parch	363	patriarchy	350	perimeter	372
parched	363	patrimony	356	periodical	342
pare	284	patriotic	256	peripheral	194
parking bay	126	patron	291	periphery	194
parlance	98	patronage	291	perish	277

perishable	277	phobia	307	planet	372
perjury	228	phobic	307	plantation	357
perm	166	phonology	98	plaque	126
permafrost	372	photosynthesis	270	platform	328
permanent	166	physician	70	platinum	442
permanent wave	166	physicist	442	playarole	428
permeate	442	physique	386	playwright	98
pernicious	172	pick	420	plea	222
perpendicular	436	pick on	36	plead	222
perpetrate	229	pickpocket	229	pledge	249
perpetuate	356	pick up	149	plentiful	56
persecute	393	picky	420	pliable	436
persecution	393	picture	321	plot	92
persistent	70	picturesque	321	plumage	270
personality	314	piety	393	plume	172
personnel	180	pigment	298	plummet	49
perspective	292	pilgrim	393	plunder	357
perspire	70	pilgrimage	393	plunge	49
pertinacious	42	pillar	126	pluralism	414
pervade	409	pinnacle	56	plush	28
pervasion	409	pioneer	200	pneumonia	70
pervasive	409	pious	393	poach	172
pessimism	307	pique	314	poignant	98
pessimistic	307	piracy	336	poisonous	172
pest	172	pirate	336	polar	172
pesticide	172	pivotal	200	polarize	56
petroleum	156	placate	314	polish	428
pew	400	placebo	70	poll	256
pharmacist	70	plagiarism	92	pollen	265
phase	364	plagiarize	92	pollinate	265
phenomenal	172	plague	379	pollutant	162, 167
phenomenon	172	plain	372	pollute	167
philanthropy	242	plaintiff	229	pollution	167

polygamy	414	pragmatic	186	presenter	242
polytheism	400	pragmatism	186	preservation	172
pontiff	400	preach to the choir	400	preservative	277
pop culture	342	precarious	56	preserve	277
pope	400	precaution	70	press	336
populace	256	precede	350	pressure	442
population density	414	precedence	350	pressure system	112
populous	414	precedent	229	prestige	36
porch	126	precinct	126	prestigious	36
portability	194	precipitation	105	pretentious	314
portable	194	predation	265	prevent	112
porter	156	predator	265	prevention	112
portfolio	142	predatory	265	preview	299
portion	277	predict	56	previous	357
portrait	292	predictable	98	prey	265
portray	292	predispose	265	priced	78
portrayal	292	predisposition	265	price tag	84
posh	28	prefabricated	219	pricey	85
postpone	328	preface	342	priest	400
postulate	442	preferential	56	primary	56
posture	207	prehistoric	357	primary education	37
potable	274	prejudice	409	primate	270
potency	65	preliminary	256	prime time	342
potent	65	premiere	298	primeval	372
potential	180	premise	119	primitive	357
potluck party	284	premium	142	principal	142
pottery	298	preoccupation	292	principle	414
poultry	270	preoccupied	292	print	28
pour	102	preoccupy	292	priority	56
poverty-stricken	56	prerequisite	42	pristine	328
powerhouse	49	preschool	42	privacy	49
power station	200	prescribe	65	private	49
practical	84	prescription	65	private school	42

private sector	56	prolific	92, 165	prosecution	222
privatization	49	prolificacy	92	prosecutor	222
privatize	49	prolonged stay	28	prospect	49, 181
privilege	409	prominence	336	prospective	49, 181
privileged	409	prominent	126, 336	prosper	357
probation	229	promote	180	protagonist	98
probe	364	promotion	85	protection	172
procedure	186	promotional	180	protein	284
processed food	284	prompt	214	protest	256
proclaim	250	promulgate	357	proton	442
proclamation	250	prone	265	prototype	201
procrastinate	420	pronounce	92	protrude	270
procrastination	420	pronouncement	92	provide	222
procure	180	pronunciation	92	provide A with B	242
procurement	180	proofread	342	providence	400
prodigal	85	prop	126	provident	135
prodigy	36	propaganda	337	province	414
product	85	propagate	337	provision	222
production	299	propagation	337	provoke	342
productivity	186	propel	156	proximity	126
profane	393	propeller	156	proxy	214
profanity	393	property	120	pseudonym	342
proficient	42	prophet	400	psychiatrist	314
profitable	56	proponent	256	psychiatry	314
profound	292	proportion	442	psychic	314
profuse	142	proposal	207	psychological	307
progress	57	propose	207	psychologist	307
progression	201	propose a toast	242	psychology	307
progressive	256	proposition	207	psychopath	314
prohibit	156	proprietor	186	pub	328
proletariat	57	propulsion	156	puberty	415
proliferate	250	prose	92	public announcement	342
proliferation	250	prosecute	222		

public opinion	256	**Q**		raid	229		
public relations	186	quaint	321	railroad	256		
public school	42	qualification	214	rainfall	112		
public sector	57	qualified	379	rain forest	172		
publication	337	qualify	379	raise	421		
publish	337	qualitative	443	rally	142, 256		
publisher	342	quality of life	57	ramification	409		
pull one's leg	42	qualm	315	rampancy	410		
pull over	149	quantitative	443	rampant	410		
pullthrough	428	quantum mechanics	443	range	373		
pulsate	299	quarantine	28	range of vision	156		
pulse	299	quarter	181	rapport	242		
punctual	22	quarterly	181, 342	rapture	299		
punctuality	22	quell	256	rare	71		
punctuation	98	quench	284	rash	71		
pundit	443	quest	364	rate	22		
purchase	85	questionnaire	186	ratify	257		
pure	394	quintessential	299	ratio	443		
purification	394	quirk	315	rational	394		
purifier	394	quota	186	rationale	394		
purify	394	quote	186, 342	rationalism	394		
puritan	400			rationality	394		
purity	394	**R**		rationalize	394		
pursue	57	rabies	270	rave	337		
push the envelope	201	radiance	372	razor	428		
put-down	314	radiate	172	reach	156		
put … on the back burner	214	radiation leak	172	reachable	157		
		radical	250	react	436		
		radicalism	250	reaction	436		
		radioactive	172	reactive	436		
		radioactive waste	172	readership	342		
		raffle	242	ready-made	85		
				real estate	120		

realize	98	recite	93	referee	379
realm	357	reckless	149	referee's call	386
rear	428	recluse	410	reference	343
reason	400	reclusion	410	referendum	257
reasonable	78	reclusive	410	refinance	142
reassess	129	recognize	243	refined	285
reassurance	105	recollect	321	reflect	365
reassure	105	recollection	321	reflection	365
reassured	105	recommend	28	reflective	365
reassuring	105	reconcile	243	reforest	162, 167
rebate	214	reconstruct	116	reforestation	167
rebel	350	reconstruction	357	reform	257
rebellion	350	record	201	refract	443
rebellious	350	recover	65	refractory	421
rebuke	208	recovery	65	refrain	322
recall	208	recreation	328	refresh	328
recede	50, 421	recruit	214	refreshment	285
receipt	78	rectify	214	refrigerate	285
receive	78, 194	recuperate	71	refuge	250
receptacle	428	recyclability	167	refugee	250
reception	242	recyclable	167	refund	79
receptionist	28	redeem	135	refundable	79
recess	42, 421	redeemable	135	refurbish	120
recession	50, 421	redemption	135, 400	refurbishment	120
recessive	421	red-eye flight	28	regain	428
recessive inheritance	271	redirect	214	regarding	42
recharge	194	redistribution of wealth	415	regime	357
rechargeable	194	redundancy	181	regimen	65
recharger	194	redundant	181	regionalism	415
recipe	277	reef	373	register	42
recipient	194	refer a patient to a specialist	71	registration	243
reciprocate	243			regressive	271
recital	93			regulate	257

rehab	380	reminiscence	322	reportedly	343
rehabilitate	380	remit	136	represent	98
rehabilitation	380	remittance	136	representation	208
rehearse	299	remodel	126	representative	208
reign	351	remorse	308	reprimand	208
reimburse	135	remorseful	308	reproduce	271
reimbursement	135	remote	328	reproduction	271
reincarnation	400	remove	126	reproductive age	415
reinforce	126	remunerate	136	reptile	265
reiterate	42	remuneration	136	republic	357
rejuvenate	328	render	293	repudiate	187
related	415	rendering	293	repulsive forces	443
relative	415	rendition	293	reputable	293
relax	328	renew	120	reputation	293
relaxed	315	renewable	120	repute	98, 293
relay	343	renewal	120	reputed	293
release	337	renounce	400	reputedly	293
relevant	43	renovate	120	rescind	251
reliability	194	renovation	120	reserve	29
reliable	194	renown	293	reservoir	112
relic	351	renowned	293	reside	121
relief	65, 307	rent	121	residence	121
relieve	65, 307	rental	121	residency	121
relieved	65, 307	renter	121	resident	121
relinquish	186	repair	201	residential	121
relocate	119	reparation	257	residue	443
reluctant	315	repatriate	257	resign	208
rely on	43	repel	257	resignation	209
remains	351	repercussion	167	resilience	437
remarkable	57	replace	126	resilient	437
remedial education	43	replenish	173	resin	443
remind	214	replete	285	resist	66, 266
reminisce	322	report card	43	resistance	266

resistant	66, 266	revenge	386	rival	380
resistible	266	revenue	136	rivalry	380
resolute	315	revere	394	rivet	201
resolution	201, 422	reverence	394	roar	157
resolve	422	reverent	394	roast	278
resolved	422	reverse	112	role model	415
resonate	373	revert	357	roll call	43
resonate with	98	revise	36	roomy	126
resort	322	revision	36	root for	380
resource	57	revival	50	rosy	57
respiratory	71	revive	50	rough	386
rest	328	revocation	223	roughly	215
restoration	351	revoke	223	round trip	29
restore	351	revolt	357	rout	380
restrict	157	revolution	201	route	150
restriction	229	revolutionary	365	routine	328
resume	257	revolve	365	royal	357
résumé	209	reward	181	royalty	343
resurrect	401	rewarding	181	rudiment	36
retail	79	rhetoric	251	rudimentary	36
retain moisture	112	rhetorical	251	rug	85
retaliate	257	ridge	373	ruins	357
retention	112	rig	143	rule of thumb	215
retire	215	rigid	36	ruling	251
retrace	328	rigidity	36	ruminant	395
retreat	243	rigor	149	ruminate	395
retrial	224	rigorous	149	rumination	395
retribution	401	riot	357	rummage	422
retrieval	195	ripe	285	run	187
retrieve	195	rip off	85	run an ad in the newspaper	85
reunion	243	risky	143	run an errand	428
revaluation	142	rite	395	rundown	187
revelry	243	ritual	394		

INDEX_525

run for	257	save a bundle	85	seasoning	278
run into	243	saving	143	seawater	173
runner-up	386	savor	278	secede	257
runoff	257	savory	278	seclude	22
run on electricity	157	scapegoat	343	secluded	22
run on gas	157	scar	71	seclusion	22
run out of	173	scarce	143	secondary	37
runway	29, 328	scarcely	106	secondhand	85
rural	126	scarcity	106	second language	99
rush	319	scatter	106	secrete	271
		scattered	106	section	127
		scavenger	271	secular	395

S

		scene	299	secularism	395
sabbatical	43	scenery	322	secularize	395
sacred	401	scenic	322	secure	143
sacrilege	401	scent	328	security	143
safety inspection	29	scheme	187	security guard	29
saga	98	schism	401	sedentary	215
sales pitch	85	scholarship	43	sediment	373
salient	37	scholastic	37	seek	328
salinity	373	scoop	343	see off	29
saliva	271	scorch	106	segment	410
salvation	401	scorching	106	segmentation	410
sanction	251	score	380	segregate	410
sanitary	71	scowl	429	segregation	410
satellite	373	screenwriter	343	seismic	373
satire	93	scrimp	57	seize	229
satirical	93	script	299	seizure	71
saturation	443	scrutable	391	select	79
sauce	285	sculpt	293	selection	79
saucer	285	sculptor	293	selective	79
sauté	285	sculpture	293	self-discipline	33
savage	351	seafood	285	self-employed	187

self-esteem	315	settlement	121	show up	243
self-sufficiency	57	settler	121	shroud	173
semantics	99	severance	215	shun	429
semester	43	sewage	173	shuttle	157
semiconductor	201	sewer	173	shy	429
semifinal	387	sexism	415	sibling	422
senior	215	sexual harassment	229	side effect	71
senior citizen	415	shabby	29	sidetrack	99
sensation	337	shade	329	sidewalk	157
sensational	337	shaft	127	siege	257
sensationalism	337	shape	381	sightseeing	329
sensationalize	337	share	143	signature	215
sensibility	299	shareholder	181	significant	43
sensitive	173	sharp dresser	243	sign up	37
sentence	223	shatter	29	silverware	285
sentimental	343	shed	127	simile	99
separate	429	shelf	422	simmer	285
sequel	99	shelve	422	simplify	215
sequence	299	shimmer	323	simplistic	99
sequester	223	shipment	150	simulate	365
serene	329	shipping charge	85	simulation	365
serenity	329	shirk	429	simulator	365
sermon	401	shiver	112	simultaneous	93
serve	278	shoot	343	sincere	315
server	278	shopping spree	85	single-minded	315
service	278	shortcoming	43	sip	278
serving	278	shortcut	157	sit on the fence	215
session	252	shortfall	143	sizable	201
set out	29	short of breath	387	skeptic	401
set the record straight	243	short-term	187	skew	343
settle	121	shovel	127	skirmish	257
settled	121	showcase	299	skirt	343
		shower	112	skyrocket	50

skyscraper	127	social science	415	specialize in	79
slab	127	social security	415	specialty	79, 323
slander	343	sociology	415	species	167
slaughter	271, 387	soft drink	285	specific	43
slave	347	sojourn	323	specification	187
slavery	347	solace	308	specify	223
sleep soundly	29	solar system	373	specimen	271
sleet	113	sold out	85	spectacle	323
slender	429	solemn	401	spectacular	323
slice	285	solicit	79	spectate	381
slip	106	solicitation	79	spectator	381
slip one's mind	423	solicitor	79	speculate	136
slippery	106	solidarity	243	speculation	136
slot	343	solidify	443	speculative	136
slug	50	solvency	143	speechless	99
sluggish	50	soothe	308	speed bump	157
slump	57	soother	308	speeding	157
smash	150	soothing	308	speed limit	157
smokestack	173	sophisticated	195	spent	381
smuggle	22	sophistication	195	sphere	373
snapshot	329	sorority	243	spice	285
sneeze	71	sort out	195	spicy	285
snob	410	sought-after	329	spill	429
snobbery	410	source	173	spine	271
snobbish	410	South Pole	173	spinster	243
snowfall	113	souvenir	323	spiral	121
snug	127	sovereignty	257	splendid	323
soak	113	spacewalk	373	splendor	323
soap opera	343	spacious	127	split	443
soar	50	spare tire	157	split the bill	285
sociable	243	sparing	85	splurge on	80
socialism	357	spatial	373	spoil	423
social mobility	415	spawn	266	spoilage	424

spokesperson	257	standstill	151	stop by	151
spontaneous	315	stand still	151	stopover	29
spoof	343	stand up	237	storeroom	215
sporadic	113	staple	278	storm front	113
sports commentator	387	star	343	stormy	113
spot	150	stark	107	story line	99
spouse	243	starvation	357	stove	127
sprain one's ankle	387	stash	143	stow	22
spray	113	state	136	strain	315
spring up	215	statement	136	strait	373
sprinkle	106	state-of-the art	201	strand	23
spur	187	statistics	143	strategic	187
spurious	229	statue	299	strategy	57
squall	113	status	415	stratification	415
squander	85	staunch	401	stray	157
square	443	stay up	43	streak	381
stability	443	steep slope	373	streamline	187
stack	127	steer	151	strenuous	387
stadium	387	steering wheel	151	stretch	382
stagnation	57	stem	266	stretcher	382
stain	429	stereotype	415	stretching	382
staircase	127	sterile	437	stricken	57
stake	381	sterilize	437	stride	57
stalactite	373	stickler	29	strike	209
stale	285	stick to	187	striking	209
stall	127	stiff	387	stringent	223
stalwart	257	stigma	401	strive	215
stampede	271	stimulant	71	stroke	71
standard of living	57	stimulate	51	stroll	382
standby passenger	29	stimulation	51	stroller	382
stand for	99	stimulus	51	stubborn	423
standing ovation	293	stir	443	student body	43
stand in line	85	stock	137	studio	127

stuffy	122	subzero	113	superstition	395
stunning	329	succeed	351	superstitious	395
stunt	423	success	351	supervisor	215
sturdy	80	succession	351	supplant	195
style	99	successive	346	supplement	279
stymie	257	successor	351	supplementary	279
subconscious	315	succinct	99	supply	45
subcontract	187	sue	229	supply A with B	243
subdue	357	sufficient	57, 113	support	127
subjective	362	suffrage	257	suppress	252
sublime	99	suitable	29	suppression	252
submarine	329	suitcase	29	surface	113, 173
submerge	173	suite	23	surf the net	201
submit	37	suited	429	surge	51
subordinate	215	sulfur	443	surgeon	71
subscribe	338	sulfur dioxide	173	surgery	71
subscriber	338	sullen	113	surpass	57
subscription	338	sultry	113	surplus	51
subsequent	57	sum	143	surrender	229
subsidize	51	summarize	99	surrounding	173
subsidy	51	summit	257	surveillance	229
subsistence	429	summon	229	survival	357
substance	437	sunbathe	329	survival of the fittest	271
substance abuse	229	sunburn	387	susceptibility	266
substantial	437	sunscreen	329	susceptible	266
substantiate	443	sunset	329	suspect	224
substitute	382	superficial	395	suspend	38
substitution	382	superficiality	395	suspension	38
subterranean	373	superfluous	57	suspicion	224
subtitle	299	superintendent	127	suspicious	224
subtle	299	superior	215	sustain	168
subtropical	108	supernatural	395	sustainability	168
suburb	127	superpower	257	sustainable	168

swallow	285	tailored	187	telescope	373
swamp	113, 173	tailor-made	85	teller	143
swap	143	tailpipe	157	temper	308
sweat	113	taint	338	temperament	308
sweatshop	187	take after	423	temperamental	308
sweep	429	take a rain check	387	temperate	107
sweetheart	243	take … for a ride	229	temperature	113
sweltering	329	takeoff	29	tempest	113
swine	271	take offense at	315	temple	401
switch	195	take offense to	315	temporal	401
swivel	201	takeout	285	temporary	57, 396
swollen	387	takeover	187	tenable	443
syllable	99	take over	187	tenacious	43
syllabus	43	take the wheel	157	tenacity	43
symbiosis	271	talent	294	tenant	122
symbolize	299	talented	294	tender	279
sympathetic	308	talkative	315	tenderize	279
sympathize	308	tally	137	tenet	401
sympathy	308	tamper	201	tense	309
symptom	66	tangible	365	tension	309
synchronize	343	tantrum	423	tentacle	271
syndicate	338	tap water	285	tenure	43
synesthesia	299	tardiness	38	term	93, 238
synonym	99	tardy	38	terminally ill	71
synthetic	85	tariff	187	terminology	93
		tarnish	443	term paper	43
T		tax evasion	143	terms	238
		taxonomy	271	terrain	366
tab	285	tax return	143	terrestrial	366
taciturn	243	tear down	127	testify	229
tactics	387	tease	315	testimony	229
tailgate	157	tedious	429	texture	299, 279
tailor	187	teem with	271	thaw	107

INDEX_**531**

the accused	216	topography	373	transcript	43
the less privileged	415	topping	285	transcription	343
theologian	396	topple	252	transfer	151
theological	396	topsoil	373	transform	201
theologist	396	torment	315	transience	396
theology	396	tornado	113	transient	396
therapeutic	71	torrential rain	107	transit	151
therapy	71	torrid zone	113	transition	352
the Reverend	394	torture	401	transitional	352
thermometer	113	to some degree	32	translate	94
thesis	43	toss a coin	387	translator	94
thorough	215	touchdown	387	transmission	196
thread	201	touch down	29	transmit	196
threatening	173	touching	343	transmitter	196
throng	429	tough	387	transplant	71
throw a party	243	tourism	329	transport	152
thunder	443	tournament	387	trauma	309
thunderstorm	113	tow	157	traumatic	309
thunderstruck	315	towaway zone	157	travel agency	329
tide	373	toxic	168	traveler's check	329
time management	215	trace	387	traverse	329
timid	315	tractable	201	tray	285
tint	299	trademark	187	treadmill	215
tip	275	tragedy	99	treasure	143, 352
tissue	271	trail	329	treasurer	143
toil and moil	215	trailer	299	treasury	143
tolerance	396	trajectory	373	treat	279
tolerant	396	tranquil	315	treatise	43
toll	157	tranquilizer	315	treatment	71
tollgate	157	transact	137	treaty	357
tomb	357	transaction	137	trek	324
tone	299	transactional	137	tremendous	243
top-notch	85	transcend	401	tremor	373

trespass	127	turn oneself in	229	underlie	366
trial	224	turnout	243	underlying	366
tribe	415	turnover	182	undermine	366
tribute	99	tutor	43	underpass	157
triceps	387	TV personality	343	underpinning	127
tricky	215	twitter	271	underprivileged	409
trifle	429	tycoon	187	underrate	99
trifling	315	type	108	undertake	209
trigger	437	typhoon	113	undertaker	209
trim	127	typical	108	undervalue	143
trip	318	tyranny	352	underway	187
trivia	425	tyrant	352	undisturbed	127
trivial	424			undue	132
triviality	424	**U**		unearth	357
trivialize	424			uneasy	315
tropic	108	ubiquitous	201	unemployment	52
tropical	108	ulcer	71	unethical	390
troubleshoot	201	ulterior	309	uneven	127
troublesome	201	ultimate	401	unfasten a seat belt	157
truce	257	ultrasonic	438	unfold	299
try	224	ultrasound	438	unforgettable	329
tryout	382	umpire	387	unfortunately	173
try out	382	unanimity	209	unification	252
tuition	43	unanimous	209	unify	252
tumble	57	unavailable	203	unilateral	257
tune	299	unbearable	71	uninitiated	429
turbulence	23	uncivilized	415	universal	343
turbulent	23	unconscious	66	universal gravitation	443
turmoil	252	uncover	338	unmanned spacecraft	373
turnaround	52	undecided	215		
turn around	52	underestimate	132	unpack	321
turn in	209	undergo	66	unparalleled	57
turn into	443	undergraduate	43	unprecedented	350

unreachable	210	**V**		venture	187
unruly	43			venue	238
unsolicited	79	vacancy	23, 122	verbal	99
untapped	173	vacant	23, 122	verbatim	99
unviable	196	vacate	122	verbose	99
unwind	329	vacation spot	329	verdant	173
up and running	201	vaccinate	71	verdict	229
upcoming	238	vacillate	182	verification	438
upheaval	415	vacillation	182	verify	438
uphold	229	vacuum	429	vernacular	415
uprising	257	vague	94	versatile	80
upscale	415	valid	29, 367	versatility	80
upset	315	validate	367	verse	94
up-to-date	201	validation	367	version	343
up-to-the-minute news	343	validity	367	versus	387
		valley	373	vertebrate	271
urban	127	valuable	143	vertical	436
urge	315	valuables	29	vessel	71
urgency	210	vandalism	229	veto	257
urgent	210	vapor	433	via	29
urine	71	vast	168	viable	196
usage	99	vault	143	vibrate	373
used	85	veer	152	vice	401
user-friendly	201	vegetarian	280	vicinity	122
usher	243	vegetarianism	280	vicious circle	143
usurp	357	vegetation	271	victim	29
utensil	424	veggie	280	vie	187
utilitarian	415	velocity	443	view	127, 338
utility	122	vendor	85	viewer	338
utilization	122	venom	271	viewership	338
utilize	201	vent	429	vigilance	309
		ventilate	122	vigilant	309
		ventilation	122	vigor	329

vigorous	387	
villain	99	
vindicate	229	
violate	157	
violence	343	
violent	229	
virtual	196	
virtually	196	
virtue	401	
virtuosity	294	
virtuoso	294	
virtuous circle	143	
visa	29	
viscosity	443	
visible	429	
vital	266	
vivid	329	
vocation	401	
void	401	
volatile	438	
volatility	438	
volume	182	
volunteer	243	
voracious	280	
voracity	280	
voucher	85	
voyage	329	
vulnerability	309	
vulnerable	309	

W

wade	324
wage	143
waiting list	329
wake-up call	29
wane	367
wardrobe	127
warehouse	215
warm-blooded	271
warm front	113
warn	157
warrant	80, 224
warranty	80, 224
wasteland	173
wastewater	173
watchword	187
waterproof	201
watershed	367
water treatment plant	173
wavelength	443
wax	367
wealth	57
wean	429
weatherman	113
weed	429
weird	321
welfare	415
well-received	299
whaling	173
wheedle	429
whim	315
whimsical	315

wholesale	79
wholesome	285
widow	243
widower	243
wield	357
wilderness	173
wildlife	168
wildlife sanctuary	173
windfall	187
window seat	16
winner	387
wipeout	387
witchcraft	401
withdraw	132, 137
withdrawal	137
wither	271
withhold	429
within walking distance	157
with partly cloudy skies	113
withstand	168
witness	229
women's empowerment	415
wording	99
wordy	99
work from home	429
workout	332
work out	332
workforce	215
workload	215
workmanship	299

workshop	215
worldly	401
worship	401
wrap	285
wrap-up	343
wreck	29
wrench	71
wrinkle	429
wrist guards	387

Y

yield	57

Z

zealot	401
zealous	387
zenith	367
zoology	271

SINCE 1999
ALL PASS

- 1999년 정기시험 최초 시행
- 2018년 뉴텝스 시행 (총점 600점 변경)
- 국내 대학 수시, 편입, 졸업인증 활용
- 전문대학원 입시 반영
- 공무원 선발 및 국가자격시험 대체
- 공공기관, 기업 채용 및 인사고과 활용

텝스로 올패스!

고교부터 대학(원), 취업, 승진을 잇는
" **대한민국 대표 영어시험 TEPS** "

[자격명] TEPS 영어능력검정, [자격종류] 공인민간자격, [등록번호] 2008-0167, [공인번호] 교육부 제 2018-2호

 02.886.3330   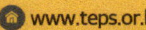 www.teps.or.kr   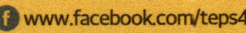 www.facebook.com/teps4u   @teps

뉴텝스도 역시 넥서스!

그냥 믿고 따라와 봐!

600점 만점!!

마스터편 실전 500+

독해 정일상, TEPS콘텐츠개발팀 지음 | 17,500원　**문법** 태스 김 지음 | 15,000원　**청해** 라보혜, TEPS콘텐츠개발팀 지음 | 18,000원

500점

실력편 실전 400+

독해 정일상, TEPS콘텐츠개발팀 지음 | 18,000원　**문법** TEPS콘텐츠개발팀 지음 | 15,000원　**청해** 라보혜, TEPS콘텐츠개발팀 지음 | 17,000원

400점

기본편 실전 300+

독해 정일상, 넥서스TEPS연구소 지음 | 19,000원　**문법** 장보금, 쎄니 박 지음 | 17,500원　**청해** 이기현 지음 | 19,800원

300점

입문편 실전 250+

독해 넥서스TEPS연구소 지음 | 18,000원　**문법** 넥서스TEPS연구소 지음 | 15,000원　**청해** 넥서스TEPS연구소 지음 | 18,000원

MP3 듣기
모바일 단어장
온라인 받아쓰기
정답 자동 채점

넥서스 NEW TEPS 시리즈

| 목표 점수 달성을 위한 | 뉴텝스 실전 완벽 대비 | 고득점의 감을 확실하게 잡아 주는 | 모바일 단어장, 어휘 테스트 등 |
| 뉴텝스 기본서 + 실전서 | Actual Test 수록 | 상세한 해설 제공 | 다양한 부가자료 제공 |